Schmalenbach-Gesellschaft für Betriebswirtschaft e.V., Köln und Berlin

Die SG ist die einzige übergreifende betriebswirtschaftliche Vereinigung in Deutschland. Sie versteht sich als Forum des Dialogs zwischen Wissenschaft und Praxis. Ihre Mitglieder sind Wirtschaftswissenschaftler und Führungskräfte aus der Wirtschaftspraxis, die sich für die Förderung einer anwendungsorientierten Betriebswirtschaftslehre im Sinne Eugen Schmalenbachs einsetzen.

Der Dialog zwischen Wissenschaft und Praxis erfolgt vor allem in den Arbeitskreisen der SG. In ihnen beschäftigen sich über 600 Fachleute aus Wissenschaft und Praxis mit der Lösung betriebswirtschaftlicher Probleme auf allen wichtigen Gebieten der Betriebswirtschaft. Die Arbeitskreise werden von je einem Wissenschaftler und einem Praktiker geleitet; auch die übrigen Führungsgremien der SG sind paritätisch mit Wissenschaftlern und Praktikern besetzt, um die enge Zusammenarbeit von Theorie und Praxis organisatorisch sicherzustellen.

Die SG stellt die Ergebnisse ihrer Arbeit in ihrer »Zeitschrift für betriebswirtschaftliche Forschung«, in der Reihe »Berichte aus der Arbeit der SG« beim Schäffer-Poeschel Verlag sowie auf ihren Fachtagungen und Fachkongressen der Öffentlichkeit zur Verfügung. Der vorliegende Band gibt z. B. die Vorträge wieder, die bei dem 63. Deutschen Betriebswirtschafter-Tag 2009 gehalten wurden.

Arnold Picot/Marcus Schenck (Hrsg.)

Ökonomie der Regulierung

Neue Spielregeln für Kapitalmärkte und Netzindustrien

Kongress-Dokumentation
63. Deutscher Betriebswirtschafter-Tag 2009

2010
Schäffer-Poeschel Verlag Stuttgart

Herausgeber:

Prof. Dr. Dres. h.c. *Arnold Picot*, Institut für Information, Organisation und Management, Ludwig-Maximilians-Universität München

Dr. *Marcus Schenck*, Mitglied des Vorstands, E.ON AG, Düsseldorf

Geleitwort:

Prof. Dr. *Theo Siegert*, Geschäftsführender Gesellschafter, de Haen-Carstanjen & Söhne, Düsseldorf, Präsident der Schmalenbach-Gesellschaft für Betriebswirtschaft e.V., Köln/Berlin

Prof. Dr. *Norbert Herzig*, Seminar für Allgemeine BWL und Betriebswirtschaftliche Steuerlehre, Universität zu Köln, Vizepräsident der Schmalenbach-Gesellschaft für Betriebswirtschaft e.V., Köln/Berlin

Bibliografische Information der Deutschen Nationalbibliothek
Die Deutsche Nationalbibliothek verzeichnet diese Publikation in der Deutschen Nationalbibliografie; detaillierte bibliografische Daten sind im Internet über <http://dnb.d-nb.de> abrufbar.

Gedruckt auf chlorfrei gebleichtem, säurefreiem und alterungsbeständigem Papier.

ISBN 978-3-7910-2944-3

Dieses Werk einschließlich aller seiner Teile ist urheberrechtlich geschützt. Jede Verwertung außerhalb der engen Grenzen des Urheberrechtsgesetzes ist ohne Zustimmung des Verlages unzulässig und strafbar. Das gilt insbesondere für Vervielfältigungen, Übersetzungen, Mikroverfilmungen und die Einspeicherung und Verarbeitung in elektronischen Systemen.

© 2010 Schäffer-Poeschel Verlag für Wirtschaft · Steuern · Recht GmbH
www.schaeffer-poeschel.de
info@schaeffer-poeschel.de
Einbandgestaltung: Willy Löffelhardt/Melanie Frasch
Druck und Bindung: Kösel Krugzell · www.koeselbuch.de
Printed in Germany
Mai 2010

Schäffer-Poeschel Verlag Stuttgart
Ein Tochterunternehmen der Verlagsgruppe Handelsblatt

Geleitwort

„Auf Krisenfälle folgen üblicherweise Regulierungsfluten." Diese Feststellung betrifft auch den zyklischen Aspekt von Regulierungen. So nötig wie Regulierungen sind – man muss doch bedenken, dass die Nachfrage nach höherer Regulierung oft am Ende eines Wirtschaftszyklus steht. Nämlich dann, wenn die Disziplinierung der Akteure durch die Marktkräfte schon eingesetzt hat. Umgekehrt ist der Mythos „the markets will take care of themselves" in Boomzeiten oft am ausgeprägtesten. Diese Haltung signalisiert generell ein hohes Niveau von Fahrlässigkeit. Also muss Regulierung stattfinden.

Der 63. Deutsche Betriebswirtschafter-Tag der Schmalenbach-Gesellschaft für Betriebswirtschaft e.V. stand unter der Überschrift „Neue Spielregeln für Kapitalmärkte und Netzindustrien. Ökonomie der Regulierung." Er bot ein attraktives Forum der Diskussion, das in besonderem Maße die Anwendungsnähe der Regulierung betonte. Die Anwendungsorientierung verlangt es, dass man sich auch mit den praktischen Konsequenzen der Regulierung befasst. Das bedeutet, auch die unerwünschten Konsequenzen des menschlichen Verhaltens zu berücksichtigen, z.B. auch regulatorische Arbitrage.

Die weitreichenden Folgen unbeabsichtigter Verhaltensanpassungen lassen sich an drei Beispielen verdeutlichen: Horst Siebert verdanken wir das Beispiel der britischen Kolonialregierung, die in Indien einer Kobra-Plage Herr werden wollte. Und zwar mit der eigentlich pfiffigen Idee, pro Kobra eine Rupie zu zahlen, um Kobra-Fänger zu ermutigen. Die auf diese Regulierung folgende Kobra-Plage war dem Effekt zu verdanken, dass das Aufziehen junger Kobras ein profitables Wachstums-Geschäft war. Menschen reagieren eben rasch.

Alexander von Humboldt beschreibt, wie zur Zeit der Konquistadoren die spanische Krone zum Schutz der Indios ein Gesetz erließ, damit sich diese nicht mit „3 Kreuzen" auf einem Dokument zu jahrzehntelanger Silberminenarbeit versklaven konnten. Unerwünschter Nebeneffekt: Aufgrund der Nichtrechtsfähigkeit wurden die Indios für Jahrhunderte vom südamerikanischen Wirtschaftsleben ausgeschlossen.

Und zum engeren Themen-Kreis des 63. Deutschen Betriebswirtschafter-Tag zurückkehrend: Bei aller guter Intention aus dem Basel II-Ansatz und der Betonung der „risk-weighted assets" (RWA) haben sich zyklische Fehlanreize ergeben. So wurde die Entstehung zahlreicher „special purpose vehicle" in „off-balance-Welten" auch dadurch begünstigt, dass Banken versuchten, in der Folge von Basel II ihre „risk-weighted assets" zu minimieren. Sie (also sowohl Banken wie Regulatoren) haben dadurch zum Entstehen des sogenannten „shadow banking" beigetragen – mit den bekannten unliebsamen Überraschungen und Konsequenzen.

Die hier vorliegende Kongressdokumentation versammelt die Beiträge des 63. Deutschen Betriebswirtschafter-Tages in erweiterter und ausführlicher Form, die es allen Interessierten möglich macht, an dem fachlichen Diskurs teilzunehmen. Hierfür danken wir sehr herzlich mit hoher Anerkennung den Referenten des 63. Deutschen Betriebswirtschafter-Tages sowie den Herren Professor Dr. Dr. h. c. Arnold Picot, Professor Dr. Bernhard Pellens und Dr. Marcus Schenck, die für Inhalt und Format des Kongressprogramms verantwortlich zeichneten. Besonderer Dank gebührt den Herren Professor Picot und Dr. Schenck, die darüber hinaus auch die Herausgeberschaft der Kongressdokumentation übernommen haben.

Düsseldorf/Köln

Professor Dr. *Theo Siegert*

Professor Dr. *Norbert Herzig*

Vorwort

Die aktuelle Finanz- und Wirtschaftskrise führt Verantwortlichen in Unternehmen und Politik in aller Deutlichkeit die große Bedeutung der staatlich-politischen Rahmenbedingungen für Entwicklung und Stabilität vieler Unternehmen, Branchen und ganzer Volkswirtschaften vor Augen. Die von nationalen oder übernationalen hoheitlichen Institutionen und Behörden gesetzten Spielregeln bilden den Regulierungsrahmen, innerhalb dessen Unternehmen ihren Zielen und Strategien nachgehen können. Es verwundert daher nicht, dass die Krise die Frage aufwirft, inwiefern die geltende Regulierung zum Entstehen der Krise beigetragen hat und ob einzelne Spielregeln oder der Rahmen als Ganzes veränderungs- und verbesserungsbedürftig sind. Das gilt vor allem für den Finanz- und Bankensektor. Aber auch in anderen intensiv von Regulierung betroffenen Branchen, namentlich in den so genannten netzbasierten Industrien, steht der geltende Regulierungsrahmen derzeit zur Überprüfung und Weiterentwicklung an.

Auch unabhängig von den aktuellen Herausforderungen erörtern Wissenschaft und Unternehmenspraxis seit langem die Rolle und Funktionsfähigkeit von Regulierungskonzepten. Neben der Volkswirtschaftslehre hat sich zunehmend auch die Betriebswirtschaftslehre in den letzten Jahren mit dieser Nahtstelle zwischen Staat und Unternehmen befasst. Theorie und Praxis geht es dabei sowohl um die Begründung ‚richtiger' Regeln, mit deren Hilfe übergeordnete Interessen des Gemeinwesens und unternehmerische Entfaltung vernünftig ausbalanciert werden können, als auch um das bessere Verstehen des Prozesses der Entstehung, Durchsetzung und Anwendung von Regulierung. Naturgemäß resultieren aus diesen Betrachtungen zahlreiche Spezialfragen und Festlegungen mit zum Teil weitreichenden Folgen für Unternehmenspolitik und Unternehmensentwicklung. Da die regulatorische Durchdringung vieler Branchen aus verschiedenen Gründen ständig fortschreitet, wird auch die fundierte Einbeziehung von Regulierungsfragen in die betriebswirtschaftliche Praxis und Forschung immer wichtiger.

Sowohl wegen der grundsätzlichen Bedeutung als auch vor dem Hintergrund der aktuellen Krise hat der 63. Deutsche Betriebswirtschafter-Tag der Schmalenbach-Gesellschaft für Betriebswirtschaft e.V. am 12. und 13. Oktober 2009 in Frankfurt am Main unter der Überschrift „Neue Spielregeln für Kapitalmärkte und Netzindustrien: Ökonomie der Regulierung" das Spannungsfeld Unternehmen – Staat aufgespannt. In diesem Spannungsfeld geht es zum einen um die Sicherstellung und Pflege wichtiger öffentlicher Güter wie Sicherheit, Vertrauen oder Gesundheit mit Hilfe von Regulierung, zum anderen soll Regulierung gerade in netzbasierten Industrien Wettbewerb ermöglichen und erhalten. Im Rahmen des 63. Deutschen Betriebswirtschafter-Tages wurden diese beiden zentralen Anliegen der Regulierung – öffentliche Güter einerseits und Wettbewerb andererseits – am Beispiel der beiden großen sektoralen Schwerpunkte „Kapitalmärkte" und „Netzindustrien" untersucht.

Mit der vorliegenden Kongressdokumentation werden die Ergebnisse des 63. Deutschen Betriebswirtschafter-Tags allen Interessierten auch über den Kreis der Kongressteilnehmer hinaus zugänglich gemacht. Für die Möglichkeit, das Fach- und Erfahrungswissen zu diesem wichtigen Gebiet der Regulierung zu vertiefen und das Bewusstsein für die Bedeutung der Regulierung für Unternehmenspolitik und Volkswirtschaft zu schärfen, danken wir den namhaften Fachvertretern und Verantwortungsträgern aus Unternehmenspraxis, Politik und Wissenschaft, die sich nicht nur als Vortragende an unserem Kongress beteiligt, sondern darüber hinaus ihre Manuskripte für diese Dokumentation zur Verfügung gestellt haben.

Ein herzlicher Dank gilt darüber hinaus Herrn Dipl.-Kfm. Tobias Schwinger für die redaktionelle Unterstützung der Herausgeberarbeit.

München/Düsseldorf   Professor Dr. Dres. h. c. *Arnold Picot*

Dr. *Marcus Schenck*

Inhaltsverzeichnis

Geleitwort V
Vorwort VII

Teil I: Ökonomie der Regulierung

Arnold Picot
Ziele, Formen und Herausforderungen der Regulierung 3

Martin Blessing
Mehr, besser oder beides? – Zur Regulierung der Banken- und Finanzmärkte 33

Jochen Sanio
Einfluss der Regulierung auf die Entwicklung der Finanz- und Kapitalmärkte 43

Timotheus Höttges
Investieren in regulierten Märkten – zwischen Vernunft und Verantwortung 49

Michael Coenen/Justus Haucap/Ulrich Heimeshoff
Einfluss der Regulierung auf die Entwicklung netzbasierter Industrien 55

Teil II: Kapitalmärkte und Banken

Joachim Faber
Regulierung und Corporate Governance 87

Martin Weber
Regulierung der Anlageberatung – Entwurf eines Kodex 99

Andreas Schmitz
Konsequenzen aus der Bankenkrise für die Bankenregulierung 123

Wolfgang Gerke
Lehren aus der Finanzkrise für die Steuerung, Kontrolle und das Rating der Marktteilnehmer 137

Herbert Meyer
DPR-Erfahrungsbericht und EU-Harmonisierung des Enforcement 153

Christoph Hütten
Bilanzierungsvielfalt vor und nach dem BilMoG – Die Sichtweise eines internationalen Konzerns 165

Teil III: Netzindustrien

Wolfgang Ballwieser
Netzbasierte Unternehmen und Kapitalkosten 183

Rolf Martin Schmitz
Netzindustrien und Anreizregulierung 199

Bernd Holznagel
Netzneutralität und offener Netzzugang 209

Christian Fingerle
Regulierung als Voraussetzung oder Hindernis für Infrastrukturinvestitionen – die Sicht eines institutionellen Investors 229

Karl-Heinz Neumann
Regulierungsherausforderungen bei technischem Wandel der Netze: Das Beispiel Next Generation Networks 241

Franz Jürgen Säcker
Ein einheitliches Regulierungsrecht für Netzindustrien möglich und erwünscht? 267

Jürgen Lenz
Einfluss der Regulierung auf Qualität, Kapazität und Verfügbarkeit der Netze 289

Teil I:

Ökonomie der Regulierung

Arnold Picot*

Ziele, Formen und Herausforderungen der Regulierung[1]

1   Betriebswirtschaftliche Aktualität der Regulierungsdiskussion

2   Erscheinungsformen der Regulierung

3   Regulierung und Wettbewerb

4   Regulierung und öffentliche Güter

5   Regulierung und politischer Prozess

6   Weitere betriebswirtschaftliche Regulierungsfragen

7   Schlussbetrachtung

---

* Prof. Dr. Dres. h. c. *Arnold Picot*, Institut für Information, Organisation und Management, Ludwig-Maximilians-Universität München.

[1] Es handelt sich um die überarbeitete und ergänzte Fassung eines Beitrags, den der Verfasser unter dem Titel „Unternehmen zwischen Markt und Staat – Regulierung als Herausforderung" im Kontaktstudium von Schmalenbachs Zeitschrift für betriebswirtschaftliche Forschung (zfbf) im September 2009 (zfbf, 61. Jg., S. 655 - 678) veröffentlicht hat.

1 Betriebswirtschaftliche Aktualität der Regulierungsdiskussion

Die aktuelle Finanz- und Wirtschaftskrise führt Verantwortlichen in Unternehmen und Politik in aller Deutlichkeit die große Bedeutung der staatlich-politischen Rahmenbedingungen für Entwicklung und Stabilität vieler Unternehmen, Branchen und ganzer Volkswirtschaften vor Augen. Die von nationalen oder übernationalen (zum Beispiel europäischen) hoheitlichen Institutionen und Behörden gesetzten Spielregeln bilden den Regulierungsrahmen, innerhalb dessen Unternehmen ihren Zielen und Strategien nachgehen können. Es verwundert daher nicht, dass die Krise die Frage aufwirft, inwiefern die geltende Regulierung zum Entstehen der Krise beigetragen hat und ob einzelne Spielregeln oder der Rahmen als Ganzes veränderungs- und verbesserungsbedürftig sind. Das gilt vor allem für den Finanz- und Bankensektor. Aber auch in anderen intensiv von Regulierung betroffenen Branchen, namentlich in den so genannten netzbasierten Industrien (vor allem Telekommunikation, Energie, Eisenbahn, Post) steht der geltende Regulierungsrahmen derzeit zur Überprüfung und Weiterentwicklung an.

Auch unabhängig von den aktuellen Herausforderungen erörtern Wissenschaft und Unternehmenspraxis seit langem die Rolle und Funktionsfähigkeit von Regulierungskonzepten. Neben der Volkswirtschaftslehre hat sich zunehmend auch die Betriebswirtschaftslehre in den letzten Jahren mit dieser Nahtstelle zwischen Staat und Unternehmen befasst. Dabei wird im Sprachgebrauch weithin nur jene Form staatlichen Eingriffs als Regulierung bezeichnet, die sich nicht auf alle Akteure in der Wirtschaft gleichermaßen erstreckt[2], sondern in jeweils spezifischer Weise auf bestimmte Sektoren. Daher spricht man auch von *sektorspezifischer Regulierung*[3]. Dafür sind bei der Analyse und Gestaltung von Regulierungsregeln neben allgemeinen ökonomischen Grundlagen stets auch die besonderen Funktionsprinzipien und Eigenarten der jeweils betrachteten Branche zu berücksichtigen. Dabei geht es Theorie und Praxis sowohl um die Begründung „richtiger" Regeln, mit deren Hilfe übergeordnete Interessen des Gemeinwesens und unternehmerische Entfaltung vernünftig ausbalanciert werden können (oftmals als *normative* Theorie der Regulierung bezeichnet), als auch um das bessere Verstehen des Prozesses der Entstehung, Durchsetzung und Anwendung von Regulierung (oftmals als *positive* Theorie der Regulierung benannt). Naturgemäß resultieren aus diesen Betrachtungen zahlreiche Spezialfragen und Festlegungen mit zum Teil weitreichenden Folgen für Unternehmenspolitik und Unternehmensentwicklung. Da die regulatorische Durchdringung vieler Branchen aus verschiedenen Gründen ständig fortschreitet, wird

---

[2] Vgl. zur Vielfalt der übergreifend gültigen Regeln z. B. *Backhaus/Plinke* (1986).
[3] Vgl. z. B. *Keeler/Forman* (1998).

die fundierte Einbeziehung von Regulierungsfragen in die betriebswirtschaftliche Praxis und Forschung immer wichtiger.

Damit rückt das Spannungsfeld Unternehmen – Staat viel stärker ins Blickfeld von Wissenschaft und Praxis. In diesem Spannungsfeld geht es zum einen um die Sicherstellung und Pflege wichtiger öffentlicher Güter wie Sicherheit, Vertrauen oder Gesundheit mit Hilfe von Regulierung, zum anderen soll Regulierung gerade in netzbasierten Industrien Wettbewerb ermöglichen und erhalten. Die Fachdiskussion untersucht diese beiden zentralen Anliegen der Regulierung, nämlich öffentliche Güter und Wettbewerb, und deren Niederschlag in den Prozessen von Politik und Unternehmensführung. Diese Fragen treten in den jeweiligen Branchen mit unterschiedlicher Gewichtung auf. Beispielsweise steht in den Finanzdienstleistungsbranchen die öffentliche Güter-Problematik im Vordergrund (Sicherstellung eines vertrauenswürdigen, gut funktionierenden Geld- und Finanzwesens), während in den sogenannten Netzindustrien sich die Fachdebatte vorwiegend an Wettbewerbsfragen festmacht (Verhinderung oder Überwindung von Monopolen). Die Untersuchung von theoretischen Konzepten und regulatorischer Praxis schließt auch die unbeabsichtigten sowie unerwünschten Auswirkungen der Regulierung ein, die zwar gut gemeint sein mag, aber ihre Ziele manchmal gar nicht oder nur unvollkommen erreicht. Der folgende Beitrag gibt einen Überblick über wichtige Formen und Theorien der Regulierung. Er soll helfen[4], die Grundlagen und das Grundverständnis für die manchmal durchaus erhitzt und auch oberflächlich geführte Debatte um die „richtige" Regulierung zu verbessern, ohne dass an dieser Stelle auf spezifische branchenbezogene Regulierungstatbestände vertieft eingegangen wird.

2 Erscheinungsformen der Regulierung

Der Begriff der Regulierung wird durchaus nicht eindeutig verwandt, selbst wenn man ihn nur im rechtlich-ökonomischen Kontext betrachtet, also nicht seiner Verwendung etwa in der Technologie (Regulierung technischer Prozesse) oder der Psychologie (mentale Regulierung menschlichen Erlebens und Handelns) nachgeht. Regulierung auf dem Feld der Wirtschaft bedeutet in erster Annäherung, dass der Staat dem privaten Handeln von Unternehmen Beschränkungen auferlegt, etwa durch nationale Gesetze, Verordnungen und behördliche Maßnahmen, die sich auf das Grundgesetz sowie auf europäische Gesetze und Verordnungen stützen. *Kleindorfer* und *Pedell* präzisieren:

„Der Zweck ökonomischer Regulierung besteht allgemein darin, wirtschaftlichen Akteuren, insbesondere Unternehmen, Beschränkungen aufzuerlegen und Anreize zu geben, um die disziplinierende Wirkung der Märkte zu ergänzen, auf denen sie tätig

---

[4] Teilweise in Anlehnung an *Picot* (2008) und *Viscusi/Vernon/Harrington* (2005).

sind. Eine derartige Regulierung zielt darauf ab, die Folgen wirtschaftlichen Handelns zu korrigieren, welches ansonsten zu unerwünschten Konsequenzen ... führen könnte"[5].

Nicht jede staatliche Gesetz- oder Verordnungsgebung und deren Umsetzung ist also als Regulierung einzustufen, sondern solche, die der *Korrektur unerwünschten Marktversagens* dient.[6] Zudem bezieht sich Regulierung meistens nicht auf alle wirtschaftlichen Akteure in gleicher Weise, sondern in spezifischer Weise auf bestimmte Märkte und Sektoren der Wirtschaft (*sektorspezifische Regulierung*). In vielen Fällen wird *Regulierung ex ante* auferlegt. Das heißt: Vor Aufnahme wirtschaftlicher Betätigung oder neuer Geschäftsfelder ist eine Genehmigung einzuholen oder sind bestimmte Auflagen und spezifische Spielregeln für das jeweilige Arbeitsgebiet von vornherein zu akzeptieren und anzuwenden. Diese werden gegebenenfalls von einer Behörde näher bestimmt und/oder überwacht (Regulierungsbehörde). Derartige ex ante-Regulierung findet sich in vielen Bereichen: Errichtung von Arbeitsstätten, Betriebsgenehmigungen sicherheitskritischer Anlagen, Zulassung von Arznei- oder Verkehrsmitteln, Notwendigkeit einer Betätigungslizenz in zahlreichen Sektoren, Zugangspreise zu Netzen von Netzbetreibern mit beträchtlicher Marktmacht sind nur einige Beispiele aus einer Fülle von unternehmerischen Situationen, in denen vorab in markt- und branchenspezifischer Weise bestimmte Eigenschaften und Regeln sichergestellt werden müssen, ehe mit der marktlichen Umsetzung von unternehmerischen Konzepten begonnen werden darf.

In anderen Bereichen findet lediglich eine *ex post-Regulierung* statt. Darunter ist zu verstehen, dass die Regulierungsbehörde den betreffenden Markt oder Sektor laufend beobachtet, gegebenenfalls auch regelmäßig oder fallweise Informationen anfordert und im Falle des Abweichens von bestimmten Prinzipien oder Regeln eingreifen kann. Man spricht daher auch von *Missbrauchsaufsicht,* die eng mit der *Vollzugskontrolle* verknüpft ist. Dabei geht es um die Einhaltung allgemeiner Gesetze sowie spezifischer Regeln oder Verordnungen. Beispiele sind die Wettbewerbsaufsicht, Gewerbeaufsicht und Finanzaufsicht. Nicht selten treten ex ante- und ex post-Regulierung in Kombination auf. So haben etwa das Bundeskartellamt, die Bundesanstalt für Finanzdienstleistungsaufsicht und die Bundesnetzagentur jeweils in bestimmten Fragen das Recht ex ante, in anderen Fragen das Recht ex post einzugreifen.

Insbesondere wenn Regulierung dazu dienen soll, Monopolunternehmen und ganze Branchen in den Wettbewerb zu führen, wird nicht selten ein *asymmetrischer* Regulierungsansatz verfolgt. Das ehemalige (oftmals staatliche) Monopolunternehmen (der so genannte *Incumbent*) bzw. Unternehmen mit signifikanter Marktmacht müssen sich dabei anderen, nämlich schärferen und meist auch ex ante Regeln unterwerfen als kleinere Spieler am Markt, darunter insbesondere auch die neu eintretenden Wettbewer-

---

[5] *Kleindorfer/Pedell* (2007), Sp. 1564.
[6] Vgl. z. B. *Fritsch/Wein/Ewers* (2007).

ber. Diese asymmetrisch auferlegten Regeln beziehen sich insbesondere in Netzindustrien beispielsweise auf die Gewährung von Zugang zum Netz des Incumbent, die Vorabgenehmigung bestimmter Preise oder die Pflicht zur Offenlegung von Kosten. Typische Anwendungsfelder sind Telekommunikation, Eisenbahn, Post oder Energienetze. Demgegenüber spricht man von *symmetrischer* Regulierung, wenn alle Akteure einer Branche in gleicher Weise den Regulierungsregeln unterworfen sind, was etwa für die Regulierung von Finanzdienstleistungen, im Gesundheits- oder Lebensmittelbereich typisch ist.

Ein anderer Aspekt betrifft die Frage, ob und in welchem Umfang die Regulierung eines Marktes oder einer Branche *einheitlich* über Regionen und Nationen hinweg auftreten solle, oder ob auf spezifische Besonderheiten von Märkten und Regionen bei der Ausgestaltung Rücksicht zu nehmen ist und Regulierung daher *differenziert* zu erfolgen habe. Auf den ersten Blick mag man generell für eine einheitliche, möglichst sogar weltweit gleiche Regulierung plädieren, weil damit die Gefahr der *Regulierungsarbitrage* und eines schädlichen *Regulierungswettbewerbs*[7] vermieden, der allein regulierungsbedingten Verlagerung von Unternehmen und Branchen begegnet und die weltweite Beherrschung von Risiken in stets gleicher Weise sichergestellt werden könne. Bei näherem Hinsehen zeigt sich jedoch, dass eine solche Einheitslösung nicht durchgängig empfehlenswert sein muss. Zum einen ist auch Regulierung ein Lernprozess, bei dem man von den jeweils unterschiedlichen Erfahrungen und Praktiken anderer Regionen profitieren und insofern die Regulierungsqualität insgesamt verbessern kann, was bei von vornherein einheitlicher Regulierung schwieriger wäre; positive Funktionen eines regionalen Regulierungswettbewerbs sind also durchaus möglich. Zum anderen sind die jeweiligen regionalen Marktstrukturen, Institutionen, Kulturen und Kompetenzen oftmals sehr unterschiedlich, so dass ein „one size fits all-Ansatz" zu suboptimalen Ergebnissen führen würde.[8]

Wichtig erscheint, dass die Ziele der Regulierung und deren Messung abgestimmt sind und dass dabei enge Kooperation zwischen den Regulierungsbehörden besteht; die Wege, auf denen diese Ziele erreicht werden, können dort, wo regionale oder nationale Spezifika eine wichtige Rolle spielen, unterschiedlich sein. Freilich sollten solche Spezifika nicht als Vorwand dienen, sich einer vergleichbaren Regulierung zu entziehen. Die europäische Regulierungspraxis gibt für die schwierige Balance zwischen regionaler Besonderheit und Wunsch nach übergreifender Vergleichbarkeit und Vereinheitlichung viele Beispiele – sowohl für das Gelingen einer solchen Balance als auch für die Schwierigkeiten. Gemeinsame Ziele und Prinzipien werden in der Regel durch Richtlinien definiert, die europaweit Verbindlichkeit erlangen. Die Umsetzung obliegt dann

---

[7] Vgl. z. B. *Gatsios/Holmes* (1998).
[8] Vgl. z. B. *Bebchuk/Hamdani* (2009).

der nationalen Gesetzgebung und meistens auch den jeweiligen nationalen Regulierungsbehörden.

Bei der Frage, in welchem Ausmaß regionale Besonderheiten zulässig sind, spielen die Aspekte des gemeinsamen Binnenmarktes sowie der internationalen Marktinterdependenzen eine wesentliche Rolle. Je größer in einer Branche oder einem Markt die Bedeutung europäischer und internationaler Handelsbeziehungen und Marktzutritte ist, desto wichtiger wird das Moment der überregionalen Vereinheitlichung. Meistens wird Regulierung mit staatlichem bzw. *hoheitlichem Eingriff* gleichgesetzt. Dabei spielt in der Regel eine *Regulierungsbehörde* eine wichtige Rolle. Ähnlich wie in den angloamerikanischen Rechtsordnungen nimmt eine solche Regulierungsinstanz (*Agency*) nicht allein die Funktion einer ausführenden Behörde wahr, sondern stellt im Rahmen ihrer gesetzlichen Aufträge auch eine Antrags-, Beschwerde- und Beschlussinstanz dar (z. B. in Form von Beschlusskammern). Sie ist also eine Mischform zwischen exekutierender und Normen setzender Verwaltung, die natürlich grundsätzlich der gerichtlichen Kontrolle unterliegt.

Immer wieder wird jedoch gefordert und angestrebt, die mit Regulierung verbundenen Ziele zu erreichen, ohne sich auf staatlichen Eingriff und damit zugleich auch auf sanktionierbare, also justiziable Regelungen stützen zu müssen, um das Ausmaß staatlicher Bürokratie zu begrenzen. Ein solches Vorgehen wird dann zum Beispiel als *Selbstregulierung*, freiwillige Verpflichtung oder ähnliches bezeichnet. Dabei erhebt sich stets die Frage, wie solche private Regulierung mit ausreichender Verbindlichkeit ausgestattet werden kann, um bei der Bewältigung bestimmter Probleme des Marktversagens überzeugend und flächendeckend zu wirken. Sofern die Selbstverpflichtung beispielsweise im Rahmen einer Vereins- oder Verbandsmitgliedschaft organisiert wird und dieser Vereinigung alle relevanten Akteure angehören (müssen), kann die Durchsetzung von Selbstregulierung etwa über vertragliche Pönale und/oder über den (Reputation mindernden) Verbandsausschluss gefördert werden. Es ist jedoch festzustellen, dass für die Korrektur wesentlicher unerwünschter Marktergebnisse in aller Regel auf den Einsatz staatlich-hoheitlicher Instrumente nicht verzichtet werden kann. Was als wesentlich zu betrachten ist, ist natürlich abhängig von politischen und gesellschaftlichen Meinungs- und Willensbildungsprozessen einschließlich des Lobbying.[9] Manchmal kommt auch eine *Kombination aus staatlicher und privater Regulierung* in Frage, zum Beispiel wenn der Staat die grundlegenden Aufgaben und Ziele vorgibt und deren verbindliche Ausgestaltung einem nichtstaatlichen Träger (etwa einer bestimmten Fachvereinigung oder einem Expertenkreis) überträgt. Eine solche Kombination findet sich zum Beispiel bei der Festsetzung von Accounting Standards (International Financial Reporting Standards – IFRS) durch den International Accounting Standards Board (IASB) oder bei der

---

[9] Vgl. z. B. *Sutton* (1984) sowie *Stigler* (1971).

Festlegung von maximal zulässigen Konzentrationen von Schadstoffen am Arbeitsplatz durch ein Expertengremium der Deutschen Forschungsgemeinschaft.

Grundsätzlich lassen sich Regulierungseingriffe auf zwei Arten rechtfertigen:

- Sicherstellung einer angemessenen Versorgung der Bevölkerung mit politisch gewünschten *öffentlichen Gütern*. Hier begründet sich der Regulierungseingriff vor allem aus der Informationsasymmetrie zwischen Anbieter und Nutzer von Leistungen sowie aus der Gefahr negativer externer Effekte (etwa im Falle von Qualitäts- und Sicherheitsfragen von Gesundheits- oder Finanzprodukten) und/oder aus den praktischen Problemen einer Definition, Übertragung und Durchsetzung von Eigentumsrechten (etwa bei der Nutzung von Frequenzen oder der Nutzung der Umwelt).
- Ermöglichung und Förderung von *Wettbewerb* auf monopolistisch geprägten Märkten. Hier ergibt sie die Notwendigkeit des Regulierungseingriffs vor allem dann, wenn ein Monopolist eine Ressource nutzt, die praktisch unteilbar und nicht duplizierbar ist und auf die Wettbewerber für die Erbringung ihrer Leistungen angewiesen sind (zum Beispiel ein Netz).

Die Unterteilung bietet eine generelle Orientierung und ist nicht trennscharf zu verstehen. Beispielsweise bei der Versorgung mit öffentlichen Gütern über Netze treten natürlich Interdependenzen zwischen den beiden Bereichen auf. In den folgenden beiden Abschnitten (3 und 4) werden zunächst diese beiden zentralen Problemkreise der Regulierung näher beleuchtet, ehe in zwei weiteren Abschnitten (5 und 6) polit-ökonomische und weitere betriebswirtschaftliche Fragen des Regulierungsgeschehens eingehender betrachtet werden.

3 Regulierung und Wettbewerb

In der öffentlichen Wahrnehmung sind staatliche wettbewerbsbezogene Eingriffe (zum Beispiel in Netzsektoren wie Telekommunikation, Elektrizität, Gas, Post, Eisenbahn) traditionellerweise eng mit der neoklassischen Monopoltheorie, hier vor allem bezogen auf natürliche Monopole, verknüpft (vgl. Abbildung 1).

Dieser Ansatz geht idealtypisch davon aus, dass der Monopolist in einer solchen Marktsituation die für ihn gewinnmaximale Preis-Mengen-Kombination realisiert (P2, Q2), er also eine so genannte Monopolrente (Überdeckung der Kosten inklusive der Kapitalkosten) bezieht und zugleich seine Produzentenrente maximiert. Denn er wählt die Preis-Mengen-Kombination auf der Nachfragekurve, die senkrecht über dem Schnittpunkt von Grenzkosten und Grenzertrag liegt. Wesentlich höheren Wohlstand würde dagegen die Kombination (P1, Q1) bedeuten, bei der der Anbieter Kostendeckung (inklusive Kapitalkosten) erreicht. Hier entsprechen die Grenzkosten den Durchschnittskosten des Anbieters, so dass den Konsumenten eine höhere Versorgungsmenge bei zugleich niedrigerem Preis angeboten wird. Aufgabe der Regulierung wäre es nun, durch entsprechende Eingriffe und Auflagen beim bisherigen Monopolanbieter die Branche so zu beeinflussen, dass im Ergebnis die (P1, Q1)-Kombination verwirklicht wird. Allgemeiner gesprochen ist es das Ziel der Regulierung in diesem Falle, monopolbedingte Markteffizienzen zu beseitigen und dem Wohl der Allgemeinheit zu dienen. Durch entsprechende Kosten- und Preiskontrollen sowie durch Auferlegung von Zugangsverpflichtungen sorgt sie für Angebotsausdehnung und Preissenkung, und für den wettbewerbsfördernden Marktzutritt neuer Anbieter.[10]

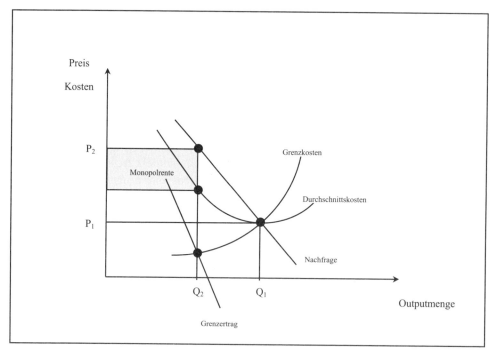

Abb. 1: Regulierung im Falle des natürlichen Monopols[11]

In der skizzierten Situation kann es sich sowohl um natürliche Monopole als auch um Unternehmen mit sehr großem Marktanteil handeln. Für die Unterscheidung von Anbietern mit beträchtlicher Marktmacht und natürlichen Monopolisten spielt *Subadditivität* eine wichtige Rolle, ob also ein sehr großes im Vergleich zu mehreren kleinen Unternehmen in der Leistungserbringung Kostenvorteile hat. Sofern solche Kostenvorteile nachhaltig vorliegen, besteht ein natürliches Monopol (zum Beispiel Nutzung eines nicht ohne weiteres duplizierbaren Netzes als Grundlage für das Geschäftsmodell).

---

[10] Vgl. auch z. B. *Kleindorfer/Pedell* (2007); *Viscusi/Vernon/Harrington* (2005).
[11] Vgl. *Picot/Dietl/Franck* (2008), S. 160; *Shepherd* (1990).

Kostenvorteile können aus economies of scale (weitreichende Größenvorteile im Einproduktfall) und/oder aus economies of scope (kostenmäßige Verbundvorteile im Mehrproduktfall) resultieren.[12]

Die Frage nach der Stabilität natürlicher Monopole ist in dem Modell der angreifbaren Märkte (*contestable markets*) formalisiert worden.[13] Gemäß dieser Theorie ist ein Markt dann angreifbar, wenn der Marktzutritt frei und der Marktaustritt kostenlos ist. Frei und kostenlos bedeuten dabei, dass für Neulinge keine Kostennachteile oder formalen Marktzutrittshindernisse im Vergleich zu bestehenden Wettbewerbern existieren. Ist ein Markt angreifbar, besteht potenzielle Konkurrenz, welche den Monopolisten dazu diszipliniert, den Markt effizient zu versorgen, weil er sonst mit dem Zutritt von Wettbewerbern rechnen muss. Anders liegt der Fall bei Marktirreversibilitäten (auch als *sunk costs* bezeichnet), welche auf der Spezifität von Investitionsobjekten für bestimmte Verwendungsmöglichkeiten beruhen; solche spezifischen Investitionen (Netzinvestitionen sind dafür ein typisches Beispiel) weisen in einer alternativen Verwendung einen signifikant niedrigeren Wert auf. Derartige Marktirreversibilitäten erzeugen hohe Austrittsbarrieren für etablierte Unternehmen, die für neue Wettbewerber wie Markteintrittsbarrieren wirken. In Märkten, in denen Subadditivität und Marktirreversibilität bestehen, ist also aus wettbewerbstheoretischer Sicht staatlicher Regulierungsbedarf zu Gunsten des Wettbewerbs angezeigt, um die Vorteile des Wettbewerbs (effizienter Ressourceneinsatz, Nachfrageorientierung und Innovationsanreiz) im Marktprozess zur Geltung zu bringen. Dies gilt nicht nur für die Sicherung des *Dienstewettbewerbs* auf einem gegebenen Netz, sondern auch für die Förderung des *Infrastrukturwettbewerbs*, also den Wettbewerb zwischen verschiedenen Netzen oder Teilnetzen[14], auf welchen etwa das Telekommunikationsgesetz in besonderer Weise Wert legt.

Hinzuweisen ist in diesem Zusammenhang darauf, dass Regulierung für Wettbewerb niemals als Selbstzweck, sondern immer nur als Mittel zum Zweck der Erzielung besserer Marktergebnisse für alle Nachfrager der regulierten Sektoren (Konsumenten, private Haushalte, Unternehmen, Verwaltungen) und damit für Wohlstand und Wettbewerbsfähigkeit der gesamten Volkswirtschaft angesehen wird. Daran muss sich letztendlich auch die Qualität der Regulierung messen lassen.

Während in den wissenschaftlichen Debatten die Unterscheidung zwischen natürlichen Monopolen und Unternehmen mit beträchtlicher Marktmacht eine bedeutende Rolle spielt, liegt im Bereich des Telekommunikation der Fokus der Marktregulierung gemäß

---

[12] Vgl. z. B. *Viscusi/Vernon/Harrington* (2005); *Kruse* (2001); *Knieps* (2005; 2007); *Burr* (1995); *Donges/Schmidt* (2008).
[13] Vgl. *Baumol* (1982); *Baumol/Panzar/Willig* (1982).
[14] Vgl. z. B. *Picot/Burr* (1996); *Kurth* (2001).

den EU-Richtlinien von 2002 und dem Telekommunikationsgesetz (TKG) von 2004 primär auf der Identifikation von Anbietern mit beträchtlicher Marktmacht[15] und weniger auf der Frage, ob es sich dabei um ein dauerhaftes Monopol mit natürlichem Charakter handelt (freilich enthält der Kriterientest des § 10 TKG auch Elemente der Dauerhaftigkeit). Erste Aufgabe ist es, in ex-ante definierten Märkten die Existenz eines oder mehrerer Anbieter mit beträchtlicher Marktmacht zu ermitteln. Auch wenn bei dieser Prüfung verschiedene Kriterien durch die nationalen Regulierungsbehörden angewendet werden, spielt letztendlich die Höhe der Marktanteile die bedeutendste Rolle bei der Identifikation von Anbietern mit beträchtlicher Marktmacht. Diese gibt danach den Ausschlag dafür, ob und, wenn ja, in welcher Form solchen Anbietern regulatorische Verpflichtungen (Transparenz, Nicht-Diskriminierung, Separierung, Zugang, Kosten- und Preiskontrollen) auferlegt werden.

Angesichts technologischer Innovationen, beispielsweise die durch Digitalisierung getriebene Konvergenz von IT, Medien und Telekommunikation oder das Aufkommen zusätzlicher funktionsähnlicher Zugangsnetze, kann es im Laufe der Zeit zu Veränderungen in der Bewertung des (natürlichen) Monopolcharakters einer Infrastruktur kommen. Auch ist es aufgrund technischer Entwicklungen in bestimmten Bereichen möglich oder nötig, dass mehrere Betreiber eine Infrastruktur gemeinsam errichten und nutzen oder dass eine Netzinfrastruktur von einem neutralen Anbieter bereitgestellt wird (etwa beim Breitbandausbau in dünn besiedelten Regionen oder Verlegung neuartiger Fernnetze zur Stromübertragung). In beiden Fällen stellt eine solche Infrastruktur eine Monopoleinrichtung (im Sinne einer nicht duplizierbaren *essential facility*) dar und die Regulierung wird darauf zu achten haben, dass fairer Zugang für Dritte (*open access*) zu angemessenen Preisen möglich ist.

Die Frage, inwieweit die Markt- und Wettbewerbsregulierung sich auf die Investitionsbereitschaft auswirkt, wird kontrovers diskutiert.[16] Pauschalurteile, wie sie in der politischen Diskussion nicht selten vorgebracht werden, werden diesem facettenreichen Thema nicht gerecht. Zum einen nimmt natürlich die Regulierung der Kapitalkosten erheblichen Einfluss auf kapitalintensive Investitionsentscheidungen, weswegen dieser Frage in Theorie und Praxis der Kostenregulierung für Energie- und Telekommunikationsnetze zentrale Bedeutung zukommt.[17] Zugleich wird deutlich, dass zusätzlich die strategischen Perspektiven und marktorientierten Analysen von solchen Investitionen, die erwartete Nachfrage für bestimmte Produkte und Services, aber auch die Einschät-

---

[15] Vgl. zu Einzelheiten *Picot/Wernick* (2005); die Feststellung gilt nach wie vor auch für die im Herbst 2009 verabschiedete Revision des EU-Richtlinienpakets für Elektronische Kommunikation.

[16] Siehe beispielsweise für den Bereich der Telekommunikation die Beiträge in *Picot* (2007) mit weiteren Hinweisen.

[17] Vgl. z. B. *Ballwieser* (2008) mit weiteren Verweisen und den Beitrag von *Ballwieser* in diesem Band.

zungen der Kapitalmärkte einen sehr großen und vermutlich dominierenden Einfluss auf die Investitionsentscheidungen ausüben. Die Regulierungssituation stellt demgegenüber eine wichtige Ergänzung und Nebenbedingung bei der Analyse des Investitionsumfeldes dar, ist aber in der Regel nicht der entscheidende Hebel für oder gegen die Investitionen selbst; zutreffender dürfte es sein, nicht von einer entscheidenden Rolle, sondern von einer je nach Ausprägung verstärkenden oder abschwächenden, d. h. moderierenden Funktion der Regulierung in der einzelwirtschaftlichen Investitionspolitik auszugehen[18], natürlich mit durchaus spürbaren Konsequenzen für die Profitabilität.

Zudem zeigen praktische Erfahrungen und Untersuchungen, dass für ein gedeihliches Verhältnis zwischen Investitionsverhalten und institutioneller (Regulierungs-)Umgebung eine Reihe von Prinzipien bedeutsam sind, nämlich die Berechenbarkeit der Regulierungsszene und der Regulierungspolitik, die Transparenz des Regulierungsprozesses, die Dauer von Regulierungsprozessen, und nicht zuletzt auch die Berücksichtigung von nationalen oder länderbezogenen Besonderheiten. Gute Regulierung sorgt nicht nur für Marktzugang neuer Wettbewerber, sondern bietet auch dem etablierten Unternehmen durch die inhaltliche und zeitliche Ausformung der Regulierungsentscheidungen Rahmenbedingungen, die den Verbleib und die Investition im Markt nachhaltig ermöglichen.

4 Regulierung und öffentliche Güter

Öffentliche Güter sind deshalb Gegenstand der Regulierung, weil bei dem Versuch, sie über klassische Marktmechanismen und private Aktivität hervorzubringen, Marktversagen vorliegt. Öffentliche Güter zeichnen sich durch das Vorliegen von Nichtrivalität (die Inanspruchnahme des Gutes durch einen Konsumenten schränkt die Nutzung dieses Gutes durch Dritte nicht ein) und Nichtausschließbarkeit (es ist nicht möglich, jemanden mit Hilfe des Preismechanismus vom Konsum auszuschließen) aus.[19] Im Extremfall bedeutet dies, dass innerhalb einer Gruppe der Konsum eines Individuums keine Auswirkungen auf das Nutzen- und Kostenniveau anderer Konsumenten desselben Gutes hat. Beispiele hierfür sind die Innere Sicherheit, Landesverteidigung und Umweltqualität. Güter, die solche Eigenschaften haben, lassen sich durch klassische Marktmechanismen allein nicht bereitstellen, sondern ihre Verfügbarkeit bedarf des hoheitlichen Eingriffs, sofern ihr Vorhandensein von Politik und Öffentlichkeit gewünscht wird. Anhand der beiden Dimensionen Nichtrivalität und Nichtausschließbar-

---

[18] Für den Zusammenhang zwischen Regulierung und Investitionen in Breitbandinfrastruktur in Deutschland und UK kommt die Studie von *Wernick* (2007) zu einem ähnlichen Ergebnis.
[19] Vgl. *Olson* (1965); *Musgrave* (1969).

keit lassen sich vereinfacht vier Arten von Gütern klassifizieren und damit der Übergang von privaten zu öffentlichen Gütern deutlicher aufzeigen (siehe Abbildung 2).

Das Schema macht deutlich, dass die Einordnung eines Gutes auf dem Kontinuum der beiden Dimensionen oftmals nicht trennscharf möglich ist, sondern eher tendenziell ausfällt. Die unterschiedlichen Arten von Gütern lassen sich in nahezu allen Sektoren beobachten und haben in unterschiedlicher Weise Bezug zu Regulierungsaktivitäten. Ein funktionierendes und vertrauenswürdiges Geld- und Finanzwesen stellt ein *öffentliches* Gut dar, von dessen Nutzung niemand, der mit Geldangelegenheiten zu tun hat, ausgeschlossen wird und dessen Nutzung andere nicht beeinträchtigt. Zugleich ist es Voraussetzung für eine Vielzahl privater Märkte und Transaktionen und muss durch geeignete Regulierung des Bankwesens und der Kapitalmärkte sichergestellt werden.

	Ausschließbarkeit vom Konsum	
	hoch	niedrig
Rivalität im Konsum hoch	**Privatgüter** (Endgeräte, lizenzpflichtige Frequenzen, Spareinlagen)	**Gemeinschaftliche Güter** (Straßen, Naturressourcen, lizenzfreie Frequenzen)
niedrig	**Klubgüter** (Privatschulen, Pay-TV, versorgte Gebiete, geschlossene Fonds)	**Öffentliche Güter** (öffentliche Sicherheit, funktionierendes Geld- und Finanzwesen, Zugang zu Information)

Abb. 2: Klassifizierung von Güterarten (mit Beispielen)

Nur vor diesem Hintergrund ist die vielschichtige staatliche Regulierung des Finanzwesens bis hin zur staatlichen Beteiligung an Banken zu rechtfertigen. Die flächendeckende, einfache und preiswerte Zugangsmöglichkeit zu klassischer schmalbandiger Festnetztelefonie lässt sich tendenziell als ein *öffentliches Gut* einstufen, welches nicht zuletzt aufgrund zahlreicher regulatorischer Maßnahmen allen Haushalten und Bürgern in Deutschland mit einer nur sehr geringen Ausschließbarkeit (zu zahlender Mindestpreis für Anschluss) zur Verfügung steht, sofern dazu seitens eines Endverbrauchers der Wunsch besteht. Auch die Sicherheit von Übertragungs-, Verbindungs-, Verteil- und Zugangsnetzen in Telekommunikation und Energie ist ein Beispiel für ein öffentliches Gut, um dessen Vorhandensein sich die Regulierung kümmert. Wegen der noch unvollständigen geographischen Abdeckung ist im Bereich schneller Internetzugänge (Breitband) derzeit ein höherer Grad von Ausschließbarkeit gegeben, weshalb man hier aus Endkundensicht von einem *Klubgut* sprechen kann (nur wer in einer versorgten Region lebt, hat leistungsfähigen Zugang zum Internet und seinen vielfältigen Diensten, die anderen sind einstweilen ausgeschlossen).[20] Bestimmte Funkfrequenzen können, zum Beispiel in Abhängigkeit ihrer physikalischen Eigenschaften bezüglich der Reichweite, als *Gemeinschaftsgüter* eingestuft werden (zum Beispiel lizenzfreie Frequenzen für WLAN – Wireless Local Area Network), andere (zum Beispiel GSM (Global System for Mobile Communications)- oder UMTS (Universal Mobile Telecommunications System)-Lizenzen) dagegen als durch regulatorische Maßnahmen *temporär geschaffene private Güter*, für die zudem bestimmte Beschränkungen (zum Beispiel keine Handelbarkeit) bestehen.

Bei der Klassifizierung und politischen Festlegung öffentlicher Güter können verschiedene Erwägungen eine Rolle spielen, insbesondere soziale, kulturelle, ökonomische, sicherheitspolitische und gesundheitliche. Die Bereitstellung öffentlicher Güter wird durch staatliche Aktivität sichergestellt, sei es unmittelbar durch staatliche Produktion und Betrieb (zum Beispiel Landesverteidigung, Eisenbahnnetz) oder mittelbar durch Verordnung, Beauftragung und Beaufsichtigung, also Regulierung privater Unternehmen (zum Beispiel Regelungen für die Zulassung und Eigenkapitalvorschriften von Banken, den Wertpapierhandel, die Erstellung von Bilanzen, den Betrieb von Energieübertragungs- und -verteilnetzen oder von Funkanlagen zur Vermeidung von Störungen und unerwünschten externen Effekten, Verordnung über die Erreichbarkeit von Telefonzellen oder Postämtern).

Nach der Weltwirtschaftskrise Ende der 20er Jahre und nach dem Zweiten Weltkrieg wurden aus Gründen der Sicherstellung wichtiger öffentlicher Güter das Bank- und Finanzwesen engmaschig reguliert (zum Beispiel Kreditwesengesetz, Zinsverordnungen, Rolle der Bundesbank) und maßgebliche Teile der deutschen Netzindustrien (beispielsweise Telekommunikation und Post, Bundesbahn, erhebliche Teile der Energiewirtschaft) in staatlicher Eigenverantwortung organisiert bzw. weitergeführt. Später kam es dann zu diversen Deregulierungs-, Privatisierungs- und Liberalisierungsschritten. Aber auch danach spielt das Thema „Öffentliche Güter" immer noch eine bedeutende Rolle in der Regulierung dieser Sektoren. Die jüngste *Finanzkrise* hat verdeutlicht, dass das öffentliche Gut „Funktionieren des Geld- und Finanzwesens" ergänzender und z. T. neuer Regeln bzw. Regulierung bedarf, über die bereits vielfältig debattiert wird.[21] Ob diese Vorschläge ausreichend sind und in welchem Umfang sie umgesetzt werden, ist derzeit noch nicht auszumachen, zumal die Finanz- und Vertrauenskrise weiter anhält.

---

[20] Vgl. *Holznagel et al.* (2010).
[21] Einige Vorschläge sind z. B. bei *Rudolph* (2008) und *Sinn* (2009) zusammengestellt.

Als *meritorische Güter* lassen sich vom Staat zur Nutzung durch alle Bürger geforderte und zugesicherte Angebote auffassen (dazu zählen etwa die Schulpflicht, öffentliche Bildungseinrichtung und Kulturangebote oder die Meinungsvielfalt). Solche der Allgemeinheit zugesicherten oder auch zum Teil verpflichtend in Anspruch zu nehmenden Güter sind mit dem Konzept der öffentlichen Güter nicht deckungsgleich, wohl aber verwandt. Im Bereich der *Netzindustrien* regelt zum Beispiel Grundgesetz Art. 87f Absatz 1, dass „der Bund im Bereich (...) der Telekommunikation flächendeckend angemessene und ausreichende Dienstleistungen" gewährleistet. Damit sind die sogenannten *Universaldienste* angesprochen, die ebenfalls als meritorische Güter einzustufen sind. Sie umfassen gemäß Telekommunikationsuniversaldienstleistungsverordnung (TUDLV) derzeit flächendeckende Sprachtelefondienste mit ISDN-Leistungsmerkmalen, Auskunftsdienste, Telefonbücher, Telefonzellen sowie die Bereitstellung von Übertragungswegen. Die Sicherstellung der Versorgung der Bevölkerung mit solchen Universaldiensten (im Bereich der Post gibt es analoge Regelungen) fällt dabei in den Zuständigkeitsbereich der Bundesnetzagentur, die hierbei wiederum den entsprechenden Maßgaben des TKG bzw. des Postgesetztes und den europäischen Richtlinien Folge zu leisten hat. Es kann übrigens als einer der vielen Erfolge dieser Gesetze und ihrer Anwendung angesehen werden, dass bisher die Marktteilnehmer oder die allgemeine Öffentlichkeit nicht für die Sicherstellung der Universaldienste finanziell in Anspruch genommen werden mussten. Dazu tragen wesentlich die klugen Regelungen in Teil 6 TKG (analog im Postgesetz) bei, wonach im Falle einer Feststellung mangelhafter Universaldienstversorgung die daraufhin mit der Erbringung zu beauftragenden Unternehmen von denjenigen Marktteilnehmern, die über einen erheblichem Marktanteil (> 4 %) verfügen, entgolten werden müssen. Aus wissenschaftlicher wie aus politischer Sicht ist von Interesse, dass die Bestimmung der Universaldienstleistungen der technischen und wirtschaftlichen Entwicklung anzupassen ist. Es handelt sich also um ein dynamisches Konzept. Das hat zur Folge, dass bei sich wandelnden gesellschaftlichen Erfordernissen, technologischen Möglichkeiten, marktlichen Versorgungsstrukturen und Kundenbedürfnissen Universaldienste ausgeweitet oder auch eingeschränkt werden können. Aktuell wird zum Beispiel diskutiert, ob auch der breitbandige Zugang zum Internet in den Universaldienst einbezogen werden müsse.[22] In der Schweiz wurde bereits eine Universaldienstverpflichtung für Breitbandzugänge eingeführt, die ganz erheblich über die Datenübertragungsmöglichkeiten des bisher im Universaldienst gewährleisteten ISDN-Netzes hinausgeht. Australien ist gerade dabei, ein noch viel anspruchsvolleres Konzept flächendeckend umzusetzen. Die Breitbandstrategie der Bundesregierung[23] greift in ihren Intentionen den allgemeinen, flächendeckenden Anspruch auf Breitbandzugang auf, ohne ihn – im Unterschied zum Zugang zu Elektrizität,

---

[22] Vgl. *Xavier* (2003); *EU-Commission* (2005); *Kubicek* (2008); *Wissmann* (2003), S. 47f.
[23] Vgl. *BMWi* (2009); *Picot* (2009).

Wasser oder Straßennetz – derzeit für alle Siedlungsbereiche sicherstellen zu können oder gar als Universaldiensteverpflichtung einzustufen.

Nicht im engeren Sinne zur Universaldienstdiskussion, wohl aber zur Frage der Sicherstellung des öffentlichen Gutes „Zugang zu und Angebot von Information" zählt die gegenwärtig in Nordamerika heftig geführte Debatte über *Netzneutralität*. Hierbei wird gefordert, dass die Nutzungsbedingungen des Internets transparent, offen und diskriminierungsfrei sind im Sinne eines flexiblen, auch experimentellen und innovativen Zugangs sowie freier Meinungsbildung ohne Restriktionen oder Beschränkungen seitens des Internetzugangsproviders. Bislang ging man davon aus, dass im Internetverkehr „Bit gleich Bit" ist. Der nachrichtentechnische Fortschritt ermöglicht nun aber grundsätzlich die Identifizierung und gegebenenfalls auch Diskriminierung bestimmter Arten von Bits im Internetverkehr (zum Beispiel Datenströme spezifischer Dienste) durch den Telekommunikationsbetreiber. Diese Fähigkeit kann zum einen für Quality of Service-Differenzierung genutzt werden, zum anderen aber auch möglicherweise für die Diskriminierung oder Herausfilterung von Diensten oder Inhalten, die der Betreiber aus irgendwelchen Gründen nicht gleich behandeln möchte. Demnach stellt sich die Frage, ob und in welcher Weise sichergestellt werden kann, dass das Netz sich neutral hinsichtlich der transportierten Signale verhalten muss und welche Vorkehrungen dafür zu treffen sind. Insbesondere ist fraglich, inwieweit der Wettbewerb der Netze und Netzbetreiber für eine neutrale und diskriminierungsfreie Nutzung des Internet sorgen kann oder welche zusätzlichen Sicherungen gegebenenfalls generell erforderlich werden.[24]

5 Regulierung und politischer Prozess

Die in den vorangegangenen beiden Abschnitten vorgestellten Ansätze und Arbeiten basieren auf der gemeinsamen Grundannahme, dass der Staat im Sinne des Allgemeinwohls in die Marktgeschehnisse eingreift. Diese Sichtweise entspricht der *normativen Theorie der Regulierung,* welche regulatorische Markteingriffe als Korrekturen zur Förderung des Allgemeinwohls versteht.[25] Aufgrund empirischer Erkenntnisse, die nicht mit diesem Konzept in Einklang zu bringen waren, entwickelten sich in den 70er Jahren Strömungen innerhalb der ökonomischen Literatur, die als *positive Theorie* nach anderen Wegen suchten, um die Entstehung von Regulierung auf bestimmten Märkten erklären zu können. In diesem Kontext sind insbesondere die „Capture Theory" und die „Economic Theory of Regulation" zu nennen.

Die auch empirisch gründlich untersuchte *Capture Theorie* argumentiert dahingehend, dass die Regulierungsinstanzen über die Zeit von den zu beaufsichtigenden Unternehmen zunehmend vereinnahmt und gesteuert werden und letztendlich deren Interessen

---

[24] Vgl. *Frischmann/van Schewick* (2007); *Kocsis/de Bijl* (2007); *van Schewick* (2007).
[25] Vgl. z. B. *Viscusi/Vernon/Harrington* (2005); *Fritsch/Wein/Ewers* (2007).

wahrnehmen.[26] Die *Economic Theory of Regulation* von *Stigler*[27] kann als Weiterentwicklung der Capture Theorie interpretiert werden.[28] Komplett neu ist die Art und Weise, wie *Stigler* die Entstehung von Regulierung erklärt. *Stigler* geht davon aus, dass die Hauptressource des Staates in der Fähigkeit besteht, Macht durchsetzen zu können. Wird diese Macht im Sinne von Interessensgruppen etwa aus einer Branche eingesetzt, können die Unternehmen innerhalb der betroffenen Industrien ihre Profitabilität steigern. Die zweite Annahme besteht darin, dass Akteure bei der Auswahl nutzenmaximierender Tätigkeiten rational vorgehen. Diese beiden Annahmen führen zu der Hypothese: „regulation is acquired by the industry and is designed and operated primarily for its benefit"[29]. *Stigler* unterscheidet vier inhaltliche Unterstützungsformen, die durch Beeinflussung des Staates verfolgt werden: Durch staatliche Regulierungseingriffe erhoffen sich Unternehmen

- Subventionen,
- Kontrolle über den Marktzutritt potenzieller neuer Konkurrenten,
- Kontrolle über Substitute und komplementäre Produkte und
- die Festlegung und Durchsetzung von fixen Preisen.

Characteristics	Economic Markets	Political Market
Definition/ boundary	Substitute goods/services	Political issue
Demanders	Customers	Citizens, firms, interest groups, voters, other governments (foreign or subgovernments)
Suppliers	Firms, individuals	Elected and non-elected politicians, bureaucrats, legislators, members of the judiciary
Product	Good, service	Public policy, regulation, deregulation
Nature of exchange	Money, other goods (barter)	Votes, information, financial support

Abb. 3: Vergleich ökonomischer und politischer Märkte[30]

---

[26] Vgl. etwa *Levine* (1998) mit weiteren Hinweisen.
[27] Vgl. *Stigler* (1971).
[28] Vgl. *Posner* (1974).
[29] *Stigler* (1971), S. 3.
[30] Vgl. *Bonardi/Hillman/Keim* (2005).

Unternehmen versuchen demnach, staatliche Machtmittel (dazu gehört natürlich in vorderster Linie die Regulierungshoheit) so zu beeinflussen, dass ihre Ziele dadurch bestmöglich erreicht werden können. Neben den primären Markt des Leistungsaustauschs zwischen den Unternehmen und ihren Kunden tritt also ein *politischer Markt*, auf dem die Rahmenbedingungen unternehmerischen Handelns, in diesem Fall die Regulierung, entwickelt werden. Damit werden regulatorische Prozesse einer politökonomischen Perspektive zugänglich.[31] Darauf aufbauend haben *Bonardi* et al. die Unterschiede ökonomischer und politischer Märkte konzeptualisiert (Abbildung 3).[32]

In der Realität der Regulierung greifen diese beiden Marktsphären ineinander, nämlich der vom Regulierer beeinflusste wirtschaftliche Markt und der politische Markt, aus dem die Regeln entstehen, nach denen der Regulierer agiert und nach denen sich die regulierten Unternehmen zu richten haben. Damit spielt sich Regulierung im komplexen Spannungsfeld verschiedener Institutionen und Marktteilnehmer ab. Um diese Komplexität zu reduzieren, erscheint es sinnvoll verschiedene Ebenen zu unterscheiden: Die institutionelle Ebene (Politik), die Ebene der von Regulierung betroffenen bzw. profitierenden Unternehmen sowie die Ebene des jeweiligen Branchenmarktes (Abbildung 4).[33] Diese drei Schichten lassen sich wiederum jeweils in verschiedene hierarchische Ebenen unterteilen. Die institutionelle Ebene besteht aus drei hierarchischen Ebenen:

Als erstes aus dem „core of the game", also der Verfassung, in der die wichtigsten Grundlagen des Zusammenlebens innerhalb eines räumlich begrenzten Gebietes festgelegt sind; dann kommen auf der zweiten Ebene die „formal rules of the game", in der die Parlamente, die Justiz sowie die Gesetze die Spielregeln innerhalb einer Gemeinschaft festlegen; auf der dritten Ebene schließlich, dem „play of the game", werden die konkreten Entscheidungen durch dazu eingesetzte Behörden, im Falle der Regulierung zum Beispiel die Bundesanstalt für Finanzdienstleistungsaufsicht, das Bundeskartellamt oder die Bundesnetzagentur, gefällt. Wichtig ist es hierbei, die hierarchische Beziehung zwischen diesen Ebenen im Auge zu haben, welche die Regulierungsinstanz vor Probleme stellen kann. In ähnlicher Weise lassen sich die beiden anderen Schichten (Unternehmensebene und Branchenmärkte) in die in Abbildung 4 aufgeführten Komponenten einteilen, woraus sich dann insgesamt ein sehr komplexes Beziehungsgefüge für das Regulierungssystem als Ganzes ergibt.

Vor dem Hintergrund eines solchen Bezugsrahmens lassen sich manche der in der Vergangenheit aufgetretenen Diskussionen oder gar Konfliktfälle in der Regulierung besser durchdringen und zwar sowohl im Bereich der Netzindustrien (etwa Streit um Separie-

---

[31] Vgl. *Dixit* (1996).
[32] In Anlehnung an *Bonardi/Hillman/Keim* (2005).
[33] Vgl. *Wernick* (2007), S. 90ff.

rung von Netz und Erzeugung in der Energiewirtschaft; Diskussion um die Trennung von Netzinfrastruktur und Diensten in der Telekommunikation; Kriterien für Regulierungsfreiheit bei Investitionen in neue Technologien) als auch bei den Finanzdienstleistungen (etwa Regulierung von Hedgefonds, Bilanzregeln, Eigenkapitalvorschriften für Banken, Haftungsregeln für Manager), um beispielhaft nur zwei Branchen anzusprechen.

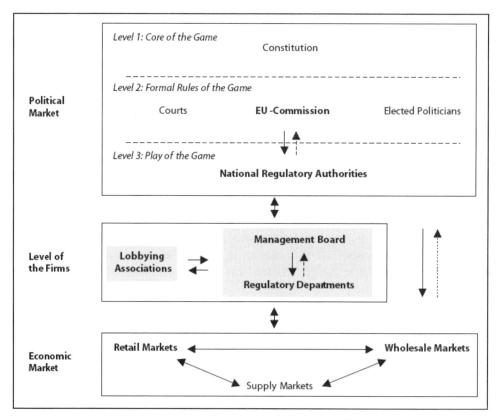

Abb. 4: Ebenen des Regulierungsprozesses[34]

Die *Unternehmensebene* spielt bei allen Regulierungsprozessen wie auch bei der Entwicklung der Regelwerke eine wesentliche Rolle. Die Unternehmen stehen zwischen den Kräften ihrer jeweiligen kundenbezogenen Märkte und denen der Regulierungsmaßnahmen aus dem politischen Markt. Das gilt für die marktbeherrschenden Unternehmen und für deren Wettbewerber sowie für Wettbewerbs- und Öffentliche Güter-Fragen gleichermaßen. Sie alle setzen, teils gestützt auf ihre Verbände und andere Ver-

---

[34] Vgl. *Wernick* (2007).

bündete, ihre Möglichkeiten der Public Relations, des Lobbying und der Informationsarbeit ein, um die Entstehung der „rules of the game" wie auch das „play of the game" im Sinne der eigenen Unternehmensinteressen und Strategien zu beeinflussen. Dazu werden erhebliche Ressourcen gebunden, was ein Beleg dafür ist, wie wesentlich der Einfluss der Regulierung für die Unternehmensstrategien und -entwicklungsmöglichkeiten in den Märkten der regulierten Sektoren ist. Die Regulierung steckt letztlich, im Verbund mit anderen Faktoren, den Handlungsspielraum betroffener Unternehmen ab. Insofern wundert es auch nicht, dass Unternehmen, die in der Ausgestaltung und Handhabung der Regulierung Chancen für die eigene Unternehmensentwicklung erblicken, deutlich mehr Ressourcen für das unternehmerische Regulierungsmanagement einsetzen als solche, die sich eher nachrangig betroffen sehen.[35] Gestützt auf die gesetzlich vorgesehenen Anhörungs- und Befragungsmöglichkeiten der Branchen suchen die Regulierungsbehörden den fachlichen Informationsaustausch mit den Unternehmen vor größeren Entscheidungen sowie eine gewisse Koordination und Strukturierung der laufenden Interessenäußerungen und Anregungen gegenüber dem Regulierer. Auch dienen Fachkonferenzen und Kongresse, die von Behörden, Verbänden und Instituten organisiert werden, als Plattform für die Fachkommunikation.

Hinzuweisen ist im Zusammenhang mit der politökonomischen Betrachtung des Regulierungsgeschehens auch auf die zahlreichen und mehrstufigen Gerichtsverfahren bei den Verwaltungsgerichten (Telekommunikation, Post) und Zivilgerichten (Energie, Kartellrecht, Finanzaufsicht), die von Beteiligten angestrengt werden, um Regulierungsentscheidungen zu überprüfen. Sie sind Ausdruck der unterschiedlichen Interessen, Betrachtungsweisen und Tatsachenbeurteilungen, die die verschiedenen Parteien und Akteure den Regulierungsmaßnahmen entgegenbringen, und binden in erheblichem Umfang Aufmerksamkeit auf allen Seiten. In diesen Verfahren und den beträchtlichen Ressourcen, die dafür aufgewandt werden, spiegelt sich zugleich die große unternehmenspolitische und strategische Bedeutung wider, welche Unternehmen der für sie relevanten Regulierung im Wettbewerbsgeschehen beimessen.

Die *Institutionenökonomik* versucht zu ergründen, wie die Entstehung bestimmter Regelwerke aus einem ökonomischen Blickwinkel zu erklären ist und wie sich Regeln auswirken.[36] Im Rahmen der *Principal Agent Theorie* werden insbesondere die Informationsasymmetrien zwischen wirtschaftlichen Akteuren betrachtet und deren effiziente Handhabung mit Hilfe geeigneter Regeln. Es bereitet der Regulierungsbehörde nicht selten Schwierigkeiten, verlässliche Informationen über die tatsächlichen Verhaltensweisen, Kosten- und Nachfragestrukturen des von der Regulierung betroffenen Unternehmens zu gewinnen, um zum Beispiel die Einhaltung von Vorgaben zu überwachen oder die Kosten der effizienten Leistungsbereitstellung zu bestimmen. Erforderlich ist

---

[35] Vgl. *Picot/Landgrebe* (2009).
[36] Vgl. z. B. *Picot/Dietl/Franck* (2008), S. 160ff.

nicht nur ein sehr weit entwickeltes Rechnungs- und Berichtswesen des regulierten Unternehmens, sondern auch der umfassende Einblick der Behörde in das Unternehmen sowie in die Einzelheiten des Marktgeschehens. In der Praxis sind diese Bedingungen allenfalls in rudimentärer Form gegeben, so dass hier ein geradezu paradigmatischer Fall für die von der Principal Agent Theorie beschriebenen diskretionären Verhaltensspielräume des Agenten (in dem Fall des regulierten Unternehmens) vorliegt, die grundsätzlich zu dessen Vorteil und zum Nachteil der Aufgabenerfüllung des Prinzipals (hier der Regulierungsbehörde und ihrer Ziele) ausgenutzt werden könnten. Anstatt en detail die Informationen beim regulierten Unternehmen zu recherchieren, ist es daher in vielen Fällen sinnvoller, mit Hilfe der Regulierung eine Anreizsituation zu schaffen, die beim regulierten Unternehmen das Interesse weckt, sein wirtschaftliches Verhalten in die gewünschte Richtung (zum Beispiel Produktivitätssteigerung, Preissenkung, Einhaltung bestimmter Standards) zu lenken und die zugleich relativ einfach zu implementieren und zu überwachen ist. Price cap- oder Revenue cap-Regulierung in Verbindung mit einem Produktivitätsindex sind Beispiele für ein solches Vorgehen genauso wie an Benchmarks oder Vergleichmärkten orientierte Regelungen sowie angedrohter Reputationsverlust oder Lizenzentzug bei Nichteinhaltung bestimmter Spielregeln. Für die Praktizierung derartiger Ansätze, die teilsweise in ihrer operationalen Ausgestaltung recht anspruchsvoll sind, existieren zahlreiche Beispiele in allen Branchen.

Aber nicht nur die Tatsache, dass das regulierte Unternehmen die Maßnahmen der Behörde geschützt von einer nur unvollständig überwindbaren Informationsbarriere unterlaufen kann, stellt den Erfolg von Regulierungsbemühungen in Frage. Für die Effizienz der Regulierung ist noch eine weitere Principal Agent Beziehung von Belang: denn die Behörde selbst ist auch nur der Agent des Staates bzw. in letzter Instanz der Allgemeinheit. Weil die Aktivitäten der Behörde nicht lückenlos zu überwachen sind, haben deren Mitarbeiter ebenfalls die Möglichkeit, eigene Ziele, gegebenenfalls auch auf Kosten der Allgemeinheit, zu verfolgen und zum Beispiel den Fortbestand der Regulierung und damit ihrer Behördenpositionen zu betreiben, statt die gegebenenfalls mögliche und gewünschte Rückführung des staatlichen Eingriffs. Zur Begrenzung dieses Risikos ist zum Beispiel die in einigen EU-Richtlinien verankerte regelmäßige und regelgebundene Überprüfung der Regulierungsbedürftigkeit bestimmter Märkte anzusehen. Aber auch die Arbeit von wissenschaftlichen und politischen Beiräten, das Monitoring der EU-Kommission, Parlamentsausschüsse und des Rechnungshofs sowie nicht zuletzt die allgemeine Fach- und Medienöffentlichkeit dienen unter anderem dem Zweck, des erwähnten Problems habhaft zu werden.

6 Weitere betriebswirtschaftliche Regulierungsfragen

In den vorangegangenen Abschnitten wurden bereits zahlreiche Fragen und Konzepte erörtert, die auch eine erhebliche betriebswirtschaftliche Bedeutung besitzen, zugleich aber auch in Volkswirtschaftslehre und Politikwissenschaft erörtert werden. Die Betriebswirtschaftslehre behandelt darüber hinaus zunehmend Regulierungsfragen aus eigener Perspektive.[37] Die betriebswirtschaftlichen Betrachtungsweisen überlagern sich einerseits mit den zuvor aufgeführten Perspektiven, andererseits kommen auch ergänzende Themenkreise hinzu.

Auf den Aufbau spezifischer Kompetenzen und Ressourcen für Regulierungsfragen in betroffenen Unternehmen wurde bereits oben hingewiesen. Hierzu haben *Willman et al.* einen interessanten *organisatorischen Betrachtungsrahmen* vorgelegt, der die Entstehung von Regulierungsabteilungen in Unternehmen verdeutlichen kann.[38] Für die Evolution der verschiedenen Rollen von Regulierungsfunktionen in Unternehmen unterscheiden sie vier Phasen, die sie in drei Stadien einordnen (Abbildung 5). Im ersten Stadium („Ad- Hoc") reagiert das Unternehmen lediglich auf die Anfragen des Regulierers; es werden nur wenige Ressourcen für Regulierungsfragen bereit gehalten, so dass sich auch die Beziehungen zum Regulierer kaum entwickeln können. Im zweiten Stadium („Emergence of Function") wird eine förmliche Funktion für Regulierungsfragen herausgebildet, die sich – vorwiegend noch in reaktiver Weise – mit den Anforderungen des Regulierers befasst. Erst in dem dritten Stadium („Strategic Regulation") wird die Fähigkeit des Bereichs so ausgebaut, dass auch Verhandlungen mit dem Regulierer und Versuche zur Einflussnahme auf Regulierungsprozesse möglich werden. Zugleich führt eine solche Entwicklung zu nachahmendem Verhalten bei anderen Unternehmen, die nun in ähnlicher Weise Kapazitäten aufbauen, um nicht ins Hintertreffen zu geraten. In den Phasen 1 - 4 der Abbildung 5 spiegelt sich in größerem Detail der Rollenwandel bzw. die Rollenmehrung einer Regulierungsabteilung wider: von Postbox und Gatekeeper, der zugleich die Ordnungsmäßigkeit und Regeleinhaltung (*compliance*) gewährleistet, über den internen Dienstleister und Auskunftgeber, über den Koordinator und Vermittler bis zum Strategieberater. Natürlich füllen nicht alle Unternehmen alle genannten Rollen und Funktionen des einzelwirtschaftlichen Regulierungsmanagement aus; gerade kleinere Unternehmen müssen sich vielfach weitgehend auf Verbände oder Anwaltskanzleien bei der Wahrnehmung ihrer auf die Regulierung bezogenen Interessen stützen, die zu dem Zweck jeweils spezialisierte Dienstleistungskapazitäten aufgebaut haben. Aber bei mittleren und großen Unternehmen der regulierten Branchen ist der skizzierte Prozess der Professionalisierung bereits weit fortgeschritten. Das drückt sich auch in der organisatorischen Einordnung von Regulierungsabteilungen aus, die vielfach direkt dem Vorstand oder dessen Vorsitzenden berichten und mit der Unternehmensentwicklung eng zusammenarbeiten.

---

[37] Vgl. z. B. *Ballwieser* (2002); *Bonardi* (2004); *Bonardi/Hillman/Keim* (2005); *Burghof/Rudolph* (1996); *Gerpott* (2006); *Küpper* (2002); *Kurz* (2009); *Landgrebe* (2006); *Pedell* (2006); *Rudolph/Johanning* (2004); *Sadowski/Czap/Wächter* (1996); *Säcker/Busse von Colbe* (2007); *Siemen* (1999); *Witte* (1997).

[38] Vgl. *Willman et al.* (2003).

Auch im Hinblick auf die Bestimmung geeigneter Preise für Vorleistungsprodukte hat die Betriebswirtschaftslehre wichtige Beiträge geliefert. Das bedeutendste Thema hierbei ist die *Festlegung kostenorientierter Preise*, die sich an den Kosten der effizienten Leistungsbereitstellung eines Produktes oder einer Dienstleistung orientieren.[39] Eine Alternative dazu sind Vergleichspreise, die zwar nur in seltenen Fällen wohlfahrtsoptimal sind; ihr Vorteil liegt in der einfacheren Handhabung und geringen Effizienzverlusten, die mit ihrer Anwendung verbunden sind. Darüber hinaus wurden auch theoretische Modelle zur Preisfestsetzung erprobt wie Ramsey Preise oder die Baumol Willig-Regel[40], welche aufgrund ihrer Komplexität jedoch seltener von Regulierern angewendet werden. Für die Regulierungspraxis spielen auch betriebswirtschaftliche Kostenmodelle eine wichtige Rolle, die in Zusammenarbeit mit Wissenschaftlern über die letzten Jahre hinweg entwickelt worden sind.[41]

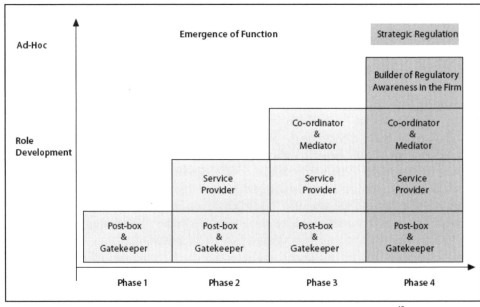

Abb. 5: Die Entstehung von Regulierungsfunktionen in Unternehmen[42]

In besonderer Weise hat die *Bestimmung der Kapitalkosten* für Regulierungszwecke die Betriebswirtschaftslehre beschäftigt. Angesichts der hohen Kapitalintensität regulierter

---

[39] Vgl. z. B. *Küpper* (2002); *Vogelsang* (2005).
[40] Vgl. z. B. *Knieps* (2005); Viscusi/Vernon/Harrington (2005).
[41] Vgl. *WIK* (2004).
[42] In Anlehnung an *Willman et al.* (2003), S. 78.

Branchen wie Telekommunikation, Energie oder Eisenbahnen und der großen Hebelwirkung, die daher von dem jeweils bei der Regulierung angewandten Kapitalkostensatz ausgeht, kann dies nicht verwundern. Die Betriebswirtschaftslehre kann sich dabei auf relativ bewährte, im Regulierungsrecht allerdings nicht allerorten anerkannte Theoriegrundlagen (unter anderem das Capital Asset Pricing Model) stützen, wobei steuerliche Fragen eine zusätzliche Herausforderung darstellen.[43] Schließlich befasst sich die Betriebswirtschaftslehre mit weiteren wichtigen Implikationen und zum Teil offenen Fragen der Regulierung auf einzelwirtschaftlicher Ebene. Zu nennen sind beispielhaft *Preisstrategien für Bündelprodukte* und damit zusammenhänge Fragen der Kreuzsubventionen, *Separierung* von Berichts- und Rechnungswesen für regulatorische Zwecke, Regulierung und Unternehmenswert (Kapitalmarktreaktion[44]), Konzernentflechtung und Kapitalmarkt aber auch etwa das wichtige Thema des Zusammenhangs zwischen *Regulierung und Innovation*.[45] Es ist derzeit eine offene Frage, ob und in welchem Ausmaß Regulierung Innovationen in einer Branche behindert (zum Beispiel weil regulierte Preise oder die Einhaltung bestimmter Regeln nicht ausreichend Anreiz zu innovativen Produktentwicklungen und Investitionen geben könnten) oder aber Innovationen fördert (zum Beispiel weil aufgrund von Zugangsgewährung zu nicht duplizierbaren Ressourcen zahlreiche wirtschaftliche Akteure ihre Ideen ausprobieren und entfalten und insofern den dynamischen Wettbewerb anregen oder weil die Auferlegung von bestimmten Sicherheitsregeln und Gewährleistung anderer öffentlicher Güter zu Vertrauen und zu neuartigen Qualitäts- und Dienstleistungslösungen anregt). Vermutlich hängt es von der fachlichen Qualität der Regulierung ab, ob diese bei ihrem Handeln den notwendigen Spielraum für Neuerungen stets im Auge behält und pflegt und damit dem ordnungspolitischen Auftrag der Ermöglichung eines dynamischen, auch Innovation fördernden Wettbewerbs nachkommt. Nicht selten wird sogar – auch im Zusammenhang mit der aktuellen Finanzkrise – die Meinung vertreten, dass eine engmaschigere und nachhaltige Regulierung sich als Standortvorteil im Wettbewerb auswirke.[46]

7 Schlussbetrachtung

Betriebswirtschaftliche Praxis und Theorie treffen allenthalben auf Regulierung. Reale Regulierungsregeln repräsentieren Institutionen, mit deren Hilfe Marktprozesse entsprechend der politischen Willensbildung einer Gemeinschaft sowie im Sinne von als wichtig angesehenen Wertungen korrigiert werden sollen. Sicherstellung öffentlicher

---

[43] Vgl. z. B. *Busse von Colbe* (2002); *Pedell* (2006); *Ballwieser* (2008).
[44] Vgl. *Rudolph/Johanning* (2004).
[45] Vgl. z. B. *Gerpott* (2006).
[46] Vgl. *Holtfrerich* (2009).

Güter, Vermeidung externer Effekte, Ermöglichung und Schutz von Wettbewerb sind wesentliche Orientierungspunkte derartiger Willensbildungen. Begründung, Präzision und Wirkungen von Regulierungseingriffen unterliegen zahlreichen, zum Teil hochkontroversen Debatten in der fachlichen wie in der allgemeinen Öffentlichkeit. Auch die wissenschaftliche Durchdringung des Zustandekommens und der Auswirkungen von Regulierungsregeln kann weder aus deskriptiv-erklärender noch aus normativer Sicht als abgeschlossen gelten. Allerdings bietet, wie dieser Beitrag zeigen wollte, das Reservoir wirtschaftswissenschaftlicher Ansätze vielfältige Anregungen zum besseren Verständnis des Regulierungsgeschehens auf einzel- wie auf gesamtwirtschaftlicher Ebene. Klar ist, dass viele regulierende Eingriffe des Staates den strategischen Handlungsspielraum von Unternehmen begrenzen, teils aber auch neue Entfaltungsspielräume eröffnen. Insofern muss sich jede Unternehmensführung ausdrücklich und fundiert mit den für sie relevanten Regulierungsvorgaben befassen. Je nach Branche kommt diesem Erfordernis unterschiedliches Gewicht zu. In der aktuellen Situation rückt vor allem die Debatte um die Spielregeln des Kapitalmarktes sowie der Finanzsektoren in den Mittelpunkt. Aber auch die Netzindustrien, der Gesundheitssektor und die Medien – um nur wenige zusätzliche Branchenbeispiele zu nennen – sind permanent gefordert, ihre Strukturen und Strategien auch im Lichte des jeweiligen, sich teils rasch wandelnden Regulierungsrahmens zu überprüfen und weiter zu entwickeln.

Literatur

Backhaus, Klaus/Plinke, Wulff (1986), Rechtseinflüsse auf betriebswirtschaftliche Entscheidungen, Stuttgart.

Ballwieser, Wolfgang (2002) (Hrsg.), BWL und Regulierung, zfbf Sonderheft 48/02, Düsseldorf/Frankfurt am Main.

Ballwieser, Wolfgang (2008), Kapitalkosten in der Regulierung, in: *Picot, Arnold* (Hrsg.), 10 Jahre wettbewerbsorientierte Regulierung von Netzindustrien in Deutschland. Bestandsaufnahme und Perspektiven der Regulierung, München, S. 339 - 358.

Baumol, William J. (1982), Contestable Markets: An Uprising in the Theory of Industry Structure, in: American Economic Review, Vol. 72, S. 1 - 15.

Baumol, William J./Panzar, John C./Willig, Robert D. (1982), Contestable markets and the theory of industry structure, San Diego u. a.

Bebchuk, Lucian A./Hamdani, Asaaf (2009), The elusive Quest for Global Governance Standards, Discussion Paper No. 633 4/2009, Harvard Law School, Cambridge.

Bonardi, Jean-Philippe (2004), Global and Political Strategies in Deregulated Industries: The Asymmetric Behaviors of Former Monopolies, in: Strategic Management Journal, Vol. 25, S. 101 - 120.

Bonardi, Jean-Philippe/Hillman, Amy J./Keim, Gerald D. (2005), The Attractiveness of Political Markets: Implications for Firm Strategy, in: Academy of Management Review, Vol. 30, S. 397 - 413.

BMWi (2009), Breitbandstrategie der Bundesregierung, Berlin.

Burghof, Hans-Peter/Rudolph, Bernd (1996), Bankenaufsicht – Theorie und Praxis der Regulierung, Wiesbaden 1996.

Burr, Wolfgang (1995), Netzwettbewerb in der Telekommunikation – Chancen und Risiken aus Sicht der ökonomischen Theorie, Wiesbaden.

Busse von Colbe, Walther (2002), Zur Ermittlung der Kapitalkosten als Bestandteil regulierter Entgelte für Telekommunikationsdienstleistungen, in: *Ballwieser, Wolfgang* (Hrsg.), BWL und Regulierung, zfbf Sonderheft 48/02, Düsseldorf/Frankfurt am Main, S. 1 - 25.

Dixit, Avinash K. (1996), The Making of Economic Policy: A Transaction-Cost Politics Perspective, Cambridge.

Donges, Jürgen B./Schmidt, Andreas J. (2008), Wettbewerbsförderung auf Netzmärkten durch Regulierung: Wie und wie lange?, in: *Picot, Arnold* (Hrsg.), 10 Jahre wettbewerbsorientierte Regulierung von Netzindustrien in Deutschland. Bestandsaufnahme und Perspektiven der Regulierung, München, S. 37 - 68.

EU-Commission (2005), Review of the Scope of Universal Service in Accordance with Article 15 of Directive 2002/22/EC, Commission Staff Working Document, Brüssel.

Frischmann, Brett M./van Schewick, Barbara (2007), Network Neutrality and the Economics of an Information Superhighway: A Reply to Professor Yoo, in: Jurimetrics – The Journal of Law, Science and Technology, Vol. 47, S. 383 - 428.

Fritsch, Michael/Wein, Thomas/Ewers, Hans-Jürgen (2007), Marktversagen und Wirtschaftspolitik: Mikroökonomische Grundlagen staatlichen Handelns, München.

Gatsios, Konstantine/Holmes, Peter (1998), Regulatory Competition, in: *Newman, Peter* (Hrsg.), The New Palgrave Dictionary of Economics and the Law, Bd. 3, S. 271 - 275.

Gerpott, Torsten J. (2006), Innovation und Regulierung in der Telekommunikationswirtschaft – Eine Bestandsaufnahme der empirischen Forschung, in: *Albers, Sönke* (Hrsg.), Innovation und Institution, zfbf Sonderheft 54/06, Düsseldorf/Frankfurt am Main, S. 133 - 155.

Holtfrerich, Carl-Ludwig (2009), Standortvorteil durch Regulierung, in: Handelsblatt, 24.07.2009, S. 8.

Holznagel, Bernd/Picot, Arnold/Deckers, Sebastian/Grove, Nico/Schramm, Marc (2010), Strategies for rural Broadband – An economic and legal feasibility analysis, Wiesbaden.

Kleindorfer, Paul R./Pedell, Burckhard (2007), Regulierung, in: *Köhler, Richard/Küpper, Hans-Ulrich/Pfingsten, Andreas* (Hrsg.), Handwörterbuch der Betriebswirtschaft, Stuttgart, Sp. 1563 - 1575.

Knieps, Günter (2005), Wettbewerbsökonomie. Regulierungstheorie, Industrieökonomie, Wettbewerbspolitik, Berlin u. a.

Knieps, Günter (2007), Netzökonomie – Grundlagen – Strategien – Wettbewerbspolitik, Wiesbaden.

Kocsis, Viktória/de Bijl, Paul W. (2007), Network neutrality and the nature of competition between network operators, in: Journal of International Economics and Economic Policy, Vol. 4, S. 159 - 184.

Kruse, Jörn (2001), Regulierungsbedarf in der deutschen Telekommunikation?, in: *Immenga, Ulrich/Kirchner, Christian/Knieps, Günter/Kruse, Jörn* (Hrsg.), Telekommunikation im Wettbewerb. Eine ordnungspolitische Konzeption nach drei Jahren Marktöffnung, München, S. 74 - 87.

Kubicek, Herbert (2008), Die Universaldienstdefinition in der Telekommunikation als Projektionsfläche für unterschiedliche Hoffnungen und Befürchtungen – Rückblick und Ausblick, in: *Picot, Arnold* (Hrsg.), 10 Jahre wettbewerbsorientierte Regulierung von Netzindustrien in Deutschland. Bestandsaufnahme und Perspektiven der Regulierung, München, S. 179 - 207.

Keeler, Theodore E./Foreman, Stephen E. (1998), Regulation and Deregulation, in: *Newman, Peter* (Hrsg.), The New Palgrave Dictionary of Economics and the Law, Bd. 3, S. 213 - 221.

Küpper, Hans-Ulrich (2002), Kostenorientierte Preisbestimmung für regulierte Märkte – Analyse eines Beispiels der Bedeutung betriebswirtschaftlicher Begriffe und Konzepte, in: *Ballwieser, Wolfgang* (Hrsg.), BWL und Regulierung, zfbf Sonderheft 48/02, Düsseldorf/Frankfurt am Main, S. 27 – 55.

Kurth, Matthias (2001), Die Regulierung in der Telekommunikation als Motor für Innovation und Wettbewerb, in: *Kubicek, Herbert/Klumpp, Dieter/Fuchs, Gerhard/Roßnagel, Alexander* (Hrsg.), Internet@Future, Jahrbuch Telekommunikation und Gesellschaft, Heidelberg, S. 79 - 91.

Kurz, Gerhard (2009), Das IASB und die Regulierung der Rechnungslegung in der EU – Eine Analyse von Legitimation und Lobbying, Frankfurt am Main.

Landgrebe, Jonathan (2006), Liberalisierung und Regulierungsmanagement: Strategische Mitgestaltung regulatorischer Rahmenbedingungen durch die Marktteilnehmer am Beispiel des liberalisierten Telekommunikationsmarktes in Deutschland, Wiesbaden.

Levine, Michael E. (1998), Regulatory Capture, in: *Newman, Peter* (Hrsg.), The New Palgrave Dictionary of Economics and the Law, Bd. 3, S. 267 - 271.

Musgrave, Richard A. (1969), Provision for social goods, in: *Margolis, Julius/Guitton, Henri* (Hrsg.), Public economics, London/New York, S. 124 - 144.

Olson, Mancur (1965), The logic of collective action – Public goods and the theory of groups, Cambridge.

Pedell, Burkhard (2006), Regulatory Risk and the Cost of Capital. Determinants and Implications for Rate Regulation, Berlin u. a.

Picot, Arnold (2007) (Hrsg.), Die Effektivität der Telekommunikationsregulierung in Europa- Befunde und Perspektiven, Tagungsband zur Fachkonferenz des Münchner Kreis am 7. Mai 2007 in Brüssel, Heidelberg.

Picot, Arnold (2008), Theorien der Regulierung und ihre Bedeutung für den Regulierungsprozess, in: *Picot, Arnold* (Hrsg.), 10 Jahre wettbewerbsorientierte Regulierung von Netzindustrien in Deutschland. Bestandsaufnahme und Perspektiven der Regulierung, München, S. 9 - 36.

Picot, Arnold (2009), Schlüsselproblem Breitbandzugang, in: Information Technology, 51. Jg., S. 235 - 238.

Picot, Arnold/Burr, Wolfgang (1996), Ökonomische Vorteile des Netzwettbewerbs in der Telekommunikation, in: *Kubicek, Herbert et al.* (Hrsg.), Öffnung der Telekommunikation: neue Spieler – neue Regeln, Jahrbuch Telekommunikation und Gesellschaft, Heidelberg, S. 19 - 33.

Picot, Arnold/Landgrebe, Jonathan (2009), „Regulation is Acquired by the Industry and is Designed and Operated Primarly for ist Benefit"? – A Test of Proactive vs. Reactive Corporate Regulatory Management in German Telecommunications, in: *Schäfer, Klaus/Burghof, Hans/Lutz Johanning/Wagner, Hannes F./Rodt, Sabine* (Hrsg.), Risikomanagement und kapitalmarktorientierte Finanzierung (Festschrift für Bernd Rudolph), Frankfurt a. M., S. 127 - 150.

Picot, Arnold/Wernick, Christian (2005), Wettbewerbsregulierung in der Telekommunikation gemäß EU-Richtlinien und TKG, in: Wirtschaftsinformatik, 47. Jg., S. 222 - 225.

Picot, Arnold/Dietl, Helmut/Franck, Egon (2008), Organisation. Eine ökonomische Perspektive, Stuttgart.

Posner, Richard A. (1974), Theories of Economic Regulation, in: The Bell Journal of Economics and Management Science, 5. Jg., S. 335 - 358.

Rudolph, Bernd/Johanning, Lutz (2004), Untersuchungen der Aktienkursentwicklung der Deutschen Telekom AG, in: *Piepenbrock, Hermann-Josef/Schuster, Fabian/Ruhle, Ernst-Olaf* (Hrsg.), Regulierung und Kapitalmarktbewertung in der Telekommunikation, Lohmar, S. 1 - 50.

Rudolph, Bernd (2008), Lehren aus den Ursachen und dem Verlauf der internationalen Finanzkrise, in: zfbf, 60. Jg., S. 713 - 741.

Säcker, Franz J./Busse von Colbe, Walther (2007), Wettbewerbsfördernde Anreizregulierung, Frankfurt am Main.

Sadowski, Dieter/Czap, Hans/Wächter, Hartmut (1996) (Hrsg.), Regulierung und Unternehmenspolitik – Methoden und Ergebnisse der betriebswirtschaftlichen Rechtsanalyse (Regulation and Business Policy), Wiesbaden.

Shepherd, William G. (1990), The Economics of Industrial Organization, Englewood Cliffs.

Siemen, Andreas (1999), Regulierungsmanagement in der Telekommunikationsindustrie, Wiesbaden.

Sinn, Hans-Werner (2009), Kasino-Kapitalismus: Wie es zur Finanzkrise kam, und was jetzt zu tun ist, Berlin.

Stigler, George J. (1971), The Theory of Economic Regulation, in: The Bell Journal of Economics and Management Science, Vol. 2, S. 3 - 21.

Sutton, Timothy G. (1984), Lobbying of Accounting Standard-Setting Bodies in the U. K. and the USA.: A Downsian Analysis, in: Accounting, Organizations and Society, Vol. 9, S. 81 - 95.

van Schewick, Barbara (2007), Towards an Economic Framework for Network Neutrality Regulation, in: The Journal on Telecommunications and High Technology Law, Vol. 5, S. 329 - 391.

Viscusi, William K./Vernon, John M./Harrington, Joseph E. (2005), Economics of Regulation and Antitrust, Cambridge.

Vogelsang, Ingo (2005), Resale und konsistente Entgeltregulierung, Bad Honnef.

Wernick, Christian (2007), Strategic Investment Decisions in European Broadband – The Relationship between Infrastructure Investments and Regulation in European Broadband, Wiesbaden.

Willman, Paul/Coen, David/Currie, David/Siner, Martin (2003), The Evolution of Regulatory Relationships; Regulatory Institutions and Firm Behaviour in Privatized Industries, in: Industrial and Corporate Change, 12. Jg., S. 69 - 89.

Wissenschaftliches Institut für Infrastruktur und Kommunikationsdienste (WIK) (2004), Ein analytisches Kostenmodell für das Breitbandnetz: Referenzdokument erstellt durch die WIK-Consult GmbH im Auftrag der Regulierungsbehörde für Telekommunikation und Post, Bad Honnef.

Wissmann, Martin (2003), Telekommunikationsrecht – Praxishandbuch in deutscher und englischer Sprache mit neuem EU-Rechtsrahmen, Frankfurt am Main.

Witte, Eberhard (1997), Betriebswirtschaftslehre und Staat – ein wechselvolles Verhältnis, in: Zeitschrift für Betriebswirtschaft, 67. Jg., S. 7 - 19.

Xavier, Patrick (2003), Should broadband be part of universal service obligations?, in: Info – The Journal of Policy, Regulation and Strategy for Telecommunications, 5. Jg., S. 8 - 25.

Martin Blessing[*]

„Mehr, besser oder beides?" – Zur Regulierung der Banken und Finanzmärkte

1   Welche Ziele soll eine Finanzmarkt-Regulierung verfolgen?

2   Regulierungsbereiche

    2.1 Vergütung

    2.2 Eigenkapitalanforderungen

    2.3 Verbriefungen

    2.4 Abwicklung von Banken

    2.5 Aufsicht

3   Schlussfolgerungen

---

[*] *Martin Blessing*, Vorsitzender des Vorstands der Commerzbank AG, Frankfurt/Main.

Es gibt zur Zeit kaum ein wichtigeres Thema als die neuen Regeln für die Finanzmärkte. Mit diesem neuen Ordnungsrahmen wird die Stabilität des Finanzsystems gefestigt. Damit werden zugleich die Wettbewerbsbedingungen und Entfaltungsmöglichkeiten der Finanzmarkt-Akteure in den nächsten 10 bis 20 Jahren bestimmt – nicht nur in Europa, sondern weltweit. Das wiederum hat Auswirkungen auf die Geschäftsmodelle der Banken, aber auch auf die Finanzierungs- und Investitionsbedingungen der Wirtschaft. Der neue Regulierungsrahmen muss also gelingen.

Die Finanzmarktkrise ist nicht nur für Bankmanager eine neue Erfahrung. Sie hat dazu geführt, dass plötzlich Vieles öffentlich und ganz fundamental in Frage gestellt wird.

Das betrifft selbst Grundlagen der BWL, z. B.

- die Hypothese effizienter Märkte und rationaler Markt-Akteure,
- die Brauchbarkeit von Kapitalmarkt-Modellen wie dem CAPM
- und Annahmen, die Risiko-Modellen wie dem Value-At-Risk zugrunde liegen.

Auch das Mantra der möglichst vollständigen Transparenz als Allheilmittel hat an Glanz verloren. Prominentes Beispiel sind die internationalen Standards der Rechnungslegung und das „mark-to-market"-Prinzip. Ihm werden Zyklus verstärkende Wirkungen zugeschrieben.

Die Staats- und Regierungschefs der G-20-Staaten sprachen im Abschluss-Communiqué von Pittsburgh von *„reckless and irresponsible risk taking by banks and other financial institutions"*. Dort ist aber auch ausdrücklich die Rede von *„major failures of regulation and supervision"*. Beides zusammen sei verantwortlich für die beobachtete Anfälligkeit des Finanzsystems.[1]

Daher sind nun alle aufgerufen, Konsequenzen aus der Krise zu ziehen: zum einen die Banken und Finanzmarktteilnehmer selbst, z. B. durch Änderungen im Risiko-Management, aber auch bei den Vergütungs-Systemen; zum anderen die Aufseher und Regulatoren, und das vor allem durch Änderungen der Regeln und der Aufsichtspraxis.

1 Welche Ziele soll eine Finanzmarkt-Regulierung verfolgen?

Bei aller Verunsicherung: Die Lehrbücher behalten Gültigkeit. Denn die beiden Oberziele der Finanzmarktregulierung lauten nach wie vor: Individueller Schutz der Sparer und Anleger einerseits, Schutz des Finanzsystems als Ganzes andererseits.

---

[1] Abschlusskommuniqué des G-20-Gipfels in Pittsburgh: Leaders' Statement: The Pittsburgh Summit, September 24 - 25, 2009, Nr. 10 (http://www.pittsburghsummit.gov/mediacenter/129639.htm).

Der Schwerpunkt der internationalen Fachdiskussion liegt in dieser Krise eindeutig auf dem Aspekt der Systemstabilität. Damit beschäftigt sich auch die neue Bundesregierung.[2]

Die gängigste Antwort auf die Frage, wie dieses Oberziel zu erreichen ist, lautet heutzutage: „Nicht durch mehr, sondern durch bessere Regulierung". Doch das ist zunächst nur eine Leerformel. Um zu beurteilen, ob die diskutierten Regulierungsvorschläge dieses Prädikat verdienen, gibt es zwei Kriterien: Regulierung muss effektiv und effizient sein.

Effektiv ist Regulierung, wenn sie das gesteckte Ziel auch wirklich erreicht. Und effizient ist sie, wenn sie in einem angemessenen Aufwands- und Ertragsverhältnis steht. Diese Kriterien bilden die beiden Prüfsteine, mit denen jedes Regulierungsprojekt untersucht werden sollte. Daraus leiten sich alle weiteren Überlegungen ab.

So fällt z. B. jede Regulierung durch diesen Test, die Lücken aufweist. Dies konnte man beobachten bei Zweckgesellschaften[3] und damit verbunden dem „Schattenbanken-System". Sie entstanden im „blinden Fleck" zwischen Basel I und Basel II – und wohl auch mancher Wirtschaftsprüfer.

Ebenfalls durchfallen muss fehlerhafte Regulierung, die mit großer Wahrscheinlichkeit das gesteckte Ziel nie erreicht wie zum Beispiel eine Steuer auf Finanzmarkttransaktionen.[4] Der einzige sofort messbare „Erfolg" wäre der enorme IT-Programmieraufwand, den ein solches Regulierungsprojekt nach sich zöge.

Ebenfalls in diese Kategorie fällt Überregulierung. Hier übersteigt der Aufwand den erwarteten Nutzen bei weitem. Ein Beispiel aus jüngerer Zeit ist das neue, siebentägige Rücktrittsrecht für private Verbraucher bei Börsenorders und Anlagegeschäften.

Im Umkehrschluss und positiv gewendet ist „bessere Regulierung" daher eine Regulierung:

- bei der mit positivem Ergebnis eine Kosten-Folgeabschätzung vorgenommen wurde,
- die eher Prinzipien-gestützt als Einzelfall-orientiert arbeitet,

---

[2] Natürlich gibt es aber auch beim Individualschutz noch Verbesserungsmöglichkeiten. Geeignete Regeln und Verfahren der Anbieter tragen auch zweifellos zum Vertrauen in das Finanzsystem bei; ebenso wie ausreichende Mündigkeit der Verbraucher.

[3] Das *Joint Forum* und das *Basel Commitee on Banking Supervision (BCBS)* stellen in ihrem „Report on Special Purpose Entities" vom September 2009 die Vorzüge und die Risiken von Zweckgesellschaften ausführlich dar (http://www.bis.org/publ/joint23.pdf).

[4] Dies gilt auch für die jüngsten Vorschläge, die in Europa vor allem von Frankreich und Deutschland vorgebracht wurden.

- die Wettbewerbsverzerrungen ebenso vermeidet wie Möglichkeiten zur Regulierungs-Arbitrage,
- und die schließlich ganz generell keine falschen Anreize setzt.

Die Anreiz- und Wechselwirkungen der Regulierung sind von zentraler Bedeutung – nicht zuletzt für die betriebswirtschaftliche Forschung. Den meisten Käufern von US-Subprime-Verbriefungen war vor der Krise vermutlich gar nicht klar, wie leicht sich amerikanische Immobilienbesitzer nach US-Insolvenzrecht persönlich entschulden können.

Jedenfalls ist es ein Mythos, dass Banken und Finanzmärkte „nach Jahrzehnten neoliberaler De-Regulierungs-Wut" ohne Aufsicht und Regeln gewesen seien. Der dtv-Band zum Bankrecht umfasste 1982 noch 300 Seiten. Bis heute sind über 1.000 Seiten hinzugekommen![5] Und dennoch macht mehr neue Regulierung Sinn, sofern sie „bessere" Regulierung ist.

2 Regulierungsbereiche

Fünf Regulierungsbereiche sind für die Erhöhung der Systemstabilität wesentlich: Vergütung, Eigenkapitalanforderungen, Verbriefungen, die Abwicklung von Banken sowie die Finanzmarkt- und Bankenaufsicht.

2.1 Vergütung

Vergütungssysteme und Managergehälter stehen im Grunde nicht an erster Stelle, wenn es um die Systemstabilität geht, aber sie werden am lautesten diskutiert. Dennoch sollte man auch dieses Thema effektiv und effizient angehen.

Wesentlich ist: Vergütungsstrukturen dürfen Bankmitarbeiter – vom Vorstand bis zum Kundenberater – nicht dazu verleiten, exzessive Risiken auf Kosten der Systemstabilität einzugehen.

Klar ist inzwischen auch: Selbstregulierung reicht auf diesem Gebiet nicht aus. Denn hier kann so etwas wie ein „Gefangenen-Dilemma" beobachtet werden: Immer besteht die Gefahr, dass einige Marktteilnehmer beim nächsten Boom in alte Verhaltensmuster zurückfallen. Dann aber sind nach und nach alle gezwungen mitzumachen.

Wenn man jedoch die häufig emotional und heftig geführte Debatte um Vergütungen in Banken verfolgt, drängt sich manchmal der Eindruck auf, hier sollten gleich „zwei Fliegen mit einer Klappe geschlagen" werden. Vordergründig geht es darum, die Stabilität im Finanzsystem zu erhöhen. Aber möglicherweise spielen auch „verteilungspolitische

---

[5] Bankrecht (BankR) – Beck Texte im dtv: 11. Auflage, 1982, und 36. Auflage, 2009.

Überlegungen" eine Rolle. Dabei besagt doch eine alte Regel, dass jedes wirtschaftspolitische Ziel jeweils ein gesondertes Instrument erfordert.[6]

Nur scheinbar effektiv ist in diesem Zusammenhang auch die Forderung, die Höhe der Bezüge aller Angestellten im Bankgewerbe transparent zu machen. Denn es verfestigt sich der Eindruck, dass die Transparenz auf Vorstandsebene in den letzten Jahren eine allgemeine Angleichung der Bezüge gefördert hat, und zwar nach oben. Effektiv wären vermutlich statt dessen Höchstgrenzen für alle Managergehälter und Boni, um das Systemrisiko zu senken. Aber wäre das auch effizient? Wie gesagt: Das Problem sind die falschen Anreize für einige Akteure, die durch übermäßiges Risiko das ganze System destabilisieren können. Es wird durch eine pauschale, sektor-weite Regulierung aller Gehälter nicht gelöst.

Vielversprechender dagegen sind einzelne, gezielte Maßnahmen: So schreibt die Bankenaufsicht in den neuen Mindestanforderungen für das Risikomanagement (MaRisk) inzwischen Vergütungsstrukturen vor, die zu einer nachhaltigen Geschäfts- und Risikostrategie passen.[7] Wichtig wird dabei sein, die Anreize z. B. für die Risikospezialisten der Marktfolgeabteilungen so zu setzen, dass sie nicht grundsätzlich jedes risikobehaftete Geschäft ablehnen. „Wer nichts macht, macht keine Fehler" – das wäre sicher weder im Sinne der Aufsicht noch der Banken und schon gar nicht in dem der Kunden!

Die meisten großen Banken – auch die Commerzbank – implementieren bereits neue und nachhaltigere Vergütungsmodelle.[8] Allen gemein sind Elemente wie:

- angemessenes Verhältnis der variablen Zahlungen zum Festgehalt,
- Auszahlungspläne über längere Zeiträume (z. B. drei Jahre),
- sowie Bonus-Malus-Regelungen, d. h. Möglichkeiten, Boni einzubehalten oder zurückzufordern, falls sich Erfolge als nicht nachhaltig herausstellen.

Grundsätzlich ist aber bei der Regulierung von Vergütungsstrukturen im Bankensektor vom Laissez-Faire vor der Krise nun nicht ins andere Extrem zu verfallen. Positive

---

[6] Entsprechend der Tinbergen-Regel muss es für jedes unabhängige Ziel mindestens ein Mittel geben, welches für kein anderes Ziel benötigt wird, sonst kommt es zu Zielkonflikten.

[7] BaFin „Mindestanforderungen an das Risikomanagement von Kredit- und Finanzdienstleistungsinstituten" (MaRisk), Neufassung vom 14. August 2009; und BaFin-Rundschreiben 22/2009 „Aufsichtsrechtliche Anforderungen an die Vergütungssysteme von Instituten".

[8] Siehe Pressemitteilung „Commerzbank führt neues Vergütungssystem ein" vom 10.11.2009 (www.commerzbank.de).

Leistungsanreize z. B. sind nicht grundsätzlich zu verdammen, im Gegenteil: Überdurchschnittliche Leistungen müssen weiter individuell honorierbar bleiben.[9]

2.2 Eigenkapitalanforderungen

Wesentlich bedeutender für die Bekämpfung von Systemrisiken sind die Vorschriften zum Eigenkapital der Banken. Offensichtlich wurde vor der globalen Finanzmarktkrise insgesamt zu viel Kredit vergeben. Daher kann hier eine höhere Mindesteigenkapitalunterlegung effektiv sein, denn sie macht steigende Kreditvergabe teurer. Aber auch hier gilt: Gezieltes Vorgehen steigert die Effizienz der Regulierung eher als eine pauschale Erhöhung der internationalen Eigenkapitalanforderungen. Z. B. sollten Risiken im Handelsbuch sowie riskante strukturierte Produkte mit mehr Eigenkapital unterlegt werden, wie es bereits durch den Baseler Ausschuss und die EU-Kommission vorgeschlagen wurde.[10]

Kritischer ist das Konzept der Leverage Ratio zu sehen, vor allem der Vorschlag, dieses ungewichtete Verhältnis zwischen Bilanzsumme und Eigenkapital als strikte Regel einzuführen, also nicht nur als Informationsinstrument. Dies hätte als neue, allgemein verbindliche Eigenkapitalanforderung eine eher zweifelhafte Effektivität und Effizienz, und zwar aus zwei Gründen:

Erstens besitzt eine solche Vehältnisgröße zwar vor allem im Zeitvergleich einen gewissen Informationsgehalt und könnte insofern Signale für potenziell kritische Entwicklungen geben. Inwieweit aber eine Leverage Ratio auch als absolutes Maximum zur Größenbegrenzung von Banken dienen kann und sollte, ist derzeit noch nicht ausdiskutiert. Das betrifft vor allem die falschen Anreize, die eine pauschale Leverage Ratio für Banken setzen würde. Im Ergebnis würden vielleicht sogar gute, risikoarme Aktiva veräußert und dafür möglichst renditestarke, aber riskantere Assets auf die Bilanz genommen. Damit würde das Systemrisiko sogar erhöht.

Zweitens geht eine pauschale Größenbegrenzung von Banken an der Frage des Systemrisikos klar vorbei. Denn Größe allein ist kein taugliches Kriterium für das systemische Risiko einer Bank. Es geht bei der Systemstabilität vor allem um Vertrauensschutz. Das bedeutet: Selbst kleine oder spezialisierte Marktteilnehmer können in wichtigen Segmenten eine so große Rolle spielen, dass ihr Ausfall auf andere Institute und schließlich das ganze System übergreift.

---

[9] Interessant sind hier auch die britischen 39 Recommendations des „Walker Report", „A review of corporate governance in UK banks and other financial industry entities – Final Recommendations" vom 26. November 2009, die u. a. mehr Transparenz bei Hochverdienern anregen.

[10] Vgl. „Guidelines for computing capital for incremental risk in the trading book – final version" des Basel Committee on Banking Supervision (BCBS), Juli 2009 (http://www.bis.org/publ/bcbs159.pdf).

Nicht nur für große DAX-Unternehmen und exportorientierte Mittelständler gilt zudem: Große, international vernetzte Banken werden auch künftig gebraucht. Eine pauschale Größenbegrenzung wie durch eine Leverage Ratio würde also Effizienzverluste auch für die Wirtschaft im Ganzen bedeuten, z. B. mit Blick auf die Großkreditgrenzen.

Aussichtsreicher noch erscheint die Diskussion über die Bildung zusätzlicher „Eigenkapitalpuffer" in guten Zeiten. Mit einem solchen „dynamic provisioning" hat Spanien offenbar gute Erfahrungen gemacht. Aber es gibt auch andere Modelle, dieses Ziel zu erreichen.

Zyklische Wirkungen können natürlich nie völlig verhindert werden. Das Auf und Ab der Konjunktur gehört zum Bankgeschäft und allgemein zur Wirtschaft. Prozyklische, also die Konjunktur künstlich verschärfende Effekte erhöhen allerdings das Systemrisiko unnötig.

Kritisch gesehen wird hier bekanntlich das risikosensitive Regelwerk Basel II in Verbindung mit den internationalen Bilanzierungsregeln. Daher ist die Forderung der G20 an die globalen Standard-Setter FASB und IASB zu begrüßen, den Regulatoren in dieser Hinsicht entgegenzukommen. Dazu gehört, die Verwendung von Expected-Loss-Modellen zu prüfen sowie die internationale Harmonisierung ihrer Standards weiter voranzutreiben.

2.3 Verbriefungen

Eigenkapitalregeln umfassen das gesamte Bankgeschäft. Zur Bekämpfung von Systemrisiken lohnt aber auch ein genauerer Blick auf jene Produkt-Kategorie, von der die ersten Krisenimpulse ausgegangen waren: strukturierte Produkte und damit das Prinzip der Verbriefung. Wie könnte man hier effektiv und effizient vorgehen?

So werden Ratingagenturen, die den Subprime-Papieren irreführende Gütesiegel verliehen haben, künftig einer Aufsicht unterliegen. Das ist auch zu begrüßen. Effektiv weil zielführend wäre selbstverständlich auch ein weitreichendes Verbot von Verbriefungen oder deren prohibitive Verteuerung. Sie würden dadurch gewissermaßen zur „bedrohten Art" und möglicherweise ganz verschwinden.

Wir brauchen aber auf Dauer einen gesunden und leistungsfähigen Verbriefungsmarkt, für die Kreditversorgung der Unternehmen und vor allem für die des Mittelstands. Denn der deutsche Mittelstand nimmt aus vielen Gründen den Kapitalmarkt als Finanzierungsquelle kaum in Anspruch. Andererseits haben Investoren Interesse, verbriefte Risiken aus bonitätsmäßig einwandfreien Mittelstandskrediten zu erwerben. Banken können also dem Mittelstand weiter Fremdkapital zur Verfügung stellen und ihn trotzdem mit Verbriefungstechniken indirekt an den Kapitalmarkt bringen. Das alles hat mit Subprime-Praktiken offenkundig nichts zu tun.

Daher wäre es effizienter, zielgerichtet nur jene Bereiche der Verbriefung neu zu regulieren, die entscheidend die Systemstabilität gefährdet haben. Zum einen sind dies komplexe und multiple, also „mehrstöckige" Verbriefungen. Diese fielen bekanntlich dem allgemeinen Vertrauensverlust am rasantesten zum Opfer. Zum anderen war eine völlige Loslösung der verbriefenden Banken von der Überwachung der ursprünglichen Kreditnehmer zu beobachten gewesen. Manche Banken hatten damit ihre ureigensten Aufgaben aus der Hand gegeben. Sie hatten also einfach nicht getan, was von ihnen erwartet wurde: Kreditnehmer sorgfältig auszuwählen und dann auf sie aufzupassen (Screening und Monitoring).

In beiden Bereichen gehen die internationalen Bemühungen in die richtige Richtung. Der Anreiz für komplexere Verbriefungen wird durch die angekündigte Verschärfung der Eigenkapitalanforderungen bereits gesenkt. Zudem wird ein verbindlicher Selbstbehalt in der EU eingeführt. Als weltweite Regel wird er aber immer noch geprüft. In diesem Zusammenhang ist die Aufforderung des Internationalen Währungsfonds zu begrüßen, den Verbriefungsmarkt wiederzubeleben und nicht mit zu vielen neuen Regulierungen zu behindern.

2.4 Abwicklung von Banken

Ein vierter Diskussions- und Regelungs-Bereich ist erst in letzter Zeit hinzugekommen. Wenn das Systemrisiko reduziert werden soll, darf die Frage nicht fehlen: Was passiert, wenn die Krise erst einmal ausgebrochen ist?

Die meisten Maßnahmen zur Senkung des Systemrisikos wirken präventiv. In einer Krise sind jedoch weitere Mechanismen notwendig, um einen Domino-Effekt zu verhindern. Vor allem geht es darum, die wirtschaftlichen Schäden einer Krise zu minimieren. Wie können angeschlagene Finanzinstitute in einer Krise so abgewickelt werden, dass sie das Finanzsystem nicht schädigen?

Diskutiert wird daher z. B. ein neues, international abgestimmtes Abwicklungsverfahren. Es soll die Bankeigentümer nicht aus der Haftung entlassen, aber den Bankbetrieb aufrecht erhalten und die Sicherheit der Kunden gewährleisten, also vor allem einen „Bank run" der Sparer und Anleger vermeiden. Hierzu liegen in Deutschland bereits Gesetzesentwürfe aus der letzten Legislaturperiode für eine nationale Lösung vor. Sie sollten wieder aufgegriffen und zügig in die parlamentarischen Beratungen gebracht werden. Zudem müssen auch im internationalen Rahmen Vorbereitungen getroffen und international belastbare Rechtsvorschriften erarbeitet werden. Dies setzt vor allem eine intensive Kooperation der betroffenen Aufsichtsbehörden voraus.[11]

---

[11] Vgl. das Konsultationspapier „Report and Recommendations of the Cross-border Bank Resolution Group" des Basel Committee on Banking Supervision (BCBS), September 2009 (http://www.bis.org/publ/bcbs162.pdf).

Diese regulatorischen Änderungen mit Augenmaß umzusetzen und vor allem deren Einhaltung zu überwachen, berührt den fünften Regelungsbereich – die Aufsicht.

2.5 Aufsicht

Wesentlich ist die Erkenntnis aus der Krise, dass eine effektive Banken- und Finanzaufsicht viel mehr als früher systemische Risiken betrachten muss. Da die von den USA ausgehende Krise an deren Grenzen nicht Halt gemacht hat, ist zudem internationale Kooperation der Aufsichtsbehörden wichtiger denn je. Inzwischen sind für 30 große und komplexe Finanzinstitute Aufsichts-Kollegien (so genannte „Colleges") geschaffen worden – ein erstes wichtiges Element! Wichtig ist aber auch hier, nicht über das Ziel hinauszuschießen: Eine weltweite „Superbehörde" wäre sicher keine effiziente Lösung. Denn wer sollte diese noch kontrollieren? Auf EU-Ebene sollten wir hier jedoch weiter vorankommen.

Das EU-Prinzip der Subsidiarität gibt wertvolle Anregungen für eine effiziente Lösung: Nur jene Finanzmarktgeschäfte müssten von der internationalen Zusammenarbeit der Aufsicht erfasst werden, die erstens systemische Risiken auslösen könnten und zweitens grenzüberschreitend wirken. Retailgeschäft gehört z. B. nicht dazu.

„Mehr Effizienz" könnte auch bedeuten, die Aufsichtsstrukturen bereits auf nationaler Ebene stärker zu fokussieren. Selbstverständlich sollte sein: Wer mehr Leistung und Aufgaben von der Finanzaufsicht fordert, muss auch bereit sein, dafür mehr Ressourcen zur Verfügung zu stellen. Hoch qualifizierte Arbeitnehmer sollten auch entsprechend hohe Kompensation erhalten, zumal ja die Regulierten – d. h. die Kreditinstitute – die Kosten bekanntlich selbst tragen müssten.

3 Schlussfolgerungen

Die Schlussfolgerungen lauten:

Selbstregulierung allein genügt auf vielen Gebieten nicht. Regulierung ist daher wichtig. Um die Systemstabilität zu sichern, hilft auch kein moralischer Appell an den Einzelnen und auch kein noch so guter Werte-Kanon. Denn der Einzelne ist damit überfordert, Verantwortung für das ganze System zu erkennen und zu übernehmen. Nur Regulierung kann diese Verantwortung in sein Entscheidungs-Kalkül einbringen. Ihre Effizienz und Effektivität ist ein wichtiger Parameter für die Stabilität des Finanzsystems, aber auch für die Leistungsfähigkeit des Finanzsektors und damit der gesamten Wirtschaft.

Umso wichtiger ist es, dass Regulierung den Wettbewerb nicht verzerrt, weder international noch national. Denn sie beeinflusst die Geschäftsmodelle der Banken und der übrigen Finanzmarkt-Akteure. Zwei Beispiele:

(1) Welche Formen von Eigenkapital werden künftig als regulatorisches Kernkapital der Banken anerkannt? Würden hier – zufällig oder mit Vorsatz – in Europa wichtige Instrumente einfach weggelassen, dann hätte dies enorme Konsequenzen für die Wettbewerbsfähigkeit der Banken in Deutschland.

(2) Regulierung kann auch ein Treiber in der Frage sein, ob wir uns künftig eher in Richtung eines faktischen Trennbanksystems bewegen, oder ob weiter integrierte Universalbanken das Bild beherrschen werden.

In Deutschland bestehen sicherlich beste Voraussetzungen dafür, dass die „Bank der Zukunft" eine Universalbank sein wird. Sie wird auf Stabilität und Langfristigkeit ausgerichtet und streng am Kundenbedürfnis orientiert sein. Sie wird auch über eine möglichst klare Struktur verfügen, nicht allein wegen der regulatorischen Anreize. Hierzu gehört ferner ein Vergütungssystem, das auf Nachhaltigkeit ausgerichtet ist, und ein entsprechendes Risikomanagement.

Größe ist dagegen – wie schon gesagt – kein entscheidendes Kriterium und kein Regulierungsziel. Hier mögen der Markt und das Management mit ihren Entscheidungen das letzte Wort haben. Denn für die strategischen Schlussfolgerungen aus der Krise sollte die Regulierung den Rahmen bilden, nicht ein Korsett.

Klar erscheint aber bereits heute, dass die kommende Regulierung die Kosten des Bankgeschäfts insgesamt erhöhen wird, also tendenziell die Rendite der Branche senkt. Nimmt dadurch die Systemstabilität zu und die Wahrscheinlichkeit von Finanzkrisen ab, kann in der volkswirtschaftlichen Gesamtbetrachtung die Regulierungsbilanz sogar positiv ausfallen.

Diese Optimierungsaufgabe sollte mutig angegangen werden.

Jochen Sanio[*]

Einfluss der Regulierung auf die Entwicklung der Finanz- und Kapitalmärkte

---

[*] *Jochen Sanio*, Präsident der Bundesanstalt für Finanzdienstleistungsaufsicht (BaFin), Bonn.

1857 mokierte sich der junge *Karl Marx* in einem Brief an seinen Mitstreiter *Friedrich Engels* über den „lächerlich-kühne(n) Schwung", den „der security market in England etc. genommen" habe, und sah „ein Ende mit Schrecken" voraus. In einem anderen Brief beklagte sich *Karl Marx* über die Kapitalisten, die nun überall von den Regierungen „öffentliche Unterstützung" forderten und – wie er es ausdrückte – das „droit au profit auf allgemeine Unkosten" geltend machten, wo sie sich doch in besseren Zeiten so vehement gegen jegliche staatliche Einmischung ausgesprochen hätten. Was dann passierte, ist bekannt: In den beiden Jahren zwischen 1857 und 1859 brachen die Märkte zusammen. Und, wie von *Marx* erwartet, sprang die Finanzkrise rasch auf die reale Ökonomie über. Zumindest darin hat er Recht behalten.

Was würde *Karl Marx* zu der jetzigen Krise sagen, die ihren Anfang ebenfalls im Finanzsektor nahm? Er hätte wahrscheinlich eine sehr drastische Formulierung benutzt. Was als regionales Problem auf dem außer Rand und Band geratenen US-Hypothekenmarkt begann, entwickelte sich über den Zusammenbruch des Verbriefungsmarktes zu einer Furcht erregenden Vertrauenskrise an den internationalen Finanzmärkten. Nach dem Fall des Hauses *Lehman* vor gut einem Jahr blickten wir mehrere Wochen lang in den Abgrund – das Weltfinanzsystem befand sich am Rande des Zusammenbruchs. Danach wurde dann die gesamte (reale) Weltwirtschaft von der Krise erfasst. Ist die Menschheit nur noch ein Spielball der außer Kontrolle geratenen internationalen Finanzmärkte? Und ist dies die Folge einer mangelhaften Regulierung?

Wer wissen will, welchen Einfluss Regulierung auf die Finanz- und Kapitalmärkte hat, der kann die Krise als Lehrstück betrachten. Sie zeigt neben vielen anderen Dingen, dass lückenhafte und unzulängliche Regulierung tatsächlich ins Verderben führen kann. Dieser Satz ist eine selbstkritische Feststellung, denn für eine fehlerhafte Beschaffenheit der internationalen Regulierungsstandards sind in erster Linie diejenigen verantwortlich, die sie entworfen haben – es sei denn, höhere Mächte hätten sie an besserem Tun gehindert. Die ungeheure Regulierungsarbitrage, die auf überhitzten Märkten seit dem Jahr 2005 stattfand und für die einmalige Dimension der Finanzkrise sorgte, lässt sich auf beide Ursachen zurückführen.

Das riesige Volumen an Wertpapieren, die mit US-amerikanischen Subprime-Hypotheken unterlegt waren, konnte aber nur deshalb im internationalen Bankensystem untergebracht werden, weil Basel I, der internationale Solvenz-Standard für Banken, den die Bankaufseher der G-10 Staaten 1988 verabschiedet und 1996 ergänzt hatten, fundamentale Schwachstellen aufwies, die eines gemeinsam hatten: Sie ließen es zu, dass Banken bestimmte Risikopositionen überhaupt nicht oder mit einem viel zu niedrigen Eigenkapitalsatz unterlegen mussten.

So konnten Banken, die Subprime-Wertpapiere kauften, die dafür erforderliche Eigenkapital-Unterlegung minimieren, wenn sie diese – zu Recht oder zu Unrecht – in ihrem Handelsbuch hielten. Schlimmer noch: Kurzfristige Kreditzusagen mit Ursprungslaufzeiten von bis zu einem Jahr blieben gänzlich eigenkapitalfrei. Dadurch konnten einige Banken in unbegrenzter Höhe so genannte „liquidity facilities" zur Verfügung stellen, mit denen für riesige Volumina langfristiger Subprime-Papiere eine hoch profitable Geldmarkt-Refinanzierung ermöglicht wurde.

Bei der anderen gängigen Variante einer Null-Eigenkapitalunterlegung, den „Structured Investment Vehicles", nutzten die Banken die Tatsache aus, dass die Frage der Konsolidierung derartiger Zweckgesellschaften nicht in der Baseler Eigenkapital-Übereinkunft geregelt war, sondern in internationalen Bilanzierungsstandards. Diese ließen es zu, dass Banken die von ihnen betriebenen Zweckgesellschaften nicht konsolidieren mussten, wenn sie diese nur geschickt genug konstruierten. Nach Ausbruch der Finanzkrise haben die Märkte auf die sorgsam ausgetüftelten Bilanzierungsstandards leider keine Rücksicht genommen, sondern die betreffenden Banken gezwungen, für die in den Zweckgesellschaften gelagerten Risiken einzustehen.

In allen drei Varianten erwuchsen den Banken aus der Regulierungsarbitrage milliardenschwere Verluste. Die regulatorische Behandlung der Risikosituation entsprach in keiner Weise den tatsächlich bestehenden Risiken. Durch die viel zu niedrige oder überhaupt nicht vorgeschriebene Eigenkapital-Unterlegung konnte die wichtigste bankaufsichtliche Funktion des Eigenkapitals völlig ausgehebelt werden: die Begrenzung der Risiko-Expansion. Im Ergebnis führte dies bei vielen Banken zu einem „leverage", das angesichts der vorhandenen Risiken völlig unangemessen, in Einzelfällen irrwitzig war. So jedenfalls das Urteil aus der überlegenen Position des Rückblicks.

Man machte sich wohl lächerlich, wenn man Banken vorhielte, dass sie Regulierungsarbitrage betreiben. Es wäre geradezu widernatürlich, Gelegenheiten zur Ergebnismaximierung links liegen zu lassen. Wie schon das lateinische Sprichwort sagt: „Pardus maculas non deponit" – der Leopard ändert nicht seine Flecken. Es ist Sache der Standardsetzer, Regulierungslücken zu vermeiden oder sie zumindest umgehend zu schließen, sobald sie offenbar werden. Basel II, das bekanntlich erst nach der Entstehung der Subprime-Katastrophe in Kraft getreten ist, hat das in seiner ursprünglichen Version nur bei der Eigenkapital-Unterlegung für kurzfristige Kreditzusagen getan. Um die Gefährlichkeit der beiden anderen beiden Schwachstellen zu erkennen, bedurfte es erst der nachfolgenden Finanzkrise.

Basel II soll damit nicht in Misskredit gebracht werden. Ganz im Gegenteil. Basel II hätte die Finanzkrise vielleicht verhindert oder zumindest abgemildert, wenn das neue Regelwerk schon ein paar Jahre vor dem Beginn der großen Subprime-Welle – sagen wir im Jahre 2003 – in Kraft getreten wäre. Dann hätten die Banken rechtzeitig daran gehen müssen, ihr Risikomanagement zu verbessern, das weltweit einiges zu wünschen übrig ließ. An den europäischen Mitgliedern des Baseler Ausschusses für Bankenaufsicht lag es nicht, dass sich die Verhandlungen am Ende ziemlich sinnlos Jahr um Jahr dahinschleppten.

Die Finanzkrise hat uns den Beweis dafür geliefert, dass die Banken, die vergleichsweise über ein gutes Risikomanagement verfügt haben, bisher am besten davon gekommen sind. Wenn wir jetzt die Lehren aus der Finanzkrise ziehen, dann muss es das erste Ziel sein, zur Stärkung der Stabilität des internationalen Finanzsystems das Risikomanagement aller Banken gemäß den Vorgaben von Basel II schnell auszubauen. Es ist eine sehr gute Nachricht, dass sich alle Länder mit wichtigen Finanzplätzen – gemeint sind eigentlich nur die USA – in der Erklärung zum G20-Gipfel in Pittsburgh dazu verpflichtet haben, Basel II bis 2011 umzusetzen.

Natürlich steht heute noch nicht fest, wie im Jahr 2011 die nächste Version von Basel II aussehen wird – diejenige, die Konsequenzen aus den Erfahrungen der Finanzkrise zieht. Angesichts der schwierigen Fragen und der knappen Zeitvorgabe wird man zu schnellen Entscheidungen kommen müssen. In Pittsburgh haben die Staats- und Regierungschefs bestimmte Weichenstellungen abgesegnet, die zu einer Härtung des Baseler Eigenkapital-Standards führen sollen. Dem grundlegenden Ansatz, mehr Eigenkapital vorzuschreiben, wird man als Aufseher natürlich nicht widersprechen wollen, doch gilt es hier, das richtige Maß zu finden und vor allem auch die richtige Methodik. So wie sich die Regulatoren heute unter Druck fühlen, besteht die Gefahr, dass sie sich zu Experimenten entschließen, die wenig Sinn haben, aber von einem breiten Publikum beifällig aufgenommen werden.

Dabei geht es zum Beispiel um die berühmt-berüchtigte „leverage ratio", mit der man die Schwachstellen von Basel II kompensieren möchte, das angeblich versagt hat. Die „leverage ratio", die alle Risiken über einen Kamm schert, ist das genaue Gegenteil der besonders ausgeprägten Risikosensitivität von Basel II, und es ist völlig schleierhaft, wie das zusammengehen soll. Wenn man alle Schwachstellen in Basel II konsequent reparieren würde, käme man systemimmanent zu dem gleichen Ergebnis: einer Erhöhung der regulatorischen Eigenkapitalanforderungen. Stattdessen ein Rückfall in die Zeit vor Basel I. „Back to the future" als Rezept zur aufsichtlichen Kontrolle von Finanzinnovationen? Ich gebe zu, ich bin verwirrt.

Bei einem anderen bedeutsamen Baseler Projekt bestehen hingegen keine Verständnisschwierigkeiten. Gemeint ist die Neudefinition von Kernkapital im Rahmen des Baseler Eigenkapital-Standards. Hier ist etwas im Entstehen begriffen, was aus deutscher Sicht unerwünscht, ja inakzeptabel ist. Dem Ausgangspunkt kann man nur zustimmen: Mit den Pseudoformen von Kernkapital muss aufgeräumt werden. Das sollte eigentlich keine Schwierigkeiten bereiten: Man muss sicherstellen, dass zum Kernkapital nur Bestandteile gerechnet werden dürfen, die dauerhaft sind und uneingeschränkt am laufenden Verlust teilnehmen. Nun hat die Analyse der heute üblichen Gestaltungsformen ergeben, dass bei so genannten „preferred shares" angelsächsischer Provenienz eine Verlustteilnahme nur im Falle der Insolvenz der Bank vorgesehen ist. Diesen Missbrauch abzustellen, ist Aufgabe der zuständigen nationalen Aufseher. Doch nichts da, man will stattdessen festlegen, dass bei Aktiengesellschaften nur noch „common stocks", also mit Stimmrechten ausgestattete Stammaktien, zum Kernkapital zählen dürfen. Stimmrechte als Aufsichtskriterium – das entbehrt jeder Logik. Das Ergebnis ist allerdings klar: Die deutschen stillen Einlagen würden dabei über die Klinge springen – selbst wenn sie die härtesten Kriterien für Kernkapital erfüllten. Das können wir nicht hinnehmen.

Dieses aktuelle Beispiel macht deutlich, dass sich die typische Situation deutscher Aufseher in internationalen Verhandlungen durch die Krise nicht geändert hat. Wie eh und je hängt die Stabilität des deutschen Bankensystems mit davon ab, dass die neuen internationalen Standards die deutschen Banken nicht in unzumutbarer Weise überfordern und dass sie ihnen keine gravierenden Nachteile gegenüber ausländischen Wettbewerbern bescheren.

Bislang waren wir immer erfolgreich, wenn wir uns in internationalen Verhandlungen, insbesondere im Baseler Ausschuss, für Lösungen einsetzten, die Rücksicht auf deutsche Eigenarten nahmen. Dadurch, dass die Mitgliederzahl in allen bedeutenden internationalen Gremien auf das G20-Niveau erhöht wurde, hat die deutsche Stimme automatisch an Gewicht verloren. Wir werden in Zukunft noch härter kämpfen müssen.

Dabei müssen wir aufpassen, dass wir nicht in eine falsche Ecke gestellt werden. Schon um das deutsche Finanzsystem nicht in Verruf zu bringen, müssen wir darauf achten, so weit es geht mit der internationalen Hauptströmung zu schwimmen. Nach Jahrzehnten einer international orchestrierten Deregulierung rollt jetzt die Welle harter Re-Regulierung. Das Vertrauen in die Selbstdisziplinierungs- und Selbstheilungskräfte des Marktes ist dahin, die Annahme, die Marktakteure handelten stets rational, gilt als widerlegt. Niemand will sich mehr darauf verlassen, dass Einleger, Gläubiger und Kapitalgeber positiven Einfluss auf das Risikoverhalten einer Bank ausüben. Es gibt keine Alternative mehr zur Regulierung und zur staatlichen Aufsicht.

Wir befinden uns in einer nie dagewesenen Situation: Das „window of opportunity" steht den Regulierern (noch) weit offen. Wir können jetzt neue Regelwerke schaffen, ohne dass die Finanzindustrie eine Chance hätte, verwässernden Einfluss auf deren Inhalt zu nehmen und eigene Partikularinteressen durchzusetzen. Unter dem Druck der schrecklichen Ereignisse ist allenthalben das Gemeinwohl an die erste Stelle gerückt. Globale Finanzstabilität wird als wichtiges öffentliches Gut definiert, der Wettlauf um die laxesten nationalen Regulierungsstandards ist bis auf weiteres ausgesetzt.

Eigentlich müsste man als Aufseher frohlocken, doch dieses Gefühl liegt fern. Mit der Re-Regulierung ist in der Öffentlichkeit die Erwartung verbunden, dass ein größerer Umbau des internationalen Regelwerks zur Krisenfestigkeit des Finanzsystems führt. Doch Krisen lassen sich nicht ein für alle Mal verhindern – das Ziel kann nur sein, ihre zerstörerische Kraft zu dämpfen. Auch eine härtere Regulierung muss dem Markt die notwendigen Spielräume für Innovationen und unternehmerisches Handeln lassen. Ohne Unsicherheit, ohne Risiko sind Märkte nicht denkbar. „Banking is risk taking";

der Regulator hat dafür zu sorgen, dass dieses in einer kontrollierten Umgebung erfolgt. Ein überreglementierter Ordnungsrahmen, der die Risikobereitschaft der Akteure mit aller Macht zügeln will, vermindert die Leistungskraft der Märkte und beeinträchtigt damit auch das Gemeinwohl. Gefragt ist Augenmaß, jedoch ist das leider eine Kunst, die nur wenige beherrschen.

Die G20-Regierungschefs, die den Re-Regulierungsprozess aus hoher Warte begleiten, scheinen Augenmaß zu besitzen. In Pittsburgh haben sie den Regulatoren nicht aufgegeben, alles einzureißen. Im Rahmen eines ehrgeizigen Programms müssen wir neue Stützpfeiler einbauen, die richtigen Anreize setzen und die Regulierungsarchitektur stärken. Das sollte uns recht bald gelingen, wenn der Enthusiasmus, der uns antreibt, auf das Mögliche und Sinnvolle gerichtet bleibt.

Wer für die Zukunft den Ausbruch neuer „Weltwirtschaftsgewitter" vermeiden will – das war noch einmal *Karl Marx* reloaded – muss diesen Weg beschreiten. Der Steuerzahler wird es ihm danken.

Timotheus Höttges[*]

Investieren in regulierten Märkten – zwischen Vernunft und Verantwortung

1 Breitband als Chance für Deutschland nutzen

2 Regulierung zwischen Vernunft und Verantwortung?

    2.1 Das Staatsmonopol gehört der Vergangenheit an

    2.2 Die Regulierung war erfolgreich – der Wettbewerb funktioniert

    2.3 Sicherung der internationalen Wettbewerbsfähigkeit erfordert jetzt Milliarden-Investitionen

3 Wir brauchen neue Regulierungsimpulse

4 Fazit

---

[*] *Timotheus Höttges*, Mitglied des Vorstands der Deutsche Telekom AG, Bonn.

1 Breitband als Chance für Deutschland nutzen

47,5 Mio. gesendete E-Mails, 49.000 Gigabyte erstellte digitale Informationen, 7.000 hochgeladene Videos bei Youtube – und das alles Minute für Minute. Das ist die Welt, in der wir heute leben. Ein digitales Zeitalter, in dem das gesamte Wissen der Menschheit für jeden zugänglich ist.

Was es dazu braucht, ist ein schneller Zugang zum Datennetz. Spätestens seit der Veröffentlichung der Breitbandstrategie der Bundesregierung im Februar 2009 gibt es wohl keinen Zweifel daran, dass in Deutschland große Aufgaben beim Ausbau des Breitbandnetzes warten. Die neue Bundesregierung hat diesen Weg in ihrem Koalitionsvertrag bestätigt. Bis Ende 2010 sollen nach dem Willen der Regierung flächendeckend leistungsfähige Breitbandanbindungen verfügbar sein. Bis 2014 sollen für 75 % der Bevölkerung Anschlüsse mit Übertragungsraten von mindestens 50 Megabit pro Sekunde zur Verfügung stehen.

Das ist ein erster, sehr wichtiger Schritt. Denn heute liegen Deutschland und Europa bei der Glasfaser-Versorgung weit hinter den führenden Nationen Südkorea, Japan oder USA zurück. Laut OECD wird etwa in den USA nahezu dreimal soviel in Telekommunikationsinfrastruktur pro Haushalt investiert wie in Deutschland.

Diese Zahl ist dramatisch, weil Investitionen in Telekommunikationsnetze wesentliche Hebelwirkungen für andere Branchen haben. Schätzungen zeigen, dass 40 % des Produktivitätswachstums und ein Viertel des Gesamtwachstums in Europa direkt auf die Informations- und Kommunikations-Wirtschaft zurückzuführen sind.

Hohe Bandbreiten ermöglichen eben nicht nur modernste Unterhaltung im Netz – wie den Austausch von Videos oder Bildern oder das Herunterladen von Musik. Vielmehr ist ein modernes Breitbandnetz ein signifikanter Wachstumstreiber. Gerade in der derzeitigen wirtschaftlichen Schwächephase bietet diese Hebelwirkung enorme Chancen. Jüngsten Studien der Columbia Business School zufolge könnte die Aufrüstung der Netze auf Datengeschwindigkeiten von 50 Megabit pro Sekunde bis 2014 rund 400.000 zusätzliche Arbeitsplätze in Deutschland schaffen. Der mögliche Beitrag zum Bruttoinlandsprodukt (BIP) bis 2014 beträgt rund 60 Mrd. €. Das entspricht einem jährlichen zusätzlichen Wachstum des BIP von 0,5 Prozentpunkten.

Die Deutsche Telekom unterstützt die Breitbandstrategie. Nachdrücklich nennt die Strategie auch die Vorteile für die ländlichen Gebiete. Schließlich bietet der Aufbau einer zukunftsfähigen Hochgeschwindigkeits-Infrastruktur gerade in den noch vorhandenen weißen Flecken der Netzvorsorgung erhebliche Chancen. Bislang kennen hunderttausende von Deutschen und zahlreiche Unternehmen das schnelle Internet quasi nur aus der Zeitung. Diese digitale Spaltung ist eine wichtige gesellschaftliche Herausforderung. Breitband ist bereits heute einer der wichtigsten Standortfaktoren für Privatpersonen und für Unternehmen.

Allerdings werden Investitionen in ein modernes Telekommunikationsnetz immer noch durch die Regulierung gebremst. Wir befinden uns in Deutschland bei diesem Thema in einem Spannungsfeld zwischen gesamtgesellschaftlicher Verantwortung und betriebswirtschaftlicher Vernunft.

2 Regulierung zwischen Vernunft und Verantwortung?

2.1 Das Staatsmonopol gehört der Vergangenheit an

Ein Blick zurück: Als der Staatsbetrieb Deutsche Telekom privatisiert und der Telekommunikationsmarkt geöffnet wurde, war Regulierung notwendig. Daran besteht aus heutiger Sicht kein Zweifel. Nur so konnte das frühere Monopol erfolgreich geöffnet werden, obwohl die Auswirkungen für unser Unternehmen – die Deutsche Telekom – sehr hart waren. 1998 hatten wir im deutschen Festnetz 180.000 Mitarbeiter – heute sind es noch 80.000. Das erforderte einen in Deutschland wohl einmaligen Wandel eines gesamten Unternehmens. Übrigens wurden von anderen Unternehmen der Branche in diesem Zeitraum nur 14.000 Arbeitsplätze aufgebaut. Mehr als 80.000 Arbeitsplätze gingen also verloren.

Die Regulierung eines jeden Marktes ist darauf ausgerichtet, einen funktionierenden Wettbewerb in Gang zu bringen. Ist das geschafft, kann und muss sich die Regulierung eigentlich zurückziehen. Dieser transitorische Charakter war von Beginn an das Ziel des deutschen und europäischen Gesetzgebers. Der damalige Bundeswirtschaftsminister Günter Rexrodt formulierte es vor mehr als zehn Jahren so: „Wirtschaftspolitisches Ziel für die Arbeit der neuen Behörde ist es, sich schrittweise überflüssig zu machen."

2.2 Die Regulierung war erfolgreich – der Wettbewerb funktioniert

Die wichtige und notwendige Aufgabe der Bundesnetzagentur, Wettbewerb herzustellen, ist heute nachweislich erfüllt. Der Marktanteil unserer Konkurrenten am Gesamtmarkt in Deutschland liegt inzwischen bei mehr als 50 % – im Mobilfunk sogar bei 63 %. Auch bei den Internetanschlüssen funktioniert der Wettbewerb. Seit 2005 hat sich die Zahl der DSL-Anschlüsse mehr als verdoppelt, auf einem sehr hart umkämpften Markt.

Gleichzeitig sind die Preise stark zurückgegangen. Während die Verbraucherpreise seit 1998 um rund 15 % gestiegen sind, zahlen Verbraucher heute weniger als die Hälfte für Mobilfunkdienste. Festnetz-Gespräche kosten heute nur noch rund ein Zwanzigstel des Preises von 1998. In unseren Kernmärkten sind die Preise teilweise um mehr als 90 % zurückgegangen und das bei gleichzeitigem regulierungsbedingten Verlust von Marktanteilen.

Die Telekommunikation war lange Zeit ein wachsender Markt. 2005 erreichte die gesamte Branche bislang ihren Spitzenwert beim Umsatz mit 66,6 Mrd. €. Seitdem jedoch schrumpft der gesamte Markt beständig. Jährlich gehen 2 Mrd. € Umsatz verloren und das gilt nicht nur für das Festnetz. Auch der eigentlich dynamische Mobilfunkmarkt stagnierte über viele Jahre und wird 2009 wohl einen erheblichen Umsatzrückgang verzeichnen. Beide Entwicklungen treffen natürlich den Marktführer Deutsche Telekom, aber genauso stark alle anderen Wettbewerber.

Das gegenwärtige Preis- und Wettbewerbsumfeld zeigt deutlich, dass die Regulierung erfolgreich war. Selbst die Bundesnetzagentur stellt inzwischen fest: „Nach nunmehr zehn Jahren Regulierung ist der Telekommunikationsbereich durch eine hohe Wettbewerbsdynamik in vielen Bereichen gekennzeichnet."[1] Deshalb wäre es eigentlich an der Zeit, dass sich die Behörde aus den Bereichen, in denen hoher Wettbewerbsdruck herrscht, langsam zurückzieht. Das würde auch ihrer eigentlichen Bestimmung – wie vom Gesetzgeber geplant – entsprechen. Allerdings deutet bislang kaum etwas daraufhin, dass die Regulierung zurückgefahren wird. Bis heute sind große Teile unseres Retail-Portfolios weiterhin reguliert. Und das gilt erst recht für einen großen Teil der Vorleistungsprodukte, auf deren Basis alternative Anbieter ihre Produkte vermarkten.

2.3 Sicherung der internationalen Wettbewerbsfähigkeit erfordert jetzt Milliarden-Investitionen

Diese strikte Haltung der Regulierungsbehörde kann für die kommenden Jahre negative Auswirkungen haben. Die Breitbandstrategie der Regierung erfordert erhebliche private Investitionen in das Netz der Zukunft. Doch die aktuelle Regulierung macht verlässliche Aussagen über die Wirtschaftlichkeit einzelner Investitionen nahezu unmöglich. *Ulrich Blum*, Präsident des Instituts für Wirtschaftsforschung in Halle, hat das Dilemma mit einem anschaulichen Beispiel illustriert: „Dies wäre, als müsste ein Hausbauer nach Fertigstellung eine vorab unbekannte Zahl von Zimmern zu einem später festzulegenden Mietzins untervermieten."[2]

Übertragen heißt das: Im Vorfeld der Investitionen in den Breitbandausbau ist nicht bekannt, in welchem Umfang und zu welchen Konditionen Dritten Zugangsrechte gewährt werden müssen. Die Deutsche Telekom tritt also in Vorleistung, trägt dabei das komplette Risiko der Investition und kann dennoch keine Rendite kalkulieren. Eine Ausgangslage, bei der kein betriebswirtschaftlich denkender Manager investieren kann – weder aus Eigenmitteln heraus, für die er den Aktionären gegenüber verantwort-

---

[1] Jahresbericht 2007 der *Bundesnetzagentur,* S. 13 (http://www.bundesnetzagentur.de/media/archive/13212.pdf).

[2] So *Ulrich Blum* am 09.11.2005 in der Financial Times Deutschland.

lich ist, noch mit Fremdkapital, für das die Kreditgeber eine angemessene Verzinsung erwarten.

Dennoch hat die Deutsche Telekom immer wieder ihre gesamtgesellschaftliche Verantwortung bewiesen und investiert. 30 Mrd. € gingen seit 1990 in den Netzausbau, davon allein 300 Mio. € im Jahr 2008. Allein in den bisherigen Ausbau von DSL wurden rund 10 Mrd. € investiert, gerade auch in der Fläche. Nur deshalb erreichen wir heute 96 % der Haushalte in Deutschland mit DSL. Kein anderer Wettbewerber hat bislang ähnlich investiert. Nur 1 % aller Kunden in Deutschland wird über alternative DSL-Infrastruktur versorgt, die nicht der Telekom gehört.

Was aber passiert mit den letzten 3 - 4 % der Haushalte? Hier ist ein Ausbau unter den bisher geltenden Rahmenbedingungen für jeden Anbieter unrentabel. Dabei ist die Nachfrage enorm. Kommunalvertreter und Stadträte wenden sich dabei zumeist nur an die Deutsche Telekom, da von Wettbewerbern oft nicht einmal Ansprechpartner bekannt sind. In einem tatsächlich wettbewerblichen Markt, den die Bundesnetzagentur ja selbst sieht, ist ein 100 %-Ausbau durch einen einzelnen Marktteilnehmer nicht realisierbar. Die Rolle des verantwortungsvollen Unternehmens darf nicht allein der Deutschen Telekom zufallen.

Für einen flächendeckenden Glasfaser-Ausbau in Deutschland werden die Kosten auf 30 - 50 Mrd. € geschätzt. Kein Unternehmen kann vernünftigerweise vor dem Hintergrund des aktuellen Regulierungsrahmens diese Milliarden-Investitionen stemmen. Für diese massiven Investitionen braucht es daher deutliche Anreize für alle investitionsbereiten Unternehmen und die Zusammenarbeit mehrerer Breitband-Anbieter.

3 Wir brauchen neue Regulierungsimpulse

Aufgabe der Regulierungsbehörde in der Zukunft wird daher sein, Investitionen in das Zukunftsnetz des Landes zu ermöglichen. Wir brauchen dringend Lösungsansätze, um den bisherigen Investitionsstau zu überwinden.

Regulierungseingriffe müssen die Ausnahme sein, statt sich zu verstetigen. Die Zeit ist reif, die Regulierung unseres Marktes zurückzufahren. Insbesondere ist es nötig, die bislang fast ausschließlich praktizierte asymmetrische Regulierung – also eine Regulierung mit einseitigen Auflagen allein für die Deutsche Telekom – aufzugeben. Angesichts eines funktionierenden Wettbewerbs sollte sich die Behörde darüber hinaus keinesfalls auf die Regulierung neuer Technologien oder Netze stürzen. So müssen beim Ausbau der neuen Glasfasernetze kommerzielle Lösungen Vorrang vor Regulierung haben.

Wo eine Regulierung weiterhin erforderlich ist, benötigen wir zumindest langfristige Preisstabilität, um Kalkulationssicherheit zu haben. Nur nachhaltig verlässliche Rechenmodelle bieten genügend Anreize für Investitionen in den Ausbau der ländlichen Infrastruktur.

4 Fazit

Die Deutsche Telekom ist bereit zu investieren. Wir wollen unserer Verantwortung für einen erfolgreichen Wirtschaftsstandort Deutschland nachkommen. Allerdings müssen wir alle anstehenden Investitionen stets gegenüber unseren Anteilseignern rechtfertigen können. Wenn wir die Ziele der Breitbandstrategie erreichen wollen, geht das nur in Zusammenarbeit mit unseren Wettbewerbern.

Jedem sollte dabei klar sein, dass wir auch beim Ausbau des Breitbandnetzes in einem weltweiten Wettbewerb stehen. Sollten wir den technologischen Anschluss verpassen, hätte das schwerwiegende Folgen für die gesamte deutsche Wirtschaft. Daher brauchen wir eine zukunftsfähige Infrastruktur. Es liegt an der Regulierung, neue und investitionsfreundliche Rahmenbedingungen zu schaffen, die beidem gerecht werden: der betriebswirtschaftlichen Vernunft und der gesellschaftlichen Verantwortung.

Michael Coenen/Justus Haucap/Ulrich Heimeshoff[*]

Einfluss der Regulierung auf die Entwicklung netzbasierter Industrien

1 Einleitung

2 Sinn und Zweck der Regulierung von Netzindustrien

3 Ökonomische Besonderheiten netzgebundener Industrien
    3.1 Grundlegende Charakteristika
    3.2 Vertikale Entflechtung

4 Aktuelle Themen der Netzregulierung in den verschiedenen Netzindustrien
    4.1 Wettbewerbsprobleme auf Elektrizitätsmärkten
    4.2 Wettbewerbsprobleme auf Gasmärkten
    4.3 Wettbewerbsprobleme im Bahnbereich
    4.4 Wettbewerbsprobleme in der Telekommunikationsbranche
    4.5 Wettbewerbsprobleme auf Postmärkten

5 Fazit

---

[*] Dr. *Michael Coenen*, Prof. Dr. *Justus Haucap*, Dr. *Ulrich Heimeshoff*, Düsseldorfer Institut für Wettbewerbsökonomie (DICE), Heinrich-Heine-Universität Düsseldorf.

1 Einleitung

Die für die so genannten Versorgungsindustrien und andere netzgebundene Industrien geltenden ordnungspolitischen Rahmenbedingungen unterliegen seit Anfang der 1990er Jahre einem drastischen Wandel. In den meisten Bereichen haben sich die Rahmenbedingungen bereits fundamental geändert, in einigen Bereichen stehen jedoch auch tiefgreifende Veränderungen noch bevor. Vorreiter für diese mikroökonomischen Reformen war die Telekommunikationsbranche – die in den letzten 25 Jahren weltweit und in Europa in den letzten 10 - 15 Jahren forcierte Liberalisierung der Telekommunikationsmärkte stellt ein bemerkenswertes Beispiel für den sehr erfolgreichen Wandel ordnungspolitischer Rahmenbedingungen dar.[1] Die Erfolge dieser Reformprozesse waren auch für andere netzgebundene Industrien wie z. B. die leitungsgebundene Energiewirtschaft, Bahn oder Post wegweisend. In vielen Staaten sind die Rahmenbedingungen dieser Industrien bereits reformiert worden bzw. Reformen sind in naher Zukunft zu erwarten.[2]

Diese Reformen netzgebundener Industrien sind regelmäßig durch drei zusammenhängende und wiederkehrend auftretende Aspekte gekennzeichnet:[3]

- Privatisierung ehemals staatlicher Monopolunternehmen in differierenden Umfängen,[4]
- Liberalisierung des Marktzutritts und
- Deregulierung (Abbau staatlicher Vorschriften).

In diesem Kontext spielt die Unterscheidung von Liberalisierung und Deregulierung eine bedeutende Rolle. Liberalisierung steht für die Öffnung des Marktes für neue Anbieter und somit den Abbau von Markteintrittsbarrieren. Demgegenüber impliziert Deregulierung den Abbau staatlicher Vorschriften bezüglich des Verhaltens der Marktteilnehmer.[5] Die Reform netzbasierter Industrien weist gegenüber herkömmlichen Branchen nun den entscheidenden Unterschied auf, dass Liberalisierung nicht mit Deregulierung gleichgesetzt werden kann. Stattdessen kann in netzbasierten Industrien treffender von einer Re-Regulierung gesprochen werden. Liberalisierung umfasst zwar

---

[1] Eine Zusammenfassung der Reformen im deutschen Telekommunikationssektor findet sich in *Vogelsang* (2003). *Dewenter/Haucap* (2004a, 2004b) sowie *Haucap/Heimeshoff* (2009) bewerten die Erfolge und Verbesserungspotenziale der Telekommunikationsliberalisierung in Deutschland.

[2] Einen allgemeinen Überblick zu Erfolgen der ökonomischen Liberalisierung bieten *Winston* (1993), *Newberry* (2000) sowie *Gerardin* (2006).

[3] Vgl. *Haucap/Heimeshoff* (2005).

[4] Siehe *Martin et al.* (2005) und *Brunekreeft/Knieps* (2003).

[5] *Vogelsang* (2003).

auch hier Deregulierung im Sinne der Privatisierung des ehemaligen staatlichen Monopolunternehmens. Infolgedessen wird dem regulierten Unternehmen eine größere Handlungsfreiheit im Rahmen seiner Unternehmenspolitik gewährt. Der ehemalige staatliche Monopolist wird somit aus der „Regulierung durch öffentliches Eigentum" entlassen.

Allerdings sind diese deregulierenden Maßnahmen keineswegs ausreichend, um Wettbewerb in netzbasierten Industrien zu generieren. Aufgrund der nach wie vor erheblichen Marktmacht des ehemaligen Staatsunternehmens, welche aus der Kontrolle über die wesentlichen Einrichtungen („essential facilities")[6] bzw. die monopolistischen Engpassbereiche („bottlenecks") resultiert, ist für eine erfolgreiche Liberalisierung des Marktes nicht nur eine Deregulierung erforderlich, sondern vor allem eine Neuregulierung des Zugangs zu diesen wesentlichen Einrichtungen. Sofern potenziellen Wettbewerbern kein Zugang zu den wesentlichen Einrichtungen des ehemaligen Monopolunternehmens gewährt wird, kann sich typischerweise auch kein oder nur sehr eingeschränkt Wettbewerb in netzgebundenen Branchen entfalten.

Ein wesentliches Merkmal netzbasierter Industrien ist die vertikale Integration der ehemaligen Staatsmonopolisten. So erzeugen die vier großen Energieversorgungsunternehmen in Deutschland (RWE, e.on, Vattenfall und EnBW) nicht nur Elektrizität, sondern bis vor Kurzem haben diese auch den Strom über ihr Netz transportiert und ihn teilweise direkt oder indirekt über Tochtergesellschaften an Endkunden veräußert. Daher konnten diese Unternehmen als Eigentümer der monopolistischen Engpassbereiche (hier: der Übertragungs- und Verteilnetze) einen mehr oder minder starken Einfluss auf deren Nutzung ausüben. Durch den Verkauf der Übertragungsnetze durch e.on und Vattenfall sowie die heute geltenden Entbündelungsvorschriften sind diese Einflussmöglichkeiten jedoch reduziert bzw., im Falle des Verkaufs, ganz entfallen. Jedoch sind auch die Stadtwerke nicht nur im Strom- und Gasvertrieb tätig, sondern in der Regel auch im Besitz der Verteilnetze, welche wiederum einen monopolistischen Engpass bilden. Weitere wesentliche Einrichtungen in netzgebundenen Industrien sind die Bahninfrastruktur bestehend aus dem Schienennetz, den Bahnhöfen, dem Bahnstromnetz, die Transport- und Verteilungseinrichtungen in der Trinkwasserversorgung und Abwasserentsorgung sowie die Teilnehmeranschlussleitung im Telekommunikationsbereich, wobei hier das natürliche Monopol durch die intermodale Konkurrenz durch Kabel-TV-Netze einerseits und Mobilfunknetze andererseits zunehmend erodiert. Damit Wettbewerb in netzbasierten Industrien entstehen kann, muss der Zugang zu den monopolistischen Engpassbereichen für Wettbewerber prinzipiell zu fairen und diskriminierungsfreien Konditionen möglich sein.[7]

---

[6] Zum Begriff der wesentlichen Einrichtung siehe *Rottenbiller* (2002) und die dort zitierte Literatur.
[7] Vgl. *Haucap/Heimeshoff* (2005).

Traditionell wurden Versorgungsunternehmen in netzbasierten Industrien jedoch als monolithische Einheiten betrachtet, die insgesamt ein resistentes, natürliches Monopol bildeten. Um die bekannten mit resistenten, natürlichen Monopolen verbundenen Probleme zu lösen, wurde in der Regel eine „Regulierung durch öffentliches Eigentum" (z. B. im Bereich der Telekommunikation in Deutschland) praktiziert oder die Endkundentarife wurden einer staatlichen Aufsicht oder Genehmigung unterstellt (z. B. im Energiesektor in Deutschland). Zum Teil wurden diese Instrumente dabei auch simultan eingesetzt. Als Folge der neueren industrieökonomischen Forschung hat sich jedoch der so genannte „disaggregierte Ansatz" durchgesetzt.[8] Statt als monolithischer Einheit wird die Wertschöpfungskette der Unternehmen en detail betrachtet und jede einzelne Stufe im Hinblick daraufhin untersucht, ob diese sich wettbewerblich organisieren lässt. So werden Bereiche identifiziert, in welchen Wettbewerb prinzipiell möglich ist. Die verbleibenden Bereiche, welche sich für Wettbewerb nicht eignen, die so genannten „monopolistischen Bottlenecks" oder „wesentliche Einrichtungen", müssen allerdings reguliert werden, um den diskriminierungsfreien Zugang für Wettbewerber zu gewährleisten.[9]

Dieser Re-Regulierungsprozess ist, wie eingangs erwähnt, oftmals mit der Privatisierung des ehemaligen Staatsmonopolisten verbunden, um auch produktive Ineffizienzen abzubauen. Die weiteren Abschnitte unseres Beitrages analysieren nun zunächst den Sinn und Zweck staatlicher Regulierung sowie Vor- und Nachteile vertikaler Entflechtung bevor in einem abschließenden Kapitel Unterschiede zwischen den verschiedenen Netzindustrien und aktuelle Themen der Regulierungspraxis diskutiert werden. In einem Fazit werden die wesentlichen Ergebnisse zusammengestellt.

2 Sinn und Zweck der Regulierung von Netzindustrien

Im Zentrum einer jeden Netzregulierung steht der Schutz der Nachfrager vor der Marktmacht der Anbieter auf der anderen Marktseite. Unternehmen wie ehemalige Staatsmonopolisten verfügen auch nach der Marktöffnung noch über erhebliche Marktmacht und sind infolgedessen in der Lage sich hohe Renten auf den Märkten anzueignen, indem Wettbewerber behindert und Nachfrager ausgebeutet werden. Eine wichtige Aufgabe der staatlichen Regulierung ist es daher, den Missbrauch von Marktmacht effektiv zu verhindern. Jedoch müssen nicht nur Nachfrager und Wettbewerber vor einem Missbrauch der Marktmacht geschützt werden, sondern auch Investoren bedürfen des Schutzes vor einer de facto Enteignung ihrer Investitionen durch staatliche Regulierung. Gerade in netzbasierten Industrien, in denen ein hoher Teil der Investitionen standortspezifisch ist und somit versunkene bzw. irreversible Kosten impliziert,

---

[8] Vgl. *Knieps* (1999).
[9] Siehe dazu auch *Haucap/Kruse* (2004) sowie *Haucap/Heimeshoff* (2005).

besteht die Gefahr, dass durch Regulierungsmaßnahmen (z. B. Preissenkungsverfügungen) die (Quasi-)Rente aus spezifischen Investitionsprojekten ex post von einer regulierenden Instanz von den (oftmals ausländischen) Investoren an die (in der Regel heimischen) privaten und auch gewerblichen Nachfrager umverteilt wird. Ein solch opportunistisches Verhalten seitens der Regulierungsbehörde wird auch als regulatorischer Raubüberfall („regulatory hold-up") bezeichnet.

Das zentrale Ziel der Regulierung, auch langfristig effiziente Marktergebnisse zu erzielen (d. h. unter Berücksichtigung effizienten Investitionsverhaltens), kann daher nur erreicht werden, wenn ein ordnungspolitischer Rahmen so gestaltet wird, dass zum einen Konsumenten vor etwaiger Marktmacht der Anbieter geschützt werden, zum anderen aber auch Anbieter vor Enteignung durch eine Verschärfung der Regulierung geschützt werden. Aus der Perspektive der Neuen Institutionenökonomik wird ein Regulierungsrahmen daher als impliziter Vertrag zwischen Anbietern und Nachfragern interpretiert, welcher durch eine neutrale dritte Partei, die Regulierungsbehörde, verwaltet wird.[10] Die Bedeutung der Stabilität und Vorhersehbarkeit der Regulierung steigt mit dem Grad der Spezifität der Investitionen in einer Branche. Das Versprechen des Staates, ex post und somit nach getätigter Investition keinen „Raubüberfall" („hold-up") auf das investierende Unternehmen vorzunehmen und die Verfügungsrechte durch das Festlegen neuer Rahmenbedingungen eben nicht neu zu verteilen, muss in jedem Fall glaubwürdig sein.[11]

Zugleich muss dennoch eine gewisse regulatorische Flexibilität gegeben sein, um notwendige Anpassungen an neue Entwicklungen vornehmen zu können. Adäquate Regulierung muss daher offen, transparent, konsistent und nachvollziehbar sein. Dazu werden Kriterien benötigt, deren Einhaltung auch gerichtlich überprüft werden kann. Eine nachträgliche Verschärfung von Regulierungsmaßnahmen kann infolgedessen auch als Bruch des impliziten Regulierungsvertrages durch den Staat angesehen werden. Durch diesen „Raubüberfall" werden die Profite der Unternehmen sozialisiert und umverteilt, während das ursprüngliche Investitionsrisiko von den Betreibern selbst getragen wurde. Ein solcher regulatorischer „Raubüberfall" bzw. die Befürchtung desselben reduziert die Investitionsanreize der Unternehmen in großem Umfang und schadet folglich langfristig auch den Konsumenten.

Eine Regulierungspolitik, die Risiken privatisiert und Gewinne sozialisiert, schmälert daher nicht nur die Investitionsanreize der etablierten Anbieter. Auch die Anreize für einen Neuling mit einer eigenen Infrastruktur in den Markt einzutreten, werden erheblich reduziert. Eine solche regulatorische Vorgehensweise erhöht die Attraktivität als

---

[10] Siehe *Goldberg* (1976) sowie *Crocker/Masten* (1996).
[11] Vgl. auch *Haucap/Heimeshoff/Uhde* (2006), *Haucap/Heimeshoff* (2009) sowie *Dewenter/Haucap/Heimeshoff* (2009).

reiner Diensteanbieter in den Markt einzutreten und die existierende Infrastruktur zu nutzen. In einer solchen Situation werden Investitionen und Innovationen tendenziell unterbleiben.

Selbst wenn die oben erörterten Prinzipien „guter Regulierung" erkannt worden sind und verfolgt werden, so ist jedes Regulierungssystem potenziell nichtsdestotrotz mit zwei Arten von Fehlern behaftet:

- Typ 1: Es wird reguliert, obwohl dies nicht erforderlich wäre, um die angestrebten Ziele zu erreichen.

- Typ 2: Es wird nicht reguliert, obwohl dies erforderlich wäre, um die angestrebten Ziele zu erreichen.

Es ist offensichtlich, dass beide Arten von Fehlern negative Auswirkungen auf das Marktergebnis bzw. die Markteffizienz haben werden. Es stellt sich allerdings die Frage, ob eine der beiden Fehlerarten (Überregulierung versus zu großzügige Regulierung) zu größeren Schäden führt. Hier kann davon ausgegangen werden, dass Überregulierung umso schwerere Konsequenzen für die Wohlfahrt aufweist je bedeutender private Investitionen in einer Branche sind. Bei Unterregulierung kann es zwar dazu kommen, dass aufgrund von Marktmacht und überhöhten Preisen Ineffizienzen entstehen. Liegt hingegen eine Überregulierung vor, besteht das Hauptproblem darin, dass für die Marktakteure Investitionsanreize massiv gesenkt werden können und Innovationen infolgedessen gegebenenfalls völlig unterbleiben und es zu Unterinvestitionen kommt. Ausbleibende Innovationen ziehen schwerer wiegende Effizienzminderungen nach sich als überhöhte Preise.[12] Während im ersten Fall die gesamte Rente entfällt, welche aus einer Innovation generiert wird, besteht der Wohlfahrtsverlust bei überhöhten Preisen „lediglich" in dem so genannten Harberger-Dreieck, also dem klassischen allokativen Effizienzverlust, während jedoch ein Großteil der Rente am Markt generiert wird.

Ist es nun wahrscheinlich, dass eine optimale Regulierung, welche die Summe der aufgrund der beiden Fehlerarten erwarteten Wohlfahrtskosten minimiert, in der Praxis verwirklicht wird? Dies zu vermuten wäre naiv.[13] Die Gründe liegen nicht nur in dem altbekannten Problem der unvollständigen und auch asymmetrischen Information zwischen Regulierungsbehörden und regulierten Unternehmen, sondern auch bei den Regulierungsbehörden selbst. Diese verfolgen natürlich ihren Auftrag und somit die Interessen der Bürger, aber es wäre realitätsfern zu glauben, dass Behörden keinerlei Eigenleben entwickeln würden und nicht von den Regulierern auch eigene Ziele verfolgt oder eigene Vorstellungen umgesetzt werden würden. Die positive Theorie der

---

[12] Vgl. *Dewenter/Haucap/Heimeshoff* (2009).
[13] Siehe *Haucap* (2009).

Regulierung geht sogar von Entscheidungsträgern in bürokratischen Organisationen aus, die sich primär von ihrem Eigeninteresse leiten lassen. Wie Viscusi, Vernon und Harrington in ihrem Standardwerk zur Ökonomie von Regulierung und Wettbewerb[14] treffend schreiben, wäre die Annahme wohlfahrtsmaximierender Regulierungsbehörden überaus naiv. Vielmehr werden Regulierungsentscheidungen von einer Vielzahl von Faktoren beeinflusst, sodass die tatsächlichen Entscheidungen nicht unbedingt den gesellschaftlichen Zielvorgaben entsprechen werden.[15]

Ein Eigeninteresse in den Regulierungsbehörden besteht vor allem darin, die eigene Macht oder Bedeutung bzw. die Einflussmöglichkeiten zu steigern. Vereinfacht ausgedrückt ist es attraktiver, in einer großen und bedeutsamen Behörde zu arbeiten als in einer kleinen und unbedeutenden Institution. Insbesondere für das Führungspersonal hat die Größe einer Behörde zudem oft unmittelbaren Einfluss auf das persönliche Einkommen. Behörden weisen infolgedessen eine Tendenz auf, mehr und mehr Aufgaben sowie Mittel an sich zu ziehen und somit ihren Kompetenz- und Aufgabenbereich auszudehnen.[16]

Das ineffiziente Wachstum bürokratischer Organisationen ist insbesondere ein Problem des öffentlichen Sektors, da hier im Gegensatz zu privaten Unternehmen zumeist der Wettbewerbsdruck auf Produktmärkten fehlt und auch die Disziplinierung durch den Kapitalmarkt bzw. die Fremdkapitalgeber viel schwächer ist.

Vor dem Hintergrund dieser Diskussion wird deutlich, dass ein optimaler ordnungspolitischer Rahmen eine Fülle von Aspekten berücksichtigen soll. Diese Aspekte sind in den folgenden fünf Zielen zusammen gefasst:

- Verhindern von Monopolrenten (allokative Effizienz),
- kostengünstige Produktion (produktive Effizienz),
- optimale Investitionen (dynamische Effizienz),
- Minimierung von „Transaktionskosten" (Transaktionskosteneffizienz) und
- Minimierung von Anreizen zu Lobbyismus und unproduktiver Einflussnahme (politische Effizienz).

---

[14] *Viscusi/Vernon/Harrington* (2000), S. 44.

[15] Wörtlich schreiben die Autoren: „In theory, regulatory agencies serve to maximize the national interest subject to their legislative mandates (...) Such a characterization of regulatory objectives is, unfortunately, excessively naïve. There are a number of diverse factors that influence policy decisions, many of which have very little to do with these formal statements of purpose" (*Viscusi/Vernon/Harrington* (2000), S. 44).

[16] Vgl. dazu die Ausführungen in *Mueller* (2003) und *Persson/Tabellini* (2000).

Das Verhindern von Monopolrenten wird vor allem durch eine geeignete Netzzugangsregulierung erreicht, die dafür sorgt, dass Wettbewerbern der diskriminierungsfreie Zugang zu wesentlichen Einrichtungen offen steht. Dadurch wird der Wettbewerb auf nachgelagerten Märkten stimuliert und die Konsumentenrente dementsprechend durch sinkende Preise positiv beeinflusst. Produktive Effizienz bzw. eine kostengünstige Produktion kann zum einen bereits durch Privatisierung und daraus folgendem Abbau produktiver Ineffizienzen des ehemaligen Staatsmonopolisten erfolgen. Zum anderen können hier moderne Instrumente der Anreizregulierung eingesetzt werden, um Kostensenkungen der Netzbetreiber anzureizen.[17]

Das Erreichen optimaler Investitionen (dynamische Effizienz) ist ein vergleichsweise schwer zu erreichendes Ziel. Die Debatte um mögliche Lösungsvorschläge ist hier bei weitem noch nicht abgeschlossen. Ein Vorschlag zur Stimulierung der Investitionsanreize, welcher speziell im Zusammenhang mit Telekommunikationsmärkten, jüngst aber auch verstärkt in der Energiewirtschaft (Stichwort: Versorgungssicherheit) diskutiert wurde, ist die Einführung so genannter „Regulierungsferien" („Access Holidays"). Hier geht es darum, dem Beispiel eines Patents folgend, einem Investor für einen bestimmten Zeitraum die Möglichkeit zu geben, seine Infrastruktur exklusiv zu nutzen und Wettbewerbern nicht Zugang gewähren zu müssen. Die zugrunde liegende Idee zielt darauf ab, es einem Investor zu ermöglichen, hinreichend hohe Gewinne zu erzielen, um sowohl die Investitionskosten zu amortisieren als auch das mit der Investition verbundene Marktrisiko abzugelten, was bei einer rein kostenbasierten Regulierung nicht möglich ist.[18]

Ein anderer Ansatz ist das Konzept der so genannten „Real Optionstheorie". Hier geht es darum, mit Hilfe des aus der Theorie der Finanzmärkte bekannten Konzepts der Option einen Risikozuschlag auf die Netzzugangsentgelte zu berechnen, der den Investor dafür entschädigt, dass er seinen Wettbewerbern direkt Zugang zu seiner Infrastruktur gewähren muss. Als Konsequenz daraus wird dem Investor durch die Aufschläge auf die Netzzugangsentgelte eine angemessene Rendite gewährt.[19] Der Einsatz solch innovativer Regulierungsinstrumente befindet sich noch im Anfangsstadium und bedarf weiterer intensiver Erforschung und praktischer Erprobung. Darüber hinaus sollte ein Regulierungsregime so ausgestaltet sein, dass Transaktionskosten und Anreize zu Lobbyismus gering gehalten werden. In der Praxis sind in allen Netzindustrien umfangreiche Lobbyaktivitäten zu beobachten.

---

[17] Für eine Diskussion der Anreizregulierung im Bereich der Telekommunikation siehe *Laffont/Tirole* (2000).

[18] Für eine detaillierte Analyse vgl. *Gans/King* (2003) bzw. *Gans/Williams* (1999).

[19] Siehe dazu *Hausman* (1997), *Hausman* (1999) sowie allgemein *Pindyck/Rubinfeld* (1994).

Zielkonflikte zwischen diesen fünf Zielen sind unvermeidbar. Darüber hinaus wird ein konsistentes Regulierungskonzept zusätzlich durch unterschiedliche politische Ziele in den verschiedenen Branchen erschwert. Nachdem in diesem Abschnitt einige Probleme der praktischen Regulierung analysiert wurden, werden im folgenden Abschnitt einige wesentliche Aspekte der Netzökonomie insbesondere die disaggregierte Betrachtung der Wertschöpfungskette näher erörtert.

3 Ökonomische Besonderheiten netzgebundener Industrien

3.1 Grundlegende Charakteristika

Für den disaggregierten Ansatz zur Analyse netzgebundener Industrien ist die genaue Analyse der Wertschöpfungsketten der jeweiligen Netzindustrie entscheidend.[20] Dies ist, wie bereits oben diskutiert, besonders bedeutend, weil nur durch eine detaillierte disaggregierte Analyse die regulierungsbedürftigen Teile der Wertschöpfungskette identifiziert werden können.

Unter Netzleistungen versteht man die Erstellung, Instandhaltung und den Betrieb der Infrastruktur. Netze können das Ortsnetz von Telekommunikationsunternehmen, Transportnetze für Strom und Gas oder auch das Schienennetz der Bahn sein. Von den Netzleistungen sind die so genannten vorgelagerten Leistungen zu unterscheiden. Dies können je nach Branche Energieerzeugung, Einsammeln von Post oder Trinkwasseraufbereitung sein. Nachgelagerte Leistungen in Netzindustrien beziehen sich auf den Vertrieb, die Verteilung sowie die Entsorgung. Darüber hinaus können Steuerungsleistungen anfallen. Typische Beispiele für Steuerungsleistungen sind aus dem Eisenbahnsektor oder dem Energiebereich bekannt. Im Bahnbereich erbringt die Deutsche Bahn AG Steuerungsleistungen sowohl indem sie das Fahrplanmanagement betreibt als auch durch die Allokation von Trassen an eigene Tochtergesellschaften und Wettbewerber, um einen möglichst reibungslosen Ablauf des Bahnverkehrs sowie eine effiziente Netznutzung zu gewährleisten.[21]

Aus regulatorischer Sicht ist insbesondere die Netzebene der Wertschöpfungskette bedeutsam, da diese in vielen Fällen eine wesentliche Einrichtung darstellt, die von Wettbewerbern für den Markteintritt auf vor- oder nachgelagerten Stufen der Wertschöpfungskette benötigt wird. Ohne effektive Regulierung besteht die Gefahr der vertikalen Marktabschottung („Foreclosure"), welche effektiv verhindert werden sollte, um auch in der langen Frist effiziente Marktergebnisse zu erreichen. Der Fokus der regulatorischen Praxis hat sich daher inzwischen von der Verhinderung des sog. Ausbeutungsmissbrauchs hin zum Abstellen eines etwaigen Behinderungsmissbrauchs

---

[20] Vgl. *Knieps* (2007).
[21] Siehe *Haucap/Heimeshoff* (2009).

verschoben. In diesem Zusammenhang spielt die Frage der vertikalen Entflechtung („Unbundling") zwischen Netzen und den vor- und nachgelagerten Wertschöpfungsstufen eine entscheidende, aber auch kontrovers diskutierte Rolle.[22]

3.2 Vertikale Entflechtung

Eine der grundlegendsten Entscheidungen, die im Rahmen der Regulierung netzbasierter Industrien zu treffen ist, bezieht sich auf die mögliche vertikale Entflechtung der Netze von den potenziell wettbewerblich organisierbaren Wertschöpfungsstufen der Branche. Die Frage ist, ob eine organisatorische oder sogar eigentumsrechtliche Abspaltung einzelner Stufen der Wertschöpfungskette, insbesondere des Netzes, sinnvoll ist. Um diese Frage zu beantworten, sollte zunächst geprüft werden, ob es sich bei dem betrachteten Netzbereich tatsächlich um eine wesentliche Einrichtung handelt oder ob eine Duplizierung technisch, rechtlich und ökonomisch möglich ist. Bestehen nämlich keine unüberwindbaren Markteintrittsbarrieren und kann das Netz technisch, rechtlich und ökonomisch dupliziert werden, so ist eine vertikale Entflechtung nicht geboten.

Sodann ist zu fragen, ob auf einem vor- oder nachgelagerten Markt überhaupt ein hinreichendes Potenzial für Wettbewerb besteht.[23] Ist dies nicht der Fall – wie z. B. in einigen Bereichen der Wasserwirtschaft zu vermuten ist – dann ist auch bei einem natürlichen Monopol im Leitungsbereich kein wesentlicher Vorteil einer vertikalen Entflechtung zu erkennen – im Gegenteil dürften dann eher die Nachteile einer Entflechtung (Transaktionskosten, geschmälerte Investitionsanreize, Gefahr des Kettenmonopols bzw. der doppelten Marginalisierung) überwiegen. Sollte Wettbewerb auf einer vor- oder nachgelagerten Wertschöpfungsstufe jedoch möglich sein, so kann eine vertikale Entflechtung unter Umständen sinnvoll sein. Ein besonders wichtiger Aspekt im Zusammenhang mit einer vertikalen Entflechtung ist das Ausmaß möglicher Diskriminierungspotenziale. In bestimmten Netzindustrien sind bestimmte Diskriminierungspotenziale nur sehr schwer zu kontrollieren, insbesondere wenn diese nicht-preislicher Natur sind. Dies spielt z. B. im Bereich der Bahn eine bedeutende Rolle. Hier kann der Netzbetreiber z. B. über die Allokation der Trassen, die Wartung der Infrastruktur und auch sein Investitionsverhalten seine Wettbewerber – abgesehen von preislichen Diskriminierungsmöglichkeiten – prinzipiell in erheblichem Umfang behindern.

Kommt man im Rahmen der Prüfung zu dem Ergebnis, dass aufgrund der Schwierigkeit, Diskriminierungspotenziale effektiv zu kontrollieren, eine Entflechtung sinnvoll sein kann, stellt sich jedoch die Frage der möglichen Kosten einer Entflechtung wie sie z. B. in den etwaigen Verlusten von Verbundvorteilen bestehen. Die vertikale Integration muss nämlich aus wohlfahrtsökonomischer Sicht keineswegs immer negativ zu

---

[22] Vgl. *Monopolkommission* (2006) und *Hellwig* (2006).
[23] Vgl. dazu ausführlich *Haucap/Heimeshoff/Uhde* (2008).

bewerten sein. Stattdessen beinhaltet diese Form der Integration oftmals umfangreiche Verbundvorteile aus gemeinsamer Nutzung bestimmter Einrichtungen durch verschiedene Konzernteile, welche durch eine Entflechtung verloren gehen würden. Neben dem Verlust von Verbundvorteilen gibt es eine weitere Quelle möglicher Effizienzverluste, die im Rahmen einer Entflechtungsentscheidung bedacht werden muss.

So spielt in Netzindustrien die Frage angemessener privater Investitionsanreize eine wesentliche Rolle. Durch die Netzzugangsregulierung können Investitionsanreize ohnehin erheblich gemindert werden. Deshalb ist eine genaue Abwägung der Effekte einer vertikalen Entflechtung auf private Investitionsanreize unabdingbar. Die vertikale Entflechtung eines Netzunternehmens nimmt dem Netzbetreiber unter Umständen die Möglichkeit Renten auf nachgelagerten Märkten abzuschöpfen, was dazu führt, dass die Investitionsanreize für einen vertikal separierten Netzbetreiber geringer sein können als für einen integrierten Netzbetreiber.

Darüber hinaus müssen im Rahmen einer vertikalen Entflechtung einmalige Trennungskosten berücksichtigt werden, die bei einer Entflechtung eines großen Konzernteils durchaus erheblich sein können. Abschließend können Argumente „außerökonomischer" Natur vorliegen, die eine Entflechtungsentscheidung wegen möglicher Auswirkungen gesamtwirtschaftlicher Art beeinflussen. Hier ist allerdings Vorsicht geboten, weil solche Argumente oftmals von politischer Seite hervorgebracht und zu Zwecken bestimmter Interessengruppen instrumentalisiert werden. Wenn diese Ziele einer auf ökonomischer Effizienz basierten Entscheidung widersprechen, können außerökonomische Argumente eher schaden als nutzen.

Zusammenfassend schlagen wir für die Beurteilung der vertikalen Entflechtung somit ein mehrstufiges Bewertungsschema vor, das auf den folgenden sieben Fragen aufbaut:

(1) Liegt in der betrachteten Industrie dauerhaft ein resistentes natürliches Monopol (z. B. im Netzbereich) vor oder gibt es andere Markteintrittsbarrieren (z. B. rechtlicher Art), welche eine Duplizierung effektiv verhindern? Wenn nicht, sollte keine Entflechtung erfolgen.

(2) Ist Wettbewerb auf vor oder nachgelagerten Märkten wahrscheinlich? Falls nicht, sollte keine zwangsweise vertikale Entflechtung erfolgen.

(3) Sind die Diskriminierungsmöglichkeiten vertikal integrierter Anbieter für Regulierungsbehörden relativ leicht zu kontrollieren (z. B. bei reiner Preisdiskriminierung) oder eher schwierig zu begrenzen (z. B. bei vielfältigen Möglichkeiten nicht-preislicher Diskriminierung)? Bei einer relativ einfachen Kontrolle durch Regulierungsbehörden sollte eine vertikale Entflechtung nur erfolgen, wenn damit keine anderen Effizienzverluste verbunden sind.

(4) Welche Verbundvorteile gehen verloren und sind dies auch volkswirtschaftliche Effizienzverluste (im Gegensatz zu rein betriebswirtschaftlichen Kosten)? Sind

diese Verluste signifikant, müssen auch die zu erwartenden Effizienzgewinne aus dem zunehmenden Wettbewerb signifikant sein, um eine Entflechtung zu rechtfertigen.

(5) Werden Anreize zu effizientem Investitions- und Innovationsverhalten durch eine vertikale Entflechtung negativ verändert? Wenn ja, ist zu weiter fragen, ob dies durch eine geeignete daran anschließende Regulierung kompensiert werden kann (z. B. relativ „großzügige" Netznutzungsentgelte oder Regulierungsferien). Wenn dies nicht möglich sein sollte, müssen wie schon bei (3) die zu erwartenden Effizienzgewinne aus dem zunehmenden Wettbewerb signifikant sein, um eine Entflechtung zu rechtfertigen.

(6) Welche einmaligen Trennungskosten entstehen volkswirtschaftlich?

(7) Gibt es andere Argumente „außerökonomischer" Natur, welche Transaktionskosten bei einer Entflechtung verursachen würden?

Zusammenfassend sei noch mal betont: Eine pauschale Aussage für oder gegen die Entflechtung vertikal integrierter Netzindustrien lässt sich ökonomisch nicht herleiten. Wie so oft, kommt es auf die genauen Umstände an, welche es zu würdigen gilt.

4 Aktuelle Themen der Netzregulierung in den verschiedenen Netzindustrien

Die Monopolkommission ist nach Telekommunikationsgesetz (TKG), Postgesetz (PostG), Energiewirtschaftsgesetz (EnWG) sowie dem Allgemeinen Eisenbahngesetz (AEG) verpflichtet, der Bundesregierung alle zwei Jahre (und zwar in den ungeraden Jahren) über die Wettbewerbsentwicklungen und die Regulierung in den fünf Sektoren Telekommunikation, Post, Elektrizität, Gas und Bahn gutachterlich Bericht zu erstatten. Wie diese Gutachten sehr deutlich zeigen,[24] bestehen trotz aller Gemeinsamkeiten netzgebundener Industrien auch signifikante Unterschiede zwischen ihnen. Diese Unterschiede sind einerseits auf die historische Entwicklung als auch technische Besonderheiten der jeweiligen Industrien zurückzuführen, hängen andererseits aber auch damit zusammen, dass die politische Zielsetzung in den Industrien sehr unterschiedlich ist.

4.1 Wettbewerbsprobleme auf Elektrizitätsmärkten

In der Elektrizitätswirtschaft ist Wettbewerb nun ein Ziel unter mehreren. Mindestens ebenso wichtig wie eine preisgünstige Energieversorgung sind Aspekte der Versorgungssicherheit und des Klimaschutzes. Hinzu kommen klare industriepolitische Ziele

---

[24] Vgl. *Monopolkommission* (2009a), *Monopolkommission* (2009b), *Monopolkommission* (2009c), *Monopolkommission* (2009d).

wie etwa die massive Förderung der Solarindustrie und anderer erneuerbarer Energieerzeuger und deren Anlagenbauer in Deutschland, selbst wenn dem Klimaschutz dadurch bekanntlich aufgrund der ohnehin auf europäischer Ebene existierenden Deckelung der CO_2-Zertifikate in keiner Weise geholfen, wenn nicht sogar geschadet wird.[25] Ganz allgemein ist ein energiepolitisches Ziel, den Energieverbrauch einzudämmen – ein Ziel, das tendenziell mit niedrigeren Energiepreisen, so wie man sie bei funktionsfähigem Wettbewerb erwarten würde, konfligiert.

Das wesentliche wettbewerbliche Problem – sofern denn Wettbewerb auf Energiemärkten politisch überhaupt wirklich gewünscht wird – besteht nach Analyse der Monopolkommission[26] auf dem Strommarkt in der Kombination aus einer relativ hohen Anbieterkonzentration und zahlreichen strukturellen und institutionellen Markteintrittsbarrieren auf dem Gebiet der Stromerzeugung. Als institutionelle Markteintrittsbarrieren sind die vor allem politisch induzierten Unsicherheiten zu nennen, welche eine Investition in neue Kraftwerke weniger attraktiv werden lassen. Die Unwägbarkeiten entstehen durch die Unklarheiten über

(1) die mögliche Laufzeitverlängerung für Kernkraftwerke, welche es insbesondere für neue Anbieter unattraktiv macht, in neue (Gas-)Kraftwerke zu investieren,

(2) die zukünftige Zuteilung von CO_2-Emmissionszertifikaten, welche für die Rentabilität von Gas- und Kohlekraftwerken entscheidend sind,

(3) die zukünftige Ausgestaltung von CCS-Auflagen,

(4) die weitere Entwicklung der Förderung erneuerbarer Energien, durch welche die Nachfrage nach konventionell erzeugter Elektrizität sinkt.

Hinzu kommen langfristige Genehmigungsverfahren sowie gesellschaftliche und politische Widerstände gegen den Kraftwerksneubau in Deutschland, sodass die Perspektiven für den Neubau von Gas- und Kohlekraftwerken in Deutschland alles in allem wenig gut sind.

Eine Belebung des Wettbewerbs bei der Stromerzeugung wäre jedoch nicht nur möglich, indem (a) neue Anbieter in Deutschland zusätzliche Kraftwerke errichten und so für eine Dekonzentration des Marktes in Deutschland sorgen, sondern auch indem (b) die Engpässe an den Grenzen zwischen Deutschland und den Nachbarstaaten beseitigt werden, sodass der Stromimport aus dem Ausland erleichtert wird. Dazu wiederum ist erstens kurzfristig ein effizientes Management der bestehenden Engpässe an den Grenzkuppelstellen erforderlich, das sich idealerweise so genannter impliziter Auktionen bedienen sollte, und zweitens mittelfristig aber auch ein Abbau der bestehenden Engpässe. Dies lässt sich relativ effizient bewerkstelligen, indem die erzielten Engpass-

---

[25] Vgl. z.B. *Sinn* (2008).
[26] Vgl. *Monopolkommission* (2009a).

erlöse zweckgebunden zur Beseitigung der Engpässe verwendet werden anstatt sie, wie bisher der Fall, vor allem zur Absenkung der Netzentgelte zu nutzen.

Im Großhandel mit Elektrizität und Gas unterliegt die Aufsicht über die Energiebörse EEX den Vorschriften des Börsengesetzes. Das Börsengesetz (BörsG) ist darauf gerichtet, dass der Handel und die Preisermittlung fair und manipulationsfrei erfolgen. Im Falle der EEX wird die Leitungsfunktion der eigenverantwortlichen Börsengeschäftsführung durch Mitwirkungserfordernisse von Börsenrat und Börsenaufsicht begrenzt. Die Terminmarktgeschäfte der EEX unterliegen als Finanzderivate dem Wertpapierhandelsgesetz (WpHG). Das Wertpapierhandelsgesetz kann jedoch das Grundproblem des börslichen Stromhandels, die Ausnutzung der Marktmacht im Erzeugerbereich, nicht angemessen erfassen, da dieses außerhalb der von ihm ins Auge gefassten Beeinflussung des Handels liegt.

Daher hat sich die *Monopolkommission* (2009a) auch dafür ausgesprochen, aufgrund der hohen Marktkonzentration eine Marktüberwachungsstelle für den Stromhandel einzurichten. Diese „Market Monitoring Unit" sollte den Stromhandel systematisch und kontinuierlich auf einen etwaigen Missbrauch von Marktmacht überwachen und könnte beim Bundeskartellamt angesiedelt sein, da es sich bei der Stromerzeugung – im Gegensatz zu den Übertragungs- und Verteilnetzen – nicht um ein dauerhaftes natürliches Monopol handelt. Zudem kann die Stelle bei einer Dekonzentration des Marktes, z. B. aufgrund einer zunehmenden Integration der europäischen Märkte, auch wieder aufgelöst werden.

Die Übertragungs- und Verteilnetze hingegen sind und bleiben auf absehbare Zeit natürliche Monopole, die einer staatlichen Regulierung zu unterziehen sind. Durch die Anreizregulierung werden hier Anreize geschaffen, produktive Ineffizienzen abzubauen und die Effizienzgewinne zumindest in Teilen auch an die Verbraucher weiterzuleiten (durch den sog. X-Faktor, durch den die regulatorisch festgelegte Erlösobergrenze sinkt). Durch die jüngst erfolgte Anordnung zur Bildung eines Netzregelverbundes bei den vier Übertragungsnetzen können zudem weitere produktive Ineffizienzen beseitigt werden.

4.2 Wettbewerbsprobleme auf Gasmärkten

Im Gassektor besteht eine große Importabhängigkeit. Das Erdgasaufkommen in Deutschland basiert lediglich zu 15 % auf deutscher Förderung und damit zu 85 % auf Importen. Das für Deutschland wichtigste Lieferland ist Russland, gefolgt von Norwegen, den Niederlanden sowie Dänemark und Großbritannien. Deutschland ist der größte Erdgasimporteur in Europa und zählt zu den weltweit größten Verbraucherländern. Die Nachfrage nach Erdgas nimmt in der Europäischen Union kontinuierlich zu, wohingegen die inländische Förderung der Mitgliedstaaten im Zeitablauf abgenommen hat. Die Gaswirtschaft ist stark leitungsgebunden und damit die Verteilung durch infrastrukturelle Überlegungen geprägt. Die Leitungsgebundenheit und die begrenzte Speicherbarkeit von Erdgas erklären, dass es keinen integrierten Weltmarkt für Erdgas gibt.

In den meist über Jahrzehnte abgeschlossenen Import- und Exportverträgen der Gaswirtschaft findet in der Regel eine Kopplung des Gaspreises an den Ölpreis statt. Allerdings ist die bisweilen geforderte Aufhebung der Ölpreiskopplung allein sicher kein zielgerichtetes Instrumentarium, um eine wettbewerbliche Preisbildung im Gassektor zu erreichen. Da kein einheitlicher weltweiter Markt besteht, kann eine Orientierung an einem geeigneten Index durchaus sinnvoll sein, um kostspielige Nachverhandlungen bzw. eine „Hold-up"-Problematik zu vermeiden, welche sich aufgrund der beiderseitigen Abhängigkeit ergeben kann. Bei einer einseitigen Aufhebung der Ölpreiskopplung bestünde zudem die Gefahr, dass es zu Arbitragegeschäften zulasten des Landes käme, das die Ölpreiskopplung aufgibt.

Im Gasmarkt kann grundsätzlich zwischen der Großhandels- und der Einzelhandelsstufe unterschieden werden. Auf der Großhandelsstufe wird zwischen den Märkten für die erstmalige Belieferung von anderen Ferngasgesellschaften durch überregionale Ferngasgesellschaften und den Märkten für die Belieferung von regionalen und lokalen Weiterverteilern, insbesondere Stadtwerken, durch (über-)regionale Ferngasgesellschaften unterschieden. Auf der Einzelhandelsstufe gibt es zum einen den Markt für die Belieferung von Industriekunden und zum anderen den Markt für die Belieferung von Haushalts- und Kleingewerbekunden. In räumlicher Hinsicht werden die sachlich relevanten Märkte vom Bundeskartellamt regional nach den etablierten Netzgebieten der Unternehmen abgegrenzt. Die Marktverhältnisse weisen nach Auffassung der *Monopolkommission* (2009a) nach wie vor keinen funktionsfähigen Wettbewerb auf. Sowohl bei der Belieferung von Gasgroßkunden als auch bei der Belieferung von Gaskleinkunden sind die einzelnen Stadtwerke und endversorgenden Regionalversorger regelmäßig marktbeherrschend. Bei der Versorgung von Kleinkunden gab es bis vor Kurzem häufig sogar gar keinen Wettbewerb.

Der Konzentration des Gasangebots auf wenige Unternehmen ist nur schwer entgegen zu treten. Daher sind die Endkundenmärkte ein besonders wichtiger Impulsgeber für einen wettbewerblich orientierten Gasmarkt. Die Einführung klarer Regelungen zum Lieferantenwechsel ist ein wichtiger Anstoß für den Wettbewerb, durch den die Markteintrittsbarrieren für neue Marktteilnehmer gesenkt wurden.

Die Wechselquote hat mittlerweile, insbesondere in einigen Regionen, deutlich zugenommen, ist aber nach wie vor steigerungsfähig. Dabei ist anzumerken, dass eine geringe Wechselquote *allein* kein Indikator für mangelnden Wettbewerb ist. Bei ehemals monopolistisch organisierten Branchen mit signifikanten Markteintrittsbarrieren ist eine geringe Wechselquote jedoch anders zu bewerten als auf lange wettbewerblich organisierten Märkten. Zu fragen ist zudem nicht allein nach der Anzahl der Anbieterwechsel, sondern nach der Anzahl der unterschiedlichen wechselnden Kunden.

Wechselt eine kleine Anzahl von Kunden sehr häufig kann dies zu derselben (gemessenen) Wechselquote führen wie der wenige häufige Wechsel von vielen Kunden. Letzteres intensiviert den Wettbewerb deutlicher als ein „Rauschen an der Oberfläche des Kundenstamms".

Hauptgründe für die bei manchen Nachfragern fehlende Wechselbereitschaft sind nach wie vor Informationsdefizite sowie ein träges Verhalten. Auch darf nicht übersehen werden, dass bundesweite, flächendeckende Wechselmöglichkeiten für Haushaltskunden erst seit relativ kurzer Zeit bestehen. Dabei sind die messbaren Wechselkosten jenseits psychischer Wechselbarrieren (z. B. Unsicherheit) für einen internetkundigen Kunden sehr gering. Preisinformationen sind über diverse Tarifrechner im Internet zu erhalten, auch wenn die Ausgestaltung solcher Rechner aufgrund möglicher Anreizverzerrungen nicht ohne Probleme ist.

In diesem Zusammenhang ist auch festzuhalten, dass das Bundeskartellamt auf Grundlage des neuen § 29 GWB Missbrauchsverfahren gegen 35 Gasversorger wegen des Verdachts missbräuchlich überhöhter Gaspreise für Haushalts- und Gewerbekunden geführt hat. Sämtliche Verfahren wurden mit Zusagenlösungen beendet. Die Zusagen enthielten in erster Linie die Verschiebung von oder den Verzicht auf Preiserhöhungen, die auf Bezugskostensteigerungen basierten, sowie Bonuszahlungen und Preisnachlässe auf verbrauchte kWh und die Überarbeitung der Preisgestaltung. Die Anwendung von § 29 GWB ist jedoch kein geeignetes Instrument zur Verwirklichung eines wettbewerblichen Gasmarktes. Kritisch ist, dass § 29 GWB nicht an den eigentlichen Ursachen eines fehlenden Wettbewerbs im Energiesektor ansetzt. Dadurch, dass das Bundeskartellamt Verfahren gegen 35 Gasversorger eingeleitet hat, sind erhebliche Markteintrittsbarrieren entstanden. Gleichzeitig hat sich die durch § 29 Abs. 1 Nr. 1 GWB induzierte Gefahr eines Parallelverhaltens und damit einer Preisgleichschaltung gegenüber Endverbrauchern erhöht. Sehr viel sinnvoller wäre es gewesen, die Wechselbereitschaft der Endkunden zu fördern und den dadurch entstehenden Preisdruck wirken zu lassen. Darüber hinaus entfalten die Zusagen der betroffenen Unternehmen, die insbesondere aus Rückerstattungen, Bonuszahlungen und dem Verzicht auf Preiserhöhungen bestehen, erhebliche Marktverschlusseffekte, weil sie wie ein „Quasi-Kundenbindungsprogramm" wirken. Letztlich mag die finanzielle Kompensation der Endkunden zwar eine gute Außenwirkung haben, dem Wettbewerb nutzt sie allerdings wenig. Es entsteht vielmehr der Eindruck, dass das Bundeskartellamt die disziplinierende Wirkung eines Anbieterwechsels durch die Regulierung der Preise übernimmt.

Die Funktionsfähigkeit einer deutschen Gasbörse kann nicht unabhängig von der Lösung weiterer gaswirtschaftlicher Probleme hergestellt werden. Die Hauptursache einer fehlenden wettbewerblichen Struktur des Großhandels im Gassektor liegt in der Vielzahl der Marktgebiete. Das Wettbewerbspotenzial auf dem deutschen Gasmarkt kann sich am besten entfalten, wenn mittelfristig jeweils ein bundesweites Marktgebiet für H- bzw. für L-Gas geschaffen wird. Im Gasmarkt wirkt sich die Vielzahl der Handelszonen negativ auf das Handelsvolumen aus, da in hohem Maße Kapazitätsengpässe zwischen den Marktgebieten bestehen. Das weitere Zusammenlegen von Marktgebieten zur Etablierung eines jeweils bundeseinheitlichen Marktes für H- bzw. L-Gas ist daher unverzichtbar. Charakteristisch für ein Marktgebiet ist, dass innerhalb desselben keine Engpässe bestehen und nur eine Gasqualität (H- oder L-Gas) gehandelt wird. Größere Marktgebiete vereinfachen den Gastransport und machen ihn preiswerter. Des Weiteren führt eine Reduktion der Marktgebiete zu einer höheren Liquidität, die Abwicklung der Transporte wird erleichtert und der Umgang mit Regel- und Ausgleichsenergie wird effizienter gestaltet.

Wenn der Engpass nicht durch einen sinnvollen Netzausbau behoben werden kann, ist eine separate Marktgebietsbildung zulässig. Um jedoch zweifelsfrei feststellen zu können, ob mehrere Marktgebiete sinnvoll sind und tatsächlich Teilnetze vorliegen, bedarf es transparenter Verfahren, die physikalische Engpasse eindeutig identifizieren bzw. prognostizieren. Diese Engpässe müssen permanenter Natur und nicht durch geeignete Engpassmanagementmethoden zu beheben sein. Die Aufnahme solcher Regelungen in die Gasnetzzugangsverordnung ist durchaus sinnvoll. Die Zusammenlegung von Marktgebieten ist bei den beteiligten Netzbetreibern mit Kosten verbunden; die Kosten für den Netzausbau sollten daher im Rahmen der Anreizregulierung berücksichtigt werden.

Im Gassektor können zwei Arten von Engpässen unterschieden werden: zum einen der vertraglich bedingte und zum anderen der physische Engpass. Der Monitoringbericht der Bundesnetzagentur legt dar, dass es in Deutschland zwischen den Marktgebieten in großem Umfang vertragliche Engpässe gibt. Die vorrangige Zuweisung von Kapazitäten in langfristigen Kapazitätszusagen stellt dabei den Hauptgrund dar. Den hohen langfristigen Buchungen stehen allerdings niedrige physische Auslastungsquoten gegenüber. Aus Mangel an festen Kapazitäten müssen von Transportkunden zunehmend unterbrechbare Kapazitäten gebucht werden. Auch an den internationalen Grenzkuppelstellen sind zahlreiche Engpässe zu verzeichnen. Die aktuelle Situation ist in der Summe unbefriedigend. Für neue Anbieter stellt die fehlende Möglichkeit, feste Transportkapazitäten zu buchen, eine erhebliche strukturelle Markteintrittsbarriere dar. Die Ausweichlösung, unterbrechbare Kapazitäten zu nominieren, stellt einen deutlichen Wettbewerbsnachteil gegenüber etablierten Unternehmen mit langfristigen Kapazitätsbuchungen dar und ist mit einer zunehmenden Unsicherheit verbunden. Sekundärmärkte haben in der gegenwärtigen Konstellation ebenfalls keine Möglichkeit, ihre Wirkung zu entfalten.

Im Gegensatz zum Elektrizitätsmarkt stellt im Gassektor die Kapazitätssituation im Inland das signifikante Wettbewerbshemmnis dar. Die Implementierung eines Engpassmanagements scheitert an der Verfügbarkeit freier Übertragungskapazitäten zwischen den Marktgebieten. Mit dem Ziel, ein diskriminierungsfreies Kapazitätsmanagement auch im Gassektor zu realisieren, sollten an den Entry- und Exit-Punkten explizite

Auktionen durchgeführt werden. Implizite Auktionen würden einen liquiden Großhandelsmarkt voraussetzen. Dieser ist im Gassektor nicht vorhanden, daher muss auf explizite Auktionen zurückgegriffen werden. Die Gaskapazitäten sollten mit lang- bis mittelfristigem Horizont, d. h. Jahres-, Monats- und Wochenkapazitäten, verauktioniert werden. Um freie Kapazitäten in den Markt zu bekommen, sollte ein „Transmission Capacity Release"-Programm aufgelegt werden, welches aus langfristigen Kapazitätszusagen bedient wird. Die bisherigen Inhaber langfristiger Rechte werden dann dazu angehalten, anteilig Kapazitäten abzugeben oder in kurzfristige Kapazitäten umzuwandeln. Die Einnahmen, die aus den expliziten Auktionen resultieren, sollten zur Engpassbeseitigung verwendet werden. Auch wenn gegenwärtig eine hohe Zahl von vertraglichen Engpassen im deutschen Gasnetz zu beobachten ist, ist zu vermuten, dass keine relevante Überschussnachfrage mehr vorhanden sein wird, wenn physische Kapazitäten in spürbarer Menge verauktioniert werden sollten, und dementsprechend auch nur geringe Einnahmen entstehen werden. Der Bedarf zum Netzausbau wird sich folglich als gering darstellen. Letztlich sollte die Entscheidung zum Netzausbau aber von der Bundesnetzagentur getroffen werden. Bei expliziten Auktionen mit physischen Übertragungsrechten entsteht zusätzlich die Gefahr der Hortung von Kapazitäten, welche bei impliziten Auktionen nicht gegeben ist. Die Gasnetzzugangsverordnung ist in einer Weise abzuändern, dass die Bundesnetzagentur mit der Kontrolle über Kapazitätshortung und dem Entzug gehorteter Kapazitäten zu beauftragen ist.

Mit Einführung eines neuen Bilanzierungssystems im Gassektor (GABi Gas) verfolgt die Bundesnetzagentur das Ziel, ein transparentes, kostenorientiertes, diskriminierungsfreies, für alle Marktgebiete geltendes System zu erschaffen, um dadurch die Liquidität des Gasmarktes zu erhöhen und somit den Wettbewerb zu fördern. Der Systemwechsel mit der Einführung von GABi Gas ist zu begrüßen. Durch den Wechsel von der Stundenbilanzierung zur Tagesbilanzierung, den die *Monopolkommission* (2007a) gefordert hatte, erhöht sich die Verantwortung der Netzbetreiber in einem deutlichen Umfang, während die Komplexität der Belieferung für die Bilanzkreisverantwortlichen deutlich abnimmt.

Seit dem 1. Januar 2010 werden die Gasfernleitungsnetzbetreiber in die Anreizregulierung mit einbezogen. Dies war ein überfälliger Schritt der Bundesnetzagentur. Die überregionalen Gasfernleitungsnetzbetreiber unterlagen bis dahin aufgrund einer Ausnahme in der Gasnetzentgeltverordnung keiner Kostenprüfung. Die Bundesnetzagentur hat sich diesem Sachverhalt vertieft gewidmet und nach eingehender Prüfung in zehn ergangenen Entscheidungen festgestellt, dass die Fernleitungsnetzbetreiber keinem Leitungswettbewerb ausgesetzt sind. Die Bundesnetzagentur verpflichtet die Fernleitungsnetzbetreiber nun dazu, ihre Netzentgelte kostenorientiert zu bilden.

Der deutsche Erdgasspeichermarkt hat aufgrund seiner Größe und seiner geografischen Lage einen hohen Stellenwert in der Europäischen Union. In Deutschland ist eine Vielzahl von Investitionen in neue Speicherkapazitäten geplant. Die Realisierung aller

Projekte bedeutet eine Erhöhung der Speicherkapazitäten um etwa 40 %. Die *Monopolkommission* (2009a) sieht alle Voraussetzungen für die Etablierung eines Speicherwettbewerbs in Deutschland als gegeben an. Ausgehend von einer Aufstellung der aktuellen und geplanten Speicherkapazitäten ist von einer moderaten angebots- und nachfrageorientierte Konzentration auszugehen.

Die Untersagung des Bundeskartellamtes zu den langfristigen Gaslieferverträgen ist bis zum 30. September 2010 befristet. Es ist zu bezweifeln, dass die Wettbewerbsentwicklung bis dahin soweit fortgeschritten sein wird, dass auf die Untersagung verzichtet werden kann. Das Bundeskartellamt sollte daher eine Verlängerung der Untersagung des Abschlusses für weitere zwei Jahre in Betracht ziehen.

4.3 Wettbewerbsprobleme im Bahnbereich

In ihrem letzten Sondergutachten zum Bahnsektor hat die *Monopolkommission* (2009b) festgestellt, dass der Wettbewerb auf den Märkten für Personen- und Güterverkehr nur langsam Fahrt aufnimmt und erhebliche Wettbewerbshindernisse die Aktivitäten vieler Anbieter einschränken. Im deutschen Bahnsektor bestehen zahlreiche Wettbewerbsprobleme, durch die der Wettbewerb auf den Verkehrsmärkten limitiert wird. Eine wesentliche Ursache liegt in der Struktur der Deutschen Bahn AG. Durch die Verbindung von Infrastruktur und Transportsparte hat das Unternehmen gegenüber den übrigen Anbietern deutliche Vorteile beim Zugang zur Eisenbahninfrastruktur. Diesem wie weiteren Problemen hat die *Monopolkommission* (2009b) mit einem umfassenden Konzept Rechnung getragen.

Der wichtigste Hebel, um ein wirkliches „Mehr an Wettbewerb" zu erreichen, liegt in der Trennung von Infrastruktur und Transportsparte der Deutschen Bahn AG. Daher sollten die Transportunternehmen der Deutschen Bahn möglichst bald privatisiert werden, um die Unabhängigkeit der Eisenbahninfrastrukturbetreiber sicherzustellen. Auf diesem Wege entfallen viele Diskriminierungsanreize, und allen Eisenbahnverkehrsunternehmen könnte das Netz, die Bahnhöfe und weitere Anlagen zu gleichen Bedingungen zur Verfügung gestellt werden. Dies ist im Bahnbereich sinnvoll, weil (a) zahlreiche nicht-preisliche Diskriminierungsmöglichkeiten bestehen, die nicht mit angemessenem Ressourcenaufwand kontrollierbar sind, und (b) ein Großteil der Infrastrukturinvestitionen durch die öffentliche Hand finanziert wird und somit nicht von privaten Investitionsanreizen bzw. von der vertikalen Struktur des Unternehmens abhängt. Somit sprechen gewichtige Gründe für eine vertikale Entflechtung und nur schwache dagegen.

Faire Wettbewerbsbedingungen beim Zugriff auf die Infrastruktur sind unabdingbare Voraussetzung für einen effizienten Qualitäts- und Preiswettbewerb bei der Bahn und zum Vorteil der Verbraucher.

Die *Monopolkommission* (2009b) hat die Vorschriften über die Zugangsentgelte zur Eisenbahninfrastruktur untersucht und erhebliche Schwächen der Wirksamkeit der bestehenden Regulierung festgestellt. Daher fordert die *Monopolkommission* (2009b) die Einführung einer Anreizregulierung, durch die die Eisenbahninfrastruktur effizienter, verbunden mit geringeren Diskriminierungsmöglichkeiten, bewirtschaftet werden kann.

In ihrem Gutachten untersucht die *Monopolkommission* (2009b) im Einzelnen die Teilmärkte für Schienenpersonennahverkehr, Schienenpersonenfernverkehr und Schienengüterverkehr. Im Schienenpersonennahverkehr hängt die Wettbewerbsentwicklung von der Bereitschaft ab, auslaufende Verkehrsverträge in einem wettbewerblichen Ausschreibungsverfahren zu vergeben. Wettbewerbliche Vergabeverfahren induzieren in aller Regel ein besseres Leistungsangebot. Die Monopolkommission fordert daher, zukünftig alle Verkehrsaufträge im Schienenpersonennahverkehr auszuschreiben. Der Gesetzgeber sollte zudem das Verfahren regulieren, mit dem der gemeinsame bundesweite Tarif im Schienenpersonennahverkehr vereinbart wird.

Im Schienenpersonenfernverkehr besteht bisher kaum relevanter Wettbewerb, obwohl der deutsche Markt grundsätzlich für private Anbieter geöffnet ist. Eine Ursache ist das Refinanzierungsrisiko für notwendige erhebliche Investitionen eines neuen Anbieters. Die Monopolkommission empfiehlt eine gesetzliche Initiative, durch die Transparenzverpflichtungen für den Netzbetreiber über Auslastung und Zustand des Netzes in das Eisenbahnrecht aufgenommen werden. Zudem sollten die Vorgaben überarbeitet werden, nach denen die Eisenbahnverkehrsunternehmen langfristige Rahmenverträge über die Trassennutzung abschließen. Auf diesem Wege könnte der Gesetzgeber potenziellen neuen Anbietern zusätzliche Möglichkeiten geben, um die Grundlagen ihres Geschäftsmodells abzusichern.

Der Schienengüterverkehr hat seit der Bahnreform die beste Wettbewerbsentwicklung gezeigt. Allerdings konzentriert sich der Wettbewerb bisher auf den so genannten Ganzzugverkehr, der keine Zugumbildungen erfordert. Bei logistisch aufwendigen Leistungen wie dem sogenannten Einzelwagenverkehr krankt die Wettbewerbsentwicklung beim Zugriff auf die notwendigen Serviceeinrichtungen der Deutschen Bahn AG. Eine striktere Regulierung und Kontrolle ist erforderlich, um den Wettbewerbern den diskriminierungsfreien Zugang zu Rangierbahnhöfen und Zugbildungsanlagen zu ermöglichen.

4.4 Wettbewerbsprobleme in der Telekommunikationsbranche

Die Liberalisierung der Telekommunikationsbranche in Deutschland ist wohl eines der erfolgreichsten mikroökonomischen Reformprojekte der letzten Jahrzehnte: Mehr Auswahl für die Verbraucher, fallende Preise, neue und innovative Dienste und modernere Netze kennzeichnen die Entwicklung des Telekommunikationsmarktes. War das Telekommunikationsangebot in Deutschland – abgesehen vom Mobilfunk, in dem es seit 1991 zumindest einen Duopolwettbewerb gab – weitgehend monopolisiert, so hat es seit der Marktöffnung des Festnetzbereichs im Jahr 1998 eine dramatische Entwicklung gegeben: Zahlreiche neue Anbieter von Telekommunikationsdienstleistungen haben den Markt oder, genauer gesagt, die Märkte mit günstigeren und/oder innovativen Angeboten betreten. Heftige Preisanpassungen (zumeist Preissenkungen) und Marktanteilsverschiebungen waren die Folge mit den entsprechend erfreulichen Konsequenzen für Verbraucher und alternative Anbieter.[27]

Die Erfolge sind Konsequenz einer wettbewerbsorientierten, marktöffnenden Regulierung, welche nicht versucht, Marktergebnisse im Detail zu steuern, sondern vor allem einen ergebnisoffenen Wettbewerb ermöglicht. Vor diesem Hintergrund hat die *Monopolkommission* (2009c) die von der Europäischen Kommission geforderte Intensivierung der Mobilfunkregulierung in der Europäischen Gemeinschaft abgelehnt. Die weitere Absenkung der grenzüberschreitenden Tarife für Mobilfunkgespräche und der Entgelte für das International Roaming, die Ausweitung der Regulierung auf grenzüberschreitende Datendienste sowie die recht drastische Absenkung der Entgelte bei den Vor- und Endkundenleistungen erscheint aus der Sicht der Verbraucher zwar kurzfristig positiv, kann die Leistungsfähigkeit insbesondere der kleineren Mobilfunknetzbetreiber aber übersteigen. Eine Harmonisierung der Berechnungsmethoden für Terminierungsentgelte, wie von der Europäischen Kommission eingefordert, ist nicht notwendig. Vielmehr gilt es der Gefahr einer übermäßigen Zentralisierung durch geeignete institutionelle Strukturen entgegen zu wirken.[28]

Zu begrüßen ist, dass die Bundesregierung dafür Sorge tragen will, dass die Lücken bei der Breitbandversorgung (sog. „weiße Flecken") schnell geschlossen werden. Bei der Vergabe der Frequenzen aus der sog. digitalen Dividende sollte der Wettbewerb dadurch gesichert werden, dass die Nutzungsrechte gegebenenfalls mit Roaming-Auflagen versehen werden. Sollten sich im Anschluss an die Vergabe der Frequenzen im Mobilfunk gravierende Wettbewerbsprobleme ergeben, kann das nach europäischem und deutschem Telekommunikationsrecht die Regulierung des Marktes nach sich ziehen. Bei den Versorgungsauflagen hat die *Monopolkommission* (2009c) dafür plädiert, diese so zu gestalten, dass die unterversorgten Gebiete nach einem ökonomischen Kalkül ausgebaut werden können, statt eine Versorgung nach der Einwohnerzahl vorzuschreiben. Dabei ist eine ineffiziente Doppelung von Infrastrukturen zu vermeiden.

Die *Monopolkommission* (2009c) sieht wie die Bundesregierung die Notwendigkeit, den Aus- und Aufbau hochleistungsfähiger Breitbandnetze zu unterstützen. Strittig ist die Frage nach effizienten Formen der Förderung. Von besonderer Bedeutung für das

---

[27] Detaillierte Würdigungen der Reformen und ihrer Erfolge liefern *Dewenter/Haucap* (2004a), *Dewenter/Haucap* (2004b) sowie *Haucap/Heimeshoff* (2009).
[28] Vorschläge dazu finden sich bei *Haucap/Kühling* (2007), *Haucap/Kühling* (2008).

Investitionsverhalten der Unternehmen ist die Vorhersehbarkeit und Stabilität der Rahmenbedingungen sowie der Wettbewerb durch konkurrierende Infrastrukturen, wie die (TV-)Kabelnetze. Die Unsicherheiten im Hinblick auf die zukünftigen Rahmenbedingungen sollten verringert werden, indem der neue europäische Rechtsrahmen für die Telekommunikationsmärkte möglichst rasch in nationales Recht umgesetzt wird. Die Wettbewerbsfähigkeit der Kabelnetzbetreiber auf den Telekommunikationsmärkten ließe sich stärken, wenn die vertikale Trennung der Netzebenen und die Zersplitterung des Endkundenmarktes überwunden werden könnte.

Die *Monopolkommission* (2009c) spricht sich zudem grundsätzlich gegen eine staatliche Bereitstellung von Breitbandnetzen oder deren Subventionierung in einem größeren Umfang aus.

Der neue europäische Rechtsrahmen für die Telekommunikationsmärkte beinhaltet Regelungen zur Verbesserung des Verbraucher- und Datenschutzes, der Frequenzverwaltung sowie des Zugangs zu Notrufdiensten. Uneingeschränkt zu begrüßen ist, dass die Unabhängigkeit der nationalen Regulierungsbehörden weiter gestärkt wird. Kritisch zu sehen ist die Einführung eines Ko-Regulierungsverfahrens, mit dem die Einheitlichkeit von Regulierungsmaßnahmen in der Gemeinschaft gewährleistet werden soll. Das Beteiligungsverfahren auf der Gemeinschaftsebene wird damit komplexer und bürokratischer, die Verfahrensdauer verlängert sich. Ebenfalls kritisch ist, dass die Europäische Kommission zukünftig Entscheidungen zur harmonisierten Anwendung von Richtlinien erlassen kann. Dadurch werden die Möglichkeiten der nationalen Regulierungsbehörden eingeschränkt, die Besonderheiten der nationalen Telekommunikationsmärkte flexibel zu berücksichtigen.[29] Mit der Einrichtung eines Gremiums Europäischer Regulierungsstellen schreitet die Zentralisierung der Regulierung in Europa voran. Dies geht zulasten der Flexibilität und verhindert den Wettbewerb der Regulierungssysteme. Zudem besteht das Risiko, dass das Ausmaß an Regulierung eher zu- als abnimmt.

Auf den Endkundenmärkten der Festnetztelefonie hat die Wettbewerbsintensität seit der Liberalisierung 1998 stetig zugenommen. Das gilt für die Verbindungsmärkte und in jüngerer Zeit insbesondere auch für den Markt für Teilnehmeranschlüsse. Während die Verbindungsmärkte bereits aus der Regulierung entlassen sind, ist die vollständige Deregulierung des Marktes für Teilnehmeranschlüsse gegenwärtig noch nicht möglich. Möglich ist allerdings die Reduzierung der Regulierungsintensität.

Dem Risiko, dass das eingesessene Unternehmen seine Marktposition mit missbräuchlichen Praktiken wie ungerechtfertigter Bündelung, Preis-Kosten-Scheren oder Preisdumping zu verteidigen versucht, kann angemessen im Rahmen der nachträglichen Regulierung begegnet werden. Die Regulierung des Großteils der Vorleistungen ist hingegen noch immer unverzichtbar, da das Angebot der Wettbewerber auf den End-

---

[29] Vgl. *Haucap/Kühling* (2007), *Haucap/Kühling* (2008).

kundenmärkten in weiten Teilen von der Infrastruktur des dominierenden Anbieters abhängt.

4.5 Wettbewerbsprobleme auf Postmärkten

Die Wettbewerbsentwicklung auf den Briefmärkten hat die *Monopolkommission* (2009d) in ihrem letzten Sondergutachten als „miserabel" bezeichnet. Die am 1. Januar 2008 durch den Wegfall der Exklusivlizenz für Briefe bis 50 g für die Deutsche Post AG formal stattgefundene Liberalisierung wurde – wie erwartet – durch den Erhalt der Mehrwertsteuerbefreiung für die Deutsche Post AG und die Einführung des Mindestlohns für Briefzusteller vollständig konterkariert. Die Marktdominanz der Deutschen Post AG im Briefbereich ist nicht nur erhalten geblieben, sondern hat sich sogar noch verstärkt. Damit setzen sich die seit Jahren zu beobachtenden, außerordentlich hohen Umsatzrenditen der Deutschen Post AG im Briefbereich fort.

Insofern ist das im Koalitionsvertrag angelegte Vorhaben der neuen Bundesregierung, die Wettbewerbsentwicklung auf den Briefmärkten zu fördern, zu begrüßen. In Kontrast zur Entwicklung im Briefgeschäft ist die wettbewerbliche Entwicklung im Bereich der Kurier-, Express- und Paketdienste positiv zu werten. Diese Segmente haben sich in den letzten Jahren als Wachstumsträger und Jobmotor im Postmarkt erwiesen.

Die stagnierende Wettbewerbsentwicklung bei Briefdienstleistungen ist die Folge zahlreicher institutioneller und regulatorischer Hindernisse und Wettbewerbsbeschränkungen. Nach der Ausweitung des Arbeitnehmer-Entsendegesetzes auf Briefdienstleistungen wurde Ende 2007 ein zwischen dem von der Deutschen Post AG dominierten Arbeitgeberverband Postdienste e. V. und der Gewerkschaft ver.di abgeschlossener Mindestlohntarifvertrag via Rechtsverordnung für allgemeinverbindlich erklärt, der sogar die Forderungen des Deutschen Gewerkschaftsbundes übertraf. Weil die Beschäftigten der Deutschen Post AG jedoch überwiegend nach einem Haustarifvertrag bezahlt werden, ist faktisch die Mehrzahl der Beschäftigten, die unter diesen Tarifvertrag fallen, bei den Wettbewerbern beschäftigt. Der Deutschen Post AG ist es hierdurch gelungen, die Arbeitskosten der Wettbewerber zu erhöhen, ohne selbst betroffen zu sein.

Die Monopolkommission hatte bereits vor Erlass der Rechtsverordnung auf die ökonomische Wirkung des Post-Mindestlohns und die juristische Zweifelhaftigkeit einer branchenweiten Erstreckung hingewiesen.[30] Inzwischen wurde die Rechtsverordnung zwar für rechtswidrig erklärt, zahlreiche Wettbewerber sind jedoch inzwischen aus dem Markt ausgetreten oder haben ihre Pläne zum großflächigen Markteintritt zurückgestellt. Damit hat der Mindestlohn die Entfaltung von funktionsfähigem Wettbewerb im Briefbereich stark behindert. Die *Monopolkommission* (2007b, 2009d) hat daher vorgeschlagen, dem Bundeskartellamt künftig bei jeder Form der Allgemeinverbindlicherklä-

---

[30] Vgl. *Monopolkommission* (2007b).

rung ein Anhörungsrecht einzuräumen, um sicher zu stellen, dass die Auswirkungen auf den Produktmarktwettbewerb und die Interessen der Verbraucher bei der Entscheidung des Bundesarbeitsministers hinreichend berücksichtigt werden.

Neben den überhöhten Mindestlöhnen war die Mehrwertsteuerbefreiung für die Deutsche Post AG eine erhebliche Markteintrittsbarriere, die der Deutschen Post AG einen Kostenvorteil von etwa 19 % gegenüber ihren mehrwertsteuerpflichtigen Wettbewerbern verschafft hat. Diese Ungleichbehandlung hat den Wettbewerb insbesondere um nicht-mehrwertsteuerpflichtige (d. h. nicht-vorsteuerabzugsberechtigte) Kunden wie Privatkunden, Behörden, Banken und Versicherungen, Wohlfahrtsverbände und Krankenhäuser behindert, welche etwa 50 % des Marktes ausmachen. Wegen hoher Synergieeffekte bei der Zustellung wirkt sich diese Wettbewerbsverzerrung auch massiv auf den Wettbewerb um mehrwertsteuerpflichtige (d. h. vorsteuerabzugsberechtigte) Kunden aus. Selbst ein Vertragsverletzungsverfahren der Europäischen Kommission gegen Deutschland hat die vorherige Bundesregierung nicht dazu gebracht, die Privilegierung der Deutschen Post AG abzuschaffen. Die neue Bundesregierung beabsichtigt hingegen, die selektive Mehrwertsteuerbefreiung für die Deutsche Post AG zum 1. Juli 2010 zu kippen.

Mit dem Wegfall des überhöhten Mindestlohnes und der Mehrwertsteuerbefreiung sollten die beiden bedeutendsten Wettbewerbshemmnisse entfallen.

Zur Regulierungspraxis ist anzumerken, dass die Deutsche Post AG weiterhin die Möglichkeit hat, die Mehrkosten für die Erbringung des Universaldienstes und alle Sonderlasten aus der Rechtsnachfolge der Deutschen Bundespost bei der Entgeltgenehmigung berücksichtigen zu lassen. Dafür sieht die Monopolkommission keine Rechtfertigung, da die Deutsche Post AG nicht mehr zur Erbringung des Universaldienstes verpflichtet ist, sondern diesen – aus eigenem Interesse – freiwillig erbringt. Eine Entschädigung für Altlasten ist durch die jahrelangen Monopolgewinne aus der Exklusivlizenz für Standardbriefe bis Ende 2007 inzwischen mehr als ausreichend erfolgt. Die Deutsche Post AG konnte im Jahr 2008 eine Umsatzrendite von 15,7 % im Briefbereich erzielen. Der Bereich der Privatkundenpost unterliegt der Price-Cap-Regulierung. Die Monopolkommission hat 2009 ihre Kritik an der Entscheidung der Bundesnetzagentur über die Maßgrößen der Price-Cap-Regulierung erneuert und die Behörde abermals dazu aufgefordert, das Ausgangsniveau der Entgelte zu senken und den Faktor für die Berücksichtigung der Produktivität zu erhöhen, damit die Verbraucher an den erreichten und zukünftig zu erwartenden Effizienzgewinnen der Deutschen Post AG adäquat teilhaben.

Der Bereich der Geschäftskundenpost unterliegt seit Januar 2008 nur noch der ex-post-Entgeltkontrolle. Hier müssen die Ermittlungsbefugnisse der Bundesnetzagentur dringend gestärkt werden, um den hohen Anreizen der Deutschen Post AG zu missbräuchlichem Verhalten durch eine schnelle und wirksame Missbrauchsaufsicht zu begegnen.

Beim Zugang der Wettbewerber zu den Postfachanlagen der Deutschen Post AG berichten die Wettbewerber von zahlreichen Problemen, sodass es für sie in der Praxis oftmals günstiger sei, Briefe mit Postfachadressen voll frankiert bei der Deutschen Post AG einzuliefern, die Sendungen an die Hausadressen zuzustellen (sofern bekannt) oder Aufträge auszuschlagen, in denen viele postfachadressierte Sendungen enthalten sind. So ist die Nachfrage nach dem Zugang zu Postfachanlagen sehr gering. Ähnliche Beschwerden wurden gegenüber der Monopolkommission über die Einlieferungsbedingungen beim Zugang der Wettbewerber zum Beförderungsnetz der Deutschen Post AG (Teilleistungszugang) vorgebracht. Inzwischen hat die Bundesnetzagentur die Deutsche Post AG dazu veranlasst, die Einlieferungsbedingungen wettbewerbsfreundlicher zu gestalten. Eine Beeinträchtigung des Zugangs der Wettbewerber zur Infrastruktur der Deutschen Post AG stellt eine beträchtliche Wettbewerbsbehinderung dar. Die Monopolkommission hat die Bundesnetzagentur daher aufgefordert, die Zugangsprobleme, die der Deutschen Post AG anzulasten sind, zu identifizieren und unverzüglich abzustellen.

Schließlich hält die Monopolkommission es für dringend geboten, dass der Bund sich schnellstmöglich von allen Finanzinstrumenten trennt, die dazu führen, dass der Fiskus ein spezielles finanzielles Interesse am Wohlergehen der Deutschen Post AG hat.

5 Fazit

Zusammenfassend lässt sich festhalten, dass die ordnungspolitischen Reformen in netzbasierten Industrien sehr unterschiedlich angegangen wurden. Dies liegt zum Teil an den unterschiedlichen politischen Zielen für die die unterschiedlichen Industrien, zum Teil aber auch an technologischen und ökonomischen Unterschieden. Gemein ist allen hier erörterten Industrien, dass die Netze oder Teile des Netzes sowie andere Infrastrukturelemente (wie z. B. Bahnhöfe) den Charakter einer wesentlichen Einrichtung haben, zu welcher Wettbewerber Zugang benötigen, um auf vor- und/oder nachgelagerten Wertschöpfungsstufen in Konkurrenz zu dem oftmals vertikal integrierten Ex-Monopolisten treten zu können.

Die ökonomische Philosophie hinter den ordnungspolitischen Reformen in netzbasierten Industrien besteht zum einen darin, durch Privatisierungen und die damit einher gehende Veränderung der Anreize der Eigentümer hin zu einer stärkeren Profitorientierung den Abbau produktiver Ineffizienzen zu bewerkstelligen. Da sich eine Profitorientierung jedoch gerade in Märkten mit unvollkommenem Wettbewerb auch in Preiserhöhungen niederschlagen kann, gilt es zugleich die Verbraucher vor dem etwaigen Missbrauch von Marktmacht zu schützen, indem flankierend zu einer Privatisierung die entsprechenden Märkte soweit es geht für den Wettbewerb geöffnet werden. Dazu ist in netzbasierten Industrien eine marktöffnende Regulierung erforderlich, die einen fairen und diskriminierungsfreien Zugang zu den wesentlichen Einrichtungen garantiert.

Für einen fairen und diskriminierungsfreien Netzzugang ist nicht zwangsläufig eine vertikale Entflechtung der Netzinfrastrukturen notwendig. Ob Kosten oder Nutzen einer solchen Entflechtung überwiegen, hängt unter anderem davon ab, (a) welche Wettbewerbsperspektiven auf vor- und nachgelagerten Märkten bestehen, (b) wie einfach Diskriminierungsmöglichkeiten kontrolliert werden können und (c) wie Investitionsanreize beeinflusst werden. Der vorliegende Beitrag hat dazu in Abschnitt 3.2 ein Prüfschema vorgestellt, anhand dessen die Vorteilhaftigkeit einer vertikalen Entflechtung überprüft werden kann.

Wie der vorliegende Beitrag ebenfalls betont hat, sind jedoch nicht nur Verbraucher vor einer etwaigen Ausbeutung und Wettbewerber vor einer etwaigen Diskriminierung zu schützen. Vielmehr muss ein ordnungspolitischer Rahmen so ausgestaltet sein, dass auch die berechtigten Interessen eines Investors gegen regulatorischen Opportunismus geschützt werden, auch wenn dieser eine marktbeherrschende Stellung inne hat. Stabile und vorhersehbare Rahmenbedingung sind gerade in netzbasierten Industrien für die dynamische Effizienz von Märkten entscheidend, da ein Großteil der Infrastrukturinvestitionen standortspezifisch ist und sich ein Investor somit der Regulierung an einem Standort „ausliefert". Besteht kein Vertrauen darin, dass ein Investor sich im Erfolgsfall auch hinreichende Renten aus seinen Infrastrukturinvestitionen aneignen kann (und diese nicht durch nachträgliche, nicht vorhersehbare Zugangs- oder Preissenkungsverfügungen umverteilt werden), so sinken die Investitionsanreize drastisch. Dies kann gerade in infrastrukturbasierten Industrien erhebliche Ineffizienzen in der langen Frist hervorrufen. Von daher ist es zu begrüßen, dass der im Sommer 2009 geschlossene Koalitionsvertrag zwischen CDU, CSU und FDP unter dem Stichwort „Moderne Regulierung" fordert, dass die Regulierung von Netzen sich nicht nur auf niedrige Nutzungsentgelte konzentrieren solle, sondern „sondern auch qualitative Elemente berücksichtigen, um so schnelle und längerfristige Investitionen auszulösen" (Koalitionsvertrag, S. 18).

Schließlich hat der vorliegende Beitrag auch versucht deutlich zu machen, dass bei allen Gemeinsamkeiten die momentanen Wettbewerbsprobleme in den fünf diskutierten Netzindustrien sehr unterschiedlich sind. Daraus ergibt sich momentan auch je nach Netzindustrie ein ganz anderer Handlungsbedarf.

Literatur

Brunekreeft, Geerd/Knieps, Günter (2003), Zwischen Regulierung und Wettbewerb: Netzsektoren in Deutschland, 2. Aufl., Heidelberg.

Crocker, Keith J./Masten, Scott E. (1996), Regulation and Administered Contracts Revisited: Lessons from Transaction-Cost Economics for Public Utilities Regulation, in: Journal of Regulatory Economics, Vol. 9, S. 5 - 39.

Dewenter, Ralf/Haucap, Justus (2004a), Die Liberalisierung der Telekommunikationsbranche in Deutschland: Bisherige Erfolge und weiterer Handlungsbedarf, in: Zeitschrift für Wirtschaftspolitik, 53. Jg., S. 374 - 393.

Dewenter, Ralf/Haucap, Justus (2004b), Grundlagen und Auswirkungen der Lieberalisierung in der deutschen Telekommunikationsbranche, in: *Ragnitz, Joachim/Eitner, Peter* (Hrsg.), Deregulierung in Deutschland – Theoretische und empirische Analysen, Halle, S. 45 - 81.

Dewenter, Ralf/Haucap, Justus/Heimeshoff, Ulrich (2009), Regulatorische Risiken auf Telekommunikationsmärkten aus institutionenökonomischer Perspektive, in: *Blum, Ulrich* (Hrsg.), Regulatorische Risiken, Das Ergebnis staatlicher Anmaßung oder ökonomisch notwendiger Intervention?, Baden-Baden, S. 59 - 98.

Dixit, Avinash/Pindyck, Robert S. (1994), Investment under Uncertainty, Princeton.

Gans, Joshua S./King, Stephen (2003), Access Holidays and the Timing of Infrastrukcture Investment, in: Agenda, Vol. 10, S. 163 - 178.

Gans, Joshua S./Williams, Philip L. (1999), Efficient Investment Pricing Rules and Access Regulation, in: Australian Business Law Review, Vol. 27, S. 267 - 279.

Geradin, Damien (2006), Twenty Years of Liberalization of Network Industries in the European Union: Where Do We Go Now?, Working Paper, Tilburg University.

Goldberg, Victor (1976), Regulation and Administered Contracts, in: Bell Journal of Economics, Vol. 7, S. 426 - 448.

Haucap, Justus (2009), The Regulatory Framework for European Telecommunications Markets between Subsidiarity and Centralization, in: *Preissl, Brigitte/Haucap, Justus/Curwen, Peter* (Hrsg.), Telecommunications Markets, Drivers and Impediments, Heidelberg, S. 463 - 479.

Haucap, Justus/Heimeshoff, Ulrich (2005), Open Access als Prinzip der Wettbewerbspolitik: Diskriminierungsgefahr und regulatorischer Eingriffsbedarf, in: *Hartwig, Karl-Hans/Knorr, Andreas* (Hrsg.), Neuere Entwicklungen in der Infrastrukturpolitik, Göttingen, S. 265 - 304.

Haucap, Justus/Heimeshoff, Ulrich (2009), Zehn Jahre Liberalisierung in der Telekommunikation in Deutschland: Was wurde erreicht, wie geht es weiter?, in: *Jens, Uwe/ Romahn, Hajo* (Hrsg.), Wirtschaftliche Macht – politische Ohnmacht? Zur Liberalisierung und Re-Regulierung von Netzindustrien, Marburg, S. 31 - 67.

Haucap, Justus/Heimeshoff, Ulrich/Uhde, André (2006), Credible Threats as an Instrument of Regulation for Network Industries, in: *Welfens, Paul/Weske, Matthias* (Hrsg.), Digital Economic Dynamics: Innovations, Networks and Regulations, Berlin, S. 161 - 192.

Haucap, Justus/Heimeshoff, Ulrich/Uhde, André (2008), Vertikale Entflechtung netzgebundener Industrien: Kosten und Nutzen aus ökonomischer Sicht, in: *Gesellschaft für öffentliche Wirtschaft* (Hrsg.), Auswirkungen der Globalisierung auf die öffentlichen Banken, Trennung von Infrastruktur und Betrieb, Berlin, S. 27 - 65.

Haucap, Justus/Kruse, Jörn (2004), Ex-Ante-Regulierung oder Ex-Post-Aufsicht für netzgebundene Industrien?, Wirtschaft und Wettbewerb, 54. Jg., S. 266 - 275.

Haucap, Justus/Kühling, Jürgen (2007), Zur Reform der Telekommunikationsregulierung: Brauchen wir wirklich noch mehr Zentralisierung?, Wirtschaftsdienst, 87. Jg., S. 664 - 671.

Haucap, Justus/Kühling, Jürgen (2008), Europäische Regulierung der Telekommunikation zwischen Zentralisierung und Wettbewerb, in: *Picot, Arnold* (Hrsg.), Die Effektivität der Telekommunikationsregulierung in Europa – Befunde und Perspektiven, Berlin, S. 55 - 80.

Hausman, Jerry (1997), Valuing the Effect of Regulation on New Services in Telecommunications, in: Brookings Papers on Economic Activity, Microeconomics, S. 1 - 38.

Hausman, Jerry (1999), The Effect of Sunk Costs in Telecommunications Regulation, in: *Alleman, James/Noam, Ely* (Hrsg.), The New Investment Theory of Real Options and its Implication for Telecommunications Economics, Boston, S. 191 - 204.

Hellwig, Martin (2006), Wie bringt man einen Verlustmacher an die Börse? Kritische Anmerkungen zur Privatisierung der DB AG, in: Wirtschaftsdienst, 86. Jg., S. 506 - 510.

Knieps, Günter (2007), Netzökonomie, Grundlagen – Strategien – Wettbewerbspolitik, Wiesbaden.

Laffont, Jean-Jacques/Tirole, Jean (2000), Competition in Telecommunications, Cambridge.

Martin, Reiner/Roma, Moreno/Vansteenkiste, Isabel (2005), Regulatory Reforms in Selected EU Network Industries, European Central Bank, Occasional Paper No. 28, Frankfurt am Main.

Monopolkommission (2006), Die Privatisierung der Deutschen Bahn AG, Sondergutachten Nr. 46, Baden-Baden.

Monopolkommission (2007a), Sondergutachten 49: Strom und Gas 2007: Wettbewerbsdefizite und zögerliche Regulierung, November 2007.

Monopolkommission (2007b), Sondergutachten 51: Wettbewerbsentwicklung bei der Post 2007: Monopolkampf mit allen Mitteln, Dezember 2007.

Monopolkommission (2009a), Sondergutachten 54: Strom und Gas 2009: Energiemärkte im Spannungsfeld von Politik und Wettbewerb, Juli 2009.

Monopolkommission (2009b), Sondergutachten 55: Bahn 2009: Wettbewerb erfordert Weichenstellung, September 2009.

Monopolkommission (2009c), Sondergutachten 56: Telekommunikation 2009: Klaren Wettbewerbskurs halten, Dezember 2009.

Monopolkommission (2009d), Sondergutachten 57: Post 2009: Auf Wettbewerbskurs gehen, Dezember 2009.

Mueller, Dennis C. (2003), Public Choice III, Cambridge.

Newberry, David (2000), Privatization, Restructuring, and Regulation of Network Utilities, Cambridge.

Persson, Torsten/Tabellini, Guido (2000), Political Economics, Explaining Economic Policy, Cambridge.

Rottenbiller, Silvia (2002), Essential Facilities als ordnungspolitisches Problem, Frankfurt am Main.

Sinn, Hans-Werner (2008), Das grüne Paradoxon. Plädoyer für eine illusionsfreie Klimapolitik, Düsseldorf.

Vogelsang, Ingo (1993), The German Telecommunications Reform – Where Did It Come From, Where is It, and Where is It Going?, in: Perspektiven der Wirtschaftspolitik, 4. Jg., S. 313 - 340.

Winston, Clifford (1993), Economic Deregulation: Days of Reckoning for Microeconomists, in: Journal of Economic Literature, Vol. 31, S. 1263 - 1289.

Teil II:

Kapitalmärkte und Banken

Joachim Faber[*]

Corporate Governance und Regulierung vor dem Hintergrund der Finanzkrise

1 Corporate Governance im Spannungsfeld zwischen gesetzlicher und freiwilliger Regulierung

2 Mängel der gesetzlichen Regulierung

3 Mängel der Selbstregulierung

4 Spannungsfeld zwischen gesetzlicher und freiwilliger Regulierung

5 Wo ist verpflichtende gesetzliche Regulierung vonnöten?

6 Selbstregulierung ausweiten und verbessern

---

[*] Dr. *Joachim Faber*, Mitglied des Vorstands der Allianz SE, München, und CEO von Allianz Global Investors, München / Frankfurt am Main.

1 Corporate Governance im Spannungsfeld zwischen gesetzlicher und freiwilliger Regulierung

Gute Corporate Governance wird im Allgemeinen als Resultat eines wirksamen Zusammenspiels zwischen gesetzlichen Vorgaben und freiwilliger Selbstregulierung der Wirtschaft verstanden.

Die öffentlichen Institutionen müssen einen allgemein gültigen und verbindlichen Rahmen setzen, innerhalb dessen sich die Wirtschaft frei bewegen darf. Gleiche Spielregeln für alle Marktteilnehmer sind hierbei eine wesentliche Anforderung, um einen fairen Wettbewerb, d. h. ein so genanntes „Level Playing Field" gewährleisten zu können.

Gesetzliche Regulierung allein ist allerdings nicht in der Lage, sämtliche Wirtschaftstätigkeit umfassend zu regeln, ohne notwendige Spielräume zu weit einzuschränken. Daher kommt der freiwilligen Selbstregulierung eine entscheidende Bedeutung zu: Verhaltenskodizes, wie es sie bereits für bestimmte Branchen oder Rechtsformen gibt, bilden eine sinnvolle Ergänzung und Alternative zu gesetzlicher Regulierung. Denn sie berücksichtigen die Besonderheiten einer Branche besser und können in der Regel schneller an sich verändernde Einflussfaktoren angepasst werden.

Für einen großen Versicherer und Finanzdienstleister spielen Fragen der Corporate Governance mindestens aus zweierlei Sicht eine Rolle: Zum einen aus der Sicht der (börsennotierten) Aktiengesellschaft und des Emittenten einer eigenen Aktie, hier mit den klassischen Corporate Governance-Themen wie z. B. dem Umgang mit dem „Principal Agent Konflikt" oder der Frage nach dem richtigen Maß an Transparenz und Publizität. Hinzu kommt aber auch die Sicht des institutionellen Investors bzw. Asset Managers, der im Grunde an möglichst hoher Transparenz und ausführlicher Publizität und Information interessiert ist.

Diese beiden Sichtweisen, die mitunter divergieren können, sind spätestens auf Ebene der Konzernholding zu vereinen. Im Endergebnis dürfen sie keine Konkurrenz mehr zueinander bilden, sondern müssen „Hand in Hand" gehen. Das heißt, dass ein Finanzdienstleister im Interesse seiner Glaubwürdigkeit als Emittent auch das praktizieren sollte, was er als Investor von anderen Unternehmen fordert.

2 Mängel der gesetzlichen Regulierung

Bei der Ursachenforschung im Hinblick auf die Finanzkrise lassen sich Defizite in der gesetzlichen Regulierung feststellen. Es steht außer Zweifel, dass in dieser Krise einige gravierende Beispiele für lückenhafte staatliche Regulierung und Aufsicht zu Tage gefördert wurden.

Eines der größten Probleme dürfte mithin gewesen sein, dass substantielle systemische Risiken nicht erkannt wurden: Aufgrund der schieren Größe, die viele Banken erreicht hatten, hätte eine Insolvenz eines dieser Institute unkalkulierbare Risiken für die Stabilität des gesamten Finanzsystems mit sich gebracht. Wer an der Gültigkeit dieser so genannten „Too-big-to-fail"-Doktrin zunächst noch Zweifel gehabt haben mochte, wurde wohl spätestens durch das Beispiel *Lehman Brothers* eines Besseren belehrt. Viele Banken waren also bereits „systemrelevant" geworden, ohne dass aber eine gründlichere Aufsicht über deren Risiken erfolgt wäre.

Zudem wurde nicht ausreichend berücksichtigt, dass sich viele nur vermeintlich „atomisierte" Einzelrisiken bereits zu einem gesamtwirtschaftlich brisanten Risiko addiert hatten. Beispielhaft zeigte sich das an der Blase im amerikanischen Immobiliensektor. Dabei ist der Begriff Regulierung nicht nur im engeren Sinne als System kodifizierter Vorgaben zu verstehen. Vielmehr umfasst er sämtliche Anreize und Einflüsse, die durch öffentlich-staatliche Institutionen ausgeübt werden. Hierzu zählt auch die Geldpolitik der Zentralbanken: Eine historisch lange Phase an Niedrigzinsen in den USA begünstigte den Erwerb von Wohneigentum auf Kredit, auch für eigentlich kreditunwürdige Schuldner.

Hinzu kam Risikokapital im Überfluss, für das Rendite bringende Investitionsmöglichkeiten gefunden werden mussten. Die Kombination aus einer starken Konsumorientierung, einem hohen Maß an verfügbarem Kapital und stattlichem Wirtschaftswachstum hatte somit die Grundlage für den deutlich zu hohen „Leverage" in der Finanzwirtschaft und die daraus resultierende so genannte „Housing Bubble" in den USA gelegt. Der eigentliche Katalysator aber war das kaum oder gar nicht regulierte Schattenbankensystem, das die Krise bei den minderbesicherten, nachrangigen Hypothekenkrediten („Subprime Mortgages") erst ermöglichte: So geht man beispielsweise davon aus, dass 50 % aller US-Subprime-Kredite von Hypothekengesellschaften vergeben wurden, die *keiner* übergreifenden Aufsicht unterlagen; weitere 30 % durch Tochtergesellschaften von Banken und Sparkassen, die zumindest nicht routinemäßig beaufsichtigt und geprüft wurden.[1]

Diejenigen Banken wiederum, die Verbriefungen von Hypothekenkrediten auf den Markt brachten, mussten dafür nur sehr wenig Eigenkapital vorhalten: in vielen Fällen deutlich unter 5 %. Dies führte zu teilweise enorm aufgeblähten Bilanzen und einer bei weitem nicht mehr ausreichenden Deckung der Risiken der Aktivseite durch Sicherheitsmittel der Passivseite.

Als dann einer langen Phase niedriger Zinsen und stetig steigender Häuserpreise schnelle und deutliche Zinserhöhungen durch die amerikanische Notenbank folgten,

---

[1] So *Michael Barr* von der University of Michigan im Februar 2008 bei einer Anhörung vor dem Ausschuss für Finanzdienstleistungen des US-Repräsentantenhauses.

begann die Luft aus der Spekulationsblase zu weichen. Da die meisten der Hypothekenkredite mit variablen Zinssätzen vergeben wurden, konnten viele Schuldner ihre Raten nun nicht mehr bedienen – mehr und mehr Kredite waren notleidend. Verstärkt wurde dies durch den beginnenden Rückgang der Häuserpreise und eine damit zusammenhängende Besonderheit der amerikanischen Hypothekenpraxis: Hausbesitzer können hier nämlich unter bestimmten Voraussetzungen wählen, ob sie ihre Raten für den Hypothekenkredit weiter bezahlen oder stattdessen der Bank das Haus zurückgeben. Letzteres kann bei hohem Beleihungsgrad und sinkendem Wert für den Schuldner durchaus eine lukrative Alternative, für die Hypothekenbank jedoch unter Umständen Existenz gefährdend sein. Und zwar dann, wenn der erzielbare Verkaufserlös für diese Häuser zuzüglich der bereits geleisteten Tilgung geringer ist als die ursprünglich gewährte Kreditsumme.

Als schließlich immer klarer wurde, woraus die verbrieften Hypothekenkredite, die im großen Stil an andere Investoren weiterverkauft wurden, wirklich bestanden, sank der Marktwert dieser Papiere rapide. Nachfolgend manifestierte sich ein weiterer problematischer Aspekt einer an und für sich sinnvollen Regulierung: das Fair Value Accounting als Leitgedanke der internationalen Rechnungslegungsstandards IAS/IFRS. Zweifellos handelt es sich beim Fair-Value-Ansatz im Grunde um ein sinnvolles Oberziel der Bilanzierung, doch hat sich in der Krise auch dessen Hauptproblem offenbart: Eine Bewertung nach aktuellen Marktwerten kann in dem Moment kaum oder gar nicht mehr erfolgen, wo es keinen funktionierenden Markt mehr gibt. Ist eine Bank dann gezwungen, die betreffenden Aktiva – im schlimmsten Fall komplett – abzuschreiben, hat dies bei einem entsprechenden Volumen gravierende Konsequenzen auf das Eigenkapital und die Bilanz: es drohen Überschuldung und Insolvenz.

Zusammenfassend lässt sich feststellen, dass Defizite sowohl aus unzureichender Überwachung als auch aus mangelnder Zusammenarbeit, vor allem auf globaler Ebene, resultierten.

3 Mängel der Selbstregulierung

Wie die Finanzkrise verdeutlicht hat, sind viele Problemfälle letztlich auf grobe Fehler im Kerngeschäft der Banken zurückzuführen, vor allem hinsichtlich der Fristentransformation zwischen Aktiva und Passiva. Der in der Bankpraxis häufig auftretende „Maturity Mismatch" – langfristige Verbindlichkeiten werden kurzfristig refinanziert – ist zwar nicht ungewöhnlich und bis zu einem bestimmten Grad durchaus beherrschbar, kann aber in ungünstigen Fällen zu einem Ausfall der Refinanzierung und damit zu Illiquidität führen. Verschärft wird dies durch eine inverse Zinsstruktur, die bei den betreffenden Kreditinstituten zu einer das Ergebnis belastenden negativen Zinsmarge führen kann. In eine solche „Falle" geriet auch die Depfa Bank plc als Tochterunternehmen der in Deutschland ansässigen Hypo Real Estate AG. Die Depfa Bank war eigens in Dublin angesiedelt worden, weil man sich hier weniger strenge regulatorische Anforderungen und chancenreichere Finanzierungsmöglichkeiten versprach.

Nun ist bessere Regulierung sicherlich kein Garant dafür, dass derartige Fehler nicht begangen werden – ein strengerer Aufsichtsrahmen mindert jedoch dieses Risiko und erhöht gleichzeitig die Chance, früher gegensteuern zu können.

Abgesehen von den Anreizen, die durch die Geldpolitik der Zentralbanken geschaffen wurden, gab es insgesamt eine fehlerhafte Allokation von Risikokapital, für die auch die Finanzindustrie selbst verantwortlich ist. Beispiel: Auf der Suche nach höheren Renditen investierten zu viele in dieselben Anlageklassen. Dieser Herdentrieb löste zum Teil extreme Preissteigerungen dieser Assets aus. Dies ist vergleichbar mit so genannten „Crowded Trades", die häufig dann auftreten, wenn Investoren besonders renditeträchtige Anlagen aufgetan haben: Es kommt dann häufig zu einem regelrechten Ansturm auf diese Assets. Die gesteigerte Nachfrage wiederum erzeugt ein höheres Angebot, worin sich letztlich aber auch immer mehr „Ramsch" wiederfindet.

Was das eigene Verhalten der Finanzindustrie betrifft, dürfen selbstverständlich die zum Teil gravierenden Fehler im Risikomanagement nicht außer Acht gelassen werden: So wurden vielfach die Grundsätze der Diversifikation („Mischung und Streuung") nicht ausreichend beachtet. Modellberechnungen beruhten auf zum Teil fehlerhaften Daten, quantitative Systeme waren nicht ausreichend. Dabei funktionierten in vielen Fällen die auf Unternehmensebene bestehenden Frühwarnsysteme offensichtlich nicht.

Selbstkritik ist auch im Hinblick auf Vergütung und Anreizsetzung zu üben: Sehr kurzfristig orientierte Bonusregelungen belohnten das Eingehen übermäßiger Risiken.

Häufig spielten gerade in diesem Zusammenhang die internen Aufsichtsorgane der Unternehmen keine allzu überzeugende Rolle. Hier wäre im Interesse eines funktionierenden Corporate-Governance-Systems noch einmal gründlich zu prüfen, wie die Qualität der Kontrollorgane verbessert und ihre Unabhängigkeit vom Management gestärkt werden kann.

Nicht zuletzt darf das Ratingsystem nicht unerwähnt bleiben: Prinzipiell ist es ein gutes Beispiel für einen wirkungsvollen Selbstregulierungsmechanismus der Wirtschaft. Durch Interessenkonflikte, die im Geschäftsmodell der Agenturen begründet sind, wurde und wird dieser Mechanismus jedoch beeinträchtigt.

Allerdings können die Ratingagenturen eine Rolle, in die sie geradezu gedrängt wurden, nicht vollständig ausfüllen: mit ihrem Rating ein allgemeines Gütesiegel für Finanzprodukte auszustellen. So bezogen sich die viel gescholtenen AAA-Ratings von vornherein eigentlich nur auf die jeweiligen Ausfallrisiken, nicht aber auf etwaige Marktpreisrisiken.

Abgesehen von den unbestreitbaren Fehlern der Ratingagenturen haben es sich viele Marktteilnehmer somit schlichtweg zu leicht gemacht: Sie vernachlässigten eigene Due

Diligence und verließen sich auf gute Ratings, deren Entwickler allerdings gar nicht den Anspruch erhoben, eine Aussage über sämtliche Risikodimensionen einer Anlage treffen zu können. Auch die Tatsache, dass Ratings in aufsichtsrechtlichen Prüfverfahren eingesetzt wurden und damit ein Teil der Aufsichtsarbeit quasi auf private Akteure delegiert wurde, trug zu dieser unheilvollen Entwicklung bei. Im Übrigen muss in Zukunft auch bei den Ratingagenturen der Grundsatz beherzigt werden, wonach zwischen Beratungsdienstleistungen auf der einen und (unabhängigem) Rating auf der anderen Seite so genannte „Chinese Walls" bestehen sollten.

4 Spannungsfeld zwischen gesetzlicher und freiwilliger Regulierung

Es zeigt sich also, dass auch Selbstregulierung nicht immer nachhaltig „greift". Daraus sollte allerdings nicht der Schluss gezogen werden, sie sei grundsätzlich ungeeignet. Damit sie funktionieren kann, muss sie aber praktikabel sein und möglichst von allen Marktteilnehmern akzeptiert und befolgt werden. Leider gibt es in der Praxis nach wie vor zu große Anreize, sich der Selbstregulierung zu entziehen. Um für zukünftige systemische Erschütterungen besser gewappnet zu sein, kommt es nun darauf an, die wesentlichen Problempunkte aufzugreifen und dabei auch das Spannungsverhältnis zwischen freiwilliger Selbstregulierung und bindenden gesetzlichen Vorschriften neu auszutarieren.

Vier Punkte erscheinen dabei besonders wichtig:

(1) Grundlage muss eine **verbesserte Transparenz** über die bestehenden Risiken sein. Das betrifft das Accounting (Risikoausweise in der Bilanz, verbesserter Risikobericht) ebenso wie **Prozesse des Risikomanagements**, die überarbeitet werden müssen. Hohe Standards in diesem Bereich sollten im ureigenen Interesse der Unternehmen liegen, denn sie können letztlich für ihr Fortbestehen in Krisensituationen entscheidend sein. Insofern erscheint diese Thematik eigentlich prädestiniert, um sie auf dem Wege der Selbstregulierung aufzugreifen. Das IASB als von der Wirtschaft getragenes Gremium zur Entwicklung internationaler Accounting-Standards hat auch über die Jahre hinweg durchaus erfolgreiche Arbeit betrieben. Im Zusammenhang mit der bereits erwähnten Problematik des Fair Value Accounting während der Finanzkrise erwies es sich jedoch als zu behäbig und war nicht imstande, schnelle Beschlüsse zu fassen und darauf basierend Empfehlungen zu unterbreiten. Vielmehr musste es der Gesetzgeber selbst in die Hand nehmen, dringend notwendige Erleichterungen beim Fair Value Accounting zu entwickeln und umzusetzen.

Wichtig wäre in diesem Zusammenhang auch, dass Anreizstrukturen der Vergütung in die Prozesse des Risikomanagements einbezogen werden: Das Eingehen einzelner Risiken darf nicht mehr losgelöst von den sonstigen Risiken betrachtet und bonifiziert werden. Wie aktuelle Beispiele zeigen, ist jedoch auch hier die Bereitschaft der Branche, selbst für angemessene Standards zu sorgen bzw. an solchen mitzuarbeiten, mitunter sehr gering. Der politische Einfluss mancher Finanzinstitute ist in bestimmten Ländern offenbar groß und erschwert eine internationale Übereinkunft. Insofern ist es bedauerlich, aber gleichwohl verständlich, dass einzelne Jurisdiktionen zu eigenen, mehr oder weniger verbindlichen Regelungen greifen. Dass hier keine internationalen Konsensregelungen gefunden wurden, ist zweifellos als verpasste Chance für die Finanzwirtschaft vor allem der angelsächsischen Länder anzusehen, die sich hier als konstruktiver Partner für eine wirksame Selbstregulierung hätte profilieren können.

(2) Ein weiterer Hauptpunkt ist die **Verbesserung der Allokation von Risikokapital**. Eine so exzessive Risikoübernahme, wie wir sie am Immobilienmarkt, beim Einsatz von Fremdkapital und bei der Fristentransformation (langfristige Verbindlichkeiten kurzfristig refinanziert) gesehen haben, darf sich nicht wiederholen.

Diese Gefahr ist aber durchaus real: Angesichts der erneut sehr niedrigen Zinsen und der exorbitanten globalen Konjunkturprogramme[2] erhöhen sich wiederum die Anreize für die Marktteilnehmer, hohe „Leverages" – diesmal möglicherweise in anderen Bereichen – einzusetzen, um bessere Renditen zu erzielen.

Deshalb führt grundsätzlich an einem höheren Eigenkapitalanteil kein Weg vorbei, insbes. beim Handel mit Verbriefungen. Wenngleich darüber in großen Teilen der Finanzwirtschaft wenigstens momentan Einigkeit zu bestehen scheint, ist nicht anzunehmen, dass dies im Wege der Selbstregulierung dauerhaft gelingen wird. Denn der globale Wettbewerbsdruck ist so groß, dass es für einzelne Marktteilnehmer immer wieder Anreize gibt, aus einer freiwilligen Regulierung auszuscheren, um durch mehr Fremdkapitaleinsatz eine höhere Eigenkapitalrendite zu erzielen. Eine Verschärfung der internationalen Regelungen zum Eigenkapital (z. B. Basel II) in Verbindung mit einer verpflichtenden legislativen Umsetzung ist daher wohl unabdingbar. Die G20-Staaten haben sich hierzu bereits auf erste Schritte verständigt.[3]

(3) Es herrscht Konsens darüber, dass die mangelhafte Koordination der Finanzaufsicht zu einer Verstärkung der Krise führte. Dies gilt insbesondere für die *nationale* Aufsicht über *international* tätige Finanzdienstleister, aber auch für die Aufsicht über die Märkte insgesamt.

Sowohl bei der Mikro- als auch der Makrokoordination bedarf es dringender **Verbesserungen in der Zusammenarbeit zwischen den nationalen Aufsehern**. Die

---

[2] Vgl. *EU-Kommission* (2009b).
[3] S. Abschlusskommuniqué des G-20-Gipfels in Pittsburgh: Leaders' Statement: The Pittsburgh Summit, September 24 - 25, 2009, Nr. 13.

aktuelle Implementierung eines Europäischen Rates für Systemrisiken (ESRC) und eines Europäischen Systems der Finanzaufsicht (ESFS) weisen in die richtige Richtung.[4] Da die Finanzaufsicht Bestandteil des institutionellen Rahmens der Kapitalmärkte ist, obliegt es hier dem (supranationalen und nationalen) Gesetzgeber, für wirksame Regelungen zu sorgen.

Auch über Europa hinaus sollten einheitliche Standards entwickelt und umgesetzt werden. Mit der Umsetzung von Basel II bei den Banken bietet sich hierfür ein geeignetes Testfeld. Wie im Falle des Basle Committee sollte die Entwicklung und Umsetzung internationaler Standards für die Aufsicht grundsätzlich in die Verantwortung supranationaler Organisationen übertragen werden.

Auf internationaler Ebene gibt es jedoch auch genug Spielraum für Selbstregulierung. In diesem Kontext könnte bspw. die IOSCO eine zentralere Rolle spielen. Immerhin hat sich der IOSCO-Code für Ratingagenturen in seinen Grundzügen bewährt. Die Erweiterung um differenzierte, methodenbezogene Transparenzregeln und um ein wirkungsvolles Enforcement im Falle von Verstößen würden die Akzeptanz des Kodex' weiter erhöhen. Denn auch hier ist klar: Ein Kodex nützt nur dann, wenn er zum einen die problembehafteten Aspekte nicht ausklammert und zum anderen von möglichst vielen Akteuren anerkannt und befolgt wird.

Ähnlich verhält es sich mit dem IASB: Sicherlich wären global anerkannte Accounting und Reporting Standards im Interesse aller Investoren. Auf diese Weise könnten Transparenz und Vergleichbarkeit verbessert werden. Dazu wäre es aber erforderlich, dass die IFRS endlich rückhaltlose Anerkennung auch in den USA erführen, die mit einer verpflichtenden Einführung im US-Recht einhergehen müsste.

Um künftige Krisen zu vermeiden, bedarf es außerdem eines zuverlässigen Frühwarnsystems: Nach der Erfassung der großen Finanzmarktakteure und ihrer Risiken in einer Global Risk Map sollten diese Risiken in einem zweiten Schritt mittels makro-ökonomischer Grundsätze bewertet und gesteuert werden. In einem solchen System sollte auch die Expertise der Zentralbanken stärker als bisher genutzt werden. In diese Richtung zeigt der internationale Trend, die Bankenaufsicht eines Landes bei dessen Zentralbank anzusiedeln.

(4) Stabilisierend auf die Finanzmärkte dürfte sich auch eine **weitere Standardisierung des Clearings** auswirken. Dies bedeutet nicht, dass über eine weitere Konzentration auf diesem Markt der Wettbewerb zum Erliegen kommen sollte. Ohnehin ist das Gegenteil der Fall: Nie war der Preis- und Konditionenwettbewerb im Clearing & Settlement härter als zurzeit. Vorüber sind die Zeiten der „De facto

---

[4] Vgl. *EU-Kommission* (2009a).

Gebietsmonopole", die sich auf nationale Märkte beschränkten. Vor allem der Eintritt strategischer Investoren aus den USA hat längst zu einer Teilkonsolidierung des europäischen Marktes geführt.

Indem die großen Clearinghäuser ihre Abwicklungsplattform für weitere Handelsplätze öffnen, um Skaleneffekte zu erzielen, sollte dies auch den Kunden zu Gute kommen.

In einem inneren Zusammenhang steht der aktuelle Trend, die so genannten „OTC"-Märkte („Over-the-Counter", d. h. außerbörslich) stärker an die Börsen anzubinden: Nach den negativen Erfahrungen, die während der Finanzkrise bei der Preisbildung von Derivaten im OTC-Bereich gemacht wurden, sind sowohl die EU als auch die USA aktuell damit befasst, die Aufsicht über die OTC-Plattformen zu verschärfen. Ursprünglich hatten sowohl die US-amerikanische Federal Reserve Bank als auch die EU-Kommission hier auf eine Lösung in Form freiwilliger Regulierung der Branche gesetzt. Die Ansätze der Finanzwirtschaft waren den Behörden aber nicht schnell und weit genug gegangen. Die nun verstärkte Regulierung legt eine stärkere Anbindung an die einer strengen Aufsicht unterliegenden Clearinghäuser nahe. Auf diese Weise sollen die hohen Standards der Clearinghäuser zu mehr Transparenz im OTC-Handel beitragen und das Risiko potenzieller Verwerfungen an den Märkten senken.

Die „Schuld" an der Finanzkrise kann somit weder den Mängeln der gesetzlichen Regulierung noch den Lücken der freiwilligen Selbstregulierung allein angelastet werden. Es zeigt sich, dass bei den wichtigsten Ansatzpunkten für eine verbesserte Regulierung durchaus Möglichkeiten für Selbstregulierung bestünden. Gleichwohl scheint es aber in all diesen Bereichen letztendlich nicht ohne verpflichtende gesetzliche Regelungen zu gehen. Haupthindernis für eine wirksame und allgemein akzeptierte Selbstregulierung ist der große Wettbewerbsdruck in der Finanzbranche. Kaum ein Marktteilnehmer ist bereit, sich einer freiwilligen Regulierung, die mit signifikanten ökonomischen Beeinträchtigungen verbunden ist, zu unterwerfen, wenn seine Wettbewerber es ihm nicht gleichtun. Insofern liegt hier ein klassisches „Prisoner's Dilemma" vor: Der Gesamtheit aller Marktteilnehmer würde eine gemeinsame Selbstregulierung zwar nützen, jeder einzelne hat aber einen singulären ökonomischen Anreiz, aus einer solchen Regulierung auszuscheren – sie wird dann im Regelfall nicht zustande kommen.

Es gibt jedoch Möglichkeiten, diesem Dilemma durch entsprechenden gesetzgeberischen Druck zu begegnen. So kann bspw. das Damoklesschwert einer drohenden gesetzlichen Regulierung zu sehr wirksamer Selbstregulierung führen. Bei entsprechender Ausgestaltung lassen sich daher durchaus Erfolge in Form funktionierender freiwilliger Regelungen erzielen. Deshalb sollte im Spannungsfeld zwischen staatlicher Regulierung und freiwilliger Selbstregulierung weiterhin der Grundsatz gelten: Soviel verpflichtende Regulierung wie nötig und soviel Selbstregulierung wie möglich.

Denn eines ist klar: Zuvorderst sollte jede Branche für sich selbst sorgen können und dementsprechend auch in der Lage sein, ihre eigenen Regeln aufzustellen. Nur wo dies aus den bereits genannten Gründen nicht funktioniert, sollten gesetzgeberische Eingriffe erfolgen.

5 Wo ist verpflichtende gesetzliche Regulierung vonnöten?

Staatliche und überstaatliche Institutionen müssen zweifellos zunächst einen verbindlichen, für alle geltenden Handlungsrahmen setzen („Level Playing Field"). Dies ist momentan nicht überall der Fall, denkt man etwa an so genannte Alternative Investment Funds (darunter auch die typischen Hedgefonds). Die Absicht der EU-Kommission, mit einer neuen Richtlinie auch diese Fonds einer Registrierung und Aufsicht zu unterwerfen, ist deshalb grundsätzlich zu begrüßen.

Dieser Gedanke beinhaltet aber auch allgemeine Standards und eine Mindestregulierung für alle relevanten Märkte – so bspw. den Derivatemarkt: Es darf nicht sein, dass auf dem OTC-Markt ein Netto-Gegenparteienrisiko von 6,9 Bio. € besteht (Dezember 2008), von dem mehr als die Hälfte (59 %, dies entspricht einem Volumen von 4,1 Bio. €) nicht besichert ist. Um diese Zahlen zu verdeutlichen, sei folgender Vergleich erlaubt: Die von den OTC-Marktteilnehmern in ihren Büchern gehaltenen unbesicherten Risiken entsprechen ca. 36 % des Bruttoinlandsprodukts der gesamten Europäischen Union.[5] Diese Größenordnung zeigt, dass hier dringender Handlungsbedarf hinsichtlich einer Mindestregulierung besteht.

Gleichzeitig sollten die Regulierungsbehörden aber auch besser darauf achten, Fehlanreize zu vermeiden: Hier sei nochmals auf die langjährige Niedrigzinspolitik vor allem der US-Notenbank verwiesen, die die Liquiditätsblase erst möglich machte. Auf Dauer ist es unvermeidlich, eingegangene Kreditrisiken mittels einer angemessenen Risikokomponente im Rahmen des Zinses zu bepreisen.

Eines der wichtigsten Themen in der öffentlichen Debatte ist zu Recht das Dilemma „sozialisierter Verluste und privatisierter Gewinne": D. h. private Unternehmen streichen in guten Jahren ihre Gewinne zum größten Teil selbst ein, müssen aber in einer Krisensituation mit Mitteln aus dem Staatshaushalt gestützt werden. Über die richtigen Auswege aus diesem Dilemma wird noch zu diskutieren sein, Patentlösungen gibt es dafür jedenfalls nicht.

Das gilt auch für „klassische" Corporate Governance Themen, derer sich der Gesetzgeber in Deutschland angenommen hat, weil ihm die freiwillige Selbstregulierung der Wirtschaft nicht weit genug ging: z. B. die Vorstandsvergütung und die Frage einer „Cooling Off" Periode beim Wechsel vom Vorstand in den Aufsichtsrat. Hier zeigt sich

---

[5] Vgl. *Deutsche Börse Group* (2009), S. 13.

exemplarisch das Problem eines zu großen öffentlichen Drucks auf den Gesetzgeber: Dann wird oft punktuell bis ins letzte Detail reguliert, was der Sachlage aber nicht immer angemessen ist.

6 Selbstregulierung ausweiten und verbessern

Anstelle zu detaillierter und somit inflexibler gesetzlicher Regeln sollte grundsätzlich so viel wie möglich der Selbstregulierung überlassen werden. Denn Selbstregulierung ermöglicht auf die Branche zugeschnittene Lösungen, die von Fachleuten entwickelt werden, die die jeweiligen Besonderheiten kennen.

Selbstregulierung ist dementsprechend auch für die heute konstant unbeständigen Märkte besser geeignet, weil sie eine schnellere Anpassung an sich verändernde Einflussfaktoren zulässt. Außerdem ermöglicht sie es den Unternehmen eher, die Interessen aller Stakeholder in Einklang zu bringen, weil die Anforderungen der einzelnen Stakeholdergruppen auf Branchenebene besser bekannt sind.

Voraussetzung ist jedoch, dass die entsprechenden Regeln konstant geprüft und angepasst werden. Darüber hinaus muss es auch eine Exekutivmöglichkeit geben, der sich die Unternehmen zu unterwerfen haben. Selbstregulierung funktioniert nur dann dauerhaft, wenn die Partizipation hoch genug ist: Ist nur die Minderheit einer betroffenen Branche involviert, reicht dies nicht aus. Dann kann und sollte der Gesetzgeber – wie zuvor bereits beschrieben – politischen Druck ausüben, um eine möglichst hohe Akzeptanz zu erreichen.

Die häufig geäußerte Kritik an der Selbstregulierung ist insofern nur teilweise berechtigt. Es gibt einige Beispiele, wo sie gut funktioniert und große Fortschritte gebracht hat. So ist trotz mancher Mängel bspw. auch der Deutsche Corporate Governance Kodex ein Erfolgsmodell: In wenigen Jahren ist es gelungen, allgemeine CG Standards bei einem Großteil der börsennotierten Gesellschaften in Deutschland zu etablieren. Empfehlungen des Kodex werden von den DAX-Unternehmen mittlerweile zu 96 % umgesetzt, und auch bei den MDAX- und SDAX-Gesellschaften finden sich ähnlich hohe Umsetzungsraten.[6]

Wenn wir eine flexible Marktwirtschaft erhalten wollen, heißt es für die Wirtschaft also im Ergebnis: Ran an die Selbstregulierung, d. h. sie verbessern und erweitern, gerade dort, wo sie sich bisher als nicht robust erwiesen hat. Nur so wird sich verhindern lassen, dass der gegenwärtige politische Druck eine dauerhaft einschnürende Überregulierung erzeugt!

---

[6] Vgl. *v. Werder/Talaulicar* (2009).

Literatur

Deutsche Börse Group (2009), The Global Derivatives Market – A Blueprint for Market Safety and Integrity.

EU-Kommission (2009a), Possible amendments to financial services legislation, Arbeitsdokument der Kommission vom 23.09.2009, sowie begleitende Pressemitteilung der Kommission vom 23.09.2009.

EU-Kommission (2009b), State aid: Overview of national measures adopted as a response to the financial and economic crisis, http://europa.eu/rapid/pressReleasesAction.do?reference=MEMO/09/67&format=HTML&aged=0&language=EN&guiLanguage=en, abgerufen am 12.10.2009.

v. Werder, Axel/Talaulicar, Till (2009), Kodex Report 2009: Die Akzeptanz der Empfehlungen und Anregungen des Deutschen Corporate Governance Kodex, in: Der Betrieb, 62. Jg., S. 689 - 696.

Martin Weber[*]

Kodex zur Anlageberatung – Gute Sitten und optimale Entscheidungen[1]

1 Präambel

2 Definition Beratung

3 Thesen: Beratung

    3.1 These 1: Beratung hat anhand eines wohldefinierten Konzepts zu erfolgen

    3.2 These 2: Das Beratungskonzept soll wissenschaftliche Erkenntnisse aufgreifen

    3.3 These 3: Der Berater sollte Theorie und Empirie der Finanzmärkte kennen und das Beratungskonzept verstehen und erklären können

    3.4 These 4: Spar-, Konsum- und Risikoeinstellung des Kunden müssen valide und passend zum Beratungskonzept erhoben werden

    3.5 These 5: Die Financial Literacy des Anlegers sollte zum Beratungskonzept passen und umgekehrt

    3.6 These 6: Erkenntnisse der Behavioral Finance Forschung müssen in die Beratung einfließen

    3.7 These 7: Die Zweit- und Drittberatung soll Ergebnisse der Erstberatung berücksichtigen

    3.8 These 8: Die Vergütungsstruktur und weitere Abhängigkeiten des Beraters müssen offengelegt werden

---

[*] Prof. Dr. Dr. h. c. *Martin Weber*, Lehrstuhl für ABWL, Finanzwirtschaft insbesondere Bankbetriebslehre, Universität Mannheim.

[1] Es handelt sich um die gekürzte Fassung eines Beitrags, den der Verfasser unter gleichnamigem Titel 2009 als Band 19 in der Reihe „Forschung für die Praxis" der Behavioral Finance Group, Universität Mannheim, veröffentlicht hat (abrufbar unter: http://www.behavioral-finance.de).

4 Thesen: Produkte

4.1 These 9: Der Berater muss klar machen, aus welchem Produktuniversum er Anlagemöglichkeiten empfiehlt

4.2 These 10: Ertrag und Risiko müssen transparent sein

4.3 These 11: Die Gebühren der Produkte müssen verständlich offen gelegt werden

4.4 These 12: Der Berater darf nur Produkte empfehlen, die man verstehen kann

4.5 These 13: Es ist nicht solide, Kunden über Markterwartungen zu befragen

4.6 These 14: Der Berater darf nur Produkte empfehlen, die für den Anleger optimal sein können

5 Fazit

1 Präambel

Viele Bürger müssen und wollen mehr finanzielle Eigenverantwortung übernehmen. Die Gründe dafür spitzen sich zu: Regelmäßige Arbeitseinkommen sind über lange Zeiträume höchstens noch für Beamte sicher, die Zahlungen aus der gesetzlichen Rente werden kaum mehr auskömmlich sein. Zudem ist für die Ausbildung der Kinder vorzusorgen, und auch für das Seniorenstift muss – in nicht vorhersehbarer Höhe – gespart werden. Um für die Zukunft finanziell gewappnet zu sein, muss der Entscheider festlegen, welcher Teil des – nicht sicher zu prognostizierenden – verfügbaren Einkommens zu unterschiedlichen Zeitpunkten des Lebens gespart beziehungsweise konsumiert werden soll. Gleichzeitig stellt sich immer wieder die Frage, wie sicher das gesparte Geld angelegt werden soll. Das ist wichtig, da das Risiko einer Geldanlage untrennbar mit deren erwarteter Rendite verknüpft ist. Und dabei variiert dann noch die Risikobereitschaft von Mensch zu Mensch und von Lebensabschnitt zu Lebensabschnitt – bei Dinks (double income no kids) ist sie vermutlich meistens größer als bei Großeltern.

Schon diese kurzen Ausführungen zeigen, dass es nicht einfach ist, individuell optimale Anlageentscheidungen zu treffen. Bedenkt man, dass wir noch nicht über die Auswahl konkreter Anlageprodukte, Versicherungen oder gar Steuern gesprochen haben, wird deutlich, dass ein Großteil der Bevölkerung für diese komplexen Entscheidungen eine vernünftige Beratung gut gebrauchen könnte. Doch die Qualität der Heerscharen von Anlageberatern und Finanzplanern ist, um es vorsichtig zu sagen, unterschiedlich.

In diesem Beitrag definieren wir einen wissenschaftlich fundierten Kodex der Anlageberatung. Wir zeigen, woran sich ein guter Berater erkennen lässt, welche Fragen er stellen muss, welche Daten er erheben sollte und wie er manipulieren kann. Anleger können damit ihren Berater objektiv besser kennen und einschätzen lernen. Vice Versa steht es Beratern offen, sich selbstkritisch zu überprüfen. Fest steht auch, dass die Finanzbranche Produkte mit hohen Gebühren kreiert hat, die keinem Kodex standhalten. Diese Anlageprodukte gilt es zu identifizieren. Sie müssen vom Markt verschwinden, besser noch gar nicht erst zugelassen werden, damit Banken, Versicherungen und Vertriebe sich nicht auf Kosten der Sparer bereichern.

2 Definition Beratung

Unter Beratung soll verstanden werden, dass eine Person B (Berater) einer anderen Person A (Anleger) hilft, die für ihn (A) individuell optimale Anlageentscheidung zu treffen. A geht zu dem Berater, weil die Anlageentscheidung höchst komplex ist. Diese Definition impliziert zwei Forderungen:

(1) A ist derjenige, dessen Nutzen durch eine optimale Entscheidung maximiert werden soll. Diese Definition schließt Anlageberater aus, die primär am Absatz ihrer

Produkte interessiert sind und somit besser als Anlageverkäufer bezeichnet werden sollten.

(2) Wenn die Anlageentscheidung für A optimal sein soll, müssen dessen Vorstellungen bezüglich der Anlageziele, Risikovorstellungen und Finanzrestriktionen als zentrale Größen in den Entscheidungsprozess einfließen. Es kann damit bei der Beratung nicht darum gehen, dem Anleger die Entscheidung abzunehmen, sondern ihn auf der Suche nach der bestmöglichen individuellen Entscheidung zu unterstützen.

Kein Berater kann die Zukunft vorhersagen, auch nicht die künftige Entwicklung einer Aktie. Gute Beratung aber kann dem Anleger helfen, mit der Unsicherheit der Zukunft zu Recht zu kommen. Eine ex ante, d. h. vor der Auflösung der Unsicherheit, optimale (schlechte) Beratung kann durch Pech (Glück) zu einem schlechten (guten) Ergebnis führen. Langfristig führt eine höhere Qualität der Beratung jedoch zwangsläufig auch zu besseren ex post Ergebnissen.

Die folgenden Ausführungen legen eine betriebswirtschaftliche, inhaltliche Perspektive zugrunde. Im Mittelpunkt steht die ökonomische, finanzwirtschaftliche Sichtweise unter besonderer Berücksichtigung der Interessengegensätze zwischen Beratung und Anleger. Letztere müssen alleine schon wegen der zunehmenden drohenden Altersarmut bessere Entscheidungen treffen. Deshalb ist es unaufschiebbar notwendig, die Auswüchse der nicht den Interessen des Anlegers dienenden Beratung zu beenden. Es ist insbesondere der schlechten Beratung anzulasten, dass die Finanzindustrie zu viel verdient und für die Anleger zu wenig übrig bleibt. Sollte es der Finanzbranche nicht gelingen, eine Beratung anzubieten, die die Ziele des Kunden tatsächlich in den Vordergrund stellt, d. h. sollte der Markt für Anlageberatung versagen, ist der Staat gefordert, stärker einzugreifen. Gleichzeitig müssen Anleger akzeptieren, dass gute Beratung, wie jede andere Dienstleistung, Geld kostet.

Der hier vorgestellte Anlage-Kodex kann und soll verhindern, dass für schlechte Beratung gezahlt wird, bzw. dass Produkte verkauft werden, die der Bank mehr als dem Anleger nutzen. Im Mittelpunkt der Analyse stehen die Beratung an sich sowie die empfohlenen Produkte. Für beide Kategorien sind insgesamt 14 Beurteilungskriterien entwickelt worden, die im Folgenden dargestellt werden.

3 Thesen: Beratung

3.1 These 1: Beratung hat anhand eines wohldefinierten Konzepts zu erfolgen

Die optimale Anlageentscheidung scheint in der Theorie einfach zu sein. Sie fußt auf dem Lebenszykluskonzept. Dieses fordert: Maximiere zum Anlagezeitpunkt den heutigen, also abgezinsten, Nutzen aus dem künftigen Konsum. Dabei müssen – als Nebenbedingung – die Einnahmen aus Verdienst, Geldanlagen und Kreditaufnahme zu jedem Zeitpunkt gleich den Ausgaben sein. Konkret ist zum Anlagezeitpunkt festzulegen, was aus heutiger Sicht wertvoller ist – die Tochter in Harvard oder der Porsche im zweiten Frühling. Das wichtigste Ergebnis dieser Analysen ist, festzulegen, wie viel zu welchem Zeitpunkt gespart und konsumiert werden soll, wobei die gewählten Risiken der Anlagen zentrale Größen für die Optimierung sind. Mit anderen Worten: ein Anleger kann viel falsch machen, wenn er zu früh zu viel oder zu wenig spart, einen großen Kredit falsch aufnimmt oder die falsche Berufsunfähigkeitsversicherung abschließt.

Große Auswirkung hat auch das gewählte Risiko der Anlage – man denke nur an die Kursschwankungen am Aktienmarkt oder bei Immobilienfonds. Auch mangelnde Diversifikation speziell über Anlage-Klassen (d. h. die Asset Allocation) schlägt negativ zu Buche. Etwa 80 - 90 % des Anlageerfolgs werden durch die richtige Streuung, d. h. durch die Aufteilung des Vermögens auf unterschiedliche Anlage-Klassen wie Aktien, Renten, Immobilien oder Rohstoffe erzielt.[2]

Ein gutes Beratungskonzept sollte auch die finanziellen Risiken, die im Lebenszykluskonzept implizit erfasst werden, aufdecken und explizit ansprechen. Es nützt nichts, bei der Optimierung von einer heilen Welt ohne Arbeitsplatzverlust, ohne Scheidung und Krankheiten auszugehen – gerade diese Ereignisse führen dazu, dass viele Konzepte obsolet werden. Zudem muss der Beratungsansatz transparent machen, welchen Teil der komplexen Anlageentscheidung er unterstützt und welchen nicht. Diskutieren Kunde und Finanzspezialist nur darüber, ob das Geld in BASF- oder Bayer-Aktien gesteckt wird, dient das Gespräch primär dem Zeitvertreib und unterstützt keinen relevanten Schritt der komplexen Anlageentscheidung. Denn ein solches Gespräch klärt noch nicht einmal die zentrale Frage nach Konsum- und Sparentscheidung. Auch zum Thema Asset Allocation, das ausschlaggebend für den Erfolg ist, wird hier nichts gesagt. Obendrein ist es ex ante egal, ob man in BASF oder BAYER investiert, außer der Berater hat eine Kristallkugel für die Vorhersage der Zukunft zur Hand.

Aus dieser Perspektive ist klar, dass es in einer Beratung zunächst nie darum gehen kann, ein bestimmtes Produkt zu verkaufen, sondern zunächst immer nur darum, den Anleger zu unterstützen, für zumindest einen Teil der komplexen Anlageentscheidung eine optimale Lösung zu finden. Das Produkt folgt dann quasi automatisch.

Für jeden Berater ist es eine Herausforderung, die zur Optimierung benötigten Daten vom Kunden valide zu erheben. Die entsprechenden Erfassungsmethoden sollten offen-

---

[2] Für eine populärwissenschaftliche Darstellung von Theorien zur optimalen Anlage, empirischen Erkenntnissen vom Kapitalmarkt und psychologischen Fallen des Anlegerverhaltens vgl. *Weber et al.* (2007).

gelegt werden. Gängige Verfahren sind zum Beispiel: clevere Befragung oder Angabe von Vergleichsgruppen, d. h. ein so genannter people-like-me-Ansatz.

Anerkannte Berater arbeiten in den Kundengesprächen mit Computerprogrammen und grafischen Darstellungen. Denn welcher Anleger ist schon in der Lage, Zinseszinsrechnung, die Auswirkungen von Inflation, die Höhe der Rentenlücke oder das Risiko einer Anlage intuitiv korrekt zu erfassen? Wer das nicht glaubt, möchte doch bitte spontan sagen, ob 2 % Zins über 30 Jahre mehr oder weniger als 3 % Zins über 20 Jahre ist.

3.2 These 2: Das Beratungskonzept soll wissenschaftliche Erkenntnisse aufgreifen

Es sollte selbstverständlich sein, dass kein Finanzprofi verkauft, was wissenschaftlich erwiesenermaßen Unsinn ist. Doch weit gefehlt; immer wieder wird gegen die gesicherte Lehrmeinung verstoßen. Ein Beispiel: Kein Beratungskonzept darf darauf basieren, dass es eine Möglichkeit suggeriert, den Markt zu schlagen, d. h. risikoadjustiert eine Rendite über der Marktrendite zu erzielen. „Ohne Mehrrisiko keine Überrendite" ist eine der fundamentalen Erkenntnisse der Wissenschaft, die von der Praxis gerne ignoriert werden.

Doch ob man sich bei Subprime engagiert hat (Werbeslogan: „hervorragendes Rating und trotzdem hohe Zinsen") oder Herrn *Madoff* sein Geld anvertraut hat („sichere Anlage und trotzdem hohe Rendite") – immer wieder fallen Anleger auf unseriöse Versprechen herein und zahlen mit Teilen ihres Vermögens. Das Geld liegt nicht auf der Straße und wenn, haben es andere vor uns schon aufgehoben.

Auch fast alle Vorhersagen zu allgemeinen Markttrends („Market Timing") sind vom wissenschaftlichen Standpunkt her gesehen dubios. Prophezeiungen wie „die Zinsen fallen die nächsten Monate noch" oder „der Markt dreht sich im August" und „ich sehe die XY-Aktie bei 35 €" sind Blödsinn. Und Aussagen wie „der DAX steigt morgen" stimmen tatsächlich – in der Hälfte der Fälle – in der anderen Hälfte eben nicht.

Manchmal sind die Aussagen auch nahezu alle falsch, wie z. B. die DAX-Prognosen von Finanzexperten für das Jahr 2008, die Ende 2007 abgegeben wurden, belegen:

„Der Düsseldorfer WGZ mangelt es nicht an Optimismus: 10000 Punkte sagte sie für den Deutschen Aktienindex Dax im kommenden Jahr voraus. 8715 Punkte prognostizierte Matthias Schrade, Chefanalyst bei GSC Research und sagte: „Den Anlegern steht ein gutes Börsenjahr bevor." [...] „Immerhin aber zeigten sich 230 vom Zentrum für Europäische Wirtschaftsforschung (ZEW) in Mannheim befragte Finanzmarktexperten zurückhaltender. Mit ihrem durchschnittlichen Ziel von 8156 Zählern liegen sie nur rund 2 % über dem derzeitigen DaxStand von etwa 8000 Zählern."[3]

---

[3] Vgl. o. V. (2007).

Man vergleiche diese Prognosen mit der tatsächlichen Entwicklung des DAX im Jahre 2008.

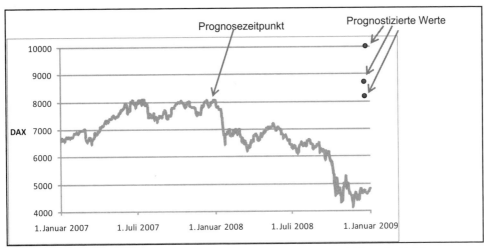

Abb. 1: Prognosen von Finanzexperten zur zukünftigen Entwicklung des DAX

Außerordentlich kritisch sind vor dem Hintergrund effizienter Märkte Beratungskonzepte zu sehen, die einzelne Aktien empfehlen. Zum einen stellt die optimierte Diversifikation die wichtigste Richtschnur für eine Portfoliobildung dar. Zum anderen verursacht die Einzelauswahl von Aktien, das „Stock Picking", eher höhere Handelskosten als eine Überrendite. Das häufige Umschichten des Portfolios widerspricht der Lehre, und belegt die alte Börsenweisheit: „Hin und her – Taschen leer".

Beliebt ist es auch, die Auswahl zukünftig besonders erfolgreicher Fonds als Leistungsmerkmal eines Beratungskonzepts hervorzuheben. Aussagen wie „Wir wählen unabhängig die besten Fonds für Sie aus" hören sich gut an, aber inwieweit tatsächlich gute und schlechte Fonds voneinander getrennt werden können, ist wissenschaftlich umstritten. Auf Grundlage der vergangenen Wertentwicklung kann man jedenfalls, wenn überhaupt, nur sehr schlechte Fonds identifizieren – die guten jedoch praktisch nicht.

Abschließend sei darauf hingewiesen, dass sich die Wissenschaft weiterentwickelt und neue Erkenntnisse gewinnt. Es lohnt sich daher auch für die Praxis, am Puls der Wissenschaft zu bleiben, um ihre Konzepte weiter zu entwickeln: vielleicht finden wir ja doch die Strategie, die uns alle reich werden lässt…

3.3 These 3: Der Berater sollte Theorie und Empirie der Finanzmärkte kennen und das Beratungskonzept verstehen und erklären können

Finanzberater können ignoranter sein, als der Markt es erlaubt. Ein Vertreter beschrieb neulich den Zusammenhang zwischen Risiko und Rendite als umgekehrt u-förmig: Er versicherte, dass die Rendite mit steigendem Risiko erst wächst und dann aber wieder abnimmt – was völlig falsch ist. Die Person wurde inzwischen zum Niederlassungsleiter befördert. Auch der Glaube, den Markt schlagen zu können, ist bei vielen Beratern und Anlegern nicht auszurotten. „Kaufen Sie jetzt, der Markt ist billig" oder „Jetzt können Sie billig nachkaufen" sind Äußerungen, die von der Wissenschaft nicht gedeckt sind. Selbst zum von der Praxis geliebten Cost Average Effekt gibt es viele Studien, die sagen, dass es ihn gar nicht gibt.

Und dann existieren auch noch Vertreter der Finanzspezies, die gar nicht wissen, was sie tun. So führte mir ein Berater stolz sein Markowitz-Tool vor, das mein optimales Portfolio berechnen sollte. Woher die Daten stammen, die zur Optimierung benötigt werden, konnte er jedoch nicht sagen. „Die werden von der Zentrale geliefert", erklärte er mir. Gerade die Portfolio-Optimierung nach *Markowitz* ist jedoch außerordentlich sensitiv bezüglich der Eingabeparameter wie erwartete Renditen, Varianzen und Korrelationen. Es ist daher für dieses Tool von zentraler Bedeutung, über die Reliabilität der Schätzungen genau Bescheid zu wissen. Zwar mag das Wissen um die Logik der Berechnungsalgorithmen für Markowitz-Optimierungen den Mathematikern in der Zentrale vorbehalten bleiben, doch der Berater vor Ort muss seinem Kunden zumindest erklären können, welche Annahmen getroffen wurden. Das ist wie beim Auto: Der Fahrer braucht nicht zu verstehen, wie es detailliert funktioniert, aber er sollte wissen, welchen Treibstoff er einfüllen muss.

Eine weitere Forderung an die Berater ist die Verpflichtung zur Weiterbildung: die Erkenntnisse zur Anlageberatung entwickeln sich weiter, die Produkte und gesetzliche Rahmenbedingungen ändern sich. Ernste Weiterbildung erfordert Klausuren. So hart es klingt, nur eine richtige Prüfung kann den Lernerfolg sicherstellen (und hier kenne ich mich als Hochschullehrer wirklich aus). Ganz anders die Wirklichkeit: So wirbt ein bekannter Zusammenschluss von Beratern damit, dass seine Mitglieder aufgrund von Weiterbildung stets aktualisiertes Fachwissen besitzen. Auf einem Fondskongress besuchen sie Vorträge wie „Glänzend anlegen in turbulenten Zeiten" oder „So wird jedes Depot ertragreich und sicher!". Der Kongress wird von der Fondsindustrie gesponsert, ob man zuhört oder nicht, zählt nicht. Solche Shows sind sicherlich mehr Werbeveranstaltungen als seriöse Weiterbildung.

3.4 These 4: Spar-, Konsum- und Risikoeinstellung des Kunden müssen valide und passend zum Beratungskonzept erhoben werden

Jedes Beratungskonzept steht und fällt mit der Qualität der erhobenen Kundendaten. Es ist selbstverständlich, zu Beginn jeder Beratung den Ist-Zustand und damit die bestehenden Anlagen und Kredite zu erheben. Aus diesen Daten können für langfristige Finanzpläne relativ aufwändige Ein- und Auszahlungspläne erarbeitet werden. Doch das alleine reicht nicht aus.

Aus wissenschaftlicher Sicht ist es selbst für eine eng abgegrenzte Anlageentscheidung unabdingbar, die Risikoeinstellung des Anlegers valide zu erheben. Valide bedeutet, dass aus den Angaben auf tatsächliches Anlageverhalten geschlossen werden kann. Es kann also nicht sein, dass ein Kunde als risikofreudig klassifiziert wird, weil er Bungeejumping liebt und gleichzeitig nur Spareinlagen im Portfolio hält, sich also risikoavers verhält. Gleichzeitig verlangt Validität, dass man bei einer Wiederholung der Befragung, möglicherweise mit einer anderen Methodik, zumindest zu ähnlichen Ergebnissen gelangt.

Die EU hat vor kurzem mit der Markets in Financial Instrument Directive (MiFID) eine Richtlinie erlassen, deren Ziel es ist, den Verbraucherschutz in Europa zu stärken. Sie besagt unter anderem, dass sowohl die Risikotragfähigkeit als auch die Risikoeinstellung eines Investors zu erfassen sind. Die Risikotragfähigkeit gibt an, welches Risiko, also welchen Verlust, der Anleger maximal bereit ist zu tragen. Die Risikoeinstellung beschreibt, wie der Anleger das Risiko einer Anlage im Verhältnis zum erwarteten Ertrag bewertet. Sie beantwortet die Frage, wie viel Ertrag er für ein eingegangenes Risiko erwartet. Die Risikoeinstellung ist kein festes Persönlichkeitsmerkmal: Sie kann von Anwendungsbereich zu Anwendungsbereich unterschiedlich sein – damit sind zum Beispiel Rückschlüsse vom Risikoverhalten beim Sport zum Anlageverhalten nicht gerechtfertigt. Die Risikoeinstellung ändert sich auch im Zeitverlauf, sie hängt vom Vermögensstatus aber auch von Anlageerfolgen und -misserfolgen ab. Ändert sich einer dieser Faktoren muss die Risikoeinstellung neu gemessen werden.

Die Forschung zeigt, dass zur Messung des Risikoverhaltens computergestützte Tools benötigt werden. Es reicht nicht, dem Anleger eine Chance-Risiko-Wahrscheinlichkeitsverteilung vorzulegen. „Erfährt" ein Proband das Risiko in computergestützten Simulationen, zeigt er ein anderes Risikoverhalten, belegen empirische Studien. Wie schwach die Verfahren sind, die heute zur Messung des Risikoverhaltens eingesetzt werden, zeigt sich dramatisch daran, dass sich Portfolios von angeblich risikoscheuen Anlegern kaum oder gar nicht von denen angeblich weniger risikoscheueren Anlegern unterscheiden. Die Wissenschaft arbeitet seit Jahrzehnten daran, die Risikoeinstellung valide zu messen, doch die Erkenntnisse werden in der Praxis kaum umgesetzt. Banken müssen alles daran setzen, die MiFID-Anforderungen formal zu erfüllen, indem der

Kunde seine Unterschrift unter das entsprechende Formblatt zur Beschreibung der Risikoeinstellung setzt. Die tatsächliche, im Zeitablauf variierende Risikoeinstellung steht viel zu wenig im Zentrum der Beratung – das muss sich ändern.

3.5 These 5: Die Financial Literacy des Anlegers sollte zum Beratungskonzept passen und umgekehrt

Unter Financial Literacy wird das Wissen von Bürgern über finanzwirtschaftliche Zusammenhänge verstanden. Dabei ist zwischen der selbsteingeschätzten Literacy, nach welcher der Berater seinen Kunden fragen kann, und der tatsächlichen Literacy, die durch einen Test zu erheben ist, zu unterscheiden. Der Berater sollte beide Aspekte der Financial Literacy kennen und sein Beratungskonzept darauf ausrichten. Gleichzeitig muss er einschätzen, ob sein Kunde lieber in der Karibik segelt als sich detailliert mit einer Anlageentscheidung zu beschäftigen und gerade deshalb den Finanzprofi braucht, oder ob der Anleger gar nicht in der Lage ist, komplexe Finanzprodukte zu verstehen.[4]

Die Ausführungen zu dieser These müssen kurz ausfallen, weil die Forschung speziell zum Verhältnis Beratung und Finanzwissen bisher wenig zu bieten hat. Während es noch einleuchtend ist, dass Beratung und Wissen zusammenhängen, ist unklar, wie der Zusammenhang von Produkt und Wissen sein sollte. Man kauft das Auto ja auch nicht nur dann, wenn man vollständig versteht, wie es funktioniert – genauso wenig wie die wenigsten verstehen werden, wie die genaue Konstruktion eines ETF (Exchange Traded Funds) vorgenommen wird. Wie auch These 9 zeigt, stellt dabei gerade dieser für den „normalen Anleger" eine günstige Alternative dar – das haben wir wissenschaftlich bewiesen.[5]

3.6 These 6: Erkenntnisse der Behavioral Finance Forschung müssen in die Beratung einfließen

Behavioral Finance versucht, durch die Einbeziehung psychologischer Faktoren das tatsächliche Entscheidungsverhalten von Anlegern besser zu erklären. Die Forscher eruieren, warum sich Anleger suboptimal verhalten und welche psychologischen Fallen im Anlageprozess lauern. Sie zeigen auf, mit welchen Methoden das Verhalten der Kunden beeinflusst werden kann. Die Erkenntnisse des Behavioral Finance sind für die Beratung relevant, denn sie muss die psychologischen Fallstricke kennen, damit der

---

[4] Wenn beide Aspekte des Konzepts weit auseinanderfallen (z. B. der mir bekannte Herr X: er meint, regelmäßig den Markt schlagen zu können, hat aber im Prinzip von Finanzwirtschaft und vernünftigem Anlegen keine Ahnung), hat der Berater (und auch der Anleger) ein Problem. Diesen Aspekt der Selbstüberschätzung möchte ich hier nicht weiter vertiefen.

[5] Vgl. *Jacobs/Müller/Weber* (2008).

Anleger sie umschiffen kann und zu einer für ihn optimalen Anlageentscheidung kommt.

Ein Beispiel: Im Rahmen der Datenerhebung wird der Anleger auf eine von zwei möglichen Arten danach befragt, wie viel er monatlich sparen möchte:

(1) 100 € bis 200 €, von 200 € bis 300 € oder von 300 € bis 400 €

(2) 100 € bis 300 €, von 300 € bis 500 € oder von 500 € bis 700 €.

Es ist unmittelbar einleuchtend und empirisch abgesichert, dass Probanden, denen Variante (2) vorgelegt wird, im Durchschnitt mehr sparen als die Kandidaten, welche die Variante (1) zu Gesicht bekommen.[6]

Erfordern die Bedürfnisse des Anlegers im Alter eine relativ hohe Sparquote, kann der Berater also mittels einer „angepassten" Befragung erreichen, dass sein Kunde eine für ihn selbst bessere Entscheidung fällt. Im englischen Sprachgebrauch hat sich dafür der Begriff ‚nudging', was in etwa gefühlvolles Hinschubsen bedeutet, eingebürgert. Natürlich kann der Verkäufer auch nur die für ihn profitabelste Variante im Blickfeld haben. Die Art der Frage bzw. die Darstellung des Problems haben großen Einfluss auf geäußerte Spar- und Konsumpläne sowie die Risikoeinstellung. Das macht den ungeschulten Anleger anfällig für Manipulationen durch den Verkäufer.

Das Wissen über die psychologische Beeinflussbarkeit des Anlegers hat damit zwei Seiten. Der Berater kann seinen Klienten durch geschickte Beeinflussung helfen,

- die für ihn (Anleger) beste Entscheidung zu fällen oder
- die für sich selbst (Berater) beste Entscheidung zu fällen.

Letzteres, beschönigend als Verkaufspsychologie bezeichnet, wird in Schulungen der Finanzvertriebe gelehrt und widerspricht unserer Definition von Beratung.

3.7 These 7: Die Zweit- und Drittberatung soll Ergebnisse der Erstberatung berücksichtigen

Mit der Anlageberatung ist es wie mit der Vorsorgeuntersuchung: Sie ist in regelmäßigen Abständen sinnvoll, insbesondere dann, wenn Ereignisse, wie Scheidung, Jobwechsel, Erbe oder Nachwuchs das Konsum- und Sparverhalten, das Einkommen oder die Risikoeinstellung beeinflussen.

Ein wichtiges Element der regelmäßigen Gespräche sollte immer ein Soll-Ist-Vergleich basierend auf der Dokumentation der vergangenen Gespräche sein. Nur so kann sicher gestellt werden, dass der Anleger lernt und sieht, inwieweit er seine zuvor geäußerten

---

[6] Alternativ könnte der Berater auch fragen: Der durchschnittliche Anleger spart 200 € (oder 400 €), was möchten Sie sparen?

Spar- und Konsumvorstellungen realisiert hat. Gute Beratung definiert darüber hinaus Milestones, d. h. Eckwerte, die in der Zukunft erreicht werden sollen, zum Beispiel Spar-, Einkommens- und Vermögensziele. Diese gilt es beim nächsten Termin zu überprüfen. Ferner gehört die neuerliche Analyse der Risikoeinstellung auf die Agenda jeder Folgeberatung. Es ist außerordentlich unwahrscheinlich, dass die Risikoeinstellung des Anlegers im Zeitablauf gleich bleibt. Auch hier ist die Entwicklung aufzuzeigen und zu besprechen.

Nicht zuletzt hängt der Erfolg einer Beratung davon ab, ob die gemeinsam entwickelten Pläne umgesetzt worden sind. Es sollte daher auch geprüft werden, wie der Anleger mit den bisherigen Ratschlägen umgegangen ist. Das wiederholte Feedback ist ein zentrales Element der Anlageentscheidung. Engagierte Berater geben ihren Kunden darüber hinaus wiederholt Feedback: Ist zum Beispiel die Entscheidung für eine Form der Altersvorsorge gefallen, informieren sie ihre Klienten in regelmäßigen Abständen über die erzielten Resultate – auch im Kontext zu den anderen Vermögensbausteinen.

3.8 These 8: Die Vergütungsstruktur und weitere Abhängigkeiten des Beraters müssen offengelegt werden

„Seien Sie bereit, Ihren Berater zu entlohnen!", denn gute Leistung soll und muss bezahlt werden. Wie der Berater entlohnt wird und in welchen faktischen und rechtlichen Abhängigkeiten er steht, muss jedoch offengelegt werden.

Es gibt mehrere Formen der Entlohnung. Wird der Berater nach Zeitaufwand oder für eine fest vorgegebene Leistung wie die Erstellung eines Finanzplans bezahlt, liegt eine Form der Honorarberatung vor. Der Berater kann alternativ jährlich einen Prozentsatz des betreuten Vermögens erhalten (all-in-fee-Beratung), und zusätzlich am Ertrag des Portfolios beteiligt sein (gewinnabhängige Entlohnung). Eine dritte Variante ist die gemeinhin bekannte Provisionsberatung. Jede Art der Bezahlung hat ihre Vor- und Nachteile. Gewinnabhängige Entlohnung kann unter Umständen nur ein anderes Wort für Übervorteilung des Kunden sein. Wer an Gewinnen beteiligt werden möchte, sollte auch Verluste mittragen. Außerdem sollte jeder, der Gewinne als Teil seiner Leistung reklamiert, immer nur von Gewinnen über einer korrekten Benchmark reden. Wer beispielsweise ein Portfolio verwaltet und 10 % Rendite in einem Jahr erreicht, in dem der entsprechende Marktindex 13 % Rendite erzielt hat, muss dafür nicht belohnt werden: Er hat Vermögen relativ zur Benchmark, dem Marktindex, vernichtet.

Die bei Banken und Finanzdienstleistern weit verbreitete Provisionsberatung ist wenig transparent und setzt in der Regel falsche Anreize. Wer weiß schon, dass ein Berater (bzw. die Institution, für die er arbeitet) beim Kauf eines Fonds nicht nur den Ausgabeaufschlag, sondern jährlich noch ungefähr die Hälfte der Managementgebühr erhält. Die Gebühr wird auch fällig, wenn der Kunde die Papiere nur im Depot hält und noch nicht einmal mit einem Berater spricht. Selbst Discount Broker, die gar keine Berater beschäftigen, berappen das Geld. Bei einer Investition von 10.000 € erhält der Berater (bzw. seine Institution) in 10 (20) Jahren rund 1.000 (3.000) € Gebühren – die Beteiligung am Ausgabeaufschlag ist in dieser Summe noch nicht enthalten.[7]

Die Entlohnung auf Provisionsbasis macht es selbst für den Berater schwierig, die Geldanlagen seiner Kunden zu optimieren: wie selbstlos müsste er sein, wenn er nicht die Produkte verkaufen würde, bei denen er am meisten verdient. Bedenkt man noch, dass Mitarbeiter über Zielvorgaben – in der Regel das Provisionsergebnis – gesteuert werden, muss der Berater schon fast ein Heiliger sein, um ausschließlich die Ziele des Anlegers zu verfolgen. Seien Sie bei Provisionsberatung oder besser bei versuchtem Verkauf auf Provisionsbasis auf der Hut! Honorarberatung und der all-in-fee Ansatz sind transparent. Der Anreiz, eine besondere Leistung zu erbringen, ergibt sich aber nur, wenn eine langfristige Zusammenarbeit geplant ist. Die Struktur der Entlohnung dürfte sich in diese Richtung entwickeln. Dafür spricht auch ein Blick ins Ausland.

Egal welche Entlohnungsform gewählt wird, es dürfte schwierig sein, einen komplett unabhängigen Berater zu finden, zu vielfältig und für den Kunden kaum durchschaubar sind die Abhängigkeiten in der Finanzbranche. Kein Berater wird Sie an seiner Freude teilhaben lassen, dass er zum Golfspielen nach Mallorca fliegen darf, wenn er ein Produkt mehr als x-mal verkauft hat. Er wird auch nicht offenlegen, dass er am liebsten die Fonds verkauft, die mit den lukrativsten Provisionen winken. In der deutschen Finanzbranche konnte beobachtet werden, dass von zwei identischen Produkten systematisch das verkauft wurde, dass die höhere Provision für den Berater erzielte. Vielleicht ist es besser, um die Abhängigkeiten zu wissen, als an nicht zu verwirklichende Unabhängigkeit zu glauben.[8]

4 Thesen: Produkte

Aus wissenschaftlicher Sicht zeichnen sich Anlageprodukte dadurch aus, dass der Kunde entweder zu Beginn einmalig oder über einen längeren Zeitraum hinweg mehrmals einen bestimmten Betrag zahlt und zu einem späteren Zeitpunkt eine Rückzahlung erhält. Die Rückzahlung kann in ihrer Höhe sicher (hoffentlich das Sparbuch), unsicher (z. B. Aktienfonds) oder von einem Ereignis abhängig sein (z. B. Berufsunfähigkeits-

---

[7] Die Rechnung basiert auf der Annahme einer erwarteten Rendite von 8 %, einer Managementgebühr von 1,5 % und einer anteiligen Zahlung von 50 % der Managementgebühr an den Berater oder dessen Institution.

[8] Die Erfahrungen beim Vertrieb des von mir konzipierten, sehr preisgünstigen DWS-Fonds „ARERO – Der Weltfonds" sind erleuchtend. Hier ein paar Äußerungen: i) „Der Fonds ist zu billig, da verdiene ich nichts – kaufe ich vielleicht für mich selbst." ii) „Der Fonds ist nicht in unserem System." (Aber andere Anleger haben dort schon gekauft.) iii) „Wir haben Fonds, die für unsere Kunden einen höheren Mehrwert schaffen." (Ohne jeglichen Beweis und gegen jegliche empirische Evidenz.) iv) „Kunden, die so was kaufen wollen, brauche ich nicht..."

versicherung). Es sind die Anlageprodukte zu wählen, die für den Anleger einen möglichst hohen Nutzen erwarten lassen. Auf der Suche nach dem individuell optimalen Anlageprodukt sind sechs objektive Kriterien entscheidungsrelevant, die im Folgenden dargestellt werden.

4.1 These 9: Der Berater muss klar machen, aus welchem Produktuniversum er Anlagemöglichkeiten empfiehlt

Es wird immer unmöglich sein, dem Anleger die gesamte Palette von Anlageprodukten zur Auswahl vorzulegen – dazu gibt es einfach zu viele. Daher muss der Berater offen legen, wie er zu der von ihm getroffenen Auswahl gekommen ist und welche Implikationen das hat. Zudem wäre es sinnvoll und fair, Informationen über die Hersteller der Produkte, z. B. über die Fondsgesellschaft, bereitzustellen.

Die Hoffnung, dass der Berater die Anlageprodukte möglichst objektiv ausgewählt hat, sollte der Kunde kaum hegen. Nicht wenige Banken bieten nur Produkte der Kapitalanlagegesellschaft an, mit der die Bank verbunden ist. Das ist zwar nicht befriedigend, aber wenigstens transparent. Daneben gibt es durchaus dreiste Vertreter der Beratergilde, die sich schlichtweg weigern, einem expliziten Kundenwunsch nachzukommen: „Das Produkt kenne ich nicht", oder „Das Produkt kann ich nicht kaufen", lügt er seinem Mandanten nachweislich ins Gesicht, wohl weil ihm die Provision einfach zu gering ist – vgl. auch die Fußnote auf der vorangegangenen Seite. Oder, ich zitiere wörtlich aus der Email eines Verantwortlichen des Vertriebs an mich „Sie dürfen sicher sein, dass wir nur eines im Sinn haben – die besten Nettoergebnisse für unsere Kunden zu erreichen!". Aber Exchange Traded Funds (ETF), die dem Kunden wissenschaftlichen Erkenntnissen zufolge bestmögliche Nettoergebnisse liefern, werden praktisch nicht angeboten – weil der Vertrieb daran nichts verdient?

4.2 These 10: Ertrag und Risiko müssen transparent sein

Der erwartete Ertrag und das Risiko einer Anlage hängen fundamental zusammen: man darf nur dann mehr Rendite erwarteten, wenn man bereit ist, mehr Risiko einzugehen. Jegliche Angaben von erwarteten Renditen ohne die entsprechende Angabe des erwarteten Risikos sind somit inhaltsleer. Warum sollte eine Bank ausgerechnet Ihnen Geld in Form einer Überrendite schenken und es nicht selbst verdienen? Die Anleger der Göttinger Gruppe (rund 200.000 Geschädigte) und die Kunden des Herrn *Madoff* (rund 50 Mrd. $ Schaden) sind leider erst im Nachhinein schlauer.

Die Rendite einer Anlage transparent darzustellen, ist relativ einfach: Sie wird am besten durch einen Prozentsatz ausgedrückt: „5 % erwartete Rendite pro Jahr". Alternativ kann auch direkt ein fester Betrag angegeben werden: „Bei 1.000 € Investition können Sie in fünf Jahren eine Rückzahlung von 1.300 € erwarten." Bei längerfristigen Investitionen ist die Angabe der Wertentwicklung unter Berücksichtigung der erwarteten

Inflation von zentraler Bedeutung. „Eine Rente von 5.000 € in 30 Jahren hört sich ganz gut an", besagt jedoch wenig. Es muss immer ausgewiesen werden, welchem Wert die Rente in heutiger Kaufkraft entspricht: „Sie können in 30 Jahren eine Rente von monatlich 5.000 € erwarten, in heutiger Kaufkraft sind das 2.060 € (bei 3 % Inflation)". Ohne Berücksichtigung der Inflationsentwicklung sind langfristige Vermögensangaben Schall und Rauch. Die Kapitalgarantie eines Fonds oder einer Riesterrente ist keine wirkliche Kapitalgarantie – zumindest keine, welche die Entwicklung der Kaufkraft berücksichtigt.

Risiken sind viel schwieriger transparent darzustellen. Sie einfach nur aufzuzählen, genügt auf keinen Fall. Aufgrund von Informationen wie „Die Renditeentwicklung kann von den folgenden Risiken beeinflusst werden: politischer Umsturz, starke Wechselkursschwankung, Tod des Inhabers, Inflation", können Anleger die Konsequenzen ihrer Entscheidungen kaum ermessen. Im Rahmen der Beratung sollte vielmehr eine Vorstellung von der Quantität, d. h. der Höhe der Risiken vermittelt werden. Basierend auf möglichst weit zurückreichenden Vergangenheitsdaten, gibt es sehr viele Möglichkeiten, das Risiko zu veranschaulichen, wobei die Darstellung die Risikowahrnehmung des Anlegers beeinflussen kann. Einige Beispiele:

(1) Schwankungsintervalle darstellen (der DAX liegt mit einer Wahrscheinlichkeit von 90 % innerhalb eines Jahres zwischen den Werten x und y),

(2) relative Häufigkeiten präsentieren, mit denen bestimmte Ergebniswerte unter oder überschritten werden können (der DAX kann in einem von zehn Fällen mehr als x pro Jahr verlieren und mehr als y pro Jahr gewinnen),

(3) die Wahrscheinlichkeitsverteilung der Ergebnisvariable darstellen (Kurs oder Renditeentwicklung des DAX),

(4) erzielte Renditen der vergangenen Jahre zeigen, um so ein Gefühl für die Variabilität der Ergebnisentwicklung zu erhalten (DAX-Rendite für jedes der zurückliegenden 10 bis 20 Jahre in einem Balkendiagramm abbilden).

Sind Rendite und Risiko im Gespräch geklärt, gilt es den Risiko-Rendite Trade-off zu erfassen. Selbst wenn man akzeptiert, dass mehr Rendite nur mit einem höheren Risiko erzielt werden kann, bleibt die Frage nach der genauen Abwägung. Die Standardvorgehensweise muss hier sein, dass der Anleger eine Benchmark vorgelegt bekommt, also eine ihm (oder der Allgemeinheit) wohlbekannte Anlagealternative, die einen Risiko-Rendite Trade-off vorgibt. Typisches Beispiel dafür sind Aktien- oder Rentenindizes. Der Aktienindex DAX zeigt, welche erwartete Rendite man mit einem bestimmten Risiko erzielen kann und bietet damit die Messlatte für andere Anlagemöglichkeiten.

Die Angabe einer Benchmark ist so wichtig und aussagekräftig, dass dabei beliebig viele, mitunter wohl auch bewusst gemachte, Fehler begangen werden. Ein sehr bekannter deutscher Fondsmanager hat mir stolz berichtet, dass er den Markt schlagen, also mit demselben Risiko einen höheren Ertrag erzielen, könnte. Nur hat er die falsche Benchmark gewählt, im Beispiel den DAX. Bei der Wahl der korrekten Benchmark, d. h. dem Index, der den Markt abbildet, der seinem Anlageuniversum bestmöglich entspricht, im Beispiel der MDAX, hätte er nicht besser als der Markt abgeschnitten. Diese kreative Wahl der falschen Benchmark ist weit verbreitet.

Schließlich sei an dieser Stelle noch vor zwei Dingen gewarnt. Zum einen werden Namen von Anlageprodukten kreiert, die schön klingen, jedoch falsche Rendite- oder Risikoerwartungen suggerieren. Das beste Beispiel dafür sind „Garantiezertifikate": das hört sich nach Sicherheit an, verschweigt aber, dass im Extremfall große Verluste möglich sind. Zudem ist die avisierte Garantie nur auf den Nominalwert bezogen, Inflationsrisiken bleiben außer acht. Zum anderen werden bei neuen Produkten oft hypothetische Kursentwicklungen zurückgerechnet, die phantastische Wertentwicklungen abbilden. Das muss aber in aller Regel so sein: die Produkte wurden ja gerade so konstruiert, dass die Wertentwicklung besonders gut war (das wird „in sample Optimierung" genannt) – für die Zukunft hat das keinerlei (d. h. null) Aussagekraft.

4.3 These 11: Die Gebühren der Produkte müssen verständlich offen gelegt werden

Managementgebühr, Verwaltungsgebühr, Beurkundungsgebühr, Rücknahmegebühr – es ist unglaublich, wie viele Gebührenarten Banken kreiert haben, und wie intransparent der Gebührendschungel ist. Für den Anlageerfolg gehört die Höhe der Gebühren zu den entscheidenden Kriterien. Auch ein sehr guter Anlageberater kann in aller Regel den Markt nicht schlagen. Ein überdurchschnittlicher Anlageerfolg in effizienten Märkten ist in aller Regel Zufall – das einzige was sicher ist, sind die Gebühren. Selbst ein viel beworbenes und in den Medien beschriebenes Zertifikat kann keine bessere Risiko-Rendite-Kombination aufweisen als ein einfaches Produkt. Durchaus aber kann das Hochglanz-Zertifikat via Gebühren teurer sein als die Konkurrenz und damit Ihren Anlageerfolg schmälern. Finanzmarktprodukte mit höheren Gebühren sind oft nicht besser als ihre preiswerte Konkurrenz, sie garantieren nur, dass der Anleger mit ihnen weniger verdient. Es ist wichtig, die Gebühren in ihrer vollen Höhe zu kennen, um zu beurteilen welcher Teil ihres zufälligen Gewinns sicher abfließt. Die Gebühren sollten nicht nur als Prozentsatz, sondern explizit in Euro ausgewiesen werden. Solide Beratung informiert nicht nur darüber, welcher Euro-Betrag für Gebühren im ersten Jahr fällig wird, sie zeigt auch, wie teuer das Produkt bspw. über 30 Jahre kumuliert ist (siehe Abbildung 2). Diese Transparenz ist wichtig, weil kaum ein Anleger die möglichen Gebührenfallen kennt. Wussten Sie, dass

- die Total Expense Ratio bei Fonds gar nicht alle Kosten enthält (es fehlen die gesamten Handelskosten des Fonds),

- bei Rückrechnungen von Renditen in der Regel keine Ausgabeaufschläge berücksichtigt werden,
- bei Dachfonds die Management-Gebühren der Fonds, in die investiert wird, in der Regel gar nicht ausgewiesen werden und damit natürlich auch nicht in der Total Expense Ratio enthalten sind,
- bei fondsgebunden Lebensversicherungen mit Vorliebe Fonds mit hohen Management-Gebühren gekauft werden, damit man sich an diesen – nicht ausgewiesenen – Management-Gebühren bereichern kann,
- bei Zertifikaten oft eine völlige Intransparenz bezüglich der Gebühren besteht,
- bei Aktien-Zertifikaten oft Kursindizes zugrunde gelegt werden (d. h. die Dividendenzahlungen gehen nicht an den Anleger, sondern an den Emittenten der Zertifikate),
- der Unterschied zwischen Kauf- und Verkaufskurs eines Papiers zum Teil größer ist als die Rendite eines Jahres!?

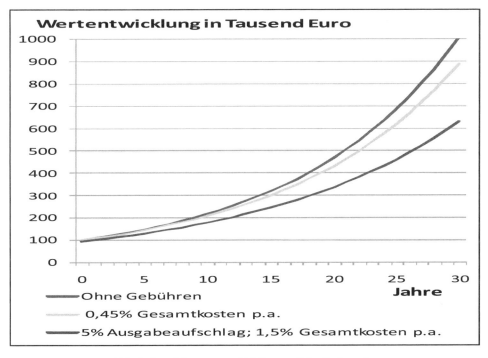

Abb. 2: Auswirkungen von Gebühren auf das Endvermögen

Die folgenden beiden Abbildungen verdeutlichen den Effekt der Gebühren auch quantitativ. Abbildung 2 zeigt die Entwicklung des Vermögens bei unterschiedlicher Gebührenbelastung, wenn ein Anleger 100.000 € für 30 Jahre bei einer Bruttorendite von 8 % p. a. anlegt. Bei geringen jährlichen Gesamtkosten in Höhe von 0,45 % p. a., welche in der Praxis über günstige Indexprodukte realisierbar sind, erzielt der Anleger ein Endvermögen von rund 887.000 €. Bei 5 % Ausgabeaufschlag und jährlichen Gesamtkosten von 1,5 % verbleiben ihm hingegen lediglich rund 630.000 €. In Großbritannien ist eine ähnliche Darstellung unter dem Namen „reduction in yield curve" für Lebensversicherungen Pflicht. Die britische Assekuranz muss darstellen, welchen Ertrag der Anleger ohne Gebühren erhielte, und wie viel er nach Abzug der tatsächlich gezahlten Gebühren erhält.

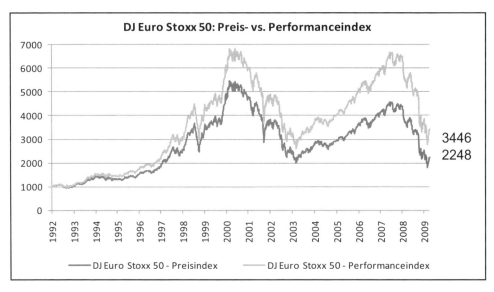

Abb. 3: DJ Euro Stoxx 50: Preis- vs. Performanceindex

Abbildung 3 zeigt die Entwicklung des Euro Stoxx 50 im Zeitraum von Januar 1992, dem Basisdatum dieses Index, bis April 2009. Dargestellt ist er einerseits als reiner Preisindex, andererseits aber auch als Performanceindex, in dessen Berechnung im Gegensatz zum Preisindex auch ausgeschüttete Dividenden der enthaltenen Unternehmen mit einfließen. Die Grafik vermittelt einen Eindruck von dem langfristigen Vermögensverlust, den ein Investor erleidet, wenn er – anstelle eines Produktes auf den Performanceindex – eines der zahlreichen Zertifikate auf den Kursindex erwirbt.

Fragen Sie ihren Berater nach den Gebühren, und zwar nach den Gesamtgebühren, und fragen Sie auch, welchen Anteil Ihr Berater beziehungsweise sein Arbeitgeber davon erhält (das sind die sogenannten Kickbacks)! Hier muss er Ihnen ehrlich antworten. Das verdanken wir der MiFID und der Rechtssprechung des Bundesgerichtshofs. **Zu guter Letzt: Schlechte Produkte sollten vom Markt verschwinden.** Unzählige Finanzprodukte bieten dem Anleger keinen Mehrwert, vernichten via Gebühren sogar Erspartes. Sie dienen einzig und alleine dazu, der Finanzdienstleistungsbranche die Taschen zu füllen. Wenn man ein Produkt nicht verstehen kann, wenn es nur bei unrealistischen Markterwartungen Ertrag bringt, und wenn es für keine normale Risikoeinstellung optimal ist, sollte es als gefährlich klassifiziert werden und vom Markt verschwinden, oder – besser noch – erst gar nicht zugelassen werden, damit es keinen Schaden anrichtet.

4.4 These 12: Der Berater darf nur Produkte empfehlen, die man verstehen kann

Mir liegen Prospekte von Zertifikaten vor, die ich nicht verstehe. Und das sage ich nicht leichtfertig daher: ich habe den kompletten Verkaufsprospekt gelesen, einen Mitarbeiter gefragt, die Werbematerialien angeschaut – das Papier ist einfach nicht zu verstehen. Was ist mit einem Zertifikat anzufangen, dessen Wertentwicklung sich an „einen" europäischen Aktienindex anlehnt – ohne zu sagen, an welchen? Ein solcher Prospekt ist nicht akzeptabel, Verbraucherschützer müssten nach „Verboten" rufen, kein Anleger sollte ein solches Produkt kaufen, jeder Berater vor ihm warnen.

Zur Beurteilung eines komplexen Produkts braucht der Anleger ein „Pay-off"-Diagramm. Das ist eine Grafik, die die Abhängigkeit der Wertentwicklung eines komplexen Produkts von der Größe, die die Wertentwicklung bestimmt, zumindest zu einem für den Anleger relevanten Zeitpunkt in der Zukunft darstellt. Die Größe, die die Wertentwicklung bestimmt, heißt „Underlying". Darüber hinaus braucht der Anleger eine ungefähre Vorstellung der möglichen Kursentwicklung des Underlying – am besten dargestellt als dessen Wahrscheinlichkeitsverteilung. Nur in Kenntnis dieser Größen sollte man überhaupt darüber nachdenken, ein Zertifikat zu kaufen.[9] Jeder potenzielle Käufer sollte seinen Berater nach einem Pay-off-Diagramm fragen, sich aber nicht wundern, wenn es keines gibt.

Vor zwei Kandidaten, den Garantie- und den Bonuszertifikaten, sei an dieser Stelle ausdrücklich gewarnt. Erstere sind oft windige Konstrukte, deren Garantiebedingungen nicht immer transparent sind. Letztere gaukeln dem Anleger einen fast sicheren Bonus

---

[9] Das Pay-Off Diagramm kann nur ein erster Schritt zum Verständnis des Produkts sein, wie das Beispiel eines (scheinbar) simplen Call-Optionsschein auf den DAX mit einem (scheinbar) simplen Pay-Off Diagramm zeigt. In Internet-Foren sind manche Anleger völlig entsetzt, warum der Kurs ihres gerade erworbenen Optionsscheins fällt, obwohl der DAX steigt. Die implizite Volatilität war gesunken und hatte den Kurs des Optionsscheins nach unten getrieben – was jeder weiß, der die Black-Scholes Formel zum Bewerten von Optionen gut verstanden hat.

vor. Gewinner der Zockerpapiere sind die Banken, die an komplexen Produkten kräftig verdienen.

Grundsätzlich gilt, dass es sinnvoller ist, einfache Produkte, die man verstehen kann, zu kaufen, als komplexe, bei denen man hofft reich zu werden, ohne letztendlich zu wissen, wie das wahre Risiko-Chancen-Verhältnis aussieht.[10]

4.5 These 13: Es ist nicht solide, Kunden über Markterwartungen zu befragen

„Wie entwickelt sich die Börse im nächsten Monat?" Diese Frage des Bankers an seinen Kunden ist nicht solide, weil ja nur ein Hellseher die Zukunft vorhersagen könnte – nicht aber der Bankverkäufer oder gar der Anleger.[11] Wie auch sollten Verkäufer oder Anleger mehr über die Zins- oder Wechselkursentwicklung wissen, als der Markt es mit seinen effizienten Preisen widerspiegelt? Prinzipiell sollte Beratung auf dem Konzept effizienter Märkte beruhen. Dem Anleger müsste verdeutlicht werden, dass der heutige Preis (Kurs) der beste Prädiktor für die zukünftige Entwicklung ist. Wenn ein Anleger sagt: „Ich glaube, dass der DAX in den nächsten 6 Monaten rund 20 % verliert", er also eine schwache Börse erwartet, wäre es richtig, ihm zu erläutern, dass der Markt keine negative Rendite erwarten kann.

An diesem Punkt stellt sich die Frage, ob Anlagegespräche ohne Erwartungen und Prognosen auskommen können. Alleine schon meine Erfahrung im Umgang mit Anlegern und Freunden zeigt, dass dies ein schwieriges Unterfangen ist. Nicht in Ordnung ist es jedoch, wenn fehlerhafte bzw. nicht rationale Erwartungen der Anleger ausgenutzt werden, um Produkte zu verkaufen. Ein Beispiel: „Daimler steht heute bei 29 € (Kurs am 30.3.2009), da kann es doch nur noch aufwärts gehen, gerade jetzt wo die neue E-Klasse rauskommt", formuliert der Berater – solche Argumente sind Kaffeesatzleserei und keine seriöse Beratung.

4.6 These 14: Der Berater darf nur Produkte empfehlen, die für den Anleger optimal sein können

Die Forderung, dass ein Berater nur Produkte empfehlen darf, die für den Anleger optimal sein können, hört sich vernünftig und fast schon zu selbstverständlich an. Ein paar

---

[10] Man könnte z. B. fordern, dass eine Bank bzw. ein Finanzdienstleister nur solche komplexen Produkte verkaufen darf, die Personen mit guter finanzieller Bildung (z. B. Aufsichtsräte der Bank oder Mitarbeiter der Kreditabteilung der Bank) in kürzerer Zeit vernünftig erklären können: Sind sie in der Lage, das Pay-Off Diagramm zu zeichnen? Können sie vielleicht noch Aussagen zu Wahrscheinlichkeiten treffen?

[11] Es sei daran erinnert, dass Banken zurzeit ihre Eigenhandelsabteilungen verkleinern, weil diese zu wenig Geld verdienen.

Beispiele zeigen jedoch, dass die Erfüllung dieses Kriteriums zwiespältig und einschränkend sein kann: Es gab ein objektiv gutes Produkt einer Fondsgesellschaft, das sich nicht verkaufte, weil die Provisionen für den Vertrieb zu gering waren. Erst als man dessen Vergütung deutlich erhöhte, und damit das Produkt für den Anleger deutlich unattraktiver wurde, verkaufte sich das Produkt hervorragend.

Oder: Einem normalen risikoscheuen Anleger wird ein komplexes Zertifikat zum Kauf angeboten. Das Zertifikat ist im Wesentlichen so konstruiert, dass es den Anleger an der Wertentwicklung der zugrundeliegenden Aktie beteiligt: entwickelt sich die Aktie mittelmäßig oder gut, erhält der Anleger einen konstanten, relativ hohen Zins, bei größeren Verlusten der Aktie wird die negative Wertentwicklung der Aktien abgebildet. Eine solche Anlage ist nur für Anleger mit ganz komischen Risikopräferenzen optimal: man darf das Risiko großer Verluste nicht scheuen und dafür im Gewinnbereich lieber mit dem Durchschnitt zufrieden sein. Anders gesagt: Auf die Packung dieses Produkts gehört der Hinweis: „Optimal nur für Anleger mit komischen Präferenzen."

Vor dem Hintergrund dieser Beispiele gilt: Es dürfen keine Produkte verkauft werden, die durch andere Produkte dominiert werden. Ein Produkt dominiert seinen Konkurrenten, wenn es dem Anleger für jede mögliche Entwicklung der Zukunft einen höheren Gewinn ermöglicht. Obiges Produkt der Fondsgesellschaft, das ein oder andere Zertifikat oder der ein oder andere Indexfonds fallen in diese Kategorie.

Weiterhin muss bei undurchsichtigen Anlagealternativen offengelegt werden, für welche Risikopräferenzen die Alternative überhaupt optimal sein kann.[12]

Diese letzte Forderung lässt sich mit der Forderung der MiFID nach Erhebung der Risikoeinstellung des Anlegers verknüpfen. Die gemäß MiFID erhobene Risikoeinstellung des Anlegers muss direkt mit dem zu verkaufenden Produkt in Zusammenhang und Einklang gebracht werden. Heute dient die Messung der Risikoeinstellung im Wesentlichen dazu, die Produktklasse festzulegen, in die investiert werden soll. Das ist nicht ausreichend. Es muss vielmehr vorab sichergestellt werden, dass ein bestimmtes Produkt, wie ein komplexes Zertifikat, für die geäußerte Risikoeinstellung überhaupt optimal sein kann.

5 Fazit

Über jeder Anlageberatung schwebt der Anreizkonflikt: Das Geld, das der Verkäufer einnimmt, fehlt dem Anleger. Eine wenig transparente, provisionsbasierte Beratung bringt starke Anreizprobleme mit sich: Es ist schon überfraulich, wenn eine Beraterin ihrem Kunden genau das Produkt empfiehlt, bei dem sie wenig, und er viel verdient.

---

[12] Es ist mir bewusst, dass diese Forderung im Portfoliokontext differenzierter formuliert werden muss – hier soll die prinzipielle Idee zur Diskussion gestellt werden.

Ein fixes Honorar oder eine vom Vermögen abhängige all-in-fee-Honorierung sind alternative Modelle, die zu empfehlen sind. Darüber hinaus werden neue Formen – die in anderen Dienstleistungsbranchen längst üblich sind – entstehen: Luxusberatung, Normalberatung versus Sparberatung, ...

Auch der Anleger selbst ist gefragt: Er darf keine unrealistischen Erwartungen an eine Beratung haben. Er sollte sich über seine Spar- und Konsumwünsche Gedanken machen und vor diesem Hintergrund *seine eigene* Entscheidung treffen. Die Altersvorsorge ist so wichtig, dass man sich selbst intensiv damit auseinandersetzen muss. Für Anleger ist es unabdingbar, die Grundwahrheiten des Marktes zu verstehen und zu akzeptieren. Wer jedoch immer noch meint, dass er die Zukunft voraussagen kann, dass das Geld auf der Straße liegt, dass er den Markt schlagen kann und dass die Finanzbranche gerade ihm ein Produkt verkauft, an dem er besonders viel verdienen kann – ja, der sollte vielleicht doch besser seinen Partner, die Eltern oder die Kinder für sich entscheiden lassen.

An dieser Stelle stellt sich die Frage nach der Rolle des Staates. Zunächst muss er Sorge dafür tragen, dass das Finanzmarktwissen der Bevölkerung ausreichend ist. Das beginnt mit der Vermittlung von Grundwissen in der Schule bis zur Förderung der Weiterbildung für Erwachsene. Mehr Finanzmarktwissen der Anleger ist ein Schritt in die richtige Richtung.

Darüber hinaus aber müssen Anlageberatung und -produkte besser überwacht und gegebenenfalls zertifiziert werden. Es wäre zum Beispiel sinnvoll, Produkte anhand objektiver Kriterien – wie sie hier vorgestellt worden sind – zu analysieren. Intransparente Zertifikate oder überteuerte Lebensversicherungen könnten auf diesem Wege entlarvt und als „spekulativ" oder „auf den Profit des Verkäufers ausgerichtet" gekennzeichnet werden. Getreu dem Motto „Rauchen ist tödlich" hieße es dann: „Dieses Produkt ist gefährlich für Ihr Vermögen!" Diese Erkenntnis hat sich noch nicht durchgesetzt: Deutschland ist das Land der Zertifikate, während diese Papiere in den USA, dem Land der unbegrenzten Möglichkeiten, wegen gesetzlicher Regulierungen praktisch nicht verkauft werden.

Ein freier Bürger soll eine freie Anlageentscheidung treffen können, aber nicht auf Kosten der Allgemeinheit. Daraus folgt unmittelbar, dass Produkte nicht staatlich gefördert werden sollten (z. B. im Rahmen einer Riester-Förderung), wenn sie zu teuer oder zu intransparent sind. Die Finanzaufsicht und insbesondere die Bundesanstalt für Finanzdienstleistungsaufsicht (BaFin) könnten aufgewertet und auch inhaltlich in die Prüfung der Anlageprodukte einbezogen werden. Es wird notwendig sein, dass Anlagealternativen zur Grundversorgung der Bevölkerung als geeignet gekennzeichnet, d. h. zertifiziert, werden. Wenn die Finanzdienstleistungsbranche zu wenige optimale Anlageprodukte für die Bürger anbieten kann oder will, falls der Markt also versagt, muss der Staat eingreifen und selbst entsprechende Produkte kreieren.

Literatur

Jacobs, Heiko/Müller, Sebastian/Weber, Martin (2008), Anlegen mit fundierter Diversifikation: Auf der Suche nach dem bestmöglichen „Weltportfolio", Forschung für die Praxis, Band 17, Behavioral Finance Group, Mannheim.

o. V. (2007), Ausblick 2008 – „Dax von 10.000 Punkten angemessen", in: Manager Magazin Online, 23.12.2007, http://www.manager-magazin.de/geld/artikel/0,2828,525158,00.html.

Weber et al. (2007), Genial einfach investieren, Frankfurt am Main.

Andreas Schmitz[*]

Konsequenzen aus der Bankenkrise für die Bankenregulierung

---

[*] *Andreas Schmitz*, Präsident des Bundesverbandes deutscher Banken e.V., Berlin, und Sprecher des Vorstands, HSBC Trinkaus & Burkhardt AG, Düsseldorf.

Eigentlich ist der Bankensektor doch ein Supersektor, und innerhalb desselben vor allem das Investmentbanking. Wenn's läuft, dann läuft's richtig, und wenn's mal nicht so läuft, helfen einem der Staat und das von ihm gespannte Sicherheitsnetz des Steuerzahlers sowie die Zentralbanken auf vielfache Weise: Wettbewerbsrechtlich bedenkliche Fusionen werden durch gewunken, Instituten ohne ein auch auf absehbare Zeit hin belastbares Geschäftsmodell erhalten eine zweite, ja teilweise sogar eine dritte Chance. Ferner geben Zentralbanken den Banken kurzfristiges Geld nahezu ohne Zins, das dann wieder für einige Prozent beim Staat angelegt werden darf. Und sollte das auch nicht reichen, gibt es bei Bedarf vom Staat auch noch direkt Eigenkapital oder Garantien für frische Anleihen und als Gipfel der Dialektik mag man die seitens des sich in Übernahme befindlichen Bankhauses Steinbrück eingeräumte Möglichkeit sehen, toxische Stoffe außerhalb der Bilanz in einem staatlich garantierten SPV, im Volksmund auch „Bad Bank" genannt, zu verklappen. Oder wie es ein ehemaliger Highflyer unserer Branche auszudrücken pflegte: „Vor einigen Jahren haben wir uns nur am Geld unserer Kunden bereichert, und als diese Ressource zu klein wurde, haben wir auf das Geld unserer Aktionäre zurückgegriffen." Mittlerweile sind wir hingegen beim größten Pool angelangt: dem Geld der Steuerzahler. Und auch danach geht es schon wieder weiter in unserer verrückten Welt, denn die an den Kapitalmärkten ausgelöste Krise fördert und stärkt nun – ausgerechnet die Kapitalmärkte.

Auch wenn man diese einleitende Bemerkung als eine ironische zu verkaufen suchte, muss einem bewusst sein, dass große Teile der Bevölkerung, und damit ist nicht nur der typische Bild-Zeitungsleser gemeint, die Banken-Branche genau so beurteilen.

Angesichts eines solchen Befundes muss unser Tun in den folgenden Monaten und Jahren doch im Wesentlichen auf ein Ziel ausgerichtet sein, nämlich die Wiedergewinnung von Vertrauen oder vielmehr noch: die Resozialisierung von Teilen der Finanzwirtschaft und damit ihre Wiedereingliederung in die Gemeinschaft der Realwirtschaft, in die sie gehören.

Dabei führt meines Erachtens der einzig gangbare und auch nachhaltige Weg über die Anerkennung wirtschaftlicher Tatsachen als Grundlage unternehmerischen Handelns, die Beherrschung von Risiken als Grundlage unternehmerischen Planens und die Ausübung von Verantwortung als Grundlage unternehmerischen Denkens.

Dies ist für uns Banken die vordringlichste Aufgabe. Unsere Verpflichtung gegenüber dem Ganzen muss deutlicher werden, insbesondere in schwierigen Situationen. Banken sind Teil des Landes und seiner Gesellschaft, und ihre Vorstände sind auch dem Gemeinwohl verpflichtet und nicht nur ihrer GuV.

Nun hieße es, die Realitäten zu verdrängen, wenn man glauben würde, diese Erkenntnis wäre heute schon überall im Finanzsektor angekommen oder noch besser, sie würde schon flächendeckend realisiert. Der große Bankier *Sigmund Warburg* sprach diesbezüglich schon einmal von „Wunschdenken ohne Denken".

Aber im Gegensatz zu unserem Bundespräsidenten, der kürzlich den Eindruck zu erwecken suchte, es herrsche überall wieder „business as usual" bzw. „die Hütchenspieler seien allerorts wieder unterwegs" ist in den deutschen Banken, und nicht nur bei den privaten, aber auch international bereits viel getan worden: So fahren wir unser Geschäft mit einer deutlich höheren Eigenkapitalunterlegung sowie entsprechenden Liquiditätspuffern und dies auf der Basis deutlich verschärfter Risikomodelle. Des Weiteren wird bei Anlageprodukten für den Retailanleger noch mehr als bisher auf Transparenz und Risikoneigung geachtet und auch das zur Ursache der Finanzkrise hoch stilisierte Thema der Boni sollte angesichts der bereits vollzogenen bzw. beabsichtigten Veränderungen in unseren Häusern alsbald hoffentlich als das anerkannt werden, was es ist, nämlich ein Nebenkriegsschauplatz. Und nicht zuletzt arbeiten wir aktiv und konstruktiv an der Veränderung von Aufsicht und Regulierung mit und dies unter ausdrücklicher Anerkennung des Primats der Politik.

Nun heißt es so schön, wer einen Sumpf trockenlegen will, sollte nicht die Frösche fragen. Dementsprechend ist es auch nicht Sache der Beaufsichtigten, darüber zu befinden, wie die Aufseher ihrer Aufsicht möglichst wirkungsvoll nachzugehen haben.

Gleichwohl haben wir Banken natürlich auch eine Sicht der Dinge, allerdings eher eine praxisbezogene, und die Beziehung zu unseren Kunden berücksichtigende Sicht. Und es steht außer Frage, auch wir Banken wollen den Sumpf der Krise trockenlegen, und zwar so gründlich wie möglich.

Bei allem, was jetzt konkret an Regulierung vonnöten ist, darf nicht aus den Augen verloren werden, vor welchem Hintergrund versucht wird, eine bessere Architektur der Finanzmärkte zu entwickeln, nämlich vor dem Hintergrund zunehmend globaler Märkte.

Mit der Finanzkrise, so meinen manche Beobachter, habe die Globalisierung nun einen Dämpfer bekommen, habe quasi einen Gang zurückgeschaltet. Belegt wird diese Ansicht mit dem erstmaligen Rückgang im Welthandel seit dem 2. Weltkrieg und zwar um mehr als 10 % und einem mehr oder weniger weltweit wieder zunehmenden Protektionismus. Um es ganz klar zu sagen, ich teile diese Auffassung nicht. Ganz im Gegenteil, die Welt wird noch enger zusammenrücken und sich die Globalisierung eher noch beschleunigen. Dies aber nicht im tradierten Verständnis von West goes East, oder North goes South, sondern vielmehr in der entgegen gesetzten Richtung.

Die Konferenzen in Pittsburgh und Istanbul haben es deutlich gemacht. Wer redet heute noch von den G-7? G-20 ist das Stichwort, und das heißt: Es gibt neue und unter dem Strich mehr Mitspieler im globalen Sinfonieorchester. Viele von ihnen kommen aus Asien bzw. der südlichen Hemisphäre. Sie spielen zwar noch nicht die erste Geige in jedem Stück, aber wenn, dann mit wachsendem Selbstbewusstsein.

Beim ersten Treffen im November waren viele der „neuen" Mitglieder noch eher zurückhaltend. Sie lernten etwas über eine Krise, die sie nur am Rande oder marginal betraf. Auch beim zweiten Gipfel in London, im April dieses Jahres, hörten die Schwellenländer noch überwiegend zu. In Pittsburgh hingegen kam es nur auf Druck dieser Staaten, und hier allen voran die großen Nationen China, Indien und Brasilien, die sich übrigens bestens abgestimmt hatten, zur längst überfälligen Reform des Internationalen Währungsfonds, der zufolge die Länder, die in den letzten Jahren am stärksten gewachsen sind, und damit am meisten zum Wohlstand in der Welt beigetragen haben, ein stärkeres Gewicht erhalten.

Wenn sich die Historiker in einigen Jahren und mit gebührendem Abstand der Finanzkrise annehmen, werden sie ihr Augenmerk möglicherweise daher nicht nur auf die wirtschaftlichen Auswirkungen richten. Die Finanzkrise, so könnte ihre These lauten, hat die geopolitischen Gleichgewichte massiv verschoben. Als wäre plötzlich ein anderes Magnetfeld aktiviert worden, das die Akteure sich weltweit neu ausrichten lässt und damit die nunmehr über 150 Jahre währende Hegemonie der nördlichen Hemisphäre einem eher ausbalancierten Kräfteverhältnis Platz macht.

Um diese sich abzeichnende Entwicklung zu verstehen, müssen wir uns hier im Westen vor allem von unserem Scheuklappenblick auf die eigene Haustür – und damit von einigen Klischees – befreien. Zum Beispiel auch davon, dass die Finanzkrise eine globale sei. Die großen Volkswirtschaften wie China, Indien und Brasilien erlebten zwar eine deutliche Schwäche beim Wachstum, aber verglichen mit den Einbrüchen der westlichen Staaten mit ihrem ausgeprägten Finanzsektor handelt es sich lediglich um eine Delle. Das gilt auch für Länder wie Indonesien, Südafrika, Saudi-Arabien, ja selbst Australien.

Und auch ein Blick auf den Finanzsektor macht dies deutlich. Nicht das globale Bankensystem wäre beinah kollabiert, sondern nur das westliche. Nicht die amerikanischen Überlebenden Goldman Sachs, Bank of America oder J. P. Morgan und schon gar nicht die großen europäischen Häuser sind die größten Banken in der Welt nach Marktkapitalisierung, sondern ICBC, Bank of China, China Construction sowie die mit dem überwiegenden Geschäftsanteil in den emerging markets agierende HSBC.

Nichts macht diese Entwicklung so deutlich wie ein Vergleich von Amerika und China. Für die USA, mit über 20 % Anteil am weltweiten BIP immer noch mit Abstand die größte Wirtschaftsnation der Welt, wird es angesichts eines kollabierenden Arbeitsmarktes und eines für dortige Verhältnisse nur mit riesigen Transferzahlungen über Wasser gehaltenen Verbrauchers keine schnelle Rückkehr zur Prosperität geben können. Die jahrelange Umkehrung der Kapitalströme, die es den US-Haushalten ermöglichte, das Sparen einzustellen, stellte die gängige Meinung auf den Kopf, dass das Kapital von den reichen in die ärmeren Länder fließen sollte, weil es dort produktiver investiert werden kann. Diese Entwicklung dürfte nun an ein Ende gekommen sein, da die Welt die USA nicht weiter mit Waren im Austausch für dubiose Finanztitel versorgen wird. So mag die Rezession in den USA vorbei sein, die Not ist es aber noch lange nicht. Heute trägt zwar mancher Apfel schon wieder eine schöne Haut. Doch dieses glatte Äußere verrät nichts über den Zustand der Kerne. Die strukturellen Veränderungen, denen sich die Wirtschaft und die privaten Haushalte in den USA zu unterziehen haben, werden langwierig und nachhaltig sein. Dabei genießen die Amerikaner allerdings noch den Vorteil, dass sie sich in der eigenen Währung verschulden können – und die lässt sich ja bekanntlich vermehren.

China hingegen, dessen Wirtschaft im Jahr eins nach *Lehman* bereits wieder mit über 8 % wächst, dürfte auf absehbare Zeit zweifellos die größte Volkswirtschaft der Welt werden. Und wie ernst es China mit diesem Vorhaben ist, lässt sich an dem gewaltigen Konjunkturpaket von fast 750 Mrd. $ ablesen, das China getreu dem Credo, wonach Wirtschaft und Politik zwei Seiten ein- und derselben Medaille sind, innerhalb von sechs Monaten in den Markt drückte, während bei uns erst ein Bruchteil aus dem 115 Mrd. € großen Deutschlandsfonds abgeflossen ist. Und dieses „stimulus Package" stellt überwiegend nichts anderes dar als eine direkte oder indirekte Exportförderung. Diese Dynamik findet denn auch ihre Entsprechung im Kreditgeschäft. Während bei uns das Neugeschäft eher stagniert bzw. rückläufig ist, wurden in China allein im ersten Halbjahr dieses Jahres Neukredite in Höhe von 50 % des im gleichen Zeitraum erzielten BIPs ausgereicht. Den Titel der größten Exportnation wird sich China damit schon in diesem Jahr einverleiben können; in den ersten sechs Monaten war China schon weltweit führend bei den Exporten.

Was heißt das auf mittlere und lange Sicht für „good old Europe" – und speziell für Deutschland? Drei Szenarien scheinen möglich. Erstens: Wir holen den Absturz beim Wachstum zügig mit höheren Raten wieder auf, und es geht weiter wie bisher. Zweitens: Wir erleiden einen Niveauverlust beim Wachstum, so dass selbst bei der vertrauten Wachstumsgeschwindigkeit die Erholung einige Jahre kosten wird. Oder drittens – und dies ist mein persönliches Szenario: Neben dem Niveauverlust fällt künftig auch das Trendwachstum niedriger aus. Und dies kann man angesichts der gestutzten Produktivität auch im Bankensektor, der Gefahr einer wieder strukturell höheren Arbeitslosigkeit und der wachsenden Exportstärke Chinas in den deutschen Paradesektoren Maschinenbau und Automobilindustrie nicht mehr ausschließen. Ein schwacher Trost mag in diesem Zusammenhang sein, dass es uns immer noch besser gehen wird als unseren europäischen Nachbarn.

Dies ist sozusagen das Big Picture, auf dem wir uns bewegen, und vor dessen Hintergrund sich die Finanzmarktkrise entwickelte. Eine Krise mit einem komplexen Bündel an Ursachen.

Axel Weber, der Präsident der Deutschen Bundesbank, nannte es einen Mix aus mikroökonomischen, regulatorischen und makroökonomischen Unzulänglichkeiten, die für sich gesehen möglicherweise verkraftbar gewesen wären, im Zusammenspiel aber verheerende Folgen hatten. Ein Mix, der die Finanzmärkte erst in einen Rausch führte, um sie dann mit einem fürchterlichen Kater aufwachen zu lassen. Und zwar spätestens in dem Moment, als *Lehman Brothers* zusammenbrach. Danach, nach diesem schrillen Klingeln des Weckers, wussten wir, wie am Morgen nach einer ausschweifenden Party, bei der viele über die Stränge geschlagen hatten, dass uns einiges nicht gut bekommen war. Nüchterner gesprochen: Wir haben erlebt, wie verwundbar unsere Finanzmärkte sind.

Gelandet sind wir erst im Schockraum und dann auf der Intensivstation – mit den Notenbanken und Regierungen als Ärzte an unserem Bett. Den Rest der Geschichte ist bekannt. Auch wenn man sich zuerst ausschließlich um die Verletzten gekümmert hat und der Patient „Finanzmarkt" nunmehr in der Reha angekommen ist, gilt es nun, sich der Prävention zuzuwenden, will man nicht von einer verschwendeten Krise sprechen. Die Zyniker unter uns mögen bereits einwenden, die Finanzkrise war einfach zu kurz, denn der Handlungsdruck hat in einigen Regionen bereits schnell nachgelassen. Zwar wollen alle das Gute, aber eben auch das Beste für ihre eigene Wirtschaft. Gleichwohl ist es noch nicht zu spät für eine neue Straßenverkehrsordnung mit entsprechenden Signallampen und Leitplanken, damit die Verkehrsteilnehmer nicht wieder gleich beim ersten Glatteis im Straßengraben landen.

Ich beginne mit einem Thema, für das wir private Banken uns übrigens schon lange vor der Finanzmarktkrise stark gemacht haben, mit dem wir aber nicht auf viele offene Ohren gestoßen sind: nämlich der Weiterentwicklung der europäischen und weltweiten Finanzaufsicht. Die Krise hat unzweifelhaft gezeigt, dass weder der Radarschirm noch die Kompetenzen der Aufseher in global immer stärker vernetzen Finanzmärkten an den nationalen Grenzen halt machen dürfen. Wenn man einen Sportflugplatz zu einem Großflughafen ausbaut, tut man ja auch gut daran, nicht nur die Landebahn und die Terminals zu vergrößern, sondern auch den Tower, das Radarsystem und die Qualifikation der Fluglotsen anzupassen. Oder anders ausgedrückt: Die Strukturen der Finanzaufsicht müssen denen des Marktes folgen. Sonst steht beides – die Effizienz und die Stabilität der Märkte – auf dem Spiel, zumal international tätige Bankengruppen ihr Geschäft und ihr Risikomanagement bereits grenzüberschreitend ausgerichtet haben.

Dagegen vollzieht sich ihre Aufsicht nach wie vor auf nationaler Ebene. Welch ein Anachronismus. Wir müssen daher dringend die Lücke zwischen integrierten Märkten und national fragmentierten Aufsichtsstrukturen schließen. Aber nicht etwa deshalb, weil die Entwicklung der Märkte zu weit gegangen wäre. Nein, die Integration des europäischen Binnenmarktes und der Zug einer sich weiter verstärkenden Globalisierung ist und bleibt richtig. Hier bietet die Krise nun die Chance mit dem Aufbau einer europäischen Aufsicht nachzuziehen.

Allerdings muss diese ihren Namen auch verdienen. Die Europäische Kommission hat schon im Mai dargelegt, wie sie sich eine europäische Finanzaufsicht vorstellt, und vor einigen Wochen folgten Vorschläge zur Gründung von drei europäischen Aufsichtsbehörden: eine für die Bankenaufsicht, eine für die Wertpapieraufsicht und eine für die Versicherungsaufsicht.

Das bringt uns weiter: Was bisher – sagen wir – ein softer Dialog zwischen Aufsehern gewesen ist, erhält nun eine rechtsverbindliche Struktur. Und die schwedische Ratspräsidentschaft hat hierfür auch einen ehrgeizigen Zeitplan vorgelegt. Die neuen Behörden in London, Paris und Frankfurt sollen schon Anfang 2011 ihre Arbeit aufnehmen.

Vorgesehen ist dabei eine Arbeitsteilung zwischen diesen neuen Behörden und den nationalen Aufsehern: Die laufende Aufsicht wird bei den nationalen Behörden verbleiben, was auch richtig ist. In bestimmten Bereichen allerdings erhalten die neuen EU-Agenturen Weisungsrechte gegenüber den nationalen Aufsehern.

Direkt gegenüber Instituten eingreifen dürfen sie wiederum nur in absoluten Ausnahmefällen. Wichtig ist allerdings, dass das, was bankaufsichtlich im Interesse der Finanzmarktstabilität nötig ist, nicht deshalb auf der Strecke bleibt, weil es am Ende, wenn es einmal ernst wird, zu fiskalischen Konflikten zwischen den Nationalstaaten kommt.

Nun kommt es also darauf an, dass das gut Gemeinte auch zum gut Gemachten wird. Und wie immer bei guten Plänen hofft man, dass sie in der Umsetzung nicht allzu verwässert werden. Denn sonst würden die neuen Aufsichtsbehörden in geradezu klassischer Manier als Tiger springen und als Bettvorleger landen und das wäre dann mal wieder l'art pour l'art, also europäische Verwaltung zum Selbstzweck.

Auch nach dem Aufbau der Behörden, wie jetzt vorgeschlagen, sind weitere Schritte nötig. Wenn international operierende Banken einer lückenlosen Aufsicht unterliegen sollen, dann müssen die Aufsichtskompetenzen mittelfristig an *einer* europäischen Stelle gebündelt werden. Dies wäre der entscheidende und letztlich unabdingbare Schritt zu einer europäischen Aufsicht aus einer Hand und aus einem Guss.

Auch in Deutschland, auf nationaler Ebene, sollen nach dem Willen von Union und FDP BaFin und Bundesbank enger verzahnt werden. Um aber auch mal eine Lanze für beide Institutionen zu brechen, gilt es zu konstatieren, dass insbesondere nach *Lehman* beide Aufsichtsbehörden, besonders über ihre beiden Protagonisten *Weber* und *Sanio* außerordentlich erfolgreich zusammengearbeitet und Schaden von unserem Bankensystem abgewendet haben. Gleichwohl sehen wir Banken eine noch engere Verzahnung als Fortschritt. Entscheidend sind qualitative Fortschritte in der Aufsicht, um gegen künftige Herausforderungen besser, noch besser gerüstet zu sein. Hierbei ist wichtig, dass beide dann aber nicht nur unter einem Dach arbeiten, sondern wirklich an einem Strang ziehen. Und, ich glaube da sind wir uns alle einig: Die Unabhängigkeit der Bundesbank ist ein hohes Gut und darf nicht angetastet werden. Offen ist auch noch die Frage der Finanzierung der neuen Aufsicht als auch die Frage, ob es ratsam ist, den Versicherungsbereich mit einzugliedern.

Lückenlose Aufsicht – dieses Stichwort leitet über zu meinem nächsten Punkt. National wie international – zuletzt auf dem Gipfel in Pittsburgh – spricht man sich jetzt auch für eine lückenlose Regulierung aus: Kein Markt, kein Produkt und kein Marktteilnehmer sollen ohne wirksame und angemessene Regulierung bleiben. Aber machen wir uns nichts vor: Eine solche Maxime muss erst mit Leben gefüllt werden und dies ist im internationalen Kontext um ein paar Grade schwieriger, und nicht nur, weil es um supranationale Kompetenzen geht.

Sondern auch, weil wir es mit einem Wettlauf zwischen Hase und Igel zu tun haben: Kaum ist eine neue Regelung debattiert, beschlossen und in Kraft gesetzt, kommen mehr und mehr neue Produkte auf den Markt, auf die die aktuellen Vorschriften schon nicht mehr passen. Und ehe für diese neuen Produkte wieder die nötigen Leitplanken installiert sind, gibt es wieder andere, neue Produkte, und immer so weiter. Auch wenn wir nach dieser Krise, zumindest auf einige Zeit, sehen werden, dass der Igel dem Hasen nicht mehr ganz so oft voraus sein wird, dass das Innovationstempo der Märkte also erst einmal etwas nachlässt, wird dieses Grundproblem offener Märkte bestehen bleiben.

Aber was bedeutet das Hase-Igel-Problem für die Regulierung? Es führt bisher zu einem fein ziselierten Regelungskorsett, immer geschaffen und weiterentwickelt mit dem Blick auf die Vergangenheit. Doch damit nicht genug. Vielmehr führen die fein gesponnenen Vorschriften auch noch zu einem Trugschluss: Die hohe Regelungsdichte vermittelt nur den Anschein von Sicherheit und hoher Wirksamkeit, nach dem Motto: „Wir können ganz beruhigt sein – der Gesetzgeber hat ja die Ärmel hochgekrempelt und richtig viel getan."

Hier könnte man einwenden: Aber Banken müssen doch unabhängig von dem rechtlichen Rahmen, in dem sie agieren, geschäftliche Tugenden wie Nachhaltigkeit und Mäßigung walten lassen. Schließlich sollte es doch das ureigenste Interesse einer jeden Bank sein, wetterfeste Risikomanagement-Systeme aufzubauen. Die Erfahrung der zurückliegenden Jahre lehrt jedoch, dass in einigen Bankhäusern nur noch der Mathematik und nicht dem gesunden Menschenverstand gehuldigt wurde und darüber hinaus, nicht mehr nach richtig und falsch unterschieden, sondern allenfalls danach gefragt wurde, ob eine Handlung noch legal war bzw. mit den internen Compliance-Vorschriften in Einklang stand.

Wir brauchen also eine Regulierung mit entsprechenden Leitplanken, wissen aber, dass sie innovativen Märkten nolens volens immer hinterherläuft. Was also tun, damit der Hase nicht, wie im Märchen, am Ende erschöpft zusammenbricht? Die Antwort heißt: Flexibilität. Denn was dem starren, detailfreudigen Regelungsgerüst, wie wir es bisher kennen, fehlt, ist Flexibilität. Wir brauchen ein prinzipiengestütztes Aufsichtskonzept, das mehr an Rahmenvorgaben, und weniger an starren Regeln und Details orientiert ist. Wie dieser Rahmen dann ausgefüllt wird, welche Instrumente eingesetzt und wie die

Risikomanagementsysteme ausgestaltet werden, das liegt in der Verantwortung der Institute. Sie müssen Verfahren auswählen und entwickeln, die jeweils auf ihr eigenes Geschäftsmodell und ihr Risikoprofil zugeschnitten sind.

Wichtig ist zweierlei: Die Prinzipien sollten möglichst knapp und verständlich formuliert sein, und die Aufsicht sollte ausreichende Beurteilungs- und Ermessensspielräume haben. Diese Flexibilität gibt den Aufsehern die Möglichkeit, sich auf die Überwachung der Risikoschwerpunkte des jeweiligen Geschäftsmodells zu konzentrieren und ihre Aufsichtsstrategie darauf auszurichten.

Es darf nämlich nicht passieren, dass die Aufsicht sich durch ein zu fest geschnürtes Regelungskorsett selbst die Handlungsspielräume nimmt, die sie braucht – die sie vor allem dann braucht, wenn neue, bisher nicht erkannte Risiken auftreten. Wenn ein Flugzeug in Turbulenzen gerät, kann es ja auch ein entscheidender Vorteil sein, den Autopiloten auszuschalten und auf die Erfahrung, das Gespür und das Ermessen der Piloten zu setzen. Nicht jede denkbare oder undenkbare Situation ist ex ante programmierbar. Das ist an den Finanzmärkten nicht anders als im Flugverkehr.

Was wir aber anders programmieren müssen und auch anders programmieren können, sind die Vorschriften, nach denen Banken Eigenkapital vorhalten müssen, Stichwort Basel II. Dass wir hier als Konsequenz aus der Finanzmarktkrise gezielte und ausgewogene Reformen brauchen, haben auch die Notenbankgouverneure des Baseler Ausschusses Anfang September noch einmal betont.

Unsere Position hierzu ist – erstens: Als risikosensitives Regelwerk ist Basel II zur Sicherung der Stabilität des Finanzsystems ohne Alternative. Daran sollten wir festhalten und dieses Regelwerk weltweit einführen. Ich begrüße daher ausdrücklich, dass die USA in Pittsburgh noch einmal erklärt haben, dass sie Basel II bis 2011 umsetzen wollen, füge aber gleich hinzu, allein mir fehlt der Glaube.

Zweitens: Basel II muss jedoch angepasst werden, um die Krisenresistenz der Institute zu erhöhen. Hier war der schützende Lack an einigen Stellen zu dünn. Überhaupt am höchsten Punkt der Konjunktur mussten die Banken das geringste Eigenkapital vorhalten und niemand schien sich im vorhinein Gedanken darüber gemacht zu haben, woher die Banken beim einem starken Abfall der Konjunktur und einer damit normalerweise einhergehenden Risikoaversion das dann zur Unterlegung notwendige Eigenkapital herbekommen sollten.

Gleichwohl sollte jetzt nicht nur einfach pauschal überlackiert werden, sondern es sollte gezielt an den Stellen ausgebessert werden, an denen der Lack fehlte oder nicht ausreichend aufgetragen war. Das heißt: Die Kapitalanforderungen sind dort und nur dort anzupassen, wo sie sich im Verlauf der Krise als zu niedrig herausgestellt haben – zum Beispiel bei Verbriefungen, Wiederverbriefungen und Liquiditätsfazilitäten. Auch sind höhere Eigenkapitalanforderungen für Handelsbuchpositionen gerechtfertigt, indem bestimmte Risikokategorien nunmehr zusätzlich berücksichtigt werden.

Aber dies gilt – drittens – unter einer wichtigen Nebenbedingung: Alle Maßnahmen, die eine Belastung des Eigenkapitals mit sich bringen, dürfen erst dann greifen, wenn die Krise ausgestanden ist. Sonst würden wir den Instituten die Luft zum Atmen nehmen – insbesondere würden wir ihnen die Spielräume nehmen, die sie brauchen, um der Wirtschaft Kredite zu geben. Ein guter Arzt wird einem Herzinfarktpatienten in der Reha zwar auch Ausdauersport empfehlen, ihn aber zugleich warnen, damit auf keinen Fall zu beginnen, bevor seine Grundkondition nach der schweren Krankheit wiederhergestellt ist.

Das aber gilt für die Banken weltweit, auch in Deutschland, eben noch nicht wieder. Und dies in einer Situation, in der Wirtschaft ganz besonders auf die Versorgung mit Krediten angewiesen ist. Noch haben wir, allen Unkenrufen zum Trotz, keine allgemeine Kreditklemme. Aber natürlich ist die Situation in einigen Bereichen problematisch. Den Unternehmen wie den Banken stehen schwierige Monate ins Haus. Banken müssen zunehmend Risikovorsorge für Kreditausfälle betreiben und – aus diesem Grund – höhere Eigenkapitalanforderungen erfüllen.

Was uns in dieser Lage hilft, ist vor allem eine Wiederbelebung des Verbriefungsmarktes. Verbriefungen sind unverzichtbar und sollten nicht den Exorzisten überlassen werden. Und in dieser Diskussion sollte man auch nicht das Kind mit dem Bade ausschütten. Nur weil Produkte die Krise anfachten, die so komplex waren, dass selbst die sie strukturierenden Banken sie nicht mehr verstanden, dürfen etwa Verbriefungen von sorgfältig geprüften Kreditengagements, insbesondere bei einem Selbstbehalt der sie emittierenden Banken, nicht generell verteufelt werden. Vielmehr müssen gute Verbriefungen, namentlich aus dem Mittelstandsgeschäft, wieder als Instrument der Risikosteuerung und des Portfoliomanagements genutzt werden. Hierzu haben wir als Bankenverband Vorschläge gemacht – Stichwort: Premiumsegment – und stehen mit Politik und Wirtschaft dazu auch in einem engen Austausch.

Was wir ablehnen – und die schwierige Lage, die ich beschrieben habe, zeigt ja auch warum –, das ist die pauschale Erhöhung der Eigenkapitalanforderungen im Sinne einer leverage-ratio sowie eine einseitige Diskussion über die Struktur des zukünftigen Eigenkapitals, bei der insbesondere „form over substance" gestellt wird. Es ist müßig, darüber zu spekulieren, ob mit hartem Kernkapital reichlich ausstaffierte Banken einer entsprechenden Krise eher standhalten würden. Denn das hängt auch davon ab, wie auf der anderen Seite die Risikoaktiva bewertet werden. Was auf den ersten Blick wie eine längst überfällige Schranke für leichtfertige Banken wirkt, könnte jedoch für die europäischen Banken zu einem großen Wettbewerbsnachteil werden, zumal sie ihre Geschäftsmodelle nicht ohne weiteres umstellen können, und in der Krise schon gar nicht. Das berechtigte Anliegen bei der Forderung nach einer Obergrenze für den Schuldenhebel ist, dass Banken in der übermäßigen Anhäufung von vermeintlich sicheren Anlagen gebremst werden müssen. Die Anhäufung von Summen, die allein wegen ihrer Größe zum Risiko für das Finanzsystem werden können, ist aber nur möglich, wenn die

Risikogewichte im Basel-II-System falsch gewählt sind. Dort muss meines Erachtens der Hebel angesetzt werden. Nach den Erfahrungen der vergangenen zwei Jahre ist es unverständlich, dass z. B. vermeintlich erstklassige Staatsanleihen mit dem Risikogewicht null gehalten werden können. Hier ist eine Angleichung an die Realität notwendig und würde eine Regel für den Schuldenhebel in ihrer Bedeutung zumindest relativieren. In der Säule 2 hingegen macht eine leverage-ratio durchaus Sinn.

Blicken wir nun von den Risiken in einzelnen Banken zu den Gefahren, die aus der Verflechtung der Finanzmärkte entstehen, also zu den Dominoeffekten, nachdem irgendwo der erste Stein umgefallen ist. Die Finanzkrise hat deutlich gezeigt, dass die Aufsicht diese systemischen Risiken nicht hinreichend im Blick und schon gar nicht im Griff hatte.

Heute wissen wir: Die Aufsicht schaute zu sehr auf die Mikroebene, auf die einzelnen Marktteilnehmer. Hinzukommen muss nun unbedingt der Blick auf die Makroebene, auf die Interdependenzen des Marktes. Dies geht nicht, ohne neue Institutionen zu schaffen oder bestehende zu ändern und sie mit den nötigen Kompetenzen auszustatten.

Auf europäischer Ebene wird ein Rat für systemische Risiken, das European Systemic Risk Board, geschaffen. Dies ist ein richtiger und wichtiger Fortschritt. Erfolgreich arbeiten wird die systemische Aufsicht jedoch nur können, wenn die Aufsicht relevante makroökonomische Entwicklungen nicht nur berücksichtigt, sondern wenn dies auch in effektives Aufsichtshandeln mündet. Die Aufsicht darf kein Hund sein, der nur bellt, aber – jedenfalls in makroprudenzieller Hinsicht – nicht beißt.

Der Umgang mit systemischen Risiken führt unmittelbar zu der Frage systemrelevanter Banken. Diese, so die jetzt im Raum stehende Forderung, sollen pauschal höhere Eigenkapitalanforderungen erfüllen müssen.

Aber was sind systemrelevante Banken? Was unterscheidet sie von nicht systemrelevanten? Hier wird dann schnell auf die Größe einer Bank abgestellt. Doch das greift zu kurz. Entscheidend ist auch gar nicht das einzelne Institut, sondern vielmehr die Frage, ob in einem Markt, einem Marktsegment oder einer Produktklasse systemische Risiken drohen. Das sind Risiken, die zunächst tendenziell unterschätzt werden. Dies hat sich zum Beispiel in den Vorschriften zur Eigenkapitalunterlegung von Verbriefungen gezeigt. Institutsindividuell steht der Aufsicht in diesen Fällen die Befugnis eines Kapitalaufschlages zur Verfügung. Zeigt sich ein solches Defizit bei einer Vielzahl von Instituten – und damit systematisch –, so wäre dies als systemisches Risiko einzustufen. Dann sollte dieses Risiko durch eine entsprechende aufsichtliche Regelung erfasst werden.

Ein wichtiger Ansatzpunkt, um die Makro- und die Mikroebene der Aufsicht besser zu verzahnen und systemische Risiken zu kontrollieren, ist das, was Experten „Dynamic Provisioning" nennen. Ich nenne es einfach: das Eichhörnchenprinzip, also Vorsorge in guten für schlechte Zeiten. Warum ist das sinnvoll?

Wir wissen, dass Basel II zu prozyklischen Effekten führt, also krisenverschärfend wirken kann. Das ist zu einem gewissen Grad systemimmanent: Ein risikosensitives Eigenkapitalregime bringt zwangsläufig prozyklische Wirkungen mit sich. Und hier müssen wir gegensteuern. Daher sollte in wirtschaftlichen Aufschwungphasen Vorsorge für zukünftige Kreditausfälle getroffen werden, auf die dann in Abschwungphasen zurückgegriffen werden kann.

Nach welchem Verfahren dies passieren soll, wird derzeit noch diskutiert. Hier ist die Wissenschaft gefragt. Hier besteht eine Kernaufgabe darin, Risikogewichte zu entwickeln, die sich am Zyklusverlauf orientieren. Wenn das gelänge, würde dies im Boom zu systematischer Erhöhung der risikogewichteten Positionswerte und im Abschwung zu deren Verringerung führen. Damit wäre eine antizyklische Wirkung erreicht. Ergänzt werden könnte ein solches Modell durch eine bilanzielle Variante, bei der das Incurred-Loss-Modell des IFRS-Rahmenwerks zu einem Expected-Loss-Modell weiterentwickelt wird.

Aber selbst, wenn wir solche Modelle eines Tages haben – ein Kernproblem ist damit noch nicht gelöst: Wann kommen diese Modelle zum Einsatz? Anders gefragt: Wann und wo wird entschieden, in welcher Phase des Zyklus sich eine Volkswirtschaft befindet? Und hier schließt sich der Kreis zur Finanzaufsicht, nämlich zur Verzahnung makroökonomischer Trends mit der mikroprudentiellen Aufsicht.

Viel und komplexer Stoff also, um den es geht. Eines sollte dabei nie aus dem Blick geraten: Welche Maßnahmen auch immer in der Bankenregulierung getroffen werden – sie sind untereinander hoch interdependent. Wer an allen Stellschrauben zugleich dreht – und das jeweils immer möglichst kräftig –, der läuft Gefahr, die Kumulationseffekte nicht mehr kontrollieren zu können. Wichtig ist also, die Übersicht zu behalten, einen Masterplan zu haben.

Konkret: Würde das Eigenkapital von Banken aus zu vielen Richtungen belastet, könnte es überstrapaziert werden. Das würde die Institute nicht krisenresistenter, sondern schwächer und am Ende krisenanfälliger machen. Vor allem aber geriete ihre Fähigkeit, die Wirtschaft mit Krediten zu versorgen, dann in Gefahr.

Neben der Berücksichtigung kumulativer Effekte gilt es, alle Maßnahmen international, am besten auf Baseler Ebene abzustimmen und zu koordinieren sowie im Rahmen von so genannten Impacts-studys zuvor auf ihre Wechselwirkungen zu testen. Und zwar nicht nur, um Wettbewerbsverzerrungen zu vermeiden, sondern auch, damit wir auf diese Jahrhundertkrise auch dann international verbindliche Antworten finden, wenn es über Gipfelerklärungen hinaus konkret wird und ans Eingemachte geht. Dabei hilft vielleicht ein chinesisches Sprichwort, das besagt: „Es ist allemal besser auf neuen Wegen zu stolpern, als in alten Pfaden auf der Stelle zu treten".

Vor diesem Hintergrund ist es nicht nur gut, sondern zwingend notwendig, dass die Debatte über die Lehren aus der Finanzkrise weiter auf breiter Front geführt wird. Denn so wie die Ursachen der Krise breit verteilt sind und nicht nur – das gehört zur Wahrheit – bei Banken allein zu suchen sind, so muss auf breiter Front gehandelt werden. Und das passiert ja auch. Arbeiten wir also weiter miteinander nach Kräften daran, dass alle – Banker und Politiker, Aufseher und Notenbanker, Regulierer und Wissenschaftler – ihren Beitrag leisten, damit wir zu besserer Bankenregulierung kommen.

Wolfgang Gerke[*]

Lehren aus der Finanzkrise für die Steuerung, Kontrolle und das Rating der Marktteilnehmer

1 Einführung

2 Drei Thesen zur Entstehung und Bewältigung von Finanzmarktkrisen
    2.1 These I: Krisen wiederholen sich trotz strenger regulatorischer Rahmenbedingungen
    2.2 These II: Regulierung der Finanzmärkte statt durch Produktverbote durch Missbrauchsbekämpfung
    2.3 These III: Effektive Regulierung erfordert eine Kontrolle der Kontrolleure.

3 Prinzipal Agenten Theorie als ökonomischer Bezugsrahmen
    3.1 Bestimmung des optimalen Regulierungsniveaus
    3.2 Vorschläge zur Reform der Finanzmarktaufsicht
        3.2.1 (Inter-)nationale Aufsichtsstrukturen – BaFin als Verbraucherschutzbehörde
        3.2.2 Qualifikation der Aufseher – Zertifizierung der Mitarbeiter
    3.3 Ratingagenturen – Alternative Investor Rating Agency
    3.4 Wirtschaftsprüfer – Strategiewechsel kommentieren – Interessenkonflikte beseitigen
    3.5 Aufsichtsräte – Sachkompetenz prüfen

4 Schluss

---

[*] Prof. Dr. *Wolfgang Gerke*, Präsident, Bayerisches Finanz Zentrum e. V., München.

1 Einführung

Die Geschichte der Finanzmarktregulierung ist zugleich eine Geschichte der Finanzkrisen. Finanzskandale und Marktverwerfungen veranlassten den Gesetzgeber zum Ausbau von Kontrollinstanzen und Aufsichtsgesetzen. Bis heute haben jedoch die jeweils umgesetzten Maßnahmen nicht ausgereicht, neue Krisen zu verhindern. Um die Finanzmärkte funktionsfähig zu halten und Transparenz über die eingegangenen Risiken zum Wohle der Investoren und der Öffentlichkeit zu schaffen, müssen die Regulatoren proaktiv handeln. Damit lassen sich zwar weitere Finanzkrisen nicht ex ante ausschließen oder deren Entstehen anhand der Ursachen rechtzeitig erkennen, doch sollten die Rahmenbedingungen möglichst robust gegenüber potenziellen Krisenszenarien sein. Vor 50 Jahren konnte man die Liberalisierung und Globalisierung der Finanzmärkte nicht vorhersagen. Auch ließ sich die Fortentwicklung der Optionspreistheorie und der vielfältigen Verbriefungstechnologien nicht prognostizieren. Auch nach der jüngsten Finanzmarktkrise steht der Gesetzgeber vor der ständigen Herausforderung, Überreglementierungen zu vermeiden und dennoch Markttransparenz und Qualität der Aufsicht zu verbessern.

2 Drei Thesen zur Entstehung und Bewältigung von Finanzmarktkrisen

2.1 These I: Krisen wiederholen sich trotz strenger regulatorischer Rahmenbedingungen

Unabhängig von den ergriffenen Regulierungsmaßnahmen wird es mit Sicherheit auch in Zukunft zu Krisen an den Finanzmärkten kommen. Zukünftig werden Finanzkrisen außerdem in kürzeren Abständen auftreten. Die schnelllebige globale Welt, das ausgeprägte Benchmark-Denken und das hieraus resultierende Herdenverhalten der institutionellen Investoren führen zu destabilisierenden Kursentwicklungen. Die moderne Handels- und Abwicklungstechnologie verkürzt die Intervallzeiten zur Meinungsbildung der Kapitalmarktakteure. Wenn heute im Xetra-Orderbuch etwa 50 % der Orders nicht mehr von Menschen eingegeben werden, sondern von Quote-Machines und ökonometrisch begründeten Software Programmen, dann führen simultane Informationen und Strategien der Marktteilnehmer zur Überzeichnung von Trends. Die hieraus resultierende kollektive Euphorie legt den Grundstein für den nächsten Crash. Diesem irrationalen Marktverhalten der Investoren steht der Gesetzgeber auch zukünftig teilweise machtlos gegenüber. Er hat aber die wichtige Aufgabe, dafür zu sorgen, dass sich die Finanzmarktakteure nicht zu Lasten der Allgemeinheit bereichern und für ihre Verluste selbst aufkommen.

2.2 These II: Regulierung der Finanzmärkte statt durch Produktverbote durch Missbrauchsbekämpfung

Ein Rückblick auf die Historie von Finanzmarktkrisen bestätigt die These des häufigen Vorausgehens von euphorischen Marktübertreibungen.[1] Die Euphorien wurden zumeist durch bedeutende realwirtschaftliche Innovationen hervorgerufen. Bekämpft man nunmehr diese Euphorie an den Finanzmärkten durch starke regulatorische Maßnahmen, behindert man gleichzeitig wegweisende technische Fortschritte.

Als ein erstes Beispiel epochaler Finanzmarktkrisen in Folge von Hochphasen lassen sich die mit dem Börsencrash von 1873 endenden Gründerjahre anführen.[2] Dank des weltweiten Erfolgs im Eisenbahnbau, der Erfindungen der Dampfmaschine und des automatischen Webstuhls erlebte die Weltwirtschaft eine Begeisterung für neue Technologien und für große Unternehmen und Aktiengesellschaften, die diese neuen Technologien erschlossen. In der Folge kam es zu zahlreichen Schwindelgründungen und Betrügereien. Unseriöse Marktteilnehmer nutzen die Gunst der euphorischen Stimmung, an der viele Marktteilnehmer teilhaben wollten, zur Ausbeutung unerfahrener und schlecht informierter Anleger. Dennoch wäre es falsch gewesen, die vorangegangene Euphorie zu bekämpfen, man hätte das Augenmerk stattdessen auf die Bekämpfung der Marktmanipulation richten müssen.

Auch die Weltwirtschaftskrise von 1929 und die sich anschließende Bankenkrise von 1931, die zur Staatskrise wurde, sind in Deutschland auf Spekulation (*Danat-Bank*) und Inkompetenz (*Landesbank der Rheinprovinz*) zurückzuführen. Die Ursprünge für den Zusammenbruch der Märkte lagen jedoch wiederum in einer vorangegangenen Euphorie, die auf einer Vielzahl realwirtschaftlicher Innovationen fußte: Die Radiotechnologie kam auf, und die Massenproduktion veränderte Produktionszyklen, Kostenstrukturen und Absatzzahlen dramatisch. Der schnelle Reichtum Einzelner hat viele Bevölkerungsteile dazu ermutigt, in Aktien der rasch wachsenden Industrie zu investieren und dies in großem Umfang über Kredite zu finanzieren. Insbesondere institutionelle Investoren strebten nach noch schnelleren Gewinnen und ergänzten die Fremdkapitalfinanzierung ihrer Investitionen durch umfangreiche Engagements in Derivaten. Die weltweite Dimension der Bankenkrise von 1931 war neu, weshalb der Politik bei deren

---

[1] Ein Überblick über historische Finanzkrisen, begonnen mit der Tulpenkrise 1636 in Holland über die Kriseneffekte der Französischen Revolution, den „schwarzen Freitag" von 1866, die Goldspekulationen in den USA 1869, die Weltwirtschaftskrise 1929 und den Börsencrash 1987 wird bei *Swietly* (2009) gegeben.

[2] Mit dem als „Gründerkrach" bezeichneten weltweiten Zusammenbruch der Börsen 1873 endete die Gründerzeit. Vorausgegangen war der Krise eine Überhitzung der Konjunktur und die Entwicklung spekulativer Blasen an den Börsen, die in Deutschland insbesondere durch den gewonnenen Krieg gegen Frankreich 1870/71, die daraus erworbenen Reparationszahlungen Frankreichs und die Reichsgründung angestoßen wurden.

Bekämpfung viele Fehler unterliefen. Eine Parallele des Konkursfalles der *Danat-Bank* von 1931 und der Insolvenz der Investmentbank *Lehman Brothers* 2008 liegt im Erliegen des ohnehin bereits erschütterten Interbankenmarktes als Folge des Konkurses eines systemrelevanten Instituts. Während *Lehman Brothers* durch vom Ausfall bedrohte Kreditpapiere des Immobiliensektors und durch kurzfristige Refinanzierungsprobleme langfristiger Finanzierungen in Liquiditätsprobleme geriet, lag der Insolvenzgrund bei der *Danat-Bank* in einer expansiven Geschäftspolitik und dem Konkurs eines ihrer größten Kredit- und Beteiligungsnehmer, dem *Nordwollekonzern*.[3]

Parallel zu den Spekulationsblasen im 20. Jahrhundert steht die Entwicklung der New Economy Krise von 2001. Das Platzen der Internetblase und des darauf ausgerichteten Neuen Marktes beinhaltet eine Wiederholung der Geschichte. Auch bei den neu entwickelten Kommunikationstechnologien des Internets handelt es sich ähnlich wie beim Radio, Telefon und Fernsehen um Werkzeuge, die unseren Alltag auch nach der Krise begleiten und das Wirtschaften effizienter machen. Die New Economy Euphorie zu bekämpfen, wäre der falsche Weg gewesen. Sicherlich verhielten sich die Marktteilnehmer global betrachtet erneut irrational, als sie die Neuemissionen im Neuen Markt ohne Überprüfung der Geschäftsmodelle und Finanzdaten blind zeichneten. Einzelne verdienten dabei kurzfristig sogar viel Geld. Dies gilt es nicht zu unterbinden, stattdessen muss die mit der Interneteuphorie einhergegangene falsche Unternehmenskommunikation, die Intransparenz der Geschäftsstrategien und die Marktmanipulation bekämpft werden.

Auch im Vorfeld der Finanzmarktkrise von 2007 lässt sich eine Innovationswelle ausfindig machen. Diese basiert aber nur zu einem geringen Teil auf bahnbrechenden realwirtschaftlichen Erfindungen sondern auf Finanzmarktinnovationen bei Verbriefungen. Mit Hilfe der modernen Kapitalmarkttheorie, der Optionspreistheorie und des Financial Engineering wurden immer komplexere Verbriefungsformen entwickelt. Sie zu verbieten wäre der falsche Weg. Zertifikate, Leerverkäufe, ETS, ABS, CDOS, CDS und die zahlreichen weiteren Verbriefungsmodalitäten zu unterbinden, wäre genauso sinnlos wie das Verbot technologischer Fortschritte. Stattdessen gilt es, ihren Missbrauch zu bestrafen.

2.3 These III: Effektive Regulierung erfordert eine Kontrolle der Kontrolleure.

Mit Basel II und Solvency II wurden Regulierungsinstrumente geschaffen, die basierend auf den Erkenntnissen der Kapitalmarkttheorie Stresssituationen wesentlich intelligenter begegnen als die starren Vorgängerregeln. Jedoch prägen auch methodische Schwachstellen wie die Anwendung unzureichender Stressmodelle in Basel II die der-

---

[3] Vgl. *Plickert* (2008) und *Balderston* (1991), S. 585 - 596.

zeitig schlechte Meinung über den Erfolg der Baseler Konvergenzkriterien. Die der Eigenmittelunterlegung zugrundeliegenden theoretischen Modelle berücksichtigen zwar über die Normalverteilungsannahme hinaus auch die Schiefe einer Verteilung, die einzelnen Stressszenarien eine höhere Wahrscheinlichkeit zuordnet. Dabei werden jedoch anhand von historischen Daten für Stressszenarien Korrelationen ermittelt, die zu systematischen Unterschätzungen von Ausfall- und Liquiditätsrisiken führen können. Die Modelle müssen dahingehend verbessert werden, dass Finanzinstitute zukünftig Stresssituationen aus eigener Kraft bewältigen können.

Die Weiterentwicklung der Regelwerke von Basel II in Basel III und eine Weiterentwicklung der künftig in Kraft tretenden Richtlinien von Solvency II sollten den Gesetzgeber jedoch nicht zu übermäßiger Regulierung oder dem generellen Verbot von Transaktionen bzw. Finanzinstrumenten verleiten. So wie nach dem Crash von 1873 der Eisenbahnbau oder zu Beginn des 20. Jahrhunderts die Radio- und Fernsehtechnologie nicht verboten wurden, so sollten auch die Verbriefungsmöglichkeiten, die die modernen Finanzmärkte bieten, nicht eingeschränkt werden. Vielmehr sollte es im Interesse der regulierenden Institutionen liegen, den Missbrauch von Finanzinnovationen zu unterbinden, die Bürger besser in Finanzfragen auszubilden und Markttransparenz zu schaffen.

Die Entstehung der jüngsten Finanzmarktkrise hängt maßgeblich mit dem Versagen der Kontrollorgane und ihrem Unverständnis für die Produkte und Risiken an den internationalen Finanzmärkten zusammen. Trotz inzwischen hoher Aufwendungen für Aufsichtsräte, Wirtschaftsprüfer, Revisionsabteilungen, Marktaufsichtsbehörden und Rating Agenturen versagten diese Organe in ihren Kontrollfunktionen. Die als Frühwarnsysteme installierten Kontrollinstitutionen haben in den USA das betrügerische Schneeballsystem des Fondsmanagers *Bernhard L. Madoff* ebenso wenig verhindert, wie in Deutschland die waghalsigen Spekulationen der Hypo Real Estate.

Dies führt letztlich zu der dritten These: Wir brauchen eine Metaebene der Kontrolle, also die Kontrolle der Kontrolleure. Wer soll sie aber durchführen? Dem demokratischen Grundprinzip folgend, müsste diese Funktion der Wähler übernehmen. Jedoch kann man der Mehrheit der Bevölkerung nicht das Verständnis komplexer Regelwerke wie Basel II oder Solvency II abverlangen, wenn selbst Spezialisten im Finanzausschuss oder Gerichte bei finanzwirtschaftlichen Gutachten häufig überfordert sind. Man braucht für diese Aufgabe internationale Finanzmarktspezialisten.

Der Bedarf an Metakontrolle wird umso deutlicher, wenn es darum geht, die amerikanische Notenbank als eine Instanz von weltweiter Bedeutung, die mit ihrer expansiven Zinspolitik der Jahre 2003 und 2004 die Finanzkrise maßgeblich verstärkt hat, zu kontrollieren. Sie hat die amerikanischen Investmentbanken solange mit billigem Geld im Überfluss versorgt, bis diese damit in Subprime Immobilien spekulierten. Keine internationale Kontrollbehörde konnte die FED in ihrer expansiven Geldpolitik bremsen.

Bei Fragen nach internationaler Kontrolle der Finanzmärkte wurde bisher die Kontrolle und Harmonisierung der Politik einzelner Notenbanken ausgeschlossen.

In Fragen der Qualitätskontrolle der SEC ist der Bürger und Wähler als politischer Letztentscheider überfordert. Er kann die SEC nicht abberufen und auch durch sein Wählerverhalten nicht beeinflussen. Die von ihm installierte Regierung hat – wie die Finanzkrise zeigt – diese Aufgaben in den USA und in Europa aufgrund von Eigeninteressen und Unvermögen für ihn nicht erledigt. Er braucht eine internationale Letztinstanz, die seine Kontrollinteressen übernimmt.

3 Prinzipal Agenten Theorie als ökonomischer Bezugsrahmen

Ohne Finanzmarktkrisen grundsätzlich vorherzusagen, liefert die Principal Agency Theorie als ein Teilgebiet des neoinstitutionalistischen Theoriegebäudes Erklärungen für ihren Ablauf und das Fehlverhalten der Kontrollinstanzen. Unter der Annahme begrenzter Rationalität der Finanzmarktteilnehmer und der nicht vollständigen Verarbeitung von Informationen beruht das in der Principal Agency Theorie dargestellte Moral Hazard Verhalten auf dem opportunistischen Ausnutzen von Informationsvorteilen finanzwirtschaftlicher Insider (Agenten) gegenüber den Finanzinvestoren (Prinzipalen).[4] Aufgaben des alltäglichen Geschäfts werden von den Prinzipalen an besser informierte Manager, die Agenten, delegiert. Unterschiedliche Zielvorstellungen und Risikoneigungen, sowie der Informationsvorsprung der Finanzmanager gegenüber den Investoren können zu Interessenkonflikten führen. Das potenziell opportunistische Verhalten der Bankmanager birgt die Gefahr, dass sie Informationen zurückhalten (Hidden Information) oder durch Festlegung der Bonussysteme die ihnen übertragenen Handlungs- und Entscheidungsspielräume zu Ungunsten der Investoren ausnutzen (Moral Hazard).

Mit garantierten Bonuszahlungen koppeln sich Entscheidungsträger von den negativen Folgen ihres Moral Hazard Verhaltens ab, wobei ein Teil der verursachten Verluste schließlich auf die Allgemeinheit abgeladen wird. Eine Reduzierung der nach Vertragsabschluss durch Moral Hazard geförderten Informationsasymmetrien verspricht der Einsatz institutionalisierter Monitoring-Einheiten. Neben der Gruppe der Investoren als Eigen- und Fremdkapitalgeber, die ein immanentes Interesse an der Werterhaltung und Wertsteigerung des Finanzinstituts haben, und den von ihnen mit der Geschäftsführung

---

[4] Zu Verhaltensannahmen über die in der Principal Agency Theorie dargestellten Akteure zählen begrenzte Rationalität der Marktteilnehmer, die diese daran hindert, mangels vollständiger Informationen objektiv optimale Entscheidungen zu treffen. Sie sind ferner bestrebt, entsprechend ihrer Risikoneigung ihren eigenen Nutzen zu maximieren. Nach *Herzig/Watrin* (1995) werden neben der Agency Theorie die Property Rights Theorie (Theorie der Verfügungsrechte) sowie die Transaktionskostentheorie als zwei weitere bedeutende neoinstitutionalistische Ansätze betrachtet.

beauftragten Managern, agieren Informationsintermediäre als von den Prinzipalen beauftragte Kontrolleure des Managements.[5] Die formalisierten Berichtssysteme der Wirtschaftsprüfer, die Bonitätsbewertung durch Rating Agenturen und die Kontrolle durch den Aufsichtsrat erleichtern den Investoren die Überwachung des Managements. Ziel der Sparer und Aktionäre ist dabei in erster Linie, die durch die Agencybeziehung entstehenden Signalling- und Kontrollkosten möglichst gering zu halten.[6] Dass die zur Überwindung von Informationsasymmetrien und Moral Hazard errichteten Aufsichtsorgane ihren Aufgabestellungen nicht gerecht werden, liegt zu einem Teil auch an ihrer eigenen Rolle als Eigeninteressen folgenden Agenten in einem Dreiecksverhältnis zwischen Investoren und Managern.[7]

3.1 Bestimmung des optimalen Regulierungsniveaus

Das Problem des optimalen Kontrollniveaus lässt sich anhand von agencytheoretischen Überlegungen nur näherungsweise lösen. Eine Erweiterung des Regulierungsumfangs stößt auf einen sinkenden Grenznutzen der Kontrolle. Die Principal Agency Theorie legt den Schluss nahe, die den Aufsichtsorganen der Finanzinstitute übertragenen Kontrollbefugnisse reichen nicht aus und seien durch umfangreiche Überwachungs- und Sanktionsmaßnahmen zu erweitern. Ein zusätzlicher Nutzen aus weiteren Kontrollmaßnahmen würde sich aber nur einstellen, sofern Schädigungen der Eigentümer durch opportunistisch agierende Finanzspezialisten vermieden oder verringert werden können. Intensive Kontrollmaßnahmen stiften jedoch nicht nur Nutzen, sondern verursachen auch Kosten. Der US-amerikanische *Sarbanes-Oxley Act*, der 2002 nach den Bilanzfälschungsskandalen bei *Enron* und *Worldcom* verabschiedet wurde, ist wie auch der 2003 erlassene Maßnahmenkatalog der Bundesregierung zur Stärkung der Unternehmensintegrität und des Anlegerschutzes ein Beispiel für erweiterte Sanktionsmöglichkeiten gegen Manager. Die sich hieraus für Manager ergebenden Haftungsrisiken[8] und die geringe Fehlertoleranz von Investoren und Öffentlichkeit können zu einer geringeren Risiko- und Entscheidungsbereitschaft führen. An Stelle einer Wert maximierenden,

---

[5] Unter dem Begriff „Informationsintermediäre" werden die Informations- und Kontrollorgane Rating Agenturen, Wirtschaftsprüfer, Aufsichtsräte und die Marktaufsicht zusammengefasst. Historisch ist die Installation solcher Intermediäre, die dem Kunden und Investor gegenüber Transparenz über die Geschäftstätigkeit, die Ertragslage und die Bewertung der Risikosituation von Finanzinstituten verschaffen sollen, häufig eine Folge von Krisenszenarien. So wurde nach der Weltwirtschaftskrise der 1930er Jahre die Wirtschaftsprüferordnung ins Leben gerufen, die erstmalig verbindliche Regeln für die Prüftätigkeit, die Anforderungen an Wirtschaftsprüfer und eine einheitliche berufsqualifizierende Eignung festlegt.

[6] Vgl. *Jensen/Meckling* (1976), S. 308f.

[7] Vgl. auch im Folgenden *Antle* (1982), S. 503 - 527.

[8] Vgl. *Hopt* (1996).

jedoch mit einem Risiko verbundenen Strategie, wird eine risikoärmere Strategie bevorzugt, deren Erträge die Eigentümer gerade noch befriedigen. Der übervorsichtige Banker wird dann die zu niedrigem Zins aufgenommenen Gelder in Staatsanleihen mit erstklassigem Rating statt in Krediten an mittelständische Unternehmen anlegen. In der Folge werden gegebenenfalls sogar höhere Bonuszahlungen eingeräumt, um die Finanzspezialisten zur Erzielung möglichst hoher Handelsgewinne zu animieren. Ausgehend von Nutzen maximierenden Individuen überschätzt der verallgemeinernde Ansatz der Principal Agency Theorie den Nutzen von Kontrollmechanismen, zumal Regulierung nicht grundsätzlich auf die Maximierung des Gemeinwohls ausgerichtet ist, sondern oft auch den Interessen der regulierenden Industrie folgt.

Die zur Beaufsichtigung von Finanzdienstleistern installierten Kontrollorgane sollten Existenz bedrohende Risiken frühzeitig identifizieren und vor deren Folgen warnen. Globalisierte Finanzmärkte erfordern eine enge, internationale Zusammenarbeit und Kontrolle der nationalen Aufsichtsbehörden. Rating Agenturen haben durch die Regeln von Basel II eine hohe Aufwertung erfahren. Schon deshalb müssen sie zertifiziert und kontrolliert werden. Basel II und Solvency II müssen verschärfte Eigenkapitalanforderungen erhalten, um künftig Zusammenbrüchen von systemischen Finanzinstitutionen vorzubeugen. Hierzu zählt auch die antizyklische Gestaltung von Basel II und Solvency II, die Zwangsreserven für jede Finanzinstitution vorsehen sollte, die Dividenden- und Bonuszahlungen leistet. Adjustiert eine Bank das Risiko zum Beispiel anhand der Sharpe Ratio, steht sie nicht schlechter da, wenn sie mit weniger Risiko weniger Gewinne erzielt.

3.2 Vorschläge zur Reform der Finanzmarktaufsicht

3.2.1 (Inter-)nationale Aufsichtsstrukturen – BaFin als Verbraucherschutzbehörde

Eine weltweite Aufsicht über Finanzdienstleister ist in Zeiten international vernetzter Kapitalmärkte und Akteure zwar unumgänglich, scheitert jedoch bislang an ihrer politischen Umsetzung.[9] Umso mehr wird es erforderlich, nationale Kontrollen an internationalen Standards auszurichten. Einen ersten Schritt in Richtung einer Europäischen Finanzmarktaufsicht stellt die Einrichtung eines Europäischen Rates für Systemrisiken (European Systemic Risk Council) ESRC dar. Auch die Bildung eines Europäischen Finanzaufsichtssystems (European System of Financial Supervisors ESFS), das eine Europäische Bankenaufsichtsbehörde (EBA), eine Europäische Aufsichtsbehörde für das Versicherungswesen und die betriebliche Altersversorgung (EIOPA) und eine Europäische Wertpapieraufsichtsbehörde (ESA) umfasst, führt zu einer Verbesserung der

---

[9] Vgl. *Freixas* (2007).

Aufsichtseffizienz.[10] Dabei erschweren die große regionale Spannbreite von Finanzinstitutionen und ihre komplexen Produkte die Aufsicht. Von den Hedgefonds über Private Equity Firmen bis hin zu den Banken und Versicherungen prägen die Finanzinstitutionen sehr unterschiedliche Risiken in ihrer Wertschöpfungskette.

Die deutsche Marktaufsicht stellt mit der BaFin und der Bundesbank ein weltweit sehr spezielles Mischsystem dar. Fehlentwicklungen im deutschen Kreditgewerbe werden häufig diesem Organisationsmodell angelastet. Es gibt gute Argumente für die Übertragung der Bankenaufsicht auf die Notenbank. Ein stabiles Finanzsystem ist Voraussetzung für eine effektive Geldpolitik und für die Funktionsfähigkeit der gesamten Wirtschaft. Abweichenden Zielsetzungen zwischen Bankaufsichtsbehörde und Notenbank sprechen für eine engere Bindung der Aufsicht an die Notenbank.[11] Diese übernimmt im Krisenfall sowieso zwangsweise die Rolle des „Lender of Last Resort".[12] Besonders am Beispiel der dramatischen Schieflage der *Hypo Real Estate* hat sich gezeigt, dass die BaFin die in sie gesetzten Erwartungen nicht erfüllt hat.

Zukünftig könnte man der BaFin die neue Funktion einer Verbraucherschutzbehörde gegen missbräuchlichen Finanzvertrieb übertragen. In Deutschland fehlt eine derartige offizielle Anlaufstelle für geprellte Anleger. Dieser Vorschlag stößt bisher aber auf erheblichen politischen Widerstand.

Außerdem könnte die BaFin Aufklärungsfunktionen übernehmen, indem sie über mögliche Gefahren bei der Geldanlage informiert (Hidden Characteristics). Durch eine Analyse von Finanzprodukten kann sie die Tätigkeit der Rating Agenturen ergänzen, deren Aufgabe in der Bereitstellung von Bonitätsurteilen über Finanzprodukte liegt. Die aufgezeigten Anreize zu Moral Hazard, die sich aus der Intransparenz des Verhaltens von Finanzspezialisten ergeben, würden damit geschmälert. Zur Wiederherstellung des Vertrauens der Anleger in die oft hoch komplexen Produkte der Finanzwirtschaft sind

---

[10] Vgl. *Centrum für Europäische Politik CEP* (2009). Bisher gibt es keine EU-Behörden für die Finanzaufsicht, sondern drei Ausschüsse ohne eigene Rechtspersönlichkeit, die mit Vertretern der nationalen Finanzaufsichtsbehörden besetzt sind (CEBS für die Bankenaufsicht, CEIOPS für die Versicherungsaufsicht und CESR für die Aufsicht über den Wertpapierhandel). CEBS, CEIOPS und CESR beraten die Kommission beim Entwurf detaillierter Durchführungsbestimmungen und wirken auf eine einheitliche Aufsichtspraxis in der EU hin, verfügen aber über keine Entscheidungskompetenzen. Die neuen EU-Agenturen hingegen sollen über Meinungsverschiedenheiten nationaler Behörden entscheiden, verbindliche Standards und Auslegungsleitlinien beschließen und Dringlichkeitsentscheidungen zur Koordinierung der nationalen Behörden treffen dürfen.

[11] Nach dem Koalitionsvertrag der Bundesregierung aus CDU und FDP soll die Bankenaufsicht in Deutschland künftig unter dem Dach der Deutschen Bundesbank angesiedelt werden.

[12] Vgl. *Sachverständigenrat* (2008).

zudem Institutionen wie die gesetzliche und bankenverbandliche Einlagensicherung zu stärken und die Finanzinstitutionen zu mehr Eigenkapitalvorsorge zu zwingen.[13]

3.2.2 Qualifikation der Aufseher – Zertifizierung der Mitarbeiter

Die Aufseher der Finanzwirtschaft sollten befähigt sein, sich die für ihr Risikourteil relevanten Informationen zu beschaffen, aus ihnen die zur Abwehr von unvertretbaren Risiken richtigen Schlüsse zu ziehen und rechtzeitig unseriöse Finanzmanager zu stoppen und Gefahr verbreitende Finanzinstitutionen zu schließen. Auf internationaler Ebene existieren nur wenige einheitliche Ausbildungsleitlinien für Finanzaufseher. Die Europäische Kommission hat im Zuge der Entwicklung des Europäischen Finanzaufsichtssystems ESFS deshalb die Etablierung einer gemeinsamen Aufsichtskultur vorgeschlagen.[14] Aus Sicht der Agency Theorie erbringt die Kontrolle damit nicht die optimal erzielbare Prüfungseffizienz.

Die Anforderungen an die Aufseher der BaFin verlangen eine spezielle Ausbildung und ein hohes Maß an Unabhängigkeit. Vorbild für eine Vereinheitlichung des Ausbildungssystems sollte in Deutschland die Wirtschaftsprüferordnung (WPO) der deutschen Wirtschaftsprüfer sein. Sie wurde als Reaktion auf die Weltwirtschaftskrise von 1930 eingeführt.[15] Die Wirtschaftsprüfer sollen kritisch die Rechnungslegung prüfen und haben diese Aufgabe in der Finanzkrise ebenfalls nicht voll ausgefüllt. Dennoch enthält die WPO wichtige Qualitätsanforderungen. Wirtschaftsprüfer müssen zur Zulassung neben einer abgeschlossenen Hochschulausbildung oder entsprechender praktischer Tätigkeit auch Erfahrung im Umgang mit Prüfberichten nachweisen und eine anspruchsvolle Prüfung ablegen.[16] In Analogie zur Wirtschaftsprüferordnung würde dies für die Aufseher eine fachlich umfassende, qualifizierende berufliche Vor- und Ausbildung notwendig machen, die mit einem Befähigungsnachweis als Aufseher abschließt

---

[13] Die gesetzliche Einlagensicherung ist in Deutschland im Einlagensicherungs- und Anlegerentschädigungsgesetz (EAEG) geregelt. Ihre Höchstgrenzen wurden im Zuge der jüngsten Finanzkrise von 20.000 € pro Anleger auf 50.000 € erhöht. Am 31.12.2010 erfolgt eine weitere Erhöhung auf 100.000 €. Darüber hinaus wird die Rückzahlung von Einlagen bei Kreditinstituten von diesen in unterschiedlicher Höhe garantiert.

[14] Vgl. *Centrum für Europäische Politik CEP* (2009).

[15] Die Aktienrechtsnovelle vom 15. Dezember 1931 führte mit den §§ 262a bis 262g HGB die gesetzliche Prüfung des Jahresabschlusses und des Geschäftsberichts der Aktiengesellschaft und KGaA ein. Als „Bilanzprüfer" sollten gemäß § 262c HGB nur Personen gewählt werden, „die in der Buchführung ausreichend vorgebildet und erfahren sind". Die Vorbehaltsaufgabe erfasste noch einen recht indifferenten Personenkreis.

[16] Vgl. Gesetz über eine Berufsordnung der Wirtschaftsprüfer (Wirtschaftsprüferordnung WPO), insbesondere §§ 2 und 3 sowie „Voraussetzungen für die Berufsausübung" (§§ 5 - 11).

und laufende Überprüfungen des Kenntnisstands beinhaltet.[17] Die in der Agency Theorie wichtige Monitoring Funktion der BaFin würde dadurch erheblich gestärkt. Dies geht zu Lasten höherer Monitoring Kosten, denn höher qualifizierte Aufseher erfordern auch eine bessere Dotierung. Man wird unabhängig hiervon nicht umhin kommen, die Finanzaufsicht mit mehr Mitteln auszustatten.

3.3 Ratingagenturen – Alternative Investor Rating Agency

Rating Agenturen haben vor Ausbruch der Finanzkrise die systemischen Risiken der Finanzwirtschaft und ihrer Verbriefungen falsch ermittelt und deshalb die Ausfallrisiken strukturierter Finanztitel zu optimistisch bewertet.[18] Grundsätzlich unterliegen sie Interessenkonflikten. Einerseits beraten sie Emittenten bei der Strukturierung ihrer Finanzprodukte zur Erzielung eines optimalen Ratings, andererseits bewerten sie später deren Produkte. Rating Agenturen sollten ebenfalls einer Aufsicht unterstehen, die sie zulässt, zertifiziert und kontrolliert. Um die Qualität der Bonitätssignale zu verbessern, sollte der Wettbewerb zwischen den Rating Agenturen verschärft werden.

Alternativ zu einer staatlichen Ratingagentur wird die Gründung einer privaten Ratingagentur vorgeschlagen, die von den Investoren der bewerteten Unternehmen finanziert wird. Eine solche „Alternative Investor Rating Agency" (AIRA) wird von den Adressaten des Rating getragen und unterliegt damit weniger Interessenkonflikten. Für die Bereitstellung risikorelevanter Informationen und Bonitätsurteile über Unternehmen zahlen die Investoren wie zum Beispiel Versicherungen und Fonds in einen Topf ein und erhalten im Gegenzug ein nicht durch Moral Hazard kontaminiertes Signal der AIRA zur Unterstützung ihrer Investitionsentscheidung. Anreize für die Beteiligung an der AIRA könnten durch zwei Tage Vorlauf bei der Verfügbarkeit der Ratingergebnisse gesetzt werden. Die Konkurrenz einer alternativen Ratingagentur hätte für die bestehenden Rating Agenturen (*Standard& Poor's*, *Moody's*, *Fitch* und weitere) zur Folge, dass sie ihre Arbeitsleistung und Bewertungsmethodik einer strengeren Überprüfung unterziehen müssten, sollten sie zu anderen Werturteilen kommen als die von den Investoren beauftragte Agentur. Die sodann erforderlichen Qualitätssteigerungen bei den etablierten Rating Agenturen führen zu mehr Transparenz und Wettbewerb im Ratingprozess.

---

[17] Ein Befähigungsnachweis als förmlicher Nachweis fachlicher Eignung und Vorbildung ist eine Voraussetzung dafür, bestimmte Berufe ausüben zu können (erforderlich z. B. für das Richteramt und zahlreiche Gewerbearten).

[18] *Fender/Mitchell* (2005) haben bereits vor der Krise gewarnt, „dass tranchierte Wertpapiere eine besondere Herausforderung für die Anwendung ratingbasierter Restriktionen darstellen, weil die höhere Wahrscheinlichkeit von Kreditereignissen in den Randbereichen der Verlustverteilung von den Ratings nicht erfasst wird".

3.4 Wirtschaftsprüfer – Strategiewechsel kommentieren – Interessenkonflikte beseitigen

Die Interessenskonflikte der Wirtschaftsprüfer zwischen den Ansprüchen des Managements auf der einen Seite und den Investoren auf der anderen Seite werden bereits im Rahmen der Reformvorhaben von EU und Bundesregierung berücksichtigt, jedoch führt die mögliche Entbindung von Verschwiegenheitspflichten und eine allgemeine Deregulierung des Berufsrechts nicht zwangsläufig zu einer Verbesserung der Risikoindikation. Die wirtschaftliche Abhängigkeit des Prüfers von den Interessen des Managements setzt die Wirtschaftsprüfer in ihren Abschlussprüfungen Interessenkonflikten aus. Die Prüfungsaufträge sollten deshalb künftig nicht mehr durch den Aufsichtsrat, sondern durch eine unabhängige Aufsichtsbehörde erteilt werden. Damit wäre eine klare Auftraggeber-Auftragnehmer-Beziehung etabliert, die zur Vermeidung der bestehenden Agencykonflikte bei einer Bestellung der Wirtschaftsprüfer durch den Aufsichtsrat beiträgt. Eine neutrale Aufsichtsbehörde agiert als Agent der Öffentlichkeit. Der Wirtschaftsprüfer steht als Agent in einer Auftragnehmerbeziehung zur Aufsichtsbehörde, so dass Moral Hazard als Folge von Zielkonflikten in der Wirtschaftsprüfung vermieden wird. Mit einer gesetzlich festzulegenden einheitlichen Honorarstruktur ließe sich Preisdumping unter den Prüfungsgesellschaften ausschließen, und ein verbindlich hoher Qualitätsstandard sichern.[19] Die Höhe der Honorare sollte sich am Umsatz und der Bilanzsumme des zu prüfenden Unternehmens orientieren.[20]

Als zusätzliche qualitätssichernde Maßnahme sollten Wirtschaftsprüfer zukünftig nachhaltige Strategiewechsel des Managements in Bezug auf ihre zu erwartenden Risikoveränderungen kommentieren. Ein historisches Beispiel für gefährliche Strategiewechsel stellt die Fristentransformationsstrategie der *Hypo Real Estate* über ihre Tochter *Depfa* dar. Sofern Wirtschaftsprüfer bei Strategiewechseln zu einer Gefahreneinschätzung kommen, sollten sie diese dem Management und Aufsichtsrat vorab kommunizieren.

3.5 Aufsichtsräte – Sachkompetenz prüfen

Der Aufsichtsrat nimmt mittelbar Einfluss auf die Risikopolitik von Finanzdienstleistern. Als Beratungs- und Überwachungsorgan ist er bei grundlegenden Entscheidungen des Managements anzuhören und bestellt und entlässt die Mitglieder des Vorstands.[21]

---

[19] Vgl. Strasser/Devantier-Stern (2008).

[20] Die staatliche Festlegung der Honorare ist übrigens in Deutschland nicht unüblich, werden beispielsweise Ärzte und Anwälte seit jeher auf Grundlage einer Gebührenordnung bezahlt.

[21] Eine wissenschaftliche Studie von *Pathan* (2009) geht empirisch der Frage nach, wie sich die Machtposition von Aufsichtsräten auf die Risikopolitik von Banken auswirkt. Ein „starker" Aufsichtsrat ist definiert als guter Vertreter von Aktionärsinteressen. Indes zeichnet sich eine starke Position des CEO dadurch aus, dass dieser die Entscheidungen des Aufsichtsrats beeinflusst. Im

Da Aufsichtsräte in ihrer Kontrollfunktion von der Informationsverarbeitung der Wirtschaftsprüfer in besonderem Maße abhängen, sollte die Zusammenarbeit mit ihnen intensiviert werden. Je eher der Aufsichtsrat die Interessen von Aktionären und der Öffentlichkeit fachlich qualifiziert vertritt, desto weniger Spielraum bleibt dem Management beim Eingehen risikoreicher Geschäfte. Die Aufsichtsräte von Finanzinstitutionen sollten in der Lage sein, die speziellen Rechnungslegungswerke und Geschäfte der Finanzwirtschaft zu durchschauen. Deshalb muss an ihre Qualifikation eine besonders hohe Anforderung gestellt werden. Sollten für den Aufsichts- oder Verwaltungsrat Persönlichkeiten aus der Politik oder Wirtschaft nominiert werden, die nicht über ausreichende branchenspezifische Sachkenntnisse verfügen,[22] könnte die BaFin diesen Aufbaukurse anbieten. Die Qualifikation der Vorstände von Finanzdienstleistern wird nach KWG von der BaFin geprüft. Auch die Auswahl der Aufsichtsräte sollte strengen Kriterien unterliegen und von der BaFin geprüft werden.

4 Schluss

Die Agency Theorie liefert zur effizienten Gestaltung der Finanzaufsicht einen Erklärungsansatz. Für die optimale Kontrollgestaltung gewinnt man aus ihr keine quantifizierbaren Detailanweisungen. Als Lehre aus der Finanzkrise sollte unbedingt die Aufsicht international koordiniert und kontrolliert werden. Ähnliches gilt für Rating Agenturen, die durch eine unabhängige Alternative Investor Rating Agency (AIRA) aus Investorensicht ergänzt werden sollten. Die Mitarbeiter der Aufsicht sollten in einem eigenen Ausbildungsweg zertifiziert werden. Die Interessenkonflikte der Wirtschaftsprüfer sollten durch einen anderen Mandatsvergabemodus bekämpft werden, und die branchenspezifische Sachkunde von Mitgliedern in Aufsichts- und Verwaltungsräten sollte durch die BaFin geprüft werden. All diese Maßnahmen werden die nächste Finanzkrise nicht verhindern. Es ist aber schon viel erreicht, wenn durch eine verbesserte Qualität der Aufseher verhindert werden kann, dass sich die Finanzwirtschaft erneut zu Lasten der Allgemeinheit saniert, nachdem sie zuvor ihre kurzfristigen Gewinne in Form von Bonuszahlungen und Dividenden privatisiert hat.

Rahmen einer Regressionsanalyse auf Basis von 212 Bankdaten von 1997 bis 2004 wird festgestellt, dass „starke", d. h. effektive Aufsichtsräte einen positiven Effekt auf die Risikopolitik der Banken haben. Im Gegenzug wirkt sich eine starke Position des CEO im Unternehmen negativ auf die Risikosituation aus.

[22] Vgl. hierzu die Analyse über die Auswirkungen einer Doppelbesetzung oder Ämtertrennung bei *Schmid/Zimmermann* (2008). Nach den Autoren ist zu Krisenzeiten bei unterschiedlichen Corporate Governance-Strukturen (monistisches System mit geschäftsführenden und nicht geschäftsführenden Mitgliedern oder dualistisches System mit getrennten Geschäftsführungs- und Aufsichtsorganen) jedoch keine eindeutige Überlegenheit eines bestimmten Systems auszumachen.

Literatur

Antle, Rick (1982), The Auditor as an Economic Agent, in: Journal of Accounting Research, Vol. 2, S. 503 - 527.

Balderston, Theo (1991), German Banking between the Wars: The Crisis of the Credit Banks, in: The Business History Review, Vol. 65, S. 554 - 605.

Centrum für Europäische Politik CEP (2009), EU-Mitteilung „Europäische Finanzaufsicht", Freiburg.

Fama, Eugene F. (1980), Agency Problems and the Theory of the Firm, in: Journal of Political Economy, Vol. 2, S. 288 - 307.

Fender, Ingo/Mitchell, Janet (2005), Strukturierte Finanzierungen: Komplexität, Risiken und die Rolle von Ratings, in: BIZ-Quartalsbericht, Juni 2005, S. 77 - 91.

Freixas, Xavier (2007), Systemic Risk and Prudential Regulation in the Global Economy, Working Paper, Universitat Pompeu Fabra.

Herzig, Norbert/Watrin, Christoph (1995), Obligatorische Rotation des Wirtschaftsprüfers – ein Weg zur Verbesserung der externen Unternehmenskontrolle?, in: Zeitschrift für betriebswirtschaftliche Forschung, 47. Jg., S. 775 - 804.

Hopt, Klaus J. (1996), Die Haftung von Vorstand und Aufsichtsrat – Zugleich ein Beitrag zur corporate governance-Debatte, in: *Immenga, Ulrich/Möschel, Wernhard/Reuter, Dieter* (Hrsg.), Festschrift für Ernst-Joachim Mestmäcker, Baden-Baden, S. 909 - 931.

Jensen, Michael C./Meckling, William H. (1976), Theory of the Firm: Managerial Behavior, Agency Costs and Ownership Structure, in: Journal of Financial Economics, Vol. 4, S. 305 - 360.

Pathan, Shams (2009), Strong boards, CEO power and bank risk-taking, in: Journal of Banking & Finance, Vol. 33, S. 1340 - 1350.

Plickert, Philip (2008), Die Geschichte wiederholt sich nicht, in: F.A.Z., 10.10.2008, abrufbar unter: http://www.faz.net/s/Rub58241E4DF1B149538ABC24D0E82A6266/Doc~E24D6E 6960E12404DB55578829D591714~ATpl~Ecommon~Scontent.html (Stand: 10.12.2009).

Sachverständigenrat zur Begutachtung der gesamtwirtschaftlichen Entwicklung (2008), „Jahresgutachten 2008/09: Die Finanzkrise meistern – Wachstumskräfte stärken", Wiesbaden.

Schmid, Markus/ Zimmermann, Heinz (2008), Should Chairman and CEO be Separated? Leadership Structure and Firm Performance in Switzerland, in: sbr, 60. Jg., S. 182 - 204.

Straßer, Patrick/Devantier-Stern, Daniela (2008), Setzt den Wirtschaftsprüfern Grenzen!, in: Zeit Online, 20.10.2008, abrufbar unter: http://www.zeit.de/online/2008/43/wirtschaftspruefer-finanzkrise (Stand: 10.12.2009).

Swietly, Ernst A. (2009), Große Finanzkrisen – Ein Kompass aus der Wirtschaftsgeschichte, Wien.

Herbert Meyer[*]

DPR-Erfahrungsbericht und EU-Harmonisierung des Enforcement

1 Grundlagen und Ziele des Enforcement

2 Ergebnisse der letzten Jahre
    2.1 Qualität der Rechnungslegung
    2.2 Qualität der Rechnungslegungsstandards (IFRS)

3 Wirkungen der DPR

4 Internationale Aspekte des Enforcement

5 Ausblick

---

[*] Dr. *Herbert Meyer*, Präsident, Deutsche Prüfstelle für Rechnungslegung e.V., Berlin.

Wie viele Abschlüsse der börsennotierten Unternehmen in Deutschland – und dies sind rund tausend – waren im Jahr 2008 fehlerhaft?

Wenn man eine Antwort schätzen möchte, sollte man sich zwei Aspekte vor Augen führen: Erstens, es handelt sich bei den Jahresabschlüssen um den Rechenschaftsbericht des Vorstands gegenüber Dritten, die ihnen Geld anvertraut haben. Und zweitens, die Mehrzahl der durch die Deutsche Prüfstelle für Rechnungslegung (DPR) geprüften Jahresabschlüsse war bereits durch Abschlussprüfer geprüft worden.

Die so genannte Fehlerquote, die die DPR im Rahmen ihrer Prüfungen im Jahr 2008 festgestellt hat, liegt bei 27 %. Jeder vierte von der DPR geprüfte Jahresabschluss in 2008 ist somit fehlerhaft. Ein solches Ergebnis ist mehr als bedenklich und wirft unmittelbar zwei Fragen auf: Wo liegen die Ursachen? Was kann man dagegen tun?

1 Grundlagen und Ziele des Enforcement

Die Ziele des so genannten Enforcement sind im Bilanzkontrollgesetz von 2004 verankert: Es soll die Qualität der Rechnungslegung verbessern und zugleich das Vertrauen des Kapitalmarktes in die Richtigkeit der Jahresabschlüsse, das durch viele Bilanzskandale in der Vergangenheit Schaden genommen hatte, stärken.

In Deutschland wurde zum 1. Juli 2005 ein zweistufiges Enforcement-Verfahren eingerichtet und damit ein nationaler Sonderweg beschritten. Auf der ersten Stufe steht die privatrechtlich organisierte, durch das Bundesministerium der Justiz und das Bundesministerium der Finanzen beauftragte Deutsche Prüfstelle für Rechnungslegung (DPR). Mit aktuell 17 hochqualifizierten Mitarbeitern dient sie dem Ziel qualifizierter, unabhängiger und effektiver Enforcement-Prüfungen. Das Jahresbudget beträgt rund 6 Mio. € / Jahr, das im Umlageverfahren durch die börsennotierten Unternehmen in Abhängigkeit ihres jeweiligen Börsenumsatzes bereitgestellt wird.

Die zweite Stufe ist bei der Bundesanstalt für Finanzdienstleistungsaufsicht (BaFin) angesiedelt. Die BaFin wird dann aktiv, wenn es gilt, Prüfungen und Veröffentlichungen von Fehlerfeststellungen mit öffentlich-rechtlichen Maßnahmen durchzusetzen.

Zum Prüfungskreis der DPR gehören die rund tausend kapitalmarktorientierten Unternehmen in Deutschland, einschließlich der 170 ausländischen Unternehmen mit Börsenzulassung in Deutschland. Die Prüfungsfrequenz ergibt sich aus einer detaillierten, mit den zuständigen Bundesministerien abgestimmten Verfahrensordnung. Von den so genannten Anlassprüfungen abgesehen beträgt die Prüfungsfrequenz bei den großen Unternehmen im DAX, MDAX, SDAX und TecDAX alle vier bis fünf Jahre und bei allen übrigen Unternehmen alle acht bis zehn Jahre. Insgesamt werden somit circa 110 - 140 Unternehmen pro Jahr stichprobenartig einer Enforcement-Prüfung unterzogen.

Prüfungsgegenstände sind der zuletzt festgestellte Jahresabschluss nebst Lagebericht beziehungsweise der zuletzt gebilligte Konzernabschluss nebst Konzernlagebericht. Der

Schwerpunkt der Prüfungstätigkeit liegt bei den Konzernabschlüssen, so dass es sich bei über 95 % der geprüften Abschlüsse um IFRS-Abschlüsse handelt. Seit zwei Jahren prüft die DPR auch veröffentlichungspflichtige Halbjahresfinanzberichte, sofern ein begründeter Verdacht besteht, dass ein Fehler in der Rechnungslegung vorliegt.

Grundsätzlich konzentriert sich die DPR bei ihren Prüfungen auf kritische und wesentliche Sachverhalte. Hinsichtlich ihres Prüfungsumfangs unterscheidet sie sich somit grundlegend von einem Wirtschaftsprüfer im Rahmen einer Abschlussprüfung i. S. d. § 317 HGB.

2 Ergebnisse der letzten Jahre

Seit Bestehen der DPR bis einschließlich September 2009 wurden Prüfverfahren bei rd. 500 kapitalmarktorientierten Unternehmen abgeschlossen. Damit besteht erstmals eine umfassende Datenbasis zur IFRS-Rechnungslegung, aus der Aussagen zur Qualität der Rechnungslegung einerseits und Qualität der Rechnungslegungsstandards andererseits abgeleitet werden können.

2.1 Qualität der Rechnungslegung

Am Ende einer Prüfung durch die DPR wird festgestellt, ob die Rechnungslegung des geprüften Unternehmens den anzuwendenden Rechnungslegungsnormen entspricht oder ob diese fehlerhaft ist. Ein Fehler in der Rechnungslegung liegt bei wesentlichen Rechnungslegungsverstößen vor oder wenn unwesentliche Abweichungen von der Norm mit Absicht begangen wurden.

Abbildung 1 zeigt die Anzahl der abgeschlossenen DPR-Prüfungen sowie die Anzahl der Fehlerfeststellungen im Zeitraum von Juli 2005 bis Dezember 2008. Im Durchschnitt resultieren rd. 25 % aller Prüfungen in einer Fehlerfeststellung. Auch 2009 dürfte die Zahl der Fehlerfeststellungen in diesem – so sind sich alle einig – völlig unbefriedigenden Bereich liegen.

Nach dem Willen des Gesetzgebers wird ein Unternehmen, bei dem die DPR zu dem Ergebnis einer fehlerhaften Rechnungslegung kommt, zunächst durch die DPR informiert. Das betroffene Unternehmen erhält den Sachverhalt mit der Fehler-Gesamtbegründung und wird zu einer Stellungnahme zur Sachverhaltsdarstellung und Fehlerfeststellung aufgefordert. Während 2006 die Zustimmungsquote der Unternehmen bei Fehlerfeststellungen der DPR nur bei 52 % lag, ist diese Quote zwischenzeitlich auf 82 % gestiegen. Dieser Anstieg lässt sich als wichtiger Qualitätsbeweis für die Arbeit der DPR interpretieren.

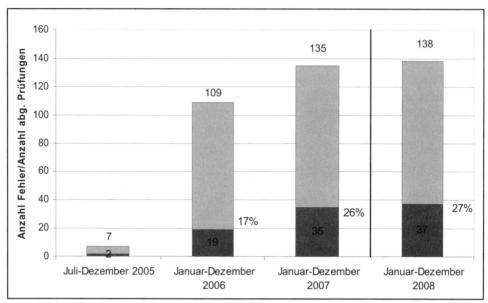

Abb.1: Abgeschlossene DPR-Prüfungen, Entwicklung Fehlerquote (in %)

Spätestens zu dem Zeitpunkt, zu dem die DPR im Rahmen einer Prüfung von einer Fehlerfeststellung ausgeht, lädt sie das betroffene Unternehmen zu einem so genannten Unternehmensgespräch ein. Dieses findet üblicherweise in Berlin unter Beteiligung des Finanzvorstands und des Abschlussprüfers statt. Im Rahmen des Unternehmensgesprächs stellt die DPR ihre Prüfungsergebnisse in einem offenen Dialog zur Diskussion – eine Vorgehensweise, die letztlich die hohe Akzeptanz seitens der geprüften Unternehmen begründet.

Wenn die DPR zu einer Fehlerfeststellung kommt und das Unternehmen dieser zustimmt, übernimmt die BaFin das weitere Verfahren. Auf dieser zweiten Stufe geht es um die Frage der Veröffentlichung. In 95 % der Fälle kommt es zu einer Veröffentlichung.

Stimmt jedoch ein Unternehmen der Fehlerfeststellung durch die DPR nicht zu, greift die BaFin den Fall ihrerseits nochmals auf. Bislang blieb es in der überwiegenden Zahl aller Fälle nach einer Anhörung der DPR und des betroffenen Unternehmens bei der Fehlerfeststellung. Das zweistufige System hat sich insoweit bewährt.

Bei der überwiegenden Zahl der DPR-Prüfungen handelt es sich um Stichprobenprüfungen. Anlassprüfungen nimmt die DPR dann vor, wenn Tatsachen vorliegen, die den starken Verdacht begründen, dass ein Fehler in der Rechnungslegung vorliegt. So kann es nicht verwundern, dass sich im Rahmen von Anlassprüfungen eine Fehlerquote von rd. 80 % ergibt.

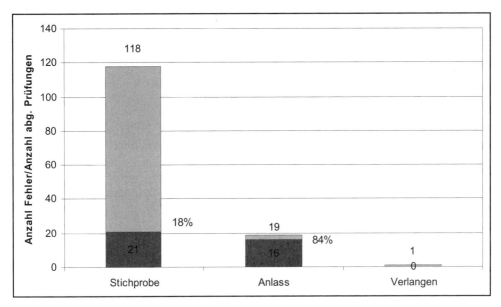

Abb. 2: Abgeschlossene DPR-Prüfungen nach Prüfungsarten und Fehlerquote (in %) (2008)

Differenziert man die geprüften Unternehmen hinsichtlich ihrer Größe, zeigt sich, dass in den größeren Unternehmen – gemessen an der Zugehörigkeit zu einem Index – die Qualität der Abschlusserstellung tendenziell besser ist als in kleineren Unternehmen. Dies scheint insoweit plausibel, als sich größere Unternehmen auch größere und damit tendenziell professionellere Bilanzabteilungen leisten können.

Neben der Größe hat auch die Ertragskraft der Unternehmen, gemessen an der Gesamtkapitalrendite und der Umsatzrendite jeweils nach Steuern, einen signifikanten Einfluss auf die Fehlerquote der Unternehmen. In Abbildung 4 wird deutlich, dass bei denjenigen Unternehmen, bei denen die DPR eine fehlerhafte Rechnungslegung festgestellt hat, die Gesamtkapitalrendite um fast die Hälfte niedriger lag als bei den Unternehmen, bei denen keine Fehler gefunden wurden. Daraus lässt sich schließen, dass der Ergebnisdruck offensichtlich dazu verleitet, die Bilanz zu dehnen und auch zu überdehnen. Das ist ohne Zweifel nicht im Sinne der Standardsetzer.

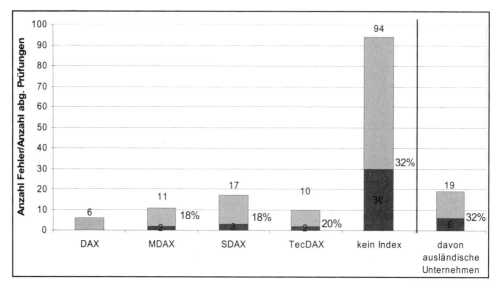

Abb. 3: Abgeschlossene DPR-Prüfungen nach Indizes, Fehlerquote (in %) (2008)

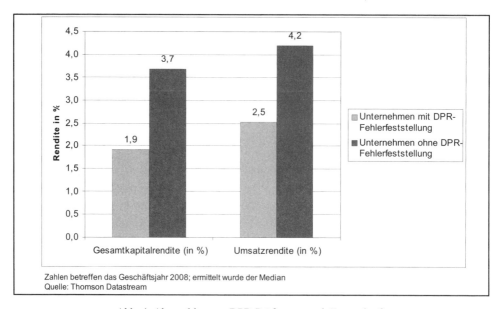

Abb. 4: Abgeschlossene DPR-Prüfungen nach Ertragskraft

2.2 Qualität der Rechnungslegungsstandards (IFRS)

Neben der Frage nach der Qualität der Rechnungslegung muss auch die Frage nach der Qualität der Rechnungslegungsstandards gestellt werden. Damit soll nicht die Trennlinie zwischen denjenigen, die die Standards setzen, und denjenigen, die die Einhaltung der Standards überprüfen, aufgeweicht werden. Wenn aber die Prüfungen der DPR zu dem Ergebnis führen, dass auch die Standards nicht frei von Fehlern sind, so ist dies ein Ergebnis, das auch an die Standardsetzer zurückgespielt werden sollte.

Im Jahr 2008 stellte die DPR bei der bilanziellen Verarbeitung von Unternehmenserwerben und -verkäufen die meisten Einzelfehler fest. In der Summe fanden sich ebenso viele Einzelfehler in den so genannten Verbalteilen Lagebericht, Risikobericht, Prognosebericht und anderen Angaben.

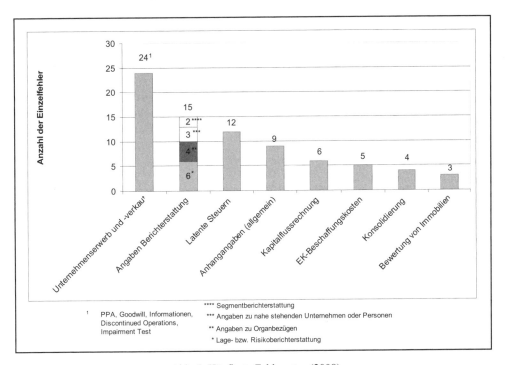

Abb. 5: Häufigste Fehlerarten (2008)

In den ersten drei Quartalen des Jahres 2009 haben sich gegenüber dem Vorjahr zwei wesentliche Veränderungen ergeben:

- erstmals Fehler bei der Prognoseberichterstattung und eine höhere Fehlerrate bei der Risikoberichterstattung sowie
- eine deutliche Zunahme der fehlerhaften Behandlung von Finanzinstrumenten.

Die erhöhte Fehlerzahl in diesen beiden Bereichen ist den Folgen der Finanz- und Wirtschaftskrise sowie der Komplexität der abzubildenden Finanzinstrumente und Vorschriften des IAS 39 geschuldet. Mit in der Spitzengruppe der häufigsten Fehlerfeststellungen lag der Bereich „Angaben Berichterstattung", der nicht direkt dem Zahlenwerk zuzurechnen ist. Wichtigste Fehlerquelle darin sind die Risiko- und Prognoseberichterstattung als Teil des Konzernlageberichts.

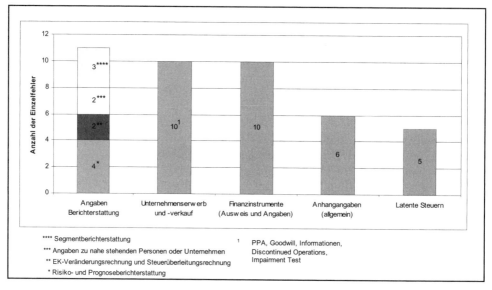

Abb. 6: Häufigste Fehlerarten (2009; Stand: 30. September)

Die Risiken der weiteren Geschäftsentwicklung in den Unternehmen haben aufgrund der Krise generell zugenommen. Die Prüfungen der DPR haben hier jedoch eine zunehmende Zurückhaltung der Unternehmen gezeigt, reale konkrete Risiken zu benennen, die es den Investoren ermöglichen, sich ein zutreffendes Bild über die Risiken der zukünftigen Konzernentwicklung zu machen. Gleiches gilt für die Berichterstattung über Risiken, die sich aus Finanzinstrumenten ergeben. Der Nicht-Banken-Bereich ist hier in höherem Maße bei den Kreditklauseln („financial covenants") betroffen; sobald eine hohe Wahrscheinlichkeit für das Brechen solcher Kreditklauseln besteht mit entsprechenden möglichen Folgen für die Liquidität, ist über dieses Risiko zu berichten. Auch hier haben die Prüfungen der DPR Mängel in der Berichterstattung offenbart. In vielen Fällen mit nicht wesentlichen Mängeln wurden die Unternehmen entsprechend darauf hingewiesen. Bei wesentlichen Risiken, die völlig unerwähnt blieben, die für die Anlageentscheidung des Investors aber von hoher Wichtigkeit gewesen wären, wurde ein entsprechender Fehler festgestellt.

In turbulenten Zeiten nehmen die Unsicherheiten über die zukünftige Geschäftsentwicklung stark zu. Das erschwert den Unternehmen, verlässliche Prognosen zu erstellen und die zukünftige Entwicklung zu beurteilen. Andererseits sind gerade in solchen Zeiten für die Anlageentscheidungen der Investoren zukunftsbezogene Informationen sowie die Beurteilung des Managements der zukünftigen Geschäftsentwicklung von besonderer Bedeutung. Deshalb werden auch entsprechende – zumindest – qualitative Beurteilungen für die zukünftige Entwicklung mit Erläuterung der wichtigsten Einflussfaktoren und Prämissen sowie die Beurteilung der wesentlichen Chancen und Risiken verlangt.

Die Prüfungen der DPR zeigten in einigen Unternehmen starke Zurückhaltung bei der Prognoseberichterstattung. Wenn in den Prognosen nur einzelne Elemente fehlten, so wurde es auch hier bei entsprechenden Hinweisen belassen. Wenn jedoch bewusst komplett auf den Prognosebericht verzichtet wurde, dann ist dies nicht akzeptabel und führte zur Fehlerfeststellung. Dementsprechend musste die DPR im Jahr 2009 erstmals einen Fehler bei der Prognoseberichterstattung feststellen. Diese Fehlerfeststellung wurde auf der 2. Stufe durch die BaFin bestätigt und danach bis vor das OLG Frankfurt am Main getragen, das die gemeinsame Auffassung von DPR und BaFin in vollem Umfang bestätigt hat.

Neben den als Folge der Finanz- und Wirtschaftskrise aufgetretenen Fehlerarten waren die bereits in den Vorjahren mit großer Häufigkeit aufgetretenen Fehler auch 2008 und 2009 wieder festzustellen. Dies gilt vor allem für jene Bereiche, die in besonderer Weise durch Umfang und Komplexität des IFRS-Regelwerkes geprägt sind.

Hierzu zählt zunächst die bilanzielle Behandlung von Unternehmenserwerben. Die meisten Abweichungen entstehen, wie in den Vorjahren, insbesondere bei der Kaufpreisallokation auf immaterielle Vermögenswerte. Hier verlangt der Standard eine Separierung der Erfolgsbeiträge einzelner immaterieller Vermögenswerte wie z. B. Markenname, Kundenstamm, was in der Mehrzahl der Fälle in der betrieblichen Praxis selten objektiv und verlässlich durchführbar ist. Die Vielzahl der Abweichungen vom Standard belegt die Schwäche des Regelwerkes für die Kaufpreisallokation.

Die zweithäufigsten Abweichungen in diesem Bereich treten bei der Bewertung des Geschäfts- oder Firmenwertes (GoF) auf. Insbesondere die Überprüfung der Werthaltigkeit des GoF in den Folgejahren ist aufwendig, komplex und enthält viele subjektive Elemente: Aufteilung des GoF auf selbständige Geschäftseinheiten, Ermittlung von Ertragswerten aufgrund aufwendiger zukunftsbezogener Cash Flow-Planungen und Ableitung geeigneter Diskontierungssätze sowie sehr umfangreiche Anhangangaben. Dieser Trend zu mehr Abweichungen kann sich in Zeiten wirtschaftlicher Schwierigkeiten verstärken, wenn versucht wird, Ergebnispolitik zu betreiben, indem Wertminderungen des GoF möglichst reduziert werden. Die Summe der GoF der 130 größten Unternehmen in Deutschland war bis zum Beginn der Krise auf rd. 200 Mrd. € angestiegen, bedingt durch viele Transaktionen mit entsprechend hohen Kaufpreisen (und GoF) aufgrund sehr guter Geschäftsaussichten. Diese haben sich in der Krise zum Teil nachhaltig eingetrübt, so dass doch flächendeckend Wertminderungen der GoF zu erwarten gewesen wären. Die Prüfungen der DPR haben hier jedoch offenbart, dass nur in vergleichsweise wenigen Fällen GoF abgeschrieben wurden. Dies wurde erreicht, indem für die Bewertung – verglichen mit den realen Umständen – sehr hohe Ergebnisdaten in zukünftigen Jahren eingeplant wurden.

Weitere Beispiele dafür, dass die Standards auf Grund ihrer Komplexität zu Fehlern führen, sind neben der Behandlung von Finanzinstrumenten (IAS 39) die Aktivierung von Entwicklungskosten (IAS 38) und die Fair Value-Bewertung von Investment Properties (IAS 40).

Insgesamt stehen Umfang und Komplexität der IFRS-Standards an erster Stelle bei den Treibern für fehlerhafte Rechnungslegungen. Weitere Ursachen sind oftmals eine Überforderung der kleinen und mittelgroßen Unternehmen und gelegentlich eine Unkenntnis der Standards. „Schwarze Schafe" lassen sich nur in einigen wenigen Fällen identifizieren.

Als Zwischenfazit lässt sich feststellen, dass die Enforcement-Prüfungen der DPR eine hohe Fehlerrate offenbart haben. Sie ist im Wesentlichen durch die Komplexität der Standards getrieben, die oftmals die Ersteller überfordert. Dabei haben etliche nur mit hohem Aufwand umzusetzende Standards für die Adressaten keinen weiterführenden Nutzen. Zugleich gewähren viele Standards breiten Spielraum für Earnings Policy und gefährden damit die eigentlich angestrebte Transparenz.

Wenn man den tatsächlichen Bedürfnissen der Adressaten bei der Weiterentwicklung der Standards Rechnung tragen wollte, müsste den Grundsätzen der Verständlichkeit und Vergleichbarkeit stärker Beachtung geschenkt werden. Vor diesem Hintergrund hat die DPR ihre Prüfungsergebnisse mit entsprechenden Kommentaren sowohl an den nationalen Standardsetzer (Deutscher Standardisierungsrat) als auch an den letztlich zuständigen und verantwortlichen internationalen Standardsetzer in London (IASB) weitergegeben. Allerdings sind bisher noch keine konkreten Schritte in Richtung Komplexitätsreduktion von IFRS zu erkennen. Lediglich im Bereich Finanzinstrumente gibt es aufgrund des massiven Drucks wegen der Finanzkrise erste Schritte, deren endgültiges Ergebnis noch abzuwarten bleibt.

3 Wirkungen der DPR

Die Enforcement-Prüfungen der DPR entfalten in hohem Maße eine präventive Wirkung. So gibt die DPR in sehr vielen Prüfungen den Unternehmen Hinweise auf festgestellte, nicht materielle Fehler, die für die künftige Rechnungslegung wesentlich werden können. Damit können Fehler in künftigen Abschlüssen vermieden werden. Zu den präventiven Wirkungen zählt auch, dass allein die Existenz der DPR ein verstärktes Bewusstsein in allen Gremien der Unternehmen für Bilanzierungsfragen geweckt hat.

Darüber hinaus kann die DPR seit November 2009 einzelne Voranfragen zu konkreten Bilanzierungsproblemen von kapitalmarktorientierten Unternehmen beantworten. Dieser Wunsch nach einem sogenannten Pre-Clearance ist seit Längerem seitens der Ersteller an die DPR herangetragen worden. Unabdingbare Bestandteile einer solchen schriftlich zu stellenden Voranfrage sind ein hinreichend konkretisierter Sachverhalt, die vom Unternehmen vorgeschlagene bilanzielle Behandlung sowie eine Stellungnahme des Abschlussprüfers.

Sofern die DPR die Voranfrage annimmt, wird es im Regelfall zu einem Unternehmensgespräch bei der DPR kommen. Danach teilt die DPR ihre Auffassung dem Unternehmen mit. Auch wenn die DPR-Antwort aus juristischen Gründen nicht verbindlich sein darf, schafft dieses Verfahren eine gute Möglichkeit, das umfangreiche Wissen der Mitglieder der Prüfstelle aus über 500 Prüfungen auf dem Gebiet der Rechnungslegung an die Unternehmen weiterzugeben. Mit diesem Verfahren können Fehler bereits bei der Abschlusserstellung vermieden und somit die präventive Funktion der DPR verstärkt werden.

Neben den präventiven Maßnahmen zeigt auch die vom Gesetzgeber vorgesehene Sanktion der Fehlerveröffentlichung Wirkung. Investoren betrachten veröffentlichte DPR-Fehlerfeststellungen als negatives Signal. Kurzfristig (drei Tage nach der Fehlerveröffentlichung) sind die Auswirkungen einer Fehlerfeststellung auf den Börsenkurs eher gering: In einer Studie wurden Kursabschläge von 1,1 % im Durchschnitt festgestellt. Dies ist wenig verwunderlich, da viele in der Fehlerveröffentlichung bekanntgegebene Mängel bereits vorab durch das Unternehmen selbst kommuniziert und korrigiert werden. Langfristig (150 Tage nach der Veröffentlichung) sind gemäß dieser Studie stärkere Kursabschläge von bis zu 25 % zu beobachten, was die Auswirkung von Fehlerfeststellungen am Kapitalmarkt deutlicher signalisiert.

Eine Befragung durch das Deutsche Aktieninstitut bei rd. 200 Unternehmen bestätigt, dass 87 % der Unternehmen einen Reputationsverlust bei einer Fehlerveröffentlichung befürchten. 34 % der Befragten gaben an, ihre Rechnungslegung nach einer DPR-Prüfung entsprechend anzupassen.

4 Internationale Aspekte des Enforcement

Die Enforcement-Einrichtungen sind bisher alle national aufgestellt – globale Kapitalmärkte und global agierende Unternehmen verlangen jedoch nach entsprechend länderübergreifend aufgestellten, abgestimmten Enforcement-Einrichtungen. Hiervon sind wir, auch in Europa, noch sehr weit entfernt.

Im Rahmen von CESR bestehen die „European Enforcement Coordination Sessions" (EECS), bei denen sich die Enforcement-Experten aller europäischen Länder etwa alle zwei Monate treffen. Hier werden im Schwerpunkt IFRS-Anwendungsfälle diskutiert, die von länderübergreifendem Interesse sind. Ziel ist die einheitliche Auslegung von IFRS-Vorschriften sowie der Austausch erster Erfahrungen mit der Anwendung von neuen IFRS-Vorschriften in Europa.

Das große Feld der Harmonisierung von Enforcement-Prozessen und -Strukturen bleibt jedoch unbearbeitet. Hierfür ist die EECS nicht aufgestellt, und es bleibt abzuwarten, ob die beschlossene Einrichtung von europäischen Aufsichtsagenturen eine Harmonisierung bei der Durchführung von Enforcement-Verfahren bewirken kann. Die Strukturen des Enforcement sind in Europa sehr verschieden: neben rein staatlichen Institutionen (z. B. Frankreich) gibt es kombinierte privatrechtliche/staatliche Einrichtungen (z. B. Deutschland) und rein privatrechtliche Strukturen (z. B. Großbritannien). Dem liegen völlig unterschiedliche nationale Gesetze für das Enforcement zugrunde, die auch zu völlig verschiedenen Prozessen und Aufgabenumfängen der nationalen Bilanzkontrollen führen. Dies kann zu erheblichen Nachteilen für Unternehmen mit Börsennotierung in mehreren Ländern führen. Um diese Nachteile zu begrenzen und um einen tiefer gehenden Erfahrungsaustausch über Enforcement-Prozesse zu erreichen, führt die DPR gemeinsam mit der BaFin die bilateralen Gespräche mit einzelnen Enforcern in Europa fort, z. B. mit den jeweiligen Einrichtungen in Großbritannien, Spanien und in der Schweiz.

5 Ausblick

Die DPR will ihre präventiven Aufgaben weiter stärken. Dabei wird jetzt das neue Verfahren der fallbezogenen Voranfragen helfen. Darüber hinaus will sie den Standardsetzern verstärkt ihre Prüfergebnisse und Analysen zur Verfügung stellen mit dem klaren Ziel einer Vereinfachung der IFRS bei künftigen Weiterentwicklungen der Standards.

Darüber hinaus strebt die DPR eine Fortsetzung der bilateralen Gespräche mit europäischen Enforcern an, um auf diesem Wege die Harmonisierung der Prozesse und Strukturen graduell voranzutreiben.

Christoph Hütten[*]

Bilanzierungsvielfalt vor und nach dem BilMoG – Die Sichtweise eines internationalen Konzerns

1 Einführung

2 Rechnungslegungsvielfalt im internationalen Konzern

3 Ausgewählte Schmerzpunkte der Rechnungslegungsvielfalt
    3.1 Jahresabschluss als Ausschüttungsgrundlage
    3.2 HGB-Abschluss im Spannungsfeld zwischen IFRS und Steuerrecht
    3.3 Steuerungstauglichkeit der IFRS
    3.4 Mangelnder IFRS-Fokus bei nicht harmonisiertem Rechnungswesen
    3.5 Adressatenlose Abschlüsse von Tochterunternehmen
    3.6 Nichtfinanzdaten im Lagebericht

4 Auswirkungen des BilMoG auf die identifizierten Schmerzpunkte
    4.1 Auswirkungen auf Ausschüttungsgrundlage und Abschlusspflicht von Tochterunternehmen
    4.2 Auswirkungen auf Spannungsverhältnis des Jahresabschlusses
    4.3 Auswirkungen auf Umfang von Nichtfinanzdaten im Lagebericht

5 Schmerzlinderung de lege ferenda
    5.1 Ausgewählte Möglichkeiten der Schmerzlinderung
        5.1.1 Änderung der Ausschüttungsbasis
        5.1.2 Reaktive Aufstellung von Jahresabschlüssen und Lageberichten
        5.1.3 Entlastung des Lageberichts
    5.2 Fiktion eines schmerzarmen Szenarios

6 Fazit

---

[*] Dr. *Christoph Hütten*, Chief Accounting Officer, SAP AG, Walldorf.

1 Einführung

Eine besondere Herausforderung für das Rechnungswesen börsennotierter deutscher Konzerne stellt die Rechnungslegungsvielfalt dar, die sich aus dem Nebeneinander von IFRS, lokalen Bilanzierungsvorschriften, steuerrechtlichen Anforderungen und internem Berichtswesen ergibt und die sowohl die organisatorische als auch prozessuale Ausrichtung des betrieblichen Rechnungswesens stark beeinflusst. Dabei haben die Regelungsdichte und damit auch die Bedeutung der Rechnungslegungsvielfalt als Einflussfaktor auf das Rechnungswesen über die letzten Jahre stetig zugenommen.

„Die Unternehmen in Deutschland benötigen eine moderne Bilanzierungsgrundlage".[1] Mit dieser Motivation hat der deutsche Gesetzgeber in diesem Jahr das Bilanzrechtsmodernisierungsgesetz (BilMoG) in Kraft gesetzt. Im Folgenden soll daher untersucht werden, ob das BilMoG die Bilanzierungsgrundlage für deutsche Unternehmen auch dahingehend modernisiert hat, dass die Rechnungslegungsvielfalt reduziert wurde oder ob das BilMoG für börsennotierte Konzerne eher eine weitere Ausweitung der Herausforderungen der Rechnungslegungsvielfalt bedeutet.

2 Rechnungslegungsvielfalt im internationalen Konzern

Betrachtet man einen Konzern mit börsennotiertem deutschem Mutterunternehmen und n Tochterunternehmen, so stellt sich die typische Rechnungslegungsvielfalt wie in Abbildung 1 dar.

- Das Mutterunternehmen erstellt für jedes Geschäftsjahr[2]
    - einen IFRS-Konzernabschluss (§§ 290 i. V. m. 315a HGB),
    - einen HGB-Konzernlagebericht (§ 290 HGB),
    - einen HGB-Jahresabschluss (§§ 242 i. V. m. 264 HGB),
    - einen HGB-Lagebericht (§ 264 HGB),
    - eine Steuerbilanz (§ 5 EStG),
    - sofern die IFRS-Finanzdaten für die interne Steuerung als nicht tauglich angesehen werden, interne Steuerungsdaten nach den unternehmenseigenen Vorgaben für das interne Berichtswesen; diese Steuerungsdaten sind nach IFRS 8 in segmentierter Form im IFRS-Konzernabschluss zu publizieren.

---

[1] Deutscher Bundestag: Gesetzesentwurf der Bundesregierung, Entwurf eines Gesetzes zur Modernisierung des Bilanzrechts (Bilanzrechtsmodernisierungsgesetz – BilMoG), Drucksache 16/10067 v. 30.07.2008.

[2] Im Folgenden wird allein die geschäftsjahrbezogene Rechnungslegung betrachtet. Die weitergehende unterjährige Rechnungslegung wird nicht betrachtet.

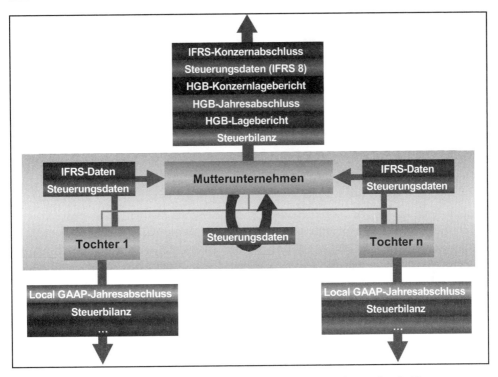

Abb. 1: Rechnungslegungsvielfalt in der Finanzberichterstattung internationaler Konzerne

- Jedes Tochterunternehmen erstellt
  - einen Jahresabschluss nach „local GAAP", d. h. im Fall deutscher Tochterunternehmen nach den HGB-Bilanzierungsvorschriften (§§ 242 i. V. m. 264 HGB),[3] im Fall ausländischer Tochterunternehmen nach nationalem Bilanzrecht, sofern ein entsprechende Verpflichtung besteht,[4]
  - einen Lagebericht, im Fall deutscher Tochterunternehmen nach HGB-Vorschriften (§ 264 HGB) und soweit kein Befreiungstatbestand vorliegt (§§ 264 Abs. 3, 264b, 267 HGB), im Fall ausländischer Unternehmen nach nationalen Vorschriften und insoweit eine Aufstellungspflicht besteht,

---

[3] Für deutsche Tochterunternehmen besteht die Pflicht zur Erstellung eines HGB-Jahresabschlusses nach § 242 i. V. m. § 264 HGB. Zwar enthalten die §§ 264 Abs. 3, 264b, 267 HGB Befreiungsvorschriften; diese beziehen sich jedoch allein auf die Beachtung der §§ 264ff. HGB, nicht auf die grundsätzliche Pflicht zur Aufstellung des Jahresabschlusses.

[4] Eine solche Verpflichtung besteht insbesondere nicht bei den meisten Tochterunternehmen in den USA. In manchen Ländern besteht die Aufstellungspflicht, jedoch verbunden mit der Möglichkeit, den lokalen Abschluss nach den IFRS zu erstellen.

- eine Steuerbilanz, im Fall deutscher Tochterunternehmen nach den EStG-Vorschriften (§ 5 EStG) mit eingeschränktem Maßgeblichkeitsprinzip, im Fall ausländischer Tochterunternehmen entsprechende Verpflichtungen zur Ermittlung des zu versteuernden Gewinns,
- sofern die IFRS-Finanzdaten für die interne Steuerung als nicht tauglich angesehen werden, interne Steuerungsdaten nach den Vorgaben des Mutterunternehmens für das interne Berichtswesen,
- weitere Instrumente der Finanzberichterstattung, sofern nach nationalem Recht vorgeschrieben.

Wie weit die unternehmensindividuelle Spanne der Rechnungslegungsvielfalt reicht, hängt u. a. davon ab, wie groß die Unterschiede zwischen internem Berichtswesen und IFRS sind, wie viele Tochterunternehmen zu einer einzelgesellschaftlichen Rechnungslegung verpflichtet sind und inwieweit sich die anzuwendenden nationalen Bilanzierungsvorschriften von den IFRS unterscheiden. Diese Spanne der Rechnungslegungsvielfalt bestimmt den zu ihrer Bewältigung anfallenden Aufwand, da sie Auswirkungen hat auf die erforderlichen Ressourcen und die Möglichkeiten der Standardisierung und das Angebot von Shared Services im Konzern.

3 Ausgewählte Schmerzpunkte der Rechnungslegungsvielfalt

Die oben beschriebene Rechnungslegungsvielfalt stellt den internationalen Konzern regelmäßig vor große Herausforderungen. Diese resultieren zum größten Teil aus der Notwendigkeit, einschlägige Gesetzesvorschriften zu erfüllen, und entbehren vielfach einen über die Gesetzeskonformität hinausgehenden Wert für den Konzern. Sie sollen daher im Folgenden als „Schmerzpunkte" bezeichnet werden.

Die Zahl und exakte Ausprägung der Schmerzpunkte sind von Konzern zu Konzern unterschiedlich. Die folgende Auflistung stellt daher lediglich eine Auswahl dar, von der angenommen wird, dass sie bei zahlreichen internationalen Konzernen mit deutschem Mutterunternehmen auftreten. Die Intensität des Schmerzes ist bei den Schmerzpunkten auch keineswegs gleich und dürfte ebenfalls vom konkreten Einzelfall unter Berücksichtigung der oben genannten Einflussfaktoren abhängen.

3.1 Jahresabschluss als Ausschüttungsgrundlage

Nach §§ 57 Abs. 3 HGB, 174 AktG richtet sich die Ausschüttung von Dividenden bei deutschen Aktiengesellschaften allein nach dem Jahresabschluss. Der Konzernabschluss darf hierzu nicht herangezogen werden. In der Praxis erfolgt jedoch vielfach faktisch eine Ausrichtung der Dividendenhöhe am Konzernabschluss; der Jahresabschluss dient dann lediglich einer Art rechtlichen Rechtfertigung, indem dafür gesorgt wird, dass die Dividende den in diesem Jahresabschluss ausgewiesenen Bilanzgewinn nicht übersteigt.

Dies spiegelt sich auch in den Ergebnissen einer von KPMG durchgeführten Studie wider, wonach die Ergebnislage des Konzerns bei Mutterunternehmen der wichtigste Einflussfaktor der Dividendenausschüttung ist.[5]

Der Schmerzpunkt liegt hier in der Notwendigkeit der Steuerung des Bilanzgewinns in einer Weise, dass die angesichts des Konzernergebnisses für angemessen erachtete Dividende auch tatsächlich ausgeschüttet werden kann. „To bring the parent company's financial situation in line with the group perspective, the companies interviewed in nearly all cases steer the profits and cash flow situation of the parent company"[6]. Die Motivation für diese Bilanzgewinnsteuerung leitet sich nicht aus einem ökonomischen Unternehmensinteresse ab, sondern resultiert allein aus dem Auseinanderfallen von Unternehmenspraxis und gesetzlicher Anforderung.

3.2 HGB-Abschluss im Spannungsfeld zwischen IFRS und Steuerrecht

Bei der Erstellung ihres Konzernabschlusses folgen internationale Konzerne üblicherweise einer der beiden folgenden Ansätze:

- Ansatz 1: Die Konzernunternehmen führen ihre Bücher entsprechend der lokalen Bilanzierungsvorschriften, ermitteln aus diesem Buchungsstoff lokale Abschlüsse (Handelsbilanzen I) und leiten aus diesen lokalen Abschlüssen die Abschlüsse nach den IFRS-basierten Konzernbilanzrichtlinien (Handelsbilanzen II) zur Einbeziehung in den Konzernabschluss ab.

- Ansatz 2: Die Konzernunternehmen führen ihre Bücher entsprechend der IFRS-basierten Konzernbilanzrichtlinien, ermitteln aus diesem Buchungsstoff IFRS-Abschlüsse zur Einbeziehung in den Konzernabschluss (Handelsbilanz II) und leiten aus diesen IFRS-Abschlüssen die Jahresabschlüsse nach lokalen Bilanzierungsvorschriften ab (Handelsbilanz I).

Unabhängig davon, ob nach Ansatz 1 oder Ansatz 2 vorgegangen wird, besteht eine Motivation, die Abweichungen zwischen der Bilanzierung nach lokalen Vorschriften und der IFRS-Bilanzierung zu minimieren, da dies den Aufwand der Überleitung von Handelsbilanz I auf Handelsbilanz II (oder umgekehrt) mindert. Gleichzeitig wird jedoch die Steuerbilanz aus der Handelsbilanz I abgeleitet, weshalb auch hier eine Minimierung der Abweichungen aufwandsmindernd wirkt. Hinzu kommt das Maßgeblichkeitsprinzip nach § 5 Abs. 1 EStG, das zu dem Interesse führt, die Rechnungslegungsmethoden in den Jahresabschlüssen der deutschen Konzernunternehmen aus steuerlicher Sicht zu gestalten.

---

[5] Vgl. *KPMG* (2008), S. 150.
[6] *KPMG* (2008), S. 150.

Diese Konstellation zeigt sich zum Beispiel in den folgenden Szenarien als Dilemma-artiger Schmerzpunkt:

- IFRS und Steuerrecht schreiben unterschiedliche Bilanzierungsmethoden vor und das HGB-Bilanzrecht erlaubt beide Methoden (z. B. Pensionsbilanzierung bevor BilMoG).
- Ein nach IFRS und HGB-Bilanzrecht gleicher Ermessensspielraum soll nach IFRS eher gewinnmaximierend ausgeübt werden, während aus steuerlicher Sicht eine gewinnminimierende Ausübung bevorzugt wird (z. B. Beurteilung, ob Anlass zu einer (auch steuerlich ansetzbaren) Rückstellung besteht oder nicht).

Auch auf diesen Schmerzpunkt lässt sich der Konzern nicht freiwillig ein; vielmehr resultiert er aus dem Nebeneinander und der mangelnden Übereinstimmung von IFRS, HGB-Bilanzrecht und steuerlicher Gewinnermittlung.

3.3 Steuerungstauglichkeit der IFRS

Die IFRS sind auf die Informationsversorgung der Investoren ausgerichtet. Da die Anforderungen des externen Investors an die Ermittlung von Erfolgsgrößen nicht zwingend deckungsgleich sind mit den Anforderungen, die sich aus den Steuerungszwecken ergeben, ergibt sich eine nur eingeschränkte Eignung der IFRS für das interne Berichtswesen.

Sofern die Einschränkungen der Steuerungstauglichkeit wesentlich sind, wird der Konzern im internen Berichtswesen mit von den IFRS-Erfolgsgrößen abweichenden Steuerungskennzahlen arbeiten. Während dies die Steuerungstauglichkeit des internen Berichtswesens erhöht, führt es gleichzeitig zu höherer Komplexität und zusätzlichem Aufwand, weil die Abweichungen zwischen den IFRS-Werten und den Steuerungsdaten nachgehalten, erklärt und in der Segmentberichterstattung nach IFRS 8 offengelegt werden müssen. Außerdem muss der Konzern entscheiden, ob er seine Finanzkommunikation eher auf IFRS-Zahlen ausrichtet oder – soweit zulässig – in der über die Pflichtberichterstattung hinausgehenden Kommunikation die internen Steuerungskennzahlen in den Mittelpunkt stellt.

3.4 Mangelnder IFRS-Fokus bei nicht harmonisiertem Rechnungswesen

Kommt es zu den unter 3.3 beschriebenen Abweichungen zwischen IFRS und internem Berichtswesen, so kann dies auch das Ziel einer korrekten IFRS-Bilanzierung beeinträchtigen. Grund hierfür ist, dass der Fokus von Konzernleitung und -mitarbeitern natürlicherweise auf den Steuerungskennzahlen liegt. Damit fehlen jedoch vielfach das Verständnis und die nötige Aufmerksamkeit für die IFRS-Erfolgskomponenten, die das interne Berichtswesen ausblendet oder in abweichender Form berücksichtigt. Zwar kann diesem Schmerzpunkt entgegen gewirkt werden, indem die Bilanzierungsabteilung vom Controlling getrennt ist und damit seinen Fokus auf die IFRS-Zahlen behält. Allerdings kommt es dann zu einem anderen Schmerzpunkt, weil in einer derart aufgestellten Organisation die Kommunikation zwischen den Abteilungen Controlling und Bilanzierung beeinträchtigt wird, eben weil sie auf unterschiedliche Zahlen ausgerichtet sind. Hinzu kommt, dass eine Trennung von Bilanzierung und Controlling auf Ebene kleinerer Tochterunternehmen aufgrund der ressourcenbedingt fehlenden Möglichkeit zur Spezialisierung nicht realisierbar ist.

3.5 Adressatenlose Abschlüsse von Tochterunternehmen

Es ist üblich, die Jahresabschlusszwecke in der Information und Zahlungsbemessung im Sinne einer Ausschüttungsbeschränkung zu sehen. Adressaten des Abschlusses sind damit insbesondere die an der Information und/oder Ausschüttungsbeschränkung interessierten aktuellen und potenziellen Gesellschafter und Gläubiger.

Die lokalen Vorschriften, die die Erstellung von Jahresabschlüssen verlangen, machen die Erstellungspflicht in der Regel nicht davon abhängig, dass es im konkreten Einzelfall die genannten Adressaten auch tatsächlich gibt. Gerade im Fall von Tochterunternehmen sind jedoch Szenarien nicht selten, in dem es an interessierten Adressaten fehlt. Dies ist z. B. vielfach der Fall bei 100 %igen Tochterunternehmen, deren Fremdfinanzierung durch andere Konzernunternehmen erfolgt. Zwar haben auch solche Tochterunternehmen vielfach Lieferanten und damit kurzfristige Verbindlichkeiten. Allerdings dürften diese Geschäftspartner nur in seltenen Fällen zur Informationsbeschaffung auf den Jahresabschluss der Tochterunternehmen zurückgreifen, weil entweder die Höhe der Forderungen den Analyseaufwand nicht rechtfertigt oder weil der Jahresabschluss aufgrund der Konzernverflechtung als nicht aussagekräftig angesehen wird.

Der Schmerzpunkt liegt hier in dem Aufwand, der zur Erstellung der Jahresabschlüsse von Tochterunternehmen betrieben werden muss, obwohl davon ausgegangen werden kann, dass es zu einer Nutzung des Abschlusses nicht kommen wird.

3.6 Nichtfinanzdaten im Lagebericht

Über die letzten Jahre wurden der in §§ 289, 315 HGB und DRS 5 und 15 kodifizierte Katalog der Pflichtangaben im Lagebericht und Konzernlagebericht deutlich ausgeweitet. Dabei haben die in jüngerer Zeit hinzugekommenen Pflichtangaben keinen Bezug zum Berichtsjahr und zur Finanzberichterstattung, sondern sind grundsätzlicher Natur:

- Informationen zu den Risiken und dem Risikomanagement bezüglich Finanzinstrumente,
- Informationen zum System der Organvergütung,
- Übernahmebezogene Informationen.

Während dadurch der Umfang des (Konzern-)Lageberichts deutlich gewachsen ist, ist seine Funktion als den Abschluss ergänzendes Informationsinstrument in den Hintergrund gerückt. Einen Schmerzpunkt stellt dies dar, weil der Erstellungsaufwand für den (Konzern-)Lagebericht steigt, während sich dies durch die zunehmende Fülle nicht berichtsjahrbezogener Informationen gegebenenfalls nicht in einem größeren Informationsnutzen niederschlägt.

4 Auswirkungen des BilMoG auf die identifizierten Schmerzpunkte

Das BilMoG hat zahlreiche Regelungen mit Auswirkung auf die Finanzberichterstattung internationaler Konzerne mit deutschem Mutterunternehmen. Hierzu gehören insbesondere

- Änderung von Bilanzierungsvorschriften
  - Annäherung des HGB-Abschlusses an die IFRS
  - Annäherung des HGB-Abschlusses an die Steuerbilanz
- Ausweitung von Anhangangaben
  - z. B. Angaben zu Geschäften mit nahestehenden Personen
  - z. B. Vorteile und Risiken von nicht bilanzwirksamen Geschäften
  - z. B. erweiterte Angaben zu Finanzinstrumenten
- Ausweitung der Lageberichterstattung
  - Angaben zum internen Kontrollsystem und Risikomanagementsystem bzgl. Rechnungslegungsprozess
  - Erklärung zur Unternehmensführung
- Neue Anforderungen an die Überwachung
  - „Finanzexperte" im Aufsichtsrat
  - Abgrenzung der Zuständigkeit des Prüfungsausschusses

Im Folgenden soll für die unter Abschnitt 3 identifizierten Schmerzpunkte, für die das BilMoG potenziell von Relevanz ist,[7] untersucht werden, ob das BilMoG mit diesen Neuregelungen auch den Status Quo der Rechnungslegungsvielfalt wesentlich beeinflusst hat.

---

[7] Keine Analyse erfolgt für den Schmerzpunkt der Steuerungstauglichkeit der IFRS und den daraus folgenden Schmerzpunkt des mangelnden Fokus auf IFRS, da diese durch das BilMoG nicht beeinflusst werden können.

4.1 Auswirkungen auf Ausschüttungsgrundlage und Abschlusspflicht von Tochterunternehmen

Die aktienrechtlichen Regelungen zur Ausschüttungsbemessung hat das BilMoG unberührt gelassen. Dagegen nehmen verschiedene BilMoG-Regelungen Einfluss auf die Pflicht bzw. den Umfang der Pflicht zur Erstellung von Abschlüssen:

- Mikrounternehmen[8] wurden aus der Abschlusspflicht ausgenommen.
- Die Schwellenwerte zur Bestimmung, ob eine Kapitalgesellschaft klein, mittelgroß oder groß ist, wurden angehoben.

Auf internationale Konzerne dürften diese Erleichterungen nur wenig Auswirkungen haben. Dagegen hat eine im BilMoG-Referentenentwurf noch vorgesehene Vorschrift mit dem Potenzial größerer Auswirkungen auf die Rechnungslegungsvielfalt in deutschen Konzernen, das Gesetzgebungsvorhaben nicht überlegt: Nach § 264e HGB i. d. F. des BilMoG-RefE sollte es nämlich Unternehmen erlaubt werden, ihren Jahresabschluss nach den IFRS zu erstellen, sofern sie diesem IFRS-Jahresabschluss eine nach HGB-Vorschriften erstellte Bilanz und Gewinn- und Verlustrechnung hinzufügen. Damit wäre zwar den Unternehmen in einem Konzern die HGB-Bilanzierung nicht erspart geblieben. Es hätte jedoch statt eines HGB-Anhangs ein IFRS-Anhang erstellt werden können, was zu einer Erleichterung hätte führen können, da die IFRS-Anhangangaben eh für Konzernzwecke aufbereitet werden müssen.

Damit hat das BilMoG schlussendlich an den Schmerzpunkten „Ausschüttung auf Basis HGB-Einzelabschluss" und „Abschlusspflicht von Tochterunternehmen bei fehlenden Adressaten" nichts geändert: Die Mutterunternehmen und alle deutschen Tochterunternehmen bleiben weiterhin zur Erstellung eines vollen HGB-Jahresabschlusses verpflichtet (sofern nicht die bereits vor dem BilMoG bestehenden Erleichterungen bei Verlustübernahmeerklärung und für „& Co."-Gesellschaften greifen), der auch Grundlage für die Ausschüttung ist.

4.2 Auswirkungen auf Spannungsverhältnis des Jahresabschlusses

Das BilMoG hat verschiedene Bilanzierungs- und Bewertungsvorschriften geändert, die auf das Spannungsverhältnis des HGB-Abschlusses zwischen IFRS und Steuerrecht wirken können:

- Verschiedene vorgeschriebene Bilanzierungsmethoden wurden an die IFRS und teilweise an die steuerbilanziellen Vorgaben angepasst.
- Bilanzierungswahlrechte wurden abgeschafft.

---

[8] Als Mikrounternehmen sollen hier Einzelkaufleute i. S. d. § 241a HGB verstanden werden (Umsatzerlöse < 100.000 €, Jahresüberschuss < 50.000 €).

- Die umgekehrte Maßgeblichkeit wurde abgeschafft
- Zusätzliche Anhangangabepflichten wurden eingeführt.

Zu einer wesentlichen Änderung des Spannungsverhältnisses kommt es hierdurch jedoch nicht. Im Gegenteil: Der Aufwand der Überleitungen zwischen IFRS-Abschluss, HGB-Abschluss und Steuerbilanz nimmt in manchen Bereichen sogar zu:

- Der Maßgeblichkeitsgrundsatz gilt weiterhin. Daher bleiben steuerliche Überlegungen auch weiterhin für die Bilanzierung im Jahresabschluss von Relevanz
- Die Anpassung von HGB-Bilanzierungsvorschriften an die entsprechenden Vorgaben von IFRS und/oder Steuerrecht bestanden teilweise lediglich in einer Annäherung, nicht in einer Vereinheitlichung. So müssen Geschäftsvorfälle vielfach auch weiterhin auf potenzielle Unterschiede in der IFRS-, HGB- und Steuerbilanzierung untersucht werden. So können nach §§ 248 Abs. 2, 255 Abs. 2a HGB anders als nach IFRS Entwicklungskosten nur aktiviert werden, wenn sie zu einem immateriellen Vermögensgegenstand geworden sind. Bei der Pensionsbilanzierung dürften Unternehmen künftig drei aktuarische Gutachten benötigen, weil die Bewertungsvorschriften des § 253 Abs. 2 HGB weder mit denen des IAS 19, noch mit denen des § 6a EStG übereinstimmen.
- Auch die neuen Anhangangaben weichen teilweise von denen der IFRS ab.

4.3 Auswirkungen auf Umfang von Nichtfinanzdaten im Lagebericht

Das BilMoG hat recht umfangreiche Änderungen an den Regelungen zum (Konzern-)Lagebericht vorgenommen:

- Die bereits vor dem BilMoG vorgeschriebenen übernahmerelevanten Angaben können nun auch per Verweis auf den (Konzern-)Anhang gemacht werden.
- Es wurde eine Pflicht zur Beschreibung der wesentlichen Merkmale des internen Kontroll- und des Risikomanagementsystems eingeführt.
- Es wurde eine Pflicht zur Abgabe einer Erklärung zur Unternehmensführung eingeführt. Diese Erklärung muss entweder im Lagebericht oder auf der Internetseite des Unternehmens platziert werden, wobei im letzteren Fall in den Lagebericht ein Verweis auf die Internetseite aufzunehmen ist.

Zwar bedeutet die Möglichkeit, übernahmerelevante Angaben per Verweis auf entsprechende (Konzern-)Anhangsangaben zu vermitteln, eine Möglichkeit zur Vermeidung von Redundanzen. Bedeutsamer ist jedoch, dass der Lagebericht durch das BilMoG um weitere Informationen ohne unmittelbaren Bezug zu Berichtsjahr und Finanzberichterstattung erweitert werden muss. Für die vor allem Corporate Governance-bezogenen Angaben gilt leider auch nur teilweise die Möglichkeit zur Verlagerung auf die Internetseite. Damit rückt die Beschreibung des Geschäftsverlaufs im (Konzern-)Lagebericht weiter in den Hintergrund; der Schmerzpunkt wurde eher ausgeweitet als verringert.

5 Schmerzlinderung de lege ferenda

5.1 Ausgewählte Möglichkeiten der Schmerzlinderung

Nachdem die bisherigen Ausführungen dargelegt haben, dass das BilMoG kaum zur Schmerzlinderung an den identifizierten Schmerzpunkten geführt hat, stellt sich die Frage, welche Regelungsänderungen im Bereich Handels- und Gesellschaftsrecht denn eine Schmerzlinderung herbeiführen könnten.

5.1.1 Änderung der Ausschüttungsbasis

Die Diskussion von Alternativen zu dem derzeitigen System der Kapitalerhaltung und damit auch der Gewinnausschüttung wird seit einiger Zeit intensiv geführt.[9] Dabei wird insbesondere das Risiko gesehen, dass es bei einer Ausschüttung auf Basis eines IFRS-Abschlusses angesichts der Ausrichtung der IFRS auf die Informationsfunktion zur Ausschüttung nicht realisierter Gewinne kommen kann. Diesem Risiko soll entweder durch Ausschüttungssperren oder durch einen Solvenztest begegnet werden.

Bezüglich des Solvenztests stellt sich vor allem die Frage der Ausgestaltung. Einerseits dürfte ein statischer auf Bilanzkennzahlen beruhender Test einem dynamischen auf einer Cashflow-Planung beruhenden Test hinsichtlich der Bestimmung des Insolvenzrisikos unterlegen sein. Andererseits stellt sich bei einem zukunftsorientierten dynamischen Test die Frage der Publizität, da dem Interesse der Adressaten an einer Nachvollziehbarkeit des Tests das Bedürfnis des Unternehmens entgegen steht, seine Cashflow-Planung nicht publik zu machen.

Bezüglich der Ausschüttungssperren stellt sich die Frage, ob die gesetzliche Kodifizierung von Ausschüttungssperren mit der Veränderungsgeschwindigkeit der IFRS mit halten kann. Allerdings könnte man auch darüber nachdenken, diese Sperren gar nicht individuell, sondern prinzipienorientiert zu regeln und die Auslegung des Prinzips den Grundsätzen ordnungsmäßiger Buchführung (GoB) zu überlassen. Dem potenziellen Vorwurf, dies sei mit der Bedeutung der Ausschüttungsfunktion nicht vereinbar, ist zu entgegnen, dass im Rahmen eines ausschüttungsbestimmenden HGB-Abschlusses zahlreiche durchaus wesentliche Aspekte nicht im Einzelnen im HGB geregelt sind, sondern aus den GoB abgeleitet werden.

Sowohl die Solvenztest- als auch die Ausschüttungssperren-Alternative dürften bei internationalen Konzernen zur Schmerzlinderung führen. Zwar kommt im einen Fall

---

[9] Vgl. nur *Pellens/Jödicke/Schmidt* (2008), S. 7-30; *KPMG* (2008), S. 269ff.

der Aufwand des Solvenztests und im zweiten Fall der Aufwand des Nachhaltens der Ausschüttungssperren hinzu. Allerdings dürfte dieser Aufwand vielfach geringer sein als der Aufwand der Erstellung eines vollen HGB-Abschlusses.

Zur weiteren Schmerzlinderung würde eine unmittelbare Anknüpfung der Ausschüttung am Konzernabschluss statt am Jahresabschluss beitragen. Dies würde zum einen der Realität der faktischen Ausschüttungsbemessung entsprechen. Zum anderen hätte eine solche Anknüpfung den Vorteil, dass der Konzernabschluss nicht wie die Einzelabschlüsse von Konzernunternehmen durch konzerninterne Erfolgsverlagerungen beeinflussbar ist. Schließlich würde es auch zur Schmerzlinderung beitragen, da der Jahresabschluss gegebenenfalls sogar wegfallen könnte.

5.1.2 Reaktive Aufstellung von Jahresabschlüssen und Lageberichten

Dem Schmerzpunkt, dass zahlreiche Jahresabschlüsse und Lageberichte von Tochterunternehmen aufgestellt werden, obwohl es keine Adressaten für sie gibt, könnte mit einer reaktiven Abschlusserstellung begegnet werden, wie sie für Teilkonzernabschlüsse bereits in § 291 Abs. 3 Nr. 2 HGB vorgesehen ist.[10]

Eine solche reaktive Aufstellungspflicht könnte beispielsweise wie folgt ausgestaltet sein:

- Tochterunternehmen sind grundsätzlich von der Pflicht zur Aufstellung von Jahresabschluss und Lagebericht befreit. Sollte eine Ausweitung der Befreiung auf alle Tochterunternehmen zu weitgehend erscheinen, könnte sie auf Tochterunternehmen ohne Minderheitsgesellschafter beschränkt werden.

- Die Befreiung gilt dann nicht, wenn potenzielle Interessenten der Rechnungslegung dies verlangen. Die potenziellen Interessenten könnten Minderheitsgesellschafter, Gläubiger und Arbeitnehmervertreter umfassen. Das Verlangen ist für Jahresabschluss und Lagebericht getrennt zu stellen, um zu verhindern, dass sowohl Jahresabschluss als auch Lagebericht aufgestellt wird, obwohl dem Verlangenden eines der beiden Dokumente genügt hätte.

- Ein Schmerzlinderungseffekt stellt sich nur ein, wenn das Unternehmen erst bei Eingang des Verlangens mit der Aufstellung von Jahresabschluss und Lagebericht beginnt. Damit besteht jedoch das Risiko, dass zwischen Aufstellungsverlangen und Publikation der Rechnungslegung zu viel Zeit vergeht. Dies kann dadurch verhin-

---

[10] § 291 Abs. 1 HGB spricht eine Befreiung von der Konzernrechnungslegungspflicht aus, sofern das Mutterunternehmen selbst Tochterunternehmen eines Mutterunternehmens ist, das einen Konzernabschluss und Konzernlagebericht aufstellt. Nach § 291 Abs. 3 Nr. 2 HGB kann diese Befreiung nicht in Anspruch genommen werden, wenn Anteilseigner mit mindestens 10 % der Anteile die Aufstellung verlangen.

dert werden, dass das Tochterunternehmen bei Eingang des Verlangens zunächst die Abschlussunterlagen offenlegt, die sie beim Mutterunternehmen zur Einbeziehung in den Konzernabschluss eingereicht hat. Dem Verlangenden bleibt es unbenommen, zusätzlich auch den Jahresabschluss und Lagebericht zu fordern, was dann jedoch Zeit in Anspruch nimmt.

- Die Bemessung von Ausschüttungen und sonstige Rechtsfolgen knüpfen an dem Abschluss an, der beim Mutterunternehmen zur Einbeziehung in den Konzernabschluss eingereicht wurde. Da dies gegebenenfalls ein IFRS-Abschluss ist, können die identifizierten potenziellen Interessenten zusätzlich einen Solvenztest bzw. eine Berechnung des um Ausschüttungssperren korrigierten Bilanzgewinns fordern.

Es ist offensichtlich, dass das Konzept Änderungen am Maßgeblichkeitsprinzip erfordert. Außerdem könnte die Gefahr von Missbrauch vorgebracht werden (Aufstellungsverlangen als Schikane gegen das Tochterunternehmen oder den Konzern). Das Einsparungspotenzial einer reaktiven Rechnungslegung dürfte die Auswirkungen des Missbrauchs jedoch deutlich überkompensieren.

5.1.3 Entlastung des Lageberichts

Mit der Möglichkeit der Internetpublizität der Erklärung zur Unternehmensführung hat der Gesetzgeber einen ersten Schritt in die Richtung eines gesonderten Corporate Governance-Berichts gemacht. Eine Schmerzlinderung könnte dadurch erreicht werden, dass die Erklärung zur Unternehmensführung zu einem Corporate Governance-Bericht ausgeweitet wird, der zusätzlich auch die übrigen Corporate Governance-bezogenen Themen des Lageberichts umfasst (insbesondere Beschreibung Organvergütungssystem, übernahmerechtliche Angaben, Beschreibung Risikomanagementsystem und Kontrollsystem). Da dieser Bericht keine berichtsjahrsbezogene Informationen enthält, ist er nicht jährlich, sondern bei wesentlichen Änderungen zu aktualisieren.

Mit einer solchen Regelung könnte zum einen der Fokus des Lageberichts wieder auf die Finanzberichterstattung und insbesondere den Geschäftsverlauf im Berichtsjahr gerichtet werden. Zum anderen würde die jährliche Wiederholung von gegebenenfalls unveränderten Informationen vermieden.

Hinzu kommt die Möglichkeit, den gesonderten Corporate Governance-Bericht zu einem weiter reichenden Unternehmensbericht auszubauen, der dann auch sonstige, nicht zur Finanzberichterstattung und zum Berichtsjahr gehörige Informationen (z. B. Informationen zu sozialen Belangen, Umweltschutz etc.) enthält.

5.2 Fiktion eines schmerzarmen Szenarios

Spinnt man die obigen Gedanken zur Schmerzlinderung weiter und ergänzt sie um weitere Maßnahmen, so kommt man zu einem scherzarmen Szenario. Allerdings baut dieses Szenario auf umfangreicheren strukturellen Änderungen im Regelungsgeflecht der Rechnungslegung auf und umfasst Maßnahmen, die teilweise nicht allein in der Hand des deutschen Gesetzgebers liegen. Daher soll das Szenario als reine Fiktion beschrieben werden, dessen Umsetzbarkeit zu diskutieren bleibt.

Das fiktive schmerzarme Szenario lässt sich wie folgt skizzieren:

- Die in Abschnitt 5.1 erläuterten schmerzlindernden Maßnahmen sind umgesetzt. D. h.:
  - Die Ausschüttung des Mutterunternehmens erfolgt auf Basis des IFRS-Konzernabschluss, ergänzt um eine Ausschüttungsüberleitung oder einen Solvenztest.
  - Die einzelgesellschaftliche Rechnungslegung der Tochterunternehmen erfolgt nur auf Anfrage.
  - Der (Konzern-)Lagebericht und der Corporate Governance-Bericht sind getrennte Dokumente.
- Zusätzlich sind folgende weitergehende schmerzlindernde Maßnahmen implementiert:
  - Die Umsetzung der oben genannten Maßnahmen ist nicht nur lokal, sondern international erfolgt. Somit kommen auch die ausländischen Tochterunternehmen in den Genuss der Erleichterungen.
  - Die Berechnung des steuerfähigen Gewinns ist international vereinheitlicht. Dagegen gehört eine Besteuerung auf Basis IFRS nicht zu dem hier dargestellten schmerzarmen Szenario, weil es zum einen noch unrealistischer ist als die anderen Charakteristika des schmerzarmen Szenarios und zum anderen den Fokus der IFRS auf die Informationsvermittlung wesentlich beeinträchtigen und damit neue Schmerzpunkte schaffen würde.
  - Die IFRS sind insoweit steuerungstauglich, dass es keine oder zumindest nur sehr wenige Abweichungen zwischen IFRS-Daten und Steuerungsdaten gibt.

Wie die folgende Abbildung zeigt, sind auch im schmerzarmen Szenario zahlreiche Rechnungslegungsdokumente sowohl auf Ebene des Mutterunternehmens als auch auf Ebene der Tochterunternehmen zu erstellen.

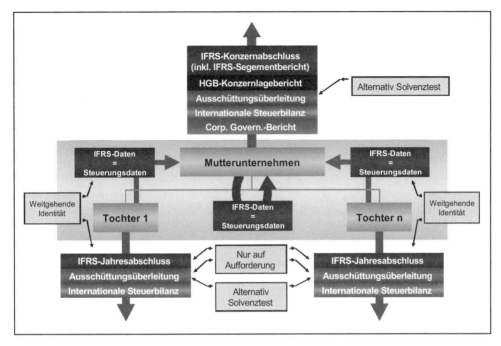

Abb.2: Rechnungslegungsvielfalt: Fiktion eines schmerzarmen Szenarios

Dass das Szenario trotzdem gegenüber dem aktuellen Status Quo schmerzärmer ist, liegt insbesondere an folgenden Punkten:

- Das Mutterunternehmen erstellt keinen HGB-Jahresabschluss und zugehörigen Lagebericht, sondern allein eine Überleitungsrechnung oder einen Solvenztest zur Ausschüttung auf Basis des IFRS-Konzernabschlusses.
- Die Überleitungsrechnung der Segmentwerte nach IFRS 8 auf die entsprechenden IFRS-Konzernwerte reduziert sich angesichts der Identität von Steuerungsdaten und IFRS-Daten auf die nicht zu den Segmenten gehörenden Aktivitäten.
- Die Steuerbilanz des Mutterunternehmens – wie auch die Steuerbilanzen der Tochterunternehmen – folgen denselben Ermittlungsregeln, weshalb shared services in der Erstellung der Steuerbilanzen eingeführt und die Abweichungen zwischen IFRS und steuerrechtlicher Gewinnermittlung konzernweit überwacht werden können.
- Die Corporate Governance-Informationen werden nicht mehr im Konzernlagebericht vermittelt, sondern in einem gesonderten Corporate Governance-Bericht, dessen Aktualisierung nicht im Jahresrhythmus, sondern bei Bedarf erfolgt, was die Lageberichtserstellung entlastet.

- Die Tochterunternehmen nutzen IFRS-Daten sowohl für die Informationsversorgung des Mutterunternehmens zur Einbeziehung in den Konzernabschluss und zur Konzernsteuerung als auch für eine – nur auf Aufforderung erforderliche – einzelgesellschaftliche Rechnungslegung. Es entfällt damit die parallele Rechnungslegung nach IFRS und lokalem Bilanzrecht sowie der Lagebericht. Bei Ausschüttungen ist zusätzliche eine Überleitungsrechnung oder ein Solvenztest erforderlich.

6 Fazit

Die Rechnungslegung im Konzern ist insbesondere durch eine Rechnungslegungsvielfalt geprägt, die sich schmerzhaft primär in der parallelen Erstellung von Finanzdaten nach unterschiedlichen Regelwerken sowie in einem Nebeneinander von einzelgesellschaftlicher Rechnungslegung und Konzernrechnungslegung äußert. Das BilMoG hat diesen Status Quo nicht wesentlich geändert, auch wenn es im Referentenentwurf erste Ansätze einer Schmerzlinderung gab, die dann jedoch das Gesetzgebungsverfahren nicht überlebt haben. Weitere Bemühungen sind erforderlich, um das Schmerzniveau zu reduzieren, wobei die hierzu erforderlichen Maßnahmen teilweise weitgehende und nicht im nationalen Alleingang machbare Eingriffe in das Regelungsgeflecht der Rechnungslegung erfordern.

Literatur

KPMG (2008), Feasibility study on an alternative to the capital maintenance regime established by the Second Company Law Directive 77/91/EEC of 13 December 1976 and an examination of the impact on profit distribution of the new EU accounting regime, Berlin.

Pellens, Bernhard/Jödicke, Dirk/Schmidt, André (2008), Mindestkapital und bilanzielle Kapitalerhaltung versus Solvenztest: Alternativen zur Reform des deutschen Gläubigerschutzsystems, in: *Küting, Karlheinz/Pfitzer, Norbert/Weber, Claus-Peter* (Hrsg.), Bilanz als Informations- und Kontrollinstrument, Stuttgart, S. 7 - 30.

Teil III:

Netzindustrien

Wolfgang Ballwieser[*]

Netzbasierte Unternehmen und Kapitalkosten

1 Problemstellung

2 Eigenkapitalkosten im Strom- und Gasbereich

3 Streitpunkte bei Eigenkapitalkosten im Strom- und Gasbereich

4 Regulierungsrisiko als eigenständige Risikokomponente

5 Fremdkapitalkosten im Strombereich

6 Streitpunkte bei Fremdkapitalkosten im Strombereich

7 Zusammenfassende Thesen

---

[*] Prof. Dr. Dr. h. c. *Wolfgang Ballwieser*, Seminar für Rechnungswesen und Prüfung, Ludwig-Maximilians-Universität München.

1 Problemstellung

Netzbasierte Unternehmen finden sich im Strom-, Gas-, Telekommunikations-, Post- und Bahnbereich. Da sie ein natürliches oder rechtliches Monopol besitzen, werden sie reguliert, um Versorgungssicherheit und Wettbewerb zu sichern. Die Regulierung erfolgt durch Gesetze, Verordnungen und Aufsicht, insbesondere von Bundesnetzagentur und Kartellamt.

Eigentümer dieser Unternehmen haben Kapitalkosten, deren Deckung in verschiedener Weise rechtlich garantiert wird. Sie werden insbesondere erwähnt als risikoangepasste Verzinsung des eingesetzten Kapitals (§ 21 Abs. 2 EnWG), kalkulatorische Eigenkapitalverzinsung (§ 4 Abs. 2 StromNEV/GasNEV), angemessene Verzinsung des eingesetzten Kapitals (§ 31 Abs. 2 TKG), dem unternehmerischen Risiko angemessener Gewinnzuschlag (§ 3 Abs. 2 PostEntgV) oder Rendite, die am Markt erzielt werden kann (§ 14 Abs. 4 AEG). Diese Kapitalkosten sind auf verschieden gestaltete Bemessungsgrundlagen anzuwenden. Im Folgenden beschränke ich die Diskussion auf den Strom- und Gassektor, weil es in diesen Bereichen bei der Ermittlung der Kapitalkosten in jüngerer Zeit die größten Streitpunkte gab.

Das für die Berechnung der Entgelte für eine Fremdnutzung von Strom- und Gasnetzen relevante Energiewirtschaftsgesetz billigt den Unternehmen eine „angemessene, wettbewerbsfähige und risikoangepasste Verzinsung des eingesetzten Kapitals" (§ 21 Abs. 2 EnWG) zu. Grundlage der Verzinsung ist das gesamte Kapital, das in Eigen- und Fremdkapital zerlegt wird, für die eigenständige Verzinsungen berechnet werden.

Basis der Eigenkapitalzinssätze ist das kalkulatorisch zu bestimmende betriebsnotwendige Eigenkapital. Die kalkulatorische Eigenkapitalquote wird auf 40 % beschränkt (§ 6 Abs. 2 StromNEV), höheres Eigenkapital wird wie Fremdkapital behandelt. Hintergrund dafür ist die Vermutung, dass Eigenkapitalquoten über 40 % bei Wettbewerbsbedingungen fehlen (BGH 2008, Tz. 48). Während der Eigenkapitalzinssatz bis zum Jahr 2008 in § 7 Abs. 6 StromNEV/GasNEV normiert war, ist er ab dem Jahr 2009 im Rahmen der neu geschaffenen Anreizregulierung von der Bundesnetzagentur zu bestimmen gewesen. Dies ist in dem Beschluss BK4-08-068 der Beschlusskammer 4 vom 7. Juli 2008 nach vorausgehender Unterbreitung eines Vorschlags der Bundesnetzagentur und anschließender Anhörung betroffener Kreise erfolgt. Hierbei wird – wegen unterschiedlicher Verzinsungsbasis – zwischen Alt- und Neuanlagen getrennt. Auf Details wird im folgenden Abschnitt eingegangen.

Regelungen zur Verzinsung des Fremdkapitals enthalten die Strom- und Gasnetzentgeltverordnungen. Danach gilt: „Fremdkapitalzinsen sind in ihrer tatsächlichen Höhe einzustellen, höchstens jedoch in der Höhe kapitalmarktüblicher Zinsen für vergleichbare Kreditaufnahmen." (§ 5 Abs. 2 StromNEV/GasNEV)

Der folgende Beitrag setzt sich mit den Vorgaben der Bundesnetzagentur zu den Eigen- und Fremdkapitalzinssätzen auseinander, ohne die Verzinsungsbasis weiter zu behandeln. Diese Vorgaben waren und sind kontrovers. Die Gründe dafür sollen erläutert werden.

2 Eigenkapitalkosten im Strom- und Gasbereich

Eigenkapitalkosten sind ein unbeobachtbares Konstrukt. Sie entsprechen den erwarteten Renditen der Eigentümer. Sie müssen nach der oben zitierten Regelung des EnWG angemessen, wettbewerbsfähig und risikoangepasst sein. Um sie als risikoangepasst zu quantifizieren, bedarf es der modellgestützten empirischen Erhebung.

Die StromNEV/GasNEV und die Bundesnetzagentur haben in Abhängigkeit des Regulierungszeitraums für Neu- und Altanlagen folgende Verzinsungen vorgegeben:

	Strom	Gas	Anmerkung
ab 2009 Neuanlage	9,29 % = (4,23 % + 0,79*4,55 %) / (1 - 0,15825) = 7,82 % / (1 - 0,15825)	9,29 % wie Strom	vor KSt und GewSt
ab 2009 Altanlage	7,56 % = (7,82 % - 1,45 %) / (1 - 0,15825)	7,56 % wie Strom	vor KSt und GewSt
bis 2008 Neuanlage	7,91 %	9,21 %	vor KSt nach GewSt
bis 2008 Altanlage	6,5 %	7,8 %	vor KSt nach GewSt

Tab. 1: Eigenkapitalzinssätze gemäß § 7 Abs. 6 StromNEV/GasNEV und BK-4-08-068

Hierbei lag den Bestimmungen der Eigenkapitalzinssätze ab 2009 das Capital Asset Pricing Model (CAPM) zugrunde, zu dem die Bundesnetzagentur feststellte: „Das Modell ist einfach strukturiert und kann unter Zuhilfenahme weniger Annahmen empirisch geschätzt werden."[1]

Das CAPM ist ein auf engen Annahmen basierendes Gleichgewichtspreisbildungsmodell. Nach ihm ergeben sich die Eigenkapitalkosten eines Unternehmens j nach der Beziehung

(1) $\quad \mu(r_j) = r_f + \beta_j [\mu(r_M) - r_f] \quad$ mit dem Betafaktor $\beta_j = \sigma_{jM} / \sigma_M^2$.

---

[1] *Bundesnetzagentur* (2008), S. 12.

Hierbei bezeichnen:

$\mu(r_j)$ = Erwartungswert der Rendite aus Aktie j,

$\mu(r_M)$ = Erwartungswert der Rendite aus Marktportfolio M,

r_f = risikoloser Zins,

σ_{jM} = Kovarianz der Rendite der Aktie j mit der Rendite des Marktportfolios M,

σ_M^2 = Varianz der Rendite des Marktportfolios,

[…] = Marktrisikoprämie (MRP).

Die drei Komponenten dieses Modells sind damit der risikolose Zins, der Betafaktor des betrachteten Unternehmens oder der betrachteten Branche und die Marktrisikoprämie (MRP), die angibt, wie hoch im Erwartungswert die Überrendite aus dem Marktportfolio aus allen riskanten Anlagen gegenüber dem risikolosen Zins ist.

Das Modell hat große Bedeutung erlangt, weil Gleichung (1) einfach und leicht interpretierbar ist, sich für eine Regressionsanalyse eignet, bei der die Renditen von Aktien einer Gesellschaft durch die Renditen eines Marktindex statistisch erklärt werden und das Modell durch einen Nobelpreis für *William F. Sharpe* als einen seiner Erfinder[2] „geadelt" worden ist. Empirisch ist es hingegen zahlreichen Einwendungen ausgesetzt.[3]

Die empirische Verwendung des CAPM geht darauf zurück, dass man anstelle von Gleichung (1), die auf Erwartungswerten basiert, mit t als Zeitindex und e als Zufallsfehler folgende mit realisierten Daten zu schätzende Regressionsfunktion schreiben kann:

(2) $\quad r_{jt} = r_{ft} - \beta_j r_{ft} + \beta_j r_{Mt} + e_{jt} = a + b r_{Mt} + e_{jt}.$

Hierbei ist b der Schätzwert für Beta.

Auf Basis des CAPM wurden die ab dem Jahr 2009 geltenden 9,29 % als Eigenkapitalzinssätze für Strom- und Gasnetzbetreiber in Tabelle 1 berechnet. Grundlage hierfür waren Eigenkapitalkosten nach Unternehmenssteuern in Höhe von 7,82 %, die aus einem risikolosen Zins in Höhe von 4,23 % und einem Risikozuschlag in Höhe von 3,59 % resultierten, wobei letzterer wiederum das Produkt eines Betafaktors von 0,79 und einer Marktrisikoprämie in Höhe von 4,55 % war:

(3) $\quad$ Eigenkapitalkosten nach Unternehmenssteuern = 7,82 %
$\quad\quad\quad$ = 4,23 % + 3,59 % = 4,23 % + 0,79 * 4,55 %.

---

[2] Vgl. *Sharpe* (1964).

[3] Vgl. nur *Kruschwitz* (2007), S. 227: „Vor dem Hintergrund der zahlreichen und durchaus widersprüchlichen Tests muss wohl die Schlussfolgerung gezogen werden, dass das CAPM heute nur noch geringe empirische Unterstützung findet. Die Darstellung hat weiter gezeigt, dass bis jetzt noch kein ‚wahrer Test' des CAPM bekannt ist."

Der risikolose Zins ergab sich (unstrittig) gemäß § 7 Abs. 4 StromNEV/GasNEV aus dem auf die letzten abgeschlossenen Kalenderjahre bezogenen Durchschnitt der von der Deutschen Bundesbank veröffentlichten Umlaufsrenditen festverzinslicher Wertpapiere inländischer Emittenten. Strittig hingegen waren die Schätzungen von Betafaktor und Marktrisikoprämie.

Die in Tabelle 1 deutlich werdende Division der 7,82 % durch (1 - 0,15825) berücksichtigte die Körperschaftsteuer in Höhe von 15 % und den Solidaritätszuschlag in Höhe von 5,5 % auf die Körperschaftsteuer. Der kombinierte Steuersatz beträgt 15,825 % = 15,0 % * 1,055.

Grund für die Division ist, dass verfahrenstechnisch zwar die Gewerbesteuer als wälzbare Kostenkomponente anerkannt wird, aber die Körperschaftsteuer und der Solidaritätszuschlag aus den Eigenkapitalkosten gedeckt werden müssen. Daraus resultieren

(4)   Eigenkapitalkosten vor KSt + Soli = 9,29 % = 7,82 % / (1 - 0,15825).

Für Altanlagen ist der Eigenkapitalzinssatz nach Unternehmenssteuern um eine bestimmte Preissteigerungsrate zu mindern, die die Bundesnetzagentur in Höhe von 1,45 % errechnet hat. Daraus resultieren die in Tabelle 1 erkennbaren Eigenkapitalkosten vor KSt und Soli in Höhe von 7,56 %.

3 Streitpunkte bei Eigenkapitalkosten im Strom- und Gasbereich

Im Vorfeld der von der Bundesnetzagentur herbeizuführenden Festlegung der Eigenkapitalkosten gab es verschiedene Gutachten und Stellungnahmen, die – jeweils aufbauend auf dem CAPM – zu anderen numerischen Ergebnissen gelangten. Tabelle 2 gibt hierzu einen Überblick.

Die erste Spalte von Tabelle 2 enthält die Daten von *Frontier* (2008), einer Beratungsgesellschaft, auf die sich die Bundesnetzagentur stützt.[4] Die in Gleichung (3) ausgedrückten Eigenkapitalkosten nach Unternehmenssteuern in Höhe von 7,82 % ergeben sich als Mittelwert aus der in Tabelle 2 unter Eigenkapitalkosten angegebenen zentralen Bandbreite zwischen 7,53 % und 8,13 %. Gleichermaßen folgen der in Tabelle 1 angegebene Betafaktor von 0,79 und die Marktrisikoprämie (MRP) als Mittelwerte aus den in Tabelle 2 angegebenen Werten.

Nimmt man die 7,82 % der Bundesnetzagentur als Referenzpunkt, weichen die Eigenkapitalkosten nach anderen Studien z. T. beträchtlich ab. Sie betragen nach *Diedrich* (2004) im Mittel 9,9 %, nach *Gerke* (2003) 8,14 %, nach *NERA* (2008) für den Strombereich 10,63 % und für den Gasbereich 11,23 %. Jedoch sind nur die Rechnungen von

---

[4] *Bundesnetzagentur* (2008), S. 11.

NERA und *Frontier* unmittelbar vergleichbar, weil die anderen Studien andere Zeitpunkte der Erhebung aufweisen und andere Bedingungen verarbeitet haben.

Die Unterschiede zwischen *NERA* und *Frontier* sind nicht überraschend, weil die empirische Schätzung von Eigenkapitalkosten nach dem CAPM zahlreiche Freiheitsgrade belässt, die unterschiedlich genutzt wurden. Da der risikolose Zins in seiner Erhebung unstrittig ist und 4,23 % beträgt, gehen die Differenzen in den Eigenkapitalkosten auf die unterschiedliche Schätzung von Betafaktor und Marktrisikoprämie zurück.

Die erwähnten Freiheitsgrade bei der Schätzung beider Faktoren bestehen in folgender Form:

(1) Betafaktor

    (a) Abgrenzung und Gewichtung der Gesellschaften?

    (b) Renditeintervall?

    (c) Schätzzeitraum?

    (d) Marktportfolio?

    (e) Signifikanzniveau?

    (f) Prognoseanpassungen?

    (g) Kapitalstrukturanpassungen?

(2) Marktrisikoprämie

    (a) Konsistenz von risikolosem Zins und Marktindex?

    (b) Schätzzeitraum inklusive Basisjahr?

    (c) Mittelwertbildung?

Für die Betaschätzung geht *Frontier* von zwölf international tätigen börsennotierten **Unternehmen** aus, die überwiegend als Netzbetreiber tätig sind. Sie stammen aus Argentinien, Australien, Großbritannien, Italien, Spanien und den USA.[5] *NERA* verwendet für Stromnetze acht und für Gasnetze vier, jeweils europäische, Netzbetreiber.[6]

Das CAPM lässt offen, welche Dauer das einperiodige **Renditeintervall** aufweist. Es kann z. B. einen Tag, eine Woche oder einen Monat ausmachen. Während *Frontier* Tagesrenditen berechnet, legt *NERA* Wochenrenditen zugrunde. Durch diese Festlegung wird auch der **Schätzzeitraum** berührt, aus dem heraus die Regression berechnet wird. Während *Frontier* ein Jahr verwendet, betracht *NERA* zehn Jahre.

---

[5] Vgl. *Frontier* (2008), S. 57; vgl. a. *Bundesnetzagentur* (2008), S. 27f.

[6] Vgl. *NERA* (2008), S. 28.

Für die Regressionsgerade zur Schätzung des Betafaktors gemäß Gleichung (2) ist das **Marktportfolio** anzunähern. Es besteht nach dem CAPM aus dem Anlageuniversum. Zu dessen Festlegung gehen *Frontier* wie *NERA* zwar beide von einem weltweiten Portfolio in Form eines Index auf Basis der Daten von 17 Ländern aus, wie es *Dimson/Marsh/Staunton* verwenden.[7] Aber *NERA* extrahiert hierbei eigene Werte für die Eurozone.[8]

		Frontier (2008) (Strom/Gas)	Diedrich (2004) (Gas)	Gerke (2003) (Strom)	NERA (2008) (Strom)	NERA (2008) (Gas)
Zeitraum risikoloser Zins		-	20 Jahre	40 Jahre	10 Jahre	10 Jahre
Beta	Zeitraum	1 Jahr	2002 - 2004	10 Jahre	10 Jahre	10 Jahre
	Frequenz	Tag	k. A.	Woche	Woche	Woche
	Korrektur	Vasicek	k. A.	k. A.	Blume	Blume
MRP	Durchschnitt	arithmetisch/ geometrisch	k. A.	arithmetisch	arithmetisch	arithmetisch
	Zeitraum	108 Jahre	bis 102 Jahre	10 Jahre	106 Jahre	106 Jahre
Risikoloser Zins		4,23 %[9]	6,5 %	4,74 %	4,23 %	4,23 %
Risiko zuschlag	Beta	0,76 - 0,82	0,68	0,48/0,65	1,03	1,13
	MRP	4,0 % - 5,1 %	4,5 % - 5,0 %	3,55 % / 7,85 %	6,17 %	6,17 %
	Beta x MRP	Zentral 3,3 % - 3,9 %	3,1 % - 3,7 %	1,7 % / 5,1 %	6,4 %	7,0 %
Eigenkapitalkosten		Zentral 7,53 % - 8,13 %	9,6 % - 10,2 %	6,44 % - 9,84 %	10,63 %	11,23 %

Tab. 2: Eigenkapitalkosten nach verschiedenen Berechnungen

---

[7] Vgl. *Dimson/Marsh/Staunton* (2009), S. 161. *Frontier* verwendet allerdings *Dimson/Marsh/Staunton* (2008), *NERA Dimson/Marsh/Staunton* (2007).

[8] Vgl. *NERA* (2008), S. 35f.

[9] *Frontier* befasst sich nicht mit dem risikolosen Zins. Er ist in der Ermittlung jedoch unstrittig und wird hier aus der NERA-Studie übernommen.

Nichts erfährt man in beiden Studien über das **Signifikanzniveau** der Betaschätzungen.

Da alle Vergangenheitsdaten nur Indikator für die zu erwartenden zukünftigen Größen sein können, stellt sich die Frage, inwieweit empirisch gewonnene, historische Daten angepasst werden sollten. Die Literatur enthält verschiedene Vorschläge zur **Prognoseanpassung**, die von *Frontier* und *NERA* unterschiedlich beherzigt wurden. Während *NERA* sich auf die Anpassung nach *Blume* stützt[10], verwendet *Frontier* die Anpassung nach *Vasicek*[11]. Bei der *Vasicek*-Anpassung wird der aus der Regressionsgleichung berechnete Betafaktor umso stärker in Richtung des Marktdurchschnitts gezogen, je größer der Standardfehler der Schätzung von Beta ist.[12] Die statistischen Eigenschaften der Schätzung werden dadurch berücksichtigt. Bei der *Blume*-Anpassung wird unabhängig von diesen statistischen Eigenschaften der Betawert der Regression in Richtung auf den Marktdurchschnitt gezogen.

Ein weiterer Freiheitsgrad besteht bei der **Kapitalstrukturanpassung**, die dann geboten ist, wenn die Kapitalstruktur der Unternehmen, die der Betaregression zugrunde lagen, von jener abweicht, die in der Regulierung erfasst werden. Die Bundesnetzagentur verwendet hier die *Modigliani/Miller*-Anpassung. Für die Berechnung des Betafaktors des unverschuldeten Unternehmens wurden der für das jeweilige Unternehmen geltende Verschuldungsgrad und Ertragsteuersatz verwendet, während für die Umrechnung in den Betafaktor des verschuldeten Unternehmens von einem Verschuldungsgrad von 1,5 (FK/EK = 0,6/0,4) und einem durchschnittlichen Ertragsteuersatz von 29,8 % ausgegangen wurde.[13] *NERA* hingegen verwendet nach eigener Darstellung die so genannte *Miller*-Anpassung[14], die aber der zitierten Originalquelle in dieser Form nicht zu entnehmen ist.

Bei der Marktrisikoprämie ist auf **Konsistenz** der Messungen von risikolosem Zins und Rendite aus Marktportfolio zu achten. *Frontier* verwendete für die Bestimmung des risikolosen Zinses mittelfristige Staatsanleihen.[15] Dies stellt insofern einen Bruch in der Argumentationslogik dar, als der risikolose Zins nach § 7 Abs. 4 StromNEV/GasNEV aus dem auf die letzten abgeschlossenen Kalenderjahre bezogenen Durchschnitt der von der Deutschen Bundesbank veröffentlichten Umlaufsrenditen festverzinslicher Wertpapiere inländischer Emittenten zu ermitteln ist.

Gleichermaßen ist der **Schätzzeitraum** und das Basisjahr für die Marktrisikoprämie festzulegen. Hier wurde auf einen sehr langen Zeitraum von 1990 bis 2007 zurückge-

---

[10] Vgl. *Blume* (1975).
[11] Vgl. *Vasicek* (1973). Zur Güte beider Verfahren vgl. *Zimmermann* (1997), S. 245-255.
[12] Vgl. *Bundesnetzagentur* (2008), S. 24f.
[13] Vgl. *Bundesnetzagentur* (2008), S. 26f.
[14] Vgl. *NERA* (2008), S. 25, S. 87f. und S. 94f.; *Miller* (1977).
[15] Vgl. *Bundesnetzagentur* (2008), S. 15.

griffen, dessen Begründung im Zusammenhang mit der Ermittlung des Mittelwertes zu sehen ist.

Bei der Schätzung der Marktrisikoprämie ist die Frage der **Mittelwertbildung** besonders umstritten. Zwar ist das arithmetische Mittel ein erwartungstreuer Schätzer der Marktrisikoprämie, wenn für die Marktportfoliorendite ein stationärer Prozess mit stochastisch unabhängigen Renditen über die Zeit hinweg vorliegt. Man weiß aber, dass diese Annahme nicht erfüllt ist und das arithmetische Mittel den wahren Wert überschätzt. Das geometrische Mittel ist bei Renditeschwankungen immer kleiner als das arithmetische Mittel. Um es zu einem erwartungstreuen Schätzer werden zu lassen, müsste der stochastische Prozess der Renditen genauer bekannt sein. Dieses Wissen liegt aber nicht vor.[16]

Wie sensitiv die Ergebnisse in Abhängigkeit der Festlegung des Mittelwertes und des Schätzzeitraumes reagieren, zeigen die auf Deutschland bezogenen Daten von *Stehle*[17] und *Reese*[18].

1955 - 2003 Basis	MRP als arithmetisches Mittel	MRP als geometrisches Mittel
CDAX	5,46 % = 12,40 % - 6,94 %	2,66 % = 9,50 % - 6,84 %
DAX	6,02 % = 12,96 % - 6,94 %	2,76 % = 9,60 % - 6,84 %
1955 - 2006 Basis	MRP als arithmetisches Mittel	MRP als geometrisches Mittel
CDAX	6,1 % = 12,85 % - 6,75 %	3,42 % = 10,07 % - 6,65 %
DAX	6,55 % = 13,30 % - 6,75 %	3,45 % = 10,10 % - 6,65 %

Tab. 3: Marktrisikoprämien in Deutschland nach verschiedenen Berechnungen

---

[16] Vgl. a. *Ballwieser* (2007), S. 96-99.
[17] Vgl. *Stehle* (2004), S. 921.
[18] Vgl. *Reese* (2007), S. 18.

Folgt man *Dimson/Marsh/Staunton*, so nimmt mit der Betrachtung längerer Zeiträume die Sensitivität ab.[19] Die Autoren nehmen deshalb als Schätzzeitraum 1900 bis 2007 mit einer Datenbasis aus 17 Ländern. Unverkennbar sind aber die damit verbundenen neuen Probleme, die man sich einhandelt: Strukturbrüche (durch Weltkriege, Wirtschaftskrisen und Inflationszyklen), Währungsumrechnungen, Indexverknüpfungen und Verzerrungen durch Überlebende (survivorship bias) schaffen statistische Probleme.

Bei dieser Argumentationslage war eine Wertung nötig, die von der Bundesnetzagentur wie folgt vorgenommen wurde: „Die Beschlusskammer ist der Ansicht, dass der Mittelwert aus Ober- und Untergrenze anzusetzen ist. Da sich sowohl Gründe für die Anwendung des arithmetischen als auch für die Anwendung des geometrischen Mittels finden lassen und selbst in der Literatur keine einheitliche Empfehlung vorgenommen wird, wird aufgrund des derzeitigen Erkenntnisstands der Beschlusskammer der Mittelwert aus dem geometrischen und dem arithmetischen Mittel gebildet. So ergibt sich für die Marktrisikoprämie ein Wert von 4,55 %."[20]

Eigenkapitalkosten nach dem CAPM aufgrund von Regressionsrechnungen zu berechnen, ist nicht zwingend. Alternativ könnte man so genannte implizite Eigenkapitalkosten berechnen.[21] Die hierzu herangezogenen Dividendendiskontierungs-, Residualgewinn- oder Gewinndiskontierungsmodelle verarbeiten

(a) Gewinnprognosen von Finanzanalysten,

(b) erwartete Ausschüttungsquoten, falls das Dividendendiskontierungsmodell verwendet wird,

(c) erwartete Wachstumsraten von Gewinnen, Residualgewinnen oder Dividenden über den Zeitraum hinaus, für den explizite Prognosen vorliegen,

(d) den Aktienkurs als anteiligen Unternehmenswert

und errechnen die impliziten Diskontierungssätze der Eigentümer von Aktien aufgrund eines Barwertkalküls.

Reese hat mit vier geläufigen Modelltypen[22] und deutschen Daten Marktrisikoprämien geschätzt und hierbei folgende Ergebnisse erzielt:

---

[19] Vgl. *Dimson/Marsh/Staunton* (2007), S. 125.

[20] *Bundesnetzagentur* (2008), S. 17.

[21] Vgl. zum Folgenden *Ballwieser* (2008), S. 350-352.

[22] Verwendet wurden die Modelltypen CT = Claus/Thomas; GLS = Gebhardt/Lee/Swaminathan; OJN = Ohlson/Jüttner-Nauroth; PEG = Price-Earnings-Growth-Model. Zu deren Details vgl. *Reese* (2007), S. 62-76 und S. 97. Vgl. ferner *Daske/Gebhardt/Klein* (2006); *Daske/Gebhardt* (2006).

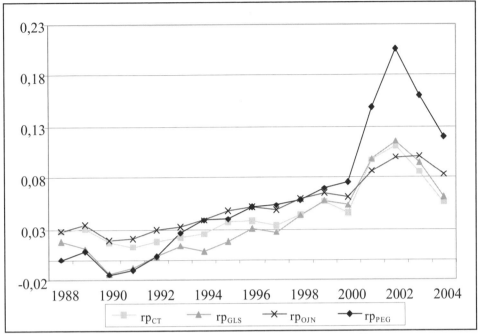

Abb. 1: Implizite Marktrisikoprämien für Deutschland[23]

Da sich mit diesen Modellen z. B. für das Jahr 2004 Marktrisikoprämien zwischen 5,6 % und 12 % ausrechnen lassen, ist die Sensitivität der Ergebnisse je nach verwendetem Modelltyp und verwendeten Modellparametern beachtlich.

Neben dieser Modell- und Parametersensitivität gibt es Anhaltspunkte, wonach die Gewinnschätzungen der Finanzanalysten systematisch verzerrt sind.[24] Von diesen Schätzungen hängen die impliziten Eigenkapitalkosten ebenfalls wesentlich ab. Insofern kämpft man bei deren Bestimmung mit ähnlichen Problemen wie beim CAPM.[25]

Da es so gut wie keine börsennotierten Energieverteiler gibt, kann man die impliziten Eigenkapitalkosten zwar in der beschriebenen Form nicht ermitteln, aber immerhin lässt sich möglicherweise eine – wenn auch nur begrenzt taugliche – Kontrollgröße für die historische Schätzung der Marktrisikoprämie nach dem CAPM ermitteln.

---

[23] Quelle: *Reese* (2007), S. 102.
[24] Vgl. z. B. *Claus/Thomas* (2001), S. 1647; *Healy/Palepu* (2001), S. 417; *Kothari* (2001), S. 152-161.
[25] Vgl. zum breiteren Überblick a. *Ballwieser* (2005).

4 Regulierungsrisiko als eigenständige Risikokomponente

Nach *Pedell* sprechen konzeptionelle Überlegungen und empirische Evidenz „dafür, dass der Übergang (…) auf das (…) System der Anreizregulierung das systematische Risiko und damit die Eigenkapitalkosten der regulierten Netzbetreiber erhöhen wird."[26] „Hierbei besteht speziell das Problem, dass aufgrund des durch den Wechsel der Regulierungsform ausgelösten Strukturbruchs Vergangenheitsdaten nur bedingt zur Schätzung der Eigenkapitalkosten geeignet sind."[27]

Hingegen verweist die Bundesnetzagentur darauf, dass die Anreizregulierungsverordnung (ARegV) nicht beeinflussbare und beeinflussbare Kosten unterscheidet. Effizienzziele betreffen beeinflussbare Kosten und diese sind kleiner als gesamte Kosten: „Hier kann aber der Netzbetreiber über entsprechende betriebswirtschaftliche Maßnahmen die Einhaltung der Erlösobergrenze steuern und die Kostenreduktionen unterhalb der ihm zugestandenen Erlösobergrenze bis zum Ende der Regulierungsperiode als zusätzlichen Gewinn ohne Rückzahlungseffekte für sich beanspruchen. Für die Dauer einer Regulierungsperiode ist die Entwicklung des Erlöspfades vorhersehbar und sicher. (…) Es besteht allenthalben das Risiko, dass einzelne Netzbetreiber Effizienzvorgaben (…) nicht erreichen. Hierauf haben Netzbetreiber allerdings selbst Einfluss."[28]

Die Bundesnetzagentur ignoriert damit Übergangsrisiken.

5 Fremdkapitalkosten im Strombereich

Nach § 5 Abs. 2 StromNEV sind Fremdkapitalzinsen in ihrer tatsächlichen Höhe einzustellen, höchstens jedoch in Höhe kapitalmarktüblicher Zinsen für vergleichbare Kreditaufnahmen. Das Positionspapier der Regulierungsbehörden des Bundes und der Länder zu Einzelfragen der Kostenkalkulation gemäß Stromnetzentgeltverordnung führt dazu aus, dass als kapitalmarktüblicher Zinssatz der auf die letzten zehn abgeschlossenen Kalenderjahre bezogene Durchschnitt der Umlaufsrendite festverzinslicher Wertpapiere inländischer Emittenten angesehen wird. „Angesichts des geringen unternehmerischen Risikos ist als Umlaufsrendite die durchschnittliche Rendite aller im Umlauf befindlichen festverzinslichen Inhaberschuldverschreibungen (Anleihen) mit einer vereinbarten Laufzeit von mehr als vier Jahren, sofern ihre mittlere Restlaufzeit mehr als drei Jahre beträgt, anzusehen. Bezogen auf das Basisjahr 2004 beträgt die durchschnittliche Rendite der letzten zehn Jahre aller im Umlauf befindlichen festverzinslichen Inhaberschuldverschreibungen 4,8 %."[29]

---

[26] *Pedell* (2007), S. 83.
[27] *Pedell* (2007), S. 83.
[28] *Bundesnetzagentur* (2008), S. 36.
[29] *Regulierungsbehörden des Bundes und der Länder* (2006), S. 14.

6 Streitpunkte bei Fremdkapitalkosten im Strombereich

In einem strittigen Verfahren anlässlich eines Entgeltgenehmigungsantrags im Jahr 2005 mit Bescheid durch die Landesregulierungsbehörde im Jahr 2006 äußerte im letzten Jahr der BGH: „Entgegen der Auffassung der Landesregulierungsbehörde kann dieser Zinssatz (…) nicht ohne weitere tatrichterliche Feststellungen mit 4,8 % p. a. bemessen werden."[30] Er führte weiterhin aus: „Nach dem Sinn und Zweck des § 5 Abs. 2 Halbs. 2 StromNEV sollen Fremdkapitalzinsen höchstens in der Höhe berücksichtigt werden, zu der sich der Netzbetreiber auf dem Kapitalmarkt langfristig Fremdkapital durch Ausgabe einer festverzinslichen Anleihe, wie etwa einer Inhaberschuldverschreibung, hätte verschaffen können. Für die Risikobewertung kommt es aus der Sicht eines fiktiven Kreditgebers auf die Art der Emission und die Einschätzung der Bonität des Emittenten an. Der fiktive Kreditgeber wird dabei von dem im Anlagezeitpunkt erzielbaren Zinssatz für eine langfristige, insolvenzfeste Anleihe, wie sie die öffentliche Hand bietet, ausgehen und im Falle der Geldanlage bei einem anderen Emissionsschuldner für die Inkaufnahme des Ausfallrisikos einen bestimmten Risikozuschlag verlangen."[31]

Der BGH hat damit die Frage der Bestimmung der Höhe der Risikoprämie zurück an das OLG Koblenz verwiesen. Dieses hat noch nicht entschieden. Dem Vernehmen nach sollen auf Basis von Bankengutachten jeweils eine Risikoprämie für mehrheitlich kommunale und für mehrheitlich private Netzbetreiber ermittelt werden. Diese Risikoprämie wäre nach ihrer Festlegung auf den risikolosen Zins (10-Jahresdurchschnitt der Umlaufsrendite festverzinslicher Wertpapiere) aufzuschlagen. Dieses Vorgehen müsste zukünftig für tatsächliches Fremdkapital wie für die zulässige 40 %-Quote übersteigendes Eigenkapital gelten.

NERA ermittelt in jüngster Zeit als „sachgerechte Verzinsung" zum Stichtag 31.3.2009 (nicht im Jahr 2004, wie vor Fußnote 25 angegeben) Fremdkapitalkosten in Höhe von 5,7 %, die sich zusammensetzen aus einem risikolosen Zinssatz in Höhe von 4,6 %, einem Risikozuschlag in Höhe von 1,0 % sowie Transaktionskosten in Höhe von 0,1 %.

Die jeweilige Basis der Prozentwerte waren die Renditen quasi-risikoloser Anleihen mit Restlaufzeiten zwischen 8 bis 30 Jahren (10-Jahresdurchschnitt), wobei der obere 75 %-Quantilswert verwendet wurde, die Risikozuschläge vergleichbarer Unternehmen mit Euro-Anleihen und das Vorgehen anderer Regulierer.

---

[30] *BGH* (2008), Tz. 54.
[31] *BGH* (2008), Tz. 63.

7 Zusammenfassende Thesen

(a) Für die Fremdnutzung von Netzen sind die Kapitalkosten der Netzeigentümer zu decken. Hierzu gibt es netzspezifische Regelungen. Die Diskussion im Strom- und Gasbereich ist von besonderem Interesse, weil sie in jüngerer Zeit besonders kontrovers verlief.

(b) Eigenkapitalkosten sind eine unbeobachtbare Größe, die modellhaft rekonstruiert und gemessen werden muss. Das CAPM ist hierbei vorherrschend, aber in der Anwendung alles andere als unproblematisch, da zahlreiche die Ergebnisse beeinflussende Wertungen bei der Auswertung vergangener Daten und deren Übertragung in die Zukunft unumgänglich sind. Es überrascht nicht, dass die Gefahr interessenbehafteter Wertungen droht.

(c) Zur Abschätzung der für die Anwendung des CAPM benötigten Marktrisikoprämie könnte man implizite Marktrisikoprämien heranziehen.

(d) Fremdkapitalkosten waren bisher weniger problematisch, basieren aber auch auf streitanfälligen Parametern. Es bleibt abzuwarten, welche Ergebnisse die BGH-Entscheidung vom 14. August 2008 zeitigen wird.

(e) Die Literatur enthält Begründungen für spezielle Regulierungsrisiken, die von der Bundesnetzagentur nicht anerkannt werden.

Literatur

Ballwieser, Wolfgang (2008), Kapitalkosten in der Regulierung, in: *Picot, Arnold* (Hrsg.), 10 Jahre wettbewerbsorientierte Regulierung von Netzindustrien in Deutschland. Bestandsaufnahme und Perspektiven der Regulierung, München, S. 339 - 358.

Ballwieser, Wolfgang (2007), Unternehmensbewertung – Prozeß, Methoden und Probleme, 2. Aufl., Stuttgart.

Ballwieser, Wolfgang (2005), Die Ermittlung impliziter Eigenkapitalkosten aus Gewinnschätzungen und Aktienkursen: Ansatz und Probleme, in: *Schneider, Dieter/Rückle, Dieter/Küpper, Hans-Ulrich/Wagner, Franz W.* (Hrsg.), Kritisches zu Rechnungslegung und Unternehmensbesteuerung: Festschrift zur Vollendung des 65. Lebensjahres von Theodor Siegel, Berlin, S. 321 - 337.

BGH (2008), Beschluss vom 14.8.2008 – KVR 42/07 – Rheinhessische Energie; OLG Koblenz, zu finden unter: http://lexetius.com/2008,2441.

Blume, Marshall E. (1975), Betas and Their Regression Tendencies, in: Journal of Finance, Vol. 30, S. 785 - 795.

Bundesnetzagentur (2008), Beschlusskammer 4, BK4-08-068, http://www.bundesnetzagentur.de/media/archive/13939.pdf.

Claus, James/Thomas, Jacob (2001), Equity Premia as Low as Three Percent? Evidence from Analysts' Earnings Forecasts for Domestic and International Stock Markets, in: Journal of Finance, Vol. 56, S. 1629 - 1666.

Daske, Holger/Gebhardt, Günther (2006), Zukunftsorientierte Bestimmung von Risikoprämien und Eigenkapitalkosten für die Unternehmensbewertung, in: zfbf, 58. Jg., S. 530 - 551.

Daske, Holger/Gebhardt, Günther/Klein, Stefan (2006), Estimating the Expected Cost of Equity Capital Using Analysts' Consensus Forecasts, in: sbr, Vol. 58, S. 2 - 36.

Diedrich, Ralf (2004), Gutachten zur Bestimmung und zur Höhe des kalkulatorischen Eigenkapitalkostensatzes von Netzbetreibern in der Gaswirtschaft, Gutachten im Auftrag des BGW und VKU, Frankfurt am Main.

Dimson, Elroy/Marsh, Paul/Staunton, Mike (2007), Global Investment Returns Yearbook 2007, London.

Dimson, Elroy/Marsh, Paul/Staunton, Mike (2008), Global Investment Returns Yearbook 2008, London.

Dimson, Elroy/Marsh, Paul/Staunton, Mike (2009), Credit Suisse Global Investment Returns Sourcebook 2009, London.

Frontier Economics (2008), Ermittlung des Zuschlages zur Abdeckung netzspezifischer Wagnisse im Bereich Strom und Gas, Gutachten im Auftrag der Bundesnetzagentur, Bonn, http://www.bundesnetzagentur.de/media/archive/13761.pdf.

Gerke, Wolfgang (2003), Gutachten zur risikoadjustierten Bestimmung des Kalkulationszinssatzes in der Stromnetzkalkulation, Gutachten im Auftrag des VDEW, Nürnberg-Erlangen.

Healy, Paul M./Palepu, Krishna G. (2001), Information Asymmetry, Corporate Disclosure, and the Capital Markets: A Review of the Empirical Disclosure Literature, in: Journal of Acounting & Economics, Vol. 31, S. 405 - 440.

Kothari, S. P. (2001), Capital Markets Research in Accounting, in: Journal of Acounting & Economics, Vol. 31, S. 105 - 231.

Kruschwitz, Lutz (2007), Finanzierung und Investition, 5. Aufl., München/Wien.

Miller, Merton H. (1977), Debt and Taxes, in: Journal of Acounting & Economics, Vol. 32, S. 261 - 275.

NERA Economic Consulting (2009), Ermittlung der sachgerechten Fremdkapitalverzinsung für deutsche Strom- und Gasnetzbetreiber, Gutachten im Auftrag des BDEW, London.

NERA Economic Consulting (2008), Die kalkulatorischen Eigenkapitalzinssätze für Strom- und Gasnetze in Deutschland, Berlin.

Pedell, Burkhard (2007), Investitionsanreize und Regulierungsrisiken in einem System der Anreizregulierung, in: *Säcker, Franz Jürgen/Busse von Colbe, Walther* (Hrsg.), Wettbewerbsfördernde Anreizregulierung – Zum Anreizregulierungsbericht der Bundesnetzagentur vom 30. Juni 2006, Frankfurt am Main, S. 75 - 95.

Reese, Raimo (2007), Schätzung von Eigenkapitalkosten für die Unternehmensbewertung, Frankfurt am Main.

Regulierungsbehörden des Bundes und der Länder (2006), Positionspapier der Regulierungsbehörden des Bundes und der Länder zu Einzelfragen der Kostenkalkulation gemäß Stromnetzentgeltverordnung, Bonn, 07.03.2006.

Sharpe, William F. (1964), Capital Asset Prices: A Theory of Market Equilibrium under Conditions of Risk, in: Journal of Finance, Vol. 19, S. 425 - 442.

Stehle, Richard (2004), Die Festlegung der Risikoprämie von Aktien im Rahmen der Schätzung des Wertes von börsennotierten Kapitalgesellschaften, in: Die Wirtschaftsprüfung, 57. Jg., S. 906 - 927.

Vasicek, Oldrich A. (1973), A Note on Using Cross-sectional Information in Bayesian Estimation of Security Betas, in: Journal of Finance, 28. Jg., S. 1233 - 1239.

Zimmermann, Peter (1997), Schätzung und Prognose von Betawerten – Eine Untersuchung am deutschen Aktienmarkt, Bad Soden/Ts.

Rolf Martin Schmitz[*]

Neue Spielregeln für Kapitalmärkte und Netzindustrien: Ökonomie der Regulierung – Netzindustrien und Anreizregulierung

---

[*] Dr. *Rolf Martin Schmitz*, Präsident des BDEW Bundesverbandes der Energie- und Wasserwirtschaft e. V., Berlin, und Mitglied des Vorstands der RWE AG, Essen.

In diesem Jahrzehnt wird sich ein tiefgreifender struktureller Wandel in der Energiewirtschaft vollziehen. Eine entschlossene Umstellung auf hocheffiziente Energietechnologien mit geringer Kohlenstoffintensität ist dabei eine zentrale Herausforderung.

Den Energienetzbetreibern kommt bei diesem notwendigen Umbau eine Schlüsselfunktion zu: über 900 Stromnetzbetreiber und mehr als 700 Gasnetzbetreiber sind in Deutschland für den Betrieb, den Erhalt und den Ausbau der Energieversorgungsnetze verantwortlich. Die Netze sind die „Lebensadern" der Energiewirtschaft. Dies muss bei allen Strukturveränderungen berücksichtig werden.

Das deutsche (und auch das europäische) Stromnetz muss ausgebaut werden. Hauptgründe dafür sind:

- die Verlagerung der Erzeugungsschwerpunkte durch den Bau neuer Kraftwerke,
- die Dezentralisierung der Erzeugungsstrukturen durch viele zusätzliche kleine Erzeugungsanlagen und
- der Zuwachs an Einspeisungen aus erneuerbaren Energien.

Auch für die Gasnetze besteht ein enormer Investitionsbedarf beispielsweise bei der Beseitigung von Kapazitätsengpässen, der Speicherinfrastruktur oder im Zusammenhang mit vor- und nachgelagerten Investitionsvorhaben in Importleitungen wie „Nabucco" oder „Nord Stream".

Allerdings stimmen die Rahmenbedingungen für Investitionen in Energienetze in Deutschland nicht. Es ist derzeit nicht rational, in Energienetze zu investieren. Dies zeigen vom BDEW in Auftrag gegebene Untersuchungen sehr deutlich. In keinem der Untersuchungsszenarien, die von Professor Dr. Dr. h. c. Wolfgang Ballwieser als Gutachter durchgeführt wurden, konnten die Renditen der Netzinvestitionen die durch die Bundesnetzagentur festgelegten Eigenkapitalzinssätze annähernd erreichen. Vielmehr lagen sie deutlich unter der zugestandenen Verzinsung. Für den BDEW und seine Mitgliedsunternehmen bedeutet dies, dass Investitionshindernisse beseitigt werden müssen, um die Investitionsfähigkeit der Netzbetreiber zu sichern. Es ist für Netzbetreiber zwingend notwendig, in die Netze zu investieren, wenn die Herausforderungen der Zukunft gemeistert werden sollen.

Dass die Netzinvestitionen ansteigen, liegt also nicht an den damit erzielbaren Renditen, sondern insbesondere am wachsenden Aufwand für den Anschluss von Stromerzeugungs-Anlagen. Dabei sind vor allem der Anschluss von Anlagen für erneuerbare Energien und der Abtransport des damit erzeugten Stroms über Höchstspannungsleitungen der Übertragungsnetzbetreiber in die Verbrauchszentren zu nennen. Dies betrifft derzeit vor allem den Windstrom in Norddeutschland, zukünftig aber auch den über Offshore-Windparks in der Nord- und Ostsee erzeugten Strom. Auch in den Verteilungsnetzen ist an immer mehr Orten ein Netzausbau zum Abtransport von Photovoltaik-, Biomasse- oder Windstrom nötig.

Die erneuerbaren Energien haben inzwischen einen wichtigen Anteil an der Stromerzeugung in Deutschland. Dieser wird absehbar weiter steigen. Auf Grundlage der aktuellen Studien wäre ein Anteil der Erneuerbaren Energien am Stromverbrauch von rund 25 % bereits im Jahr 2015 möglich. Allein die installierte Leistung der Onshore-Windenergieanlagen könnte bis dahin bei gut 34.000 Megawatt (MW) liegen.

Neben diesen Investitionen für den Netzausbau nehmen die Erneuerungsinvestitionen stark zu. Viele Netzanlagen wurden in den Jahren starken stetigen Lastwachstums von 1960 bis Mitte der siebziger Jahre installiert. Nach dem Neubau der Strom- und Gasnetze in den fünfziger bis siebziger Jahren stehen die Netzbetreiber jetzt wieder am Anfang eines neuen Investitionszyklus.

Die installierte Windkraft in Deutschland ist inzwischen so groß, dass plötzlich auftretende Schwankungen der Windenergie-Einspeisung größer sind, als bisher auftretende Lastschwankungen oder Defizite durch Kraftwerksausfälle. Die installierte Windkraft-Leistung liegt inzwischen über der Leistung der noch in Betrieb befindlichen Kernkraftwerke – dies sind mehr als 25 Gigawatt. Die erforderliche Leistung und Energie zum Ausgleich dieser Lastschwankungen erhöht sich mit steigender Windkraftleistung immer mehr: Für eine gesicherte Versorgung müssten noch einmal rund 90 % dieser installierten Windkraftleistung durch zusätzliche planbare Ersatzkapazitäten bereit gestellt werden – teilweise unter Einsatzkontrolle der Netzbetreiber. Die Zusatzkosten betrugen nach Schätzungen der Technischen Universität Berlin allein im Jahr 2006 rund 590 Mio. €. Diese Kosten werden künftig massiv ansteigen.

Es handelt sich also keineswegs um triviale Probleme. Die Jahre bis 2020 sind der entscheidende Zeitraum, um die Weichen für eine kohlenstoffneutrale Energieversorgung bis zum Jahr 2050 zu stellen. Die Unternehmen des BDEW engagieren sich in stark zunehmendem Maße bei den regenerativen Energien, sie gehören bereits heute zum Kerngeschäft vieler Unternehmen der Energiewirtschaft. Es ist daher nicht als Ablehnung der erneuerbaren Energien zu verstehen, wenn festgestellt wird, dass der starke Kapazitätsausbau über erneuerbare Energien letztlich sogar zu Versorgungsstörungen führen könnte, wenn nicht gleichzeitig die Netze entsprechend ausgebaut werden. Dieser Umstand findet derzeit sowohl bei den Regulierungsbehörden, den politischen Akteuren und in der breiten Öffentlichkeit noch zu wenig Beachtung. Die Versorgungssicherheit ist sowohl durch eine immer volatiler werdende Kraftwerksstruktur als auch durch überlastete Netze gleichermaßen gefährdet. Unsere heutigen Hochspannungs- und Niederspannungsleitungen werden durch die wachsende dezentrale Einspeisung aus Windparks, Biomasse oder Solaranlagen in einer Art genutzt, für die sie nicht ausgelegt sind. Gleichzeitig muss in zunehmend kleinen, dezentralen Anlagen erzeugter Strom auf die Mittel- oder Hochspannung „hochgeschleust" werden. Der Anfall von Wind und Sonnenstrom ist zusätzlich schwer zu kalkulieren. Inzwischen existieren Phasen, in denen sich rund 70 % Strom aus Windenergie im Hochspannungsnetz befinden. Beim Abflauen des Windes müssen diese kurzfristig durch Regelenergie ersetzt werden.

Wächst die Windstrom-Erzeugung in Deutschland weiter – wie prognostiziert – wird der Anteil der Windenergie so volatil, dass man zur Steuerung des Netzes gleichzeitig mehr „konventionelle" Kraftwerke als Reserve benötigen wird. Bei der Photovoltaik ist die Netzstabilisierung noch erheblich schwieriger: eine große Wolke, die sich vor die Sonne schiebt, reicht aus, um den Stromfluss weitgehend zu unterbrechen.

Mehr regenerative Stromerzeugung erfordert also zwangsläufig mehr Kraftwerkskapazität insgesamt. Dabei zählen jedoch nicht die insgesamt erzeugten Kilowattstunden. Vielmehr ist entscheidend, dass die Leistung zum richtigen Zeitpunkt zur Verfügung steht. Deshalb führt auch die Debatte über deutsche Stromexporte in die Irre.

Dies heißt aber auch – es wird immer mehr Kapital im Kraftwerkspark gebunden. Was dies in Kombination mit dem parallel notwendigen Netzumbau und -ausbau für den Preis bedeuten könnte, liegt auf der Hand.

Die sich verändernde Erzeugungsstruktur ist damit ein wesentlicher Faktor, der die Arbeit der Netzbetreiber in der kommenden Zeit maßgeblich beeinflussen wird. Den Netzen kommt darüber hinaus auch beim Wettbewerb eine immer wichtigere Rolle zu: Als „neutraler Weg" zum Verbraucher gewährleisten sie einen reibungslosen Wettbewerb auf den Wertschöpfungsstufen Erzeugung, Handel und Vertrieb. Dieser „neutrale Weg" gilt aber nicht nur für Strom, sondern insbesondere auch für Erdgas.

Anfang 2009 mussten wir erleben, dass internationale Transitnetze nicht immer als „neutrale" Handels- und Vertriebswege betrachtet werden. Die Meinungsverschiedenheiten zwischen der Ukraine und Russland zeigen deutlich, was passieren kann, wenn diese Neutralität nicht gewahrt ist. Dank der Vorsorge der BDEW-Mitgliedsunternehmen und des gemeinsamen privatwirtschaftlichen Handelns in Europa ist es damals gelungen, die Energieversorgung zu sichern. Mit diesem internationalen Beispiel kann aber verdeutlicht werden, dass für die Versorgungssicherheit und die Liquidität auf den Gashandelsmärkten die Verfügbarkeit einer ausreichenden Infrastruktur unerlässlich ist.

Betrachtet man den heimischen Gasmarkt, so wird insbesondere auch die weitere Zusammenlegung der Marktgebiete in Deutschland zusätzliche Investitionen in die Netze erfordern, um in vergrößerten Marktgebieten weiterhin in hohem Umfang frei zuordenbare verlässliche Kapazitäten zur Verfügung stellen zu können. Darüber hinaus fordern Transportkunden die Schaffung von zusätzlichen Einspeisekapazitäten, um ihnen Flexibilitäten für die Beschaffung bzw. den Markteintritt zu ermöglichen. Ferner gilt es, die Verbindung zu den Gasnetzen in den Nachbarstaaten deutlich zu verbessern. Das deutsche Gasnetz muss zukünftig noch besser in das europäische System integriert werden. Dazu gehören u. a. auch die Schaffung von übergreifenden Transportprodukten, den sogenannten „bundled products". Die Leitungskapazitäten der europäischen Gasnetze sind im Wesentlichen historisch bedingt. Durch die Liberalisierung und Europäisierung der Gasmärkte kommt es zu einer Verlagerung der Bezugsquellen und neuen Verbrauchsstrukturen, die zusätzliche Anforderungen an die Netze stellen. Dies führt auch zu Engpässen in den Netzen und macht neue Strukturen und damit verbunden auch neue Pipelines notwendig. Wie schwierig deren Planung und Bau sich aber manchmal gestaltet – unabhängig von der Rentabilität – lässt sich an diversen Bürgerinitiativen erkennen, die sich immer wieder auch gegen Leitungsprojekte stemmen. Das aktuelle Raumordnungsverfahren für die „OPAL"-Pipeline im Land Brandenburg ist hierfür ein interessantes Beispiel.

Ein weiteres investitionsrelevantes Thema im Bereich der Stromnetze ist der Börsenhandel. Zwar findet der Stromhandel an den Börsen und im OTC-Handel weitgehend virtuell und unabhängig von der bestehenden Netzinfrastruktur statt, jedoch stellen Netzengpässe für die physische Lieferung zwischen regionalen und internationalen Märkten ein Hindernis dar. Diese Handelshemmnisse verursachen Preisunterschiede zwischen den einzelnen Marktgebieten und stehen einem liquiden Großhandel, wie er bereits heute in Deutschland zu sehen ist, entgegen. Sie beschränken eine möglichst große und einheitliche Preiszone. Gerade diese Preiszone ist für einen effektiven Großhandel aber elementar. Auch aus diesem Grunde ist es wichtig, dass die Übertragungsnetze zeitgerecht ausgebaut werden, um Engpass-Situationen zu vermeiden, die zu „Redispatch"- bzw. „Countertrading"-Maßnahmen führen.

Auch an Grenzkuppelstellen sind Netzengpässe vorhanden, die das wettbewerbsbelebende Potenzial des internationalen Stromhandels beschränken. Allerdings würde ein pauschaler Hinweis auf die Engpässe bei Interkonnektoren an den Außengrenzen Deutschlands zu kurz greifen. Es ist nämlich nicht berücksichtigt, dass diese Engpässe im Wesentlichen nur in Export-Richtung – vor allem nach Westen – bestehen. Ziel bleibt es, mit dem grenzüberschreitenden Stromhandel ein zentrales Element zur Schaffung eines europäischen Binnenmarktes zu etablieren. Deshalb ist bei der Planung und dem Ausbau der grenzüberschreitenden Leitungsvorhaben auch zu berücksichtigen, dass die Transportkapazität nicht nur durch die installierte Leistung der Kuppelstelle resultiert, sondern auch die Kapazität der beidseitig der Grenze genutzten Leistungen berücksichtigt werden muss. Somit ist der Leitungsausbau ein gesamteuropäisches Projekt, für dessen zügige Realisierung die richtigen Anreize gesetzt werden müssen. Und dabei sind die zurzeit lebhaft diskutierten Solar-Projekte der Mittelmeer-Union und von „Desertec" noch nicht berücksichtigt.

Die EU hat innerhalb eines Jahrzehnts bereits das dritte umfassende Regelwerk zur Vollendung des gemeinsamen europäischen Energiemarktes verabschiedet, ein „4. Binnenmarktpaket" ist nicht unwahrscheinlich. Daneben arbeitet die „European Regulators' Group for Electricity and Gas (ERGEG)" für 2010 schon an weiteren Initiativen – auch bei der Infrastrukturentwicklung. Betrachtet man dagegen durchschnittliche Investitionszyklen der Energiewirtschaft, die zwischen 20 und 40 Jahren betragen, sind für den BDEW folgende Punkte unerlässlich:

- Die Regelungen des 3. Binnenmarktpakets müssen zunächst eins zu eins umgesetzt werden und ihre volle Wirkung entfalten können. Kurzsichtige und überwiegend politisch motivierte Vorhaben sollten dies nicht gefährden.

- Die weitere Integration des EU-Binnenmarktes muss marktverträglich, also auch kosteneffizient und diskriminierungsfrei erfolgen. Erforderlich ist ein „Level playing field" für alle Marktteilnehmer.

- Das Ziel eines funktionierenden Binnenmarktes darf nicht durch eine weitgehende Regulierung anderer Wertschöpfungsstufen konterkariert werden. Vorhaben wie die Einbeziehung des Energiemarktes in ein Marktmissbrauchsregime (genannt „MAD") oder eine zunehmende Regulierung der Retail-Märkte (Stichworte „London Forum") und des Verbraucherschutzes (EU-weite Sammelklagen) bergen die Gefahren der Überregulierung sowie von Kompetenzüberschneidungen der verschiedenen Regulierungsbehörden.

Aus Sicht der Netzwirtschaft sollten die Entflechtungsvorgaben für Verteilnetzbetreiber aus dem 2. und 3. Binnenmarktpaket erst vollständig realisiert werden, um Überregulierung durch weitere regulative Maßnahmen zu vermeiden (Stichwort „DSO-Unbundling"). Bewährte nationale Strukturen der europäischen Energiemärkte erfordern differenzierte Ansätze im Dialog mit den Stakeholdern unter Beachtung der Subsidiarität. Dies ist ein Aspekt, der für Deutschland mit seiner Stadtwerke-Landschaft von sehr großer Bedeutung ist. Zum Vergleich: Es gibt in Deutschland mehr als 650 Verteilnetzbetreiber. In Portugal: Einen!

Apropos Stadtwerke, apropos Netze: In vielen Bundesländern enden die langjährigen Konzessionsvergaben. In diesem Zusammenhang wird das Auslaufen der Verträge in manchen Städten und Gemeinden dazu genutzt, über eine Neugestaltung der Energieversorgung durch die Kommunen nachzudenken. Einige Kommunen ziehen in Betracht, das lokale Netz zu kaufen oder ihren Bürgern ausschließlich regenerativ erzeugten Strom anzubieten. Beides ist nicht ohne Einfluss auf die Netzindustrie und die Regulierung.

Es ist zu hoffen, dass eventuelle „Insellösungen" einen effizienten Netzbetrieb nicht erschweren werden. Eine Zerlegung des Stromleitungs-Geflechtes dürfte auch nicht im Sinne des Regulierers sein, der größere Netzeinheiten anstrebt. Im Markt haben sich bereits jetzt zahlreiche Modelle herausgebildet, mit denen den jetzigen und künftigen Anforderungen begegnet werden kann. Horizontale und vertikale Kooperationen mit unterschiedlicher Intensität, teils über alle Wertschöpfungsstufen und mit verschiedenen Ausprägungen der Struktur der Anteilseigner sind zu beobachten.

Die Kommunen werden bei den Konzessionen sicher nach ihren ganz individuellen Bedürfnissen entscheiden. Hier bereits von einem Trend zu sprechen, erscheint verfrüht.

In Hinblick auf die Entwicklung eines Trends wird relevant sein, ob sich die Kommunen im Netzbetrieb, dem Vertrieb oder der Erzeugung engagieren wollen und können. Entscheidend für die Anteilseigner und die Unternehmen ist, dass die Chancen und Risiken im Netz- und Vertriebsgeschäft realistisch bewertet werden. Die Vielzahl bestehender Kooperationen machen deutlich, dass viele Herausforderungen nur ab bestimmten Betriebsgrößen gemeistert werden können, mit denen die erforderlichen Skaleneffekte generiert werden können. Nur wettbewerbsfähige Unternehmen tragen dazu bei, dass sich nachhaltig ein vielfältiger und funktionierender Markt abbildet.

Für die Verbraucher ist am Ende letztlich immer eine sichere, preisgünstige und umweltgerechte Versorgung mit Energie wesentlich. Trotz Entflechtung der Wertschöpfungsstufen Vertrieb und Netz herrscht bei den Endkunden eine integrierte Sicht auf die Energieversorger vor. Umso wichtiger ist es, die Geschäftsprozesse zwischen Vertriebs- und Netzgesellschaften schlank und effizient zu gestalten. Für den Wettbewerb im Endkundenmarkt sind reibungslose Wechselprozesse eine Grundvoraussetzung. Die kooperative Zusammenarbeit von Vertrieb und Netz im entflochtenen Markt ist dafür ein Garant. Im Hinblick auf zukünftige energiewirtschaftliche Rahmenbedingungen, wie „Smart Metering" oder zeit- und lastabhängige Tarife, kommt der flexiblen Netznutzung und damit verbundener Prozesse bei der Entwicklung und Umsetzung innovativer Produkte eine große Bedeutung zu.

Nach der Betrachtung dieser Vielzahl von aktuellen und künftigen Herausforderungen, vor denen die Energiewirtschaft steht, sollen auch die Ziele, welche die deutsche Energiewirtschaft gerade in Hinblick auf die Netzindustrien hat, nicht zu kurz kommen.

Die Energiewirtschaft wird einen intelligenten Elektrizitäts-Netzverbund aufbauen und aktiv mit den Herausforderungen an das bisheriges Stromnetz umgehen. Hier liegt ein weites Feld für Investitionen in Versorgungssicherheit und Nachhaltigkeit vor uns. Die Rückkopplung von Informationen in „intelligente" Stromnetze und -anwendungen ist ein anspruchsvolles Vorhaben, dessen Realisierung aber möglich ist. Denn die Stromproduktion und den Bedarf jederzeit in Deckung zu bringen, bleibt die Kernaufgabe der Energiewirtschaft. Die nächsten Jahre werden die Installation von neuen Speichern und neuen Netzstrukturen mit sich bringen. Das ist keine Zukunftsmusik, sondern daran arbeiten viele Energieversorger mit weiteren Partnern in diesem Land. Am vorläufigen Ende dieser Entwicklung könnte eine „smarte" Energiewelt stehen und damit die Infrastruktur für die Zukunft. Die Energiewirtschaft wird diese aktiv mitgestalten – mit modernen, intelligenten Techniken und Dienstleistungen. Wer heute noch vom „Smart Meter" als „intelligentem Stromzähler" spricht, der ist nicht weit vom „Smart Grid" als intelligentem Netz entfernt, um schließlich eine ganze „Smart City" auf- und umzubauen.

Die einzelnen Elemente sind dabei vielfältig. Denkbar sind beispielsweise „virtuelle" – also zusammengeschaltete – Kraftwerke oder Ladestationen für Elektroautos.

Aufgabe der Netzwirtschaft ist es, den stärker dezentral anfallenden Strom zu verarbeiten und das Netz dafür anzupassen. Wenn das Netz erst einmal „intelligent" ist, dann werden sich daraus auch neue Produkte ergeben. Diese Produkte werden sich dann aber nicht allein auf das Netz beschränken, sondern werden sich vor allem im Bereich der Energieeffizienz niederschlagen. Allerdings ist zu bedenken: Effizienz ist oft auch mit mehr Stromeinsatz verbunden. Immer weniger Strom je Anwendung, aber immer mehr Anwendungen für Strom – dieser alte Lehrsatz ist weiterhin aktuell.

Letztlich werden sich die wirtschaftlichen und ökologischen Trends des Klimaschutzes in der Lebenswelt unserer Städte wiederfinden. Bereits heute bieten viele Energieversorgungsunternehmen ihren Kunden Energieeffizienzprodukte an, beispielsweise als „Contractor" für Groß- und Kleinanlagen in der Marktpartnerschaft mit dem Fachhandwerk, in Kooperation mit der Wohnungswirtschaft, in Fragen der Dezentralisierung der Energieerzeugung, Nahwärmesysteme und Kraft-Wärme-Kopplung.

Offen gesagt: Dies ist ein Feld, auf dem auch auf Seiten der Politik etwas mehr Mut wünschenswert wäre. Hier soll nicht nach dem Staat gerufen werden. Aber: Es würde uns in Deutschland gut anstehen würde, unter unseren Städten einen Wettbewerb in Gang zu bringen, welche Stadt Klimaschutz, Lebensqualität und Energieeffizienz mit intelligenter Technik koppelt. Die Diskussion um die sogenannten Konjunkturpakete hat uns im vergangenen Jahr gezeigt, wie gewaltig der Investitionsstau in unseren Kommunen ist.

Das alles ist das Spielfeld, auf dem sich die Energiewirtschaft bewegen muss und will – wenn sie die Möglichkeit dazu bekommt. Was ist also notwendig, um diese Handlungs- und Geschäftsfelder richtig angehen zu können?

Erforderlich ist insbesondere ein langfristiger Ordnungsrahmen. Wir brauchen eine Energiepolitik, welche die gleichberechtigten Ziele Versorgungssicherheit, wettbewerbsfähige Preise und Umweltschutz wieder unter einen Hut bringt. Dafür sind verlässliche Rahmenbedingungen in Form eines energiepolitischen Gesamtkonzeptes erforderlich. Nur in einem langfristig verlässlichen Ordnungs- und Regulierungsrahmen werden sich die Ziele erfolgreich umsetzen lassen. Bereits das „Erste Energieprogramm der Bundesregierung" vom 26. September 1973 hatte es sich zur Aufgabe gemacht hat, diese zentralen Belange miteinander in Einklang zu bringen. In der Ersten Fortschreibung des Energieprogramms aus November 1974 betonte die Bundesregierung, dass es „ständige wirtschaftspolitische Aufgabe sein wird, das Programm fortzuschreiben und es an sich verändernde Situationen anzupassen." Es bleibt zu hoffen, dass die aktuelle Bundesregierung hierzu wirklich die Kraft haben wird.

Wir brauchen darüber hinaus auch in regulierten Bereichen Rahmenbedingungen, die Investitionen ermöglichen. Die Regulierung muss einen langfristig angelegten, leistungsfähigen und zuverlässigen Betrieb von Energieversorgungsnetzen sichern. Dies ergibt sich aus § 1 des Energiewirtschaftsgesetzes. Eine möglichst sichere, preisgünstige, verbraucherfreundliche, effiziente und umweltverträgliche Versorgung der Allgemeinheit mit Elektrizität und Gas ist langfristig nur möglich, wenn durch die Regulierung Investitionen weiterhin wirtschaftlich darstellbar sind. Leider lässt sich heute feststellen, dass sich die Rahmenbedingungen für Investitionen durch die Netzregulierung verschlechtert haben. Selbst für effiziente Netzbetreiber bestehen keine Anreize, Ersatz- oder Erweiterungsinvestitionen durchzuführen, wie durch das eingangs erwähnte Gutachten von Herrn Professor Ballwieser nachgewiesen wurde. Die Gesamtrendite für Netzinvestitionen betrug danach 4,1 % bei Strom und 3,94 % bei Gas. Damit ist der vom Kapitalmarkt geforderte Eigenkapitalzinssatz aufgrund der Anreizregulierungsverordung und der Regulierungspraxis maximal zur Hälfte realisierbar. Auch wenn die Investitionen im Gesamtmaßstab aufgrund der von mir bereits genannten externen Anforderungen gestiegen sind, haben viele Netzbetreiber ihre Netzinvestitionen gegenüber den ursprünglichen Planungen reduziert.

Dennoch müssen in den Aus- und Umbau der Stromnetze aus den oben genannten Gründen bis zum Jahr 2020 rund 40 Mrd. € investiert werden.

Die deutschen Stromversorger hatten nach einer Erhebung des BDEW für 2009 Investitionen in Höhe von gut 9 Mrd. € geplant. Davon entfallen 35 %, also mehr als 3 Mrd. €, auf die Netze. Durch eine einseitige Regulierung mit Fokus auf Senkung der Netzentgelte werden die Investitionsbedingungen zunehmend schwierig. Durch die Regulierung entsteht ein erheblicher Kostendruck auf die Netzbetreiber, zum Beispiel durch den Umgang der Regulierungsbehörden mit den Kosten aus Verlustenergiebeschaffung, die zwar praktisch kaum beeinflussbar sind, von den Behörden aber mit einer Effizienzsteigerungsvorgabe belegt werden. Darüber hinaus wirken die langwierigen Planfeststellungs- und Genehmigungsverfahren zusätzlich investitionshemmend. Zu hoffen bleibt, dass das Energieleitungsausbaugesetz hier positive Effekte erzeugen kann.

Bei der Verabschiedung der Verordnung zur Anreizregulierung war bereits vorhersehbar, dass sie methodenbedingte Investitionshemmnisse enthält. Um diese Effekte auszugleichen oder zu mildern, wurden Instrumente zur Sicherung der Investitionstätigkeit eingeführt, beispielsweise das Investitionsbudget, der Erweiterungsfaktor oder der pauschalierte Investitionszuschlag. Diese Instrumente sind generell sicherlich auch geeignet, werden aber durch die Regulierungspraxis teilweise ausgehöhlt. Das Energiewirtschaftsrecht wird durch die Regulierungsbehörden häufig zu Lasten der Netzbetreiber und damit zu Lasten der Investitionsfähigkeit ausgelegt. Zur Verbesserung des Investitionsklimas sind deshalb vorrangig die hemmenden Wirkungen von Einzelpositionierungen der Regulierungsbehörden zu überprüfen und zu korrigieren, wie beispielsweise die verzögerte Anerkennung von Kapitalkosten mit einem Nachlauf von zwischen drei und sieben Jahren.

Der Investitionsbedarf in neue Infrastruktur ist nötig, um Engpässe zu beseitigen, den Klimaschutz voranzubringen, die Liquidität weiter zu steigern und grenzüberschreitend den europäischen Binnenmarkt voranzubringen. Neben langfristig zuverlässigen Rahmenbedingungen kann die Politik hierzu auch kurzfristig weitere wesentliche Beiträge leisten, indem sie

- gemeinsam mit den Unternehmen öffentlich und vor Ort um gesellschaftliche Akzeptanz für Investitionen in Energieinfrastruktur wirbt,
- für ein investitionsfreundliches Klima sorgt: insbesondere für die regulierte Netzinfrastruktur müssen neben Kosteneffizienzmaßnahmen auch Investitionsanreize und somit eine angemessene Rendite auf das eingesetzte Kapital möglich sein,
- für eine marktfreundliche Regulierung sorgt, z. B. durch Anerkennung von Kosten im Zusammenhang mit der Zusammenlegung von Gas-Marktgebieten oder mit fortschrittlichen Methoden des Engpassmanagements an den Stromkuppelstellen zu den Nachbarländern,
- sicherstellt, dass die hierzu notwendigen Genehmigungen für Investitionsbudgets für Ferngas- bzw. Übertragungsnetzbetreiber und Verteilungsnetzbetreiber durch die Bundesnetzagentur zügig und vollständig erfolgen,
- dafür sorgt, dass Investitionen in eine innovative Netzinfrastruktur nicht durch die Regulierung zu "Stranded Investments" werden,
- auf europäischer Ebene für einen einheitlichen und fairen Wettbewerb ("Level Playing Field") eintritt,
- auf regionaler und europäischer Ebene eine Harmonisierung und Standardisierung unterstützt,
- Anreize für die rasche Marktintegration erneuerbarer Energien schafft,
- bei internationalen Projekten politisch flankierend unterstützt,
- und das richtige Maß an Regulierungs- und Eingriffstiefe findet.

Ich bin mir sicher, dass es gemeinsam gelingen kann, die großen vor uns liegenden energiepolitischen Herausforderungen des nächsten Jahrzehnts erfolgreich zu meistern. Wir können die Balance zwischen Klimaschutz, Versorgungssicherheit und Wirtschaftlichkeit wahren. Wir können diese Ziele erreichen, wenn die Rahmenbedingungen jetzt für die Zukunft richtig gesetzt werden. Dabei schließe ich mich einer Forderung aus dem Sondergutachten der Monopolkommission vom 4. August 2009 gerne an: „Stabile Rahmenbedingungen, deren Änderungen möglichst vorhersehbar und transparent sind und eine konsistente Energiepolitik, die klare Prioritäten setzt, sind entscheidend für ein investitionsfreundliches Klima in der Energiewirtschaft."

Bernd Holznagel[*]

Netzneutralität und offener Netzzugang

1 Der Streit um die Netzneutralität

2 Begriff der Netzneutralität

3 Vorkehrungen der FCC zur Sicherung von Netzneutralität
    3.1 Vier Prinzipien der Netzneutralität
    3.2 Jüngster Vorstoß der FCC

4 Ansatz der Europäischen Kommission

5 Neue Gefahren für die Netzneutralität

6 Gewährleistung der Internetversorgung

---

[*] Prof. Dr. *Bernd Holznagel*, LL. M., Institut für Informations-, Telekommunikations- und Medienrecht, Westfälische Wilhelms-Universität Münster.

1 Der Streit um die Netzneutralität

Leistungsfähige Breitbandnetze sind heute national wie international zu einem zentralen Standortfaktor geworden. Für die Wissensgesellschaft und ihre Wirtschaft nehmen sie eine Bedeutung ein, die der traditioneller Netzinfrastrukturen im Verkehrs-, Strom-, oder Wassersektor in nichts nachsteht. Seitdem die Telekommunikation von Verfassungs wegen (Art. 87f. GG) privatwirtschaftlich zu betreiben ist, ist es jedoch nicht mehr eine Aufgabe der staatlichen Daseinsvorsorge, sondern der Telekommunikationswirtschaft für den Netzausbau zu sorgen. Die staatliche Regulierung hat sich in den letzten Jahren daher darum bemüht, den Infrastrukturwettbewerb zu fördern. Zu den zentralen Regulierungsprinzipien gehörte der *offene Zugang zum Netz* des früheren Netzmonopolisten.[1] Den Wettbewerbern wurde z. B. in der Bundesrepublik die Möglichkeit eröffnet, die Teilnehmeranschlussleitung der Deutschen Telekom zu einem regulierten Preis zu mieten. Damit hatten sie einen Anreiz, ihre eigenen Netze bis zum Hauptverteiler auszubauen. Aus Sicht ehemaliger Monopolunternehmen sind aber die ihnen bei einem solchen Regulierungsmodell verbleibenden Margen zu gering, um den Ausbau hin zu den modernen Breitbandnetzen voranzutreiben. Für weitere Netzinvestitionen fordern sie eine Änderung des Regulierungsrahmens: Sie wollen zukünftig *selbst bestimmen*, wer die Netze nutzen darf und zu welchen Konditionen.

Die Telekommunikationswirtschaft stellt damit auch das für das Internet geltende *Prinzip der Netzneutralität* in Frage. Insbesondere im Internet ist es nicht üblich, einzelne Dienste zu diskriminieren oder eine Preisdifferenzierung nach Dienstqualitäten vorzunehmen. Würden diese Forderungen Realität, könnte z. B. für eine besonders hochwertige Übertragung von YouTube-Videos eine Extragebühr erhoben werden. Die Telekommunikationsunternehmen erhielten dann erstmals die Möglichkeit, an den Gewinnen der Suchmaschinen- und Web 2.0-Anbieter zu partizipieren. Bereits im Jahre 2005 forderte der frühere AT&T-Chef *Ed Whitacre*, neben den Verbrauchern verstärkt auch die „Googles" für den Gebrauch ihrer Leitungen zur Kasse zu bitten.[2]

Die Net-Community reagiert heftig auf diese Forderungen der Telekommunikationswirtschaft. Die Ungleichbehandlung von Diensten und die Einführung eines zusätz-

---

[1] Hierzu Art. 3ff. der Richtlinie 2002/19/EG des Europäischen Parlaments und des Rates vom 7. März 2002 über den Zugang zu elektronischen Kommunikationsnetzen und zugehörigen Einrichtungen sowie deren Zusammenschaltung (Zugangsrichtlinie), ABl. EG Nr. L 108 v. 24.4.2002, 7; vgl. hierzu nur *Piepenbrock/Attendorn* (2006), § 21.

[2] Interview mit *Edward Whitacre* (2005). S. auch *Schwan* (2006); *Mohammed* (2006); *McSlarrow*, Testimony of Kyle McSlarrow, Senate Committee on Commerce, Science, and Transportation, Hearing on Net Neutrality, February 7, 2006; *Citron*, Statement of Jeffrey A. Citron Before the U. S.- Senate Committee on Commerce, Science, and Transportation, Hearing on Net Neutrality, February 7, 2006.

lichen „Wegezolls" für den Datenverkehr werden von ihnen als Sieg des Big Business gegenüber einem freien Kommunikationsprozess verstanden.[3] Aber auch die Internetwirtschaft plädiert für den Erhalt des Status quo und die Offenheit des Internets. Sie sieht hierin eine Voraussetzung dafür, dass das Internet auch in Zukunft als ein kraftvoller Motor für Kreativität, Innovation und Wachstum fungieren kann. Sei die Netzneutralität nicht gesichert, könnten neue Angebote nicht darauf aufbauen, ohne weiteres jedem Nutzer ungehindert zur Verfügung zu stehen. Vielmehr müssten neue Anbieter befürchten, von den etablierten Netzbetreibern „ausgebremst" zu werden.[4]

Es kann daher nicht verwundern, dass es derzeit eine intensive Debatte um das Für und Wider der Netzneutralität und die zutreffenden regulatorischen Maßnahmen gibt.[5] Reicht hier die Aufklärung der Verbraucher aus oder bedarf es weitergehender Maßnahmen? Die Debatte ist von den USA ausgegangen und zwischenzeitlich auch zu uns nach Europa herübergeschwappt. Insbesondere bei der Novellierung der Richtlinien für elektronische Kommunikationsdienste und -netze wurde über das Für und Wider einer regulatorischen Gewährleistung von Netzneutralität gestritten. Der Streit hat große mediale Aufmerksamkeit erlangt. Schließlich geht es um die Existenz des Internets, wie wir es heute kennen.

2 Begriff der Netzneutralität

Bevor die Reaktionen dieser Debatte in den USA und Europa dargestellt werden, gilt es zunächst den Begriff der Netzneutralität zu bestimmen: *Netzneutralität* ist eine Bezeichnung für die neutrale Datenübermittlung im Internet.[6] Das Internet transportiert Daten „unwissend" in Paketen. Nach dem best effort-Prinzip werden alle Datenpakete gleichbehandelt.[7] Das Internet ist damit dienste- und applikationenneutral. Die Transportgeschwindigkeit der Pakete wird allein durch die verfügbare Bandbreite bestimmt. Eine Steuerung dieser Pakete in dem Sinne, dass sie priorisiert, verlangsamt oder gestoppt werden könnten, ist nicht möglich.

---

[3] Vgl. nur Prepared Statement of Vinton G. Cerf, U.S. Senate Committee on Commerce, Science, and Transportation, Hearing on "Network Neutrality", February 7, 2006, abrufbar unter: http://commerce.senate.gov/pdf/cerf-020706.pdf (Stand: 23.11.2009).

[4] *van Schewick* (2007), S. 329; *Wu* (2003), S. 144; *Wu/Lessig* (2003), S. 4.

[5] *Cave/Crocioni* (2007); *Hahn/Litan* (2007); *Faulhaber* (2007); *Yoo* (2007); *Peha/Lehr/Wilkie* (2007); *Frieden* (2007); *Kocsis/de Bijl* (2007); *Jordan* (2007); *Felten* (2006); *Grunwald/Sicker* (2007); *Crowcroft* (2007).

[6] *Ruhle/Lichtenberger*, S. 134, S. 137; *Chirico/van der Haar/Larouche* (2007), S. 35ff.; *Holznagel* (2008), S. 522; *Kocsis/de Bijl* (2007), S. 159.

[7] *Fischbach* (2008).

3 Vorkehrungen der FCC zur Sicherung von Netzneutralität

3.1 Vier Prinzipien der Netzneutralität

Für die Regulierung des Telekommunikations- und Rundfunkmarktes ist in den USA die Federal Communications Commission, die FCC, zuständig. In den vergangenen Jahren hatte die FCC über eine Reihe von Beschwerden zu entscheiden, die Geschäftspraktiken von Anbietern breitbandiger Internetdienste betrafen. Die Behörde hat diese Gelegenheit genutzt, sich im Streit um Netzneutralität zu positionieren.

Die erste Fallgruppe betrifft die Sperrung des Zugangs zu bestimmten Internetdiensten. Große Aufmerksamkeit erhielt der Madison River Telephone Company-Fall.[8] Die Madison River Telephone Company, die sowohl Telefon- als auch Internetdienste anbot, manipulierte die Internetzugänge ihrer Kunden auf eine Weise, dass diese Voice-Over-IP-Dienste nicht mehr nutzen konnten. Das Unternehmen wollte sich so die hohen Gebühren für Auslandtelefonate sichern. Die FCC griff diesen Fall auf, weil sie in dem Verhalten des Unternehmens einen Verstoß gegen die Netzneutralität erblickte. Um zu gewährleisten, dass Breitbandnetze offen für alle Verbraucher sind, etablierte sie vier Grundsätze der Netzneutralität.[9] Hiernach sind die Verbraucher berechtigt

- je nach ihrer Wahl Zugang zu legalen Internetinhalten zu erhalten,
- alle Dienste und Applikationen ihrer Wahl zu nutzen, wobei sie jedoch den Bedürfnissen der Strafverfolgung Rechnung tragen müssen,
- alle legalen Endgeräte ihrer Wahl an das Netz anzuschließen und zu nutzen, soweit es nicht das Netzwerk schädigt,
- Netze-, Dienste-, Service- und Internetanbieter in einem Wettbewerbsverhältnis vorzufinden.

Die FCC sah in dem Verhalten der Madison River Telephone Company einen Verstoß gegen das erste Prinzip. Jedoch kam es in diesem Fall nicht zu einer förmlichen Entscheidung. In einem Vergleich (Consent Decree) erklärte sich das Unternehmen bereit, diese Blockadepraxis einzustellen und 15.000 $ als „Buße" zu zahlen.

Weitere Entscheidungen der FCC bezogen sich auf die Verlangsamung von peer-to-peer-Internetdiensten. Der Leading-Case betrifft hier den großen Kabelnetzbetreiber Comcast. Comcast hatte im Jahre 2008 die Funktionsweise des Filesharing-Programs-

---

[8] Consent Decree in the Matter of Madison River Communications, LLC and affiliated companies, File No. EB-05-IH-0110, 2005, abrufbar unter: http://www.fcc.gov/eb/Orders/2005/DA-05-543A2.html (Stand: 23.11.2009).

[9] FCC, Internet Policy Statement, 20 FCC Rcd 14986, 14987-88, 2005, para. 4; siehe auch FCC, Notice of Proposed Rulemaking, October 22, 2009, FCC 09-93, p. 3.

mes BitTorrent behindert.¹⁰ Sinn und Zweck dieser Maßnahme war die Reduzierung des Internetverkehrs durch Privatkunden im eigenen Netz. Denn dieser war zu jener Zeit durch das Herunterladen von Videos, Filmen und Musik sprunghaft angestiegen. Die Drosselungsmaßnahmen von Comcast waren weder den Abonnenten noch der Öffentlichkeit zuvor mitgeteilt worden. Sie waren eher zufällig von einem Musikliebhaber entdeckt worden, der sich gewundert hatte, dass der (legale) Austausch von „old barbershop quartet songs" nicht ordnungsgemäß funktionierte. Als Beschwerdeführer traten in diesem Fall mehrere Bürgerrechtsorganisationen auf, was diesem Fall erhebliches politisches Gewicht gab. Sie beriefen sich auf die Prinzipien zur Sicherung der Netzneutralität. Die FCC gab ihnen Recht und untersagte das Verhalten von Comcast. Comcast wurde aufgegeben, innerhalb von dreißig Tagen die Details seiner „Praktiken zum Netzwerkmanagement" zu offenbaren. Zudem musste ein Plan zur Befolgung der Untersagungsverfügung der FCC vorgelegt werden. Schließlich wurde dem Unternehmen aufgegeben, ihre Kunden über zukünftige Verfahren zur Beeinflussung des Netzverkehrs zu informieren. Die FCC sah in dem Verhalten von Comcast eine bedeutende Bedrohung für den offenen Charakter und eine ordnungsgemäße Funktionsweise des Internets.¹¹ Den Verbrauchern werde die Möglichkeit genommen, ihren Internetzugang nach ihren Vorstellungen zu nutzen. Auch die Post könne eine Auslieferung nicht mit dem Hinweis unterbinden, dass die Postautos voll seien. Comcast hat sich gegen diese Maßnahme gerichtlich zur Wehr gesetzt. Eine abschließende Entscheidung steht jedoch noch aus.

Die dritte Fallgruppe betrifft den sensiblen Bereich politischer Kommunikation. Im Jahre 2007 schnitt die Telefongesellschaft AT&T, die als Webcast-Sponsor auftrat, aus der Übertragung eines Musikkonzertes eine Passage heraus, in der der damalige Präsident *Bush* für unzureichende Hilfeleistungen nach den Verwüstungen des Hurrikans „Katrina" kritisiert wurde.¹² Hier reichten schon die Reaktionen der Öffentlichkeit aus, um eine Verhaltensänderung zu bewirken. Zu einer förmlichen Entscheidung der FCC ist es nicht gekommen.

---

[10] FCC, Memorandum and Order 08-183 In The Matters of Formal Complaint of Free Press and Public Knowledge Against Comcast Corporation for Secretly Degrading Peer-to-Peer Applications, File No. EB-08-IH-1518, 2008, abrufbar unter: http://hraunfoss.fcc.gov/edocs_public/attachmatch/FCC-08-183A1.pdf (Stand: 23.11.2009). Hierzu auch: *Spies* (2008), S. V; *Svenson* (2007).

[11] FCC, Memorandum and Order 08-183 (Fn. 10), para. 41.

[12] AT&T schneidet Bush-Kritik aus Konzertwebcast, Meldung bei heise online v. 9.8.2007, abrufbar unter: http://www.heise.de/newsticker/meldung/AT-T-schneidet-Bush-Kritik-aus-Konzertwebcast-161644.html (Stand: 23.11.2009); AT&T räumt Beschneiden weiterer Konzert-Webcasts ein, Meldung bei heise online v. 14.8.2007, abrufbar unter: http://www.heise.de/newsticker/meldung/AT-T-raeumt-Beschneiden-weiterer-Konzert-Webcasts-ein-163252.html (Stand: 23.11.2009).

Die Maßnahmen der FCC sind nicht ohne Kritik geblieben. Aus juristischer Sicht ist der Behörde immer wieder vorgeworfen worden, sie habe für ihre Politik zur Sicherung der Offenheit des Internets keine hinreichenden Befugnisse.[13] Vielleicht ist dies mit ein Grund dafür, dass es nur wenige Entscheidungen der FCC gibt, die sie mit dem Prinzip der Netzneutralität begründet hat. Gesetzliche Initiativen, die das Ziel hatten, die vier Netzneutralitätsgrundsätze explizit in das Telekommunikationsgesetz aufzunehmen, sind während der Präsidentschaft *Bush* trotz mehrerer Anläufe im amerikanischen Kongress gescheitert.[14]

3.2 Jüngster Vorstoß der FCC

Die Diskussion um Netzneutralität hat im September diesen Jahres erneut an Fahrt gewonnen. Der neue FCC-Chairman *Genachowski* hat in einer Rede angekündigt, die Netzneutralität weiter zu stärken und zwei weitere Prinzipien vorgestellt.[15] Sie sollen Teil der Rechtsvorschriften der FCC (so genannte Rules) werden.[16]

Als 5. Prinzip soll es Breitbandanbietern verboten sein, bestimmte Internetdienste und -anwendungen zu *diskriminieren*.[17] Sie dürfen den legalen Internetverkehr weder blockieren noch verlangsamen. Auch ist es ihnen andersrum untersagt, bestimmte Dienste und Anwendungen gegenüber ihren Nutzern zu bevorzugen und ihnen auf diese Weise Vorteile zu verschaffen. Dienste dürfen auch nicht deshalb schlechter behandelt werden, weil die Breitbandanbieter ähnliche, konkurrierende Angebote vertreiben. Das Internet muss weiterhin gewährleisten, dass allein der Nutzer darüber entscheidet, welche Dienste erfolgreich sind und welche nicht. In ihren Rules will die FCC auch näher ausführen, was der Grundsatz der Nichtdiskriminierung für den Mobilfunk bedeutet.

Drei Ausnahmen sollen von diesem Grundsatz gestattet sein. Zunächst soll es möglich sein, bei *Überlastungen* des Netzes besonders intensive Netznutzer daran zu hindern, ihre Interessen zu Lasten der anderen Nutzer durchzusetzen. Auch kann die Einhaltung des Grundsatzes durchbrochen werden, wenn dies erforderlich ist, um für ein sicheres, mit *legalen* Inhalten versehenes oder spam-freies Internet zu sorgen. Des Weiteren erkennt die FCC an, dass es aus Gründen des Netzausbaus von Vorteil sein kann, wenn die Betreiber ihre Netze nach Quality of Service-Gesichtspunkten betreiben. Dass die

---

[13] *Brenner* (2009).

[14] Für einen Überblick *Spies* (2006), S. XXI; *Spies* (2007a), S. XIV; *Spies* (2007b), S. XIX.

[15] *Genachowski* (2009).

[16] Derzeit liegt nur der Entwurf dieser Rules vor. Vgl. FCC, Notice of Proposed Rulemaking In The Matter of Preserving the Open Internet, FCC 09-93, October 22, 2009, abrufbar unter: http://hraunfoss.fcc.gov/edocs_public/attachmatch/FCC-09-93A1.pdf (Stand: 23.11.2009).

[17] FCC, Notice of Proposed Rulemaking FCC 09-93 (Fn. 16), para. 103-117.

Möglichkeit der Dienstedifferenzierung in einem Spannungsverhältnis zum Grundsatz der Diskrimierungsfreiheit steht, ist evident. Darauf wird zurückzukommen sein.

Das 6. Prinzip ist das der Transparenz. Breitbandfähige Internetanbieter sind verpflichtet, ihre Netzwerkmanagement-Praktiken öffentlich darzulegen.[18] Das Besondere am Internet sei, dass die Standards in einem offenen Prozess entstehen. Auch die Verwaltung der IP-Nummern und Domain Namen erfolge durch die Selbstverwaltung der Internetcommunity. Demgegenüber spiele sich das Netzwerkmanagement der Breitbandanbieter oft im Verborgenen ab. Veränderungen seien, wie der Comcast-Fall zeigt, schwierig zu erkennen. Größere Transparenz solle den Verbrauchern das Vertrauen geben, dass sie auch sicher sein können, den Dienst zu erhalten, für den sie bezahlen. Auch für den Gesetzgeber werde es so leichter, die Einhaltung der Netzneutralitätsgrundsätze zu überprüfen. Zudem werde hiermit die Grundlage geschaffen, dass die Internetnutzer untereinander verschiedene Netzwerkmanagement-Praktiken diskutieren können, was wiederum staatliche Interventionen reduzieren könnte. Personenbezogene Kundeninformationen oder Angaben, die eine Gefährdung für die Sicherheit der Netzwerke darstellen könnten, sind aus der Transparenzpflicht ausgenommen. Die FCC betont, dass diese Prinzipien zur Netzneutralität für alle Plattformen gelten sollen, also auch für das mobile Internet oder die Breitbandverbindung über Satellit. Sie sind damit technologieneutral abgefasst.

Als Begründung für diesen Vorstoß in Sachen Pro-Netzneutralität führt die FCC veränderte Marktgegebenheiten an.[19] Sie gehe davon aus, dass die sprunghafte Verbreitung von Breitbanddiensten die Konflikte um Netzneutralität weiter zuspitzen werden und dass dieses Phänomen politischer Antworten bedürfe. Aus Sicht der Wettbewerbspolitik habe sich in den letzten Jahren die Zahl der Breitbandanbieter deutlich reduziert. Dies führe dazu, dass diskriminierende Maßnahmen zu Lasten von Wettbewerbern zunähmen. Zweitens seien Breitbandanbieter meist die „alten" Telekommunikations- und Kabelnetzanbieter. Diese würden aber zunehmend in Wettbewerb mit den Musik- und Videodiensten der Internetanbieter treten. Sie hätten große Anreize, ihre Einkommen zu Lasten der Internetwirtschaft zu erweitern. Drittens nehme der Breitbandbedarf rasant zu. Die Unternehmen sehen sich daher veranlasst, neue Netzwerkmanagement-Techniken einzusetzen, die den Gebrauch der Datenautobahn optimieren und – wie in den Fällen Madison River und Comcast – bestimmte Nutzungen beschränken oder gänzlich ausschließen.

Es ist bemerkenswert, dass die sechs Prinzipien seit dem Amtsantritt von Präsident *Obama* nicht nur mit dem traditionellen Control and Command-Instrumentarium der FCC durchgesetzt werden. Ein aktueller Anwendungsbereich ist die Breitbandförde-

---

[18] FCC, Notice of Proposed Rulemaking FCC 09-93 (Fn. 16), para. 118-132.
[19] *Genachowski* (2009).

rung.[20] Hier müssen sich die Unternehmen dazu bereit erklären, als Gegenleistung für staatliche Fördermittel, die Prinzipien der Netzneutralität zu akzeptieren.

4 Ansatz der Europäischen Kommission

In Europa wird die Regulierung elektronischer Kommunikation überwiegend von der Europäischen Kommission geprägt. Sie betrachtet die amerikanische Diskussion um Netzneutralität mit Zurückhaltung. Dies liegt auch daran, dass die europäische Regulierung einen anderen Ansatz als die der FCC verfolgt. So können die Regulierungsbehörden gegen Diskriminierungen aufgrund des Telekommunikations- oder Kartellrechts vorgehen, jedenfalls soweit sie von marktbeherrschenden Unternehmen ausgehen.[21] Geht es gar um die Blockade von politisch unerwünschten Inhalten, wird dies durch das Verfassungsrecht geschützt. In der Bundesrepublik sind auch allgemeine Geschäftsbedingungen im Lichte der Meinungsfreiheit (Art. 5 GG) auszulegen.[22] Grobe Verstöße können daher zur Nichtigkeit vertraglich vereinbarter Klauseln führen. Zudem dürfte von Belang sein, dass die großen Suchmaschinen- und Internetunternehmen vorwiegend aus Amerika stammen. Hierzulande dürfte der Druck dieser Lobbygruppen nicht so stark ausgeprägt sein. Sie waren in den letzten Jahren der Motor für eine strikte Regelung in Sachen Pro-Netzneutralität.

Jedoch hat vor allem die Internetcommunity auch in den EU-Mitgliedstaaten eine regulatorische Sicherung der Netzneutralität gefordert. Anlass für diese Initiativen waren – wie auch zuvor in den USA – Geschäftspraktiken der Breitbandanbieter, die als unfair empfunden wurden.[23] In der Bundesrepublik ist z. B. die Blockade von Voice-over-IP durch die Mobilfunker auf heftige Kritik gestoßen.[24] Bei T-Mobile konnte die Skype-Software bis vor kurzem nicht auf dem Apple-Handy iPhone genutzt werden. Verbraucherschützer mahnten an, dass der Internetzugang bereits durch eine Datenflatrate bezahlt worden sei. Dass die Blockaden von Internetdiensten dazu eingesetzt werden,

---

[20] *Spies* (2009a), S. XI; *Spies* (2009b), S. XXII.

[21] Vgl. § 19 TKG (Diskriminierungsverbot), § 20 TKG (Transparenzverpflichtung), §§ 21ff. TKG (Zugangsverpflichtungen), § 42 TKG (Besondere Missbrauchsaufsicht), §§ 19, 20 GWB (Missbrauch einer marktbeherrschenden Stellung).

[22] Zur Einwirkung des Art. 5 GG auf die Anwendung des Zivilrechts nur BVerfGE 7, 198 (Lüth); 25, 256 (Blinkfüer).

[23] Vgl. hierfür Eintrag zu „Network Neutrality" in Wikipedia, abrufbar unter: http://en.wikipedia.org/wiki/Network_neutrality (Stand: 23.11.2009).

[24] Vgl. die Meldungen im heise online Newsletter „T-Mobile will Skypes iPhone-App blockieren", Meldung v. 30.03.2009, abrufbar unter: http://www.heise.de/newsticker/meldung/T-Mobile-will-Skypes-iPhone-App-blockieren-210347.html (Stand: 23.11.2009); „Skype kritisiert T-Mobile scharf wegen iPhone-Blockade", Meldung v. 04.04.2009, abrufbar unter: http://www.heise.de/newsticker/meldung/Skype-kritisiert-T-Mobile-scharf-wegen-iPhone-Blockade-211521.html (Stand: 23.11.09).

gewünschte Extragebühren einzufordern, zeigen jüngste Geschäftspraktiken im Mobilfunkmarkt. So wird zunehmend die Möglichkeit eingeräumt, eine VoIP-Option zum Preis von monatlich 9,95 € zu buchen. Für diejenigen, die bisher eine Datenflatrate hatten, läuft dies auf eine nachträgliche Preiserhöhung heraus.

Vor diesem Hintergrund war der Richtlinienvorschlag für eine Änderung des bisherigen Regulierungsrahmens mit Spannung erwartet worden. Die Kommission folgt hierin jedoch nicht dem von der FCC eingeschlagenen Weg. Präferiert wird ein Regulierungsansatz, der durch eine Pro-Dienstedifferenzierung geprägt ist. In ihrem Policy Statement vom 13.11.2007 betrachtet die Europäische Kommission eine Priorisierung von Diensten und Produktdifferenzierung „generell als vorteilhaft" für den Markt, solange die Verbraucher die Möglichkeit haben, zwischen verschiedenen Zugangswegen und verschiedenen Diensten auszuwählen.[25] Eine Grenze sei erst dann erreicht, wenn marktbeherrschende Anbieter ihre Stellung in einer Weise ausnutzten, dass diese Wahlfreiheit beeinträchtigt werde.

In ihrem neuen Rechtsrahmen setzt die Kommission daher in erster Linie auf Transparenz, um Belange der Verbraucher zu schützen. Die Mitgliedstaaten sollen zukünftig dafür sorgen, dass die Verbraucher beim Abschluss von Verträgen vor Vertragsabschluss und danach regelmäßig in klarer Weise darüber aufgeklärt werden, wenn ein Anbieter ihren Zugang zu rechtmäßigen Inhalten *beschränkt*.[26] Das Gleiche gilt im Hinblick auf ihre Möglichkeit, solche Inhalte selbst zu verbreiten oder beliebige rechtmäßige Anwendungen und Dienste zu benutzen. Auch können die Unternehmen von den nationalen Regulierungsbehörden verpflichtet werden, vergleichbare, angemessene und aktuelle Endnutzerinformationen über die Qualität ihrer Dienste zu veröffentlichen. Die Informationen sind auf Aufforderung vor ihrer Veröffentlichung auch der nationalen Regulierungsbehörde vorzulegen.[27]

---

[25] EU-Kommission, Impact Assessment – Accompanying document to the Proposal for a Directive of the European Parliament and the Council amending European Parliament and Council Directives 2002/19/EC, 2002/20/EC and 202/21/EC, Proposal for a Directive of the European Parliament and the Council amending European Parliament and Council Directives 2002/22/EC and 2002/58/EC Proposal for a Regulation or the European Parliament and the Council establishing the European Electronic Communications Markets Authority, SEC(2007) 1472 v. 13.11.2007, 91.

[26] Art. 20 des geänderten Vorschlags für eine Richtlinie des Europäischen Parlaments und des Rates zur Änderung der Richtlinie 2002/22/EG über den Universaldienst und Nutzerrechte bei elektronischen Kommunikationsnetzen und -diensten, der Richtlinie 2002/58/EG über die Verarbeitung personenbezogener Daten und den Schutz der Privatsphäre in der elektronischen Kommunikation und der Verordnung (EG) Nr. 2006, 2004 über die Zusammenarbeit im Verbraucherschutz, KOM(2008) 723 endg. v. 6.11.2008 (im Folgenden: geänderter Vorschlag für eine Universaldienstrichtlinie).

[27] Art. 22 Abs. 1 des geänderten Vorschlags für eine Universaldienstrichtlinie.

Um eine Verschlechterung der Dienste und eine Verlangsamung des Datenverkehrs in den Netzen zu verhindern, kann die Kommission „Mindestanforderungen an die Dienstqualität" formulieren.[28] Diese Möglichkeit darf jedoch nicht missverstanden werden. Sie enthält, anders als dies eine Reihe von Kommentatoren geäußert haben, keine Maßnahme zur Sicherung von Netzneutralität und schon gar kein Diskriminierungsverbot, wie es die FCC kürzlich entwickelt hat. Schon der Wortlaut der Norm lässt erkennen, dass nur ein gewisser Qualitätsstandard eines Dienstes gewährleistet werden soll. Es soll also z. B. festgelegt werden können, welche Verzögerungen bei der Sprachtelefonie auftreten können oder welche Bandbreite ein bestimmter Dienst aufweisen muss.

Die für den Telekommunikationsbereich verantwortliche Kommissarin *Reding* hat erst am 6.10.2009 zu erkennen gegeben, dass sie diese Vorschläge auch für ausreichend hält, um das hinreichende Maß an Netzneutralität zu sichern. Sie hat angekündigt, dass sie auf dieser Basis und die Vorgaben der zweiten Roaming-Verordnung[29] gegen die Sperrungen von Voice-Over-IP im Mobilfunk vorzugehen gedenkt.[30]

Die zurückhaltende Haltung, die die Kommission im Vergleich zur FCC im Hinblick auf die geforderte Sicherung der Netzneutralität einnimmt, wird auch in ihren Vorgaben für die Breitbandförderung deutlich. Die erst am 19.9.2009 veröffentlichten Leitlinien für eine Beihilfekontrolle in diesem Bereich fordern zwar, dass das Prinzip des offenen Netzzugangs im Falle einer staatlichen Förderung des Netzausbaus gewährt wird.[31] Insofern ähneln sich der europäische und der amerikanische Ansatz. Der Grundsatz der Netzneutralität wird in den Leitlinien jedoch nicht angesprochen.

Eine Reihe von Bürgergruppen und EU-Parlamentariern haben bereits eine Initiative gestartet, die sich für eine Verankerung des Grundsatzes der Netzneutralität ausspricht.[32] Bei der Abfassung des neuen Richtlinienpakets hat sie sich jedoch noch nicht durchsetzen können.

---

[28] Art. 22 Abs. 3 des geänderten Vorschlags für eine Universaldienstrichtlinie.

[29] Verordnung (EG) Nr. 544/2009 des Europäischen Parlaments und des Rates vom 18. Juni 2009 zur Änderung der Verordnung (EG) Nr. 717/2007 über das Roaming in öffentlichen Mobilfunknetzen in der Gemeinschaft und der Richtlinie 2002/21/EG über einen gemeinsamen Rechtsrahmen für elektronische Kommunikationsnetze und -dienste, ABl. EG Nr. L 167 v. 29.6.2009, 12.

[30] *Reding* (2009).

[31] EU-Kommission, Mitteilung der Kommission – Leitlinien der Gemeinschaft für die Anwendung der Vorschriften über staatliche Beihilfen im Zusammenhang mit dem schnellen Breitbandausbau, ABl. EG Nr. C 235 v. 30.9.2009, Rn. 27.

[32] Die Petition ist abrufbar unter: http://www.euopeninternet.eu. Vgl. hierzu auch *Jahn/Nüßing/ Ricke* (2009), S. VII.

5 Neue Gefahren für die Netzneutralität

Die Europäische Kommission sollte sich dazu entschließen, schärfere Vorkehrungen für die Sicherung der Netzneutralität zu treffen. Zwar sind bisher Verstöße gegen die Netzneutralität in nur wenigen Fällen in Europa dokumentiert. Jedoch wird sich das Gefährdungspotenzial für Beschränkungen der Offenheit des Internets durch die neuen Next Generation Networks deutlich erhöhen. Diese Veränderung ergibt sich aus der spezifischen Architektur der Next Generation Networks.

Sehen wir uns diesen Netztypus näher an, um die Zusammenhänge zu ergründen. Bei den Next Generation Networks handelt es sich um ein Netzwerk, welches traditionelle leitungsvermittelnde Telekommunikationsnetze wie Telefonnetze, Kabelfernsehnetze, Mobilfunknetze usw. durch eine einheitliche paketvermittelnde Infrastruktur und Architektur ersetzt und zu den älteren Telekommunikationsnetzen kompatibel ist.[33] Es ist ein wesentliches Merkmal von NGN, dass unterschiedliche Netzfunktionen, wie Transport, Dienst und die Kontrollfunktion auf unterschiedlichen Netzebenen realisiert werden. In der einschlägigen ITU-T-Empfehlung Y.2001 wird als grundlegendes Merkmal von NGN angesehen, dass es eine „Breitbandfähigkeit mit definierter Ende-zu-Ende-Dienstgüte (QoS)" aufweist.[34] Alles richtet sich damit nach den Qualitätsvorgaben, der Quality of Services. Die Verkehrskontrollverfahren werden dabei in den Netzknoten (Routern) implementiert. Bei einer solchen Architektur wird einem Endkundendienst eine bestimmte Priorität zugewiesen. Die IP-Pakete werden einer Transportklasse zugeordnet. Der Datenverkehr kann dann z. B. je nach Art des Dienstes, Netzbelastung, benötigter Bandbreite, möglicher Konkurrenz für die eigenen Angebote priorisiert und gesondert abgerechnet werden. Zudem wird es möglich, Pakete eindeutig zu markieren und diese zum Beispiel zu verlangsamen oder im Transport zu blockieren. Die eigenen IP-TV-Angebote lassen sich damit über Datenströme mit hoher Priorität vom restlichen Internetverkehr separieren und über die Leitungen zum Endkunden verbreiten.[35]

Damit entsteht die Gefährdungslage, vor der die Internetcommunity immer gewarnt hat. Datenpakete lassen sich nahezu beliebig sperren oder verlangsamen. Die Offenheit des Kommunikationsprozesses ist nicht mehr, wie es bisher im Internet der Fall war, – quasi automatisch – durch die Architektur des Netzes garantiert. Es muss nun politisch entschieden werden, ob und vor allem mit welchen regulatorischen Mitteln das Prinzip der Netzneutralität zukünftig gesichert werden soll.

---

[33] *Elixmann/Kühling/Marcus/Neumann/Plückebaum/Vogelsang* (2008); *Gersdorf* (2008); *Marcus/Elixmann* (2008); *Hackbarth/Kulenkampff* (2006); *Helmes/Schoof/Geppert* (2008); *Kühling* (2008); *Wengler/Beyer/Weiss* (2008).

[34] ITU-T Recommendation Y.2001 (12/2004), abrufbar unter: http://www.itu.int/ITU-T/ngn/definition.html (Stand: 23.11.2009).

[35] *Ruhle/Lichtenberger* (2006).

6 Gewährleistung der Internetversorgung

Im Lichte dieser neuen Gefährdungslage sprechen für solche Maßnahmen die bereits erwähnten Belange der Förderung von Innovationen und neuen Geschäftsmodellen im Internet. Andererseits sind auch die Eigentumsrechte der Netzbetreiber (Art. 14 GG) zu berücksichtigen. Sie dürfen im Grundsatz allein darüber befinden, was mit ihren Netzen geschieht und was nicht.[36] Nur wenn hinreichende ökonomische Anreize verfügbar sind, werden sie auch die notwendigen Netzinvestitionen vornehmen. Es ist nicht Aufgabe von Juristen, die Wohlfahrtseffekte der einen oder anderen Interessenabwägung zu ermitteln.[37] Er kann sich in seinen Abwägungen von den Wertentscheidungen der Verfassung leiten lassen. Und hier ist berücksichtigen, dass das Internet heute zur kommunikativen Grundversorgung (Art. 5, 87f. GG) der Bevölkerung gehört: Mit dem Internet ist ein historisch einmaliger Kommunikationsraum entstanden. Der Bürger kann sich aus einer bisher nicht gekannten Vielzahl von Quellen informieren. Ohne Verleger oder Rundfunkanbieter einzuschalten, kann er mit seiner Meinungsäußerung die (Cyber)Öffentlichkeit erreichen.[38] Das Internet ist für *alle* Bevölkerungsschichten maßgeblich,[39] um an den Segnungen von E-Commerce oder E-Government teilzuhaben. Der Gesetzgeber ist daher schon von Verfassungs wegen aufgerufen, Gefährdungen für eine freie und offene Internetkommunikation entgegenzutreten.[40] Daraus folgt, dass jedenfalls der Zugang zum Internet oder – anders ausgedrückt – eine Versorgung mit Internetdiensten sicherzustellen ist.[41] Soweit dieses Ziel erfüllt ist, kann der Netzbetreiber nach Dienstequalitäten unterscheiden und Preisdifferenzierungen vornehmen.

Dieser Lösungsansatz unterscheidet sich von den Vorstellungen der FCC dahingehend, dass er Geschäftsmodellen der Netzbetreiber mehr Raum gibt. Zwar sieht auch die FCC vor, dass Netze nach Quality of Service-Gesichtspunkten betrieben werden können. Sie löst das bestehende Spannungsverhältnis aber einseitig im Sinne der Interessen der Internetcommunity und -unternehmen auf. Denn Diskriminierungen aus Gründen der Dienstqualität sollen nur in einem „begrenzten Maße" möglich sein soll. Die FCC sieht

---

[36] Vgl. hierzu nur *Schmidt-Preuß* (1996); *Schnelle* (1994); *Fehling* (1996).

[37] Für eine ökonomische Analyse *Vogelsang* (2007); *Becker* (2008); *Dewenter/Jaschinski/Wiese* (2009).

[38] *Holznagel* (2008), S. 391ff.; *Neuberger* (2009) S. 39; *Deuze* (2007), S. 155ff.; *Rössler* (2005), S. 177ff.

[39] Zur zunehmenden Verbreitung und Nutzung des Internet siehe nur van *Eimeren/Free* (2008).

[40] So schon frühzeitig *Mecklenburg* (1997).

[41] Ebenso aus ökonomischer Sicht *Picot* (2008), S. 22ff.; sowie Post-og Teletilsynet, Network neutrality. Guidelines for Internet neutrality. Version 1.0 24. February 2009, abrufbar unter: http://www.npt.no/ikbViewer/Content/109604/Guidelines%20for%20network%20 neutrality.pdf (Stand: 23.11.2009).

die neuen Netzwerkmanagement-Möglichkeiten eher als „Ergänzung" zum freien und offenen Internet[42], aber nicht als eigenständigen Entwicklungspfad.

Rechtstechnisch könnte man diese Zielsetzung umsetzen, indem man die für die kommunikative Grundversorgung erforderlichen Internetdienste in den *Must-Carry-Bereich* aufnimmt. Must-Carry-Regeln werden dazu genutzt, um sicherzustellen, dass die für die Öffentlichkeit notwendigen Dienste von den Netzbetreibern verbreitet werden.[43] Das Konzept ist zunächst auf der nationalen Ebene zugunsten der Programme öffentlich-rechtlicher Hörfunk- und Fernsehanbieter zur Anwendung gekommen.[44] Später wurde es in Art. 31 der Universaldienste-Richtlinie übernommen.[45] Inzwischen ist seine Vereinbarkeit mit dem europäischen Primärrecht vom Europäischen Gerichtshof bestätigt worden.[46] Die verfügbare Kapazität muss vom Gesetzgeber oder einer Regulierungsbehörde in einer Weise aufgeteilt werden, dass ein funktionsfähiges Internet gewährleistet ist. Es ist die Aufgabe des Regulierers, die Einhaltung der Vorschriften zu überwachen und für angemessene Entgelte[47] zu sorgen. Ausnahmen von diesem Grundsatz dürfen nur zugelassen werden, wenn dies aus Gründen der Verfolgung illegaler Inhalte, der zeitweiligen Netzüberlastung oder der Netzintegrität erforderlich ist. Es wäre die Aufgabe der Regulierungsbehörde, diesen Regelungsansatz näher zu operationalisieren. Transparenzregeln, wie sie die Europäische Kommission vorschlägt, reichen nicht aus, um das angestrebte Ziel zu erreichen. Sie setzen voraus, dass es eine hinreichende Zahl von Anbietern gibt, die den Verbrauchern Dienste offerieren, ohne den Zugang zu rechtmäßigen Inhalten zu beschränken. Hiervon kann aber nicht ausgegangen werden. Eher ist es wahrscheinlich, dass eine beachtliche Zahl der Anbieter konkurrierende Dienste diskriminieren werden. Einmal getroffene Vertragsabreden sind im Telekommunikationsbereich, wie die langen Laufzeiten zeigen, im Übrigen nicht schnell wieder zu revidieren. Die kommunikative Grundversorgung ist aber ein hohes Schutzgut. Der

---

[42] "I also recognize that there may be benefits to innovation and investment of broadband providers offering managed services in limited circumstances. These services are different than traditional broadband Internet access, and some have argued they should be analyzed under a different framework. I believe such services can supplement -- but must not supplant -- free and open Internet access, and that we must ensure that ample bandwidth exists for all Internet users and innovators.", Genachowski, Preserving a Free and Open Internet (*Genachowski* (2009), Fn. 16).

[43] Für einen Überblick *Hesse* (2003), 5. Kapitel Rn. 153; *Weisser/Lübber (2000), S. 274; Dörr (2008)*.

[44] *Hesse* (2003), 5. Kapitel Rn. 154.

[45] Richtlinie 2002/22/EG des Europäischen Parlaments und des Rates vom 7. März 2002 über den Universaldienst und Nutzerrechte bei elektronischen Kommunikationsnetzen und -diensten (Universaldienstrichtlinie), ABl. EG Nr. L 108 v. 24.4.2002, 51ff.

[46] EuGH, Urteil vom 22.12.2008 – C-336/07 (Kabel Deutschland), ZUM 2009, 547. Vgl. zum Problemkreis auch *Dörr* (2005).

[47] Vgl. Bundesnetzagentur, Regulierungsverfügungen v. 17.4.2007, BK 3b-06-013 und 015/R, ABl. BNetzA 8/2007, 1358; BK 3b-06-14/R, ABl. BNetzA 8/2007, 1390; BK 3b-06-017/R, 1432.

Gesetzgeber ist daher befugt, schon bei einem geringen Gefährdungspotenzial zu handeln.[48]

Soweit die Bereitstellung der Internetdienste gewährleistet ist, kann eine Priorisierung des Datenverkehrs vorgenommen werden. Es ist dann die Aufgabe des Netzbetreibers und des Diensteanbieters, die hierfür erforderlichen Konditionen auszuhandeln. Schon jetzt wird in so genannten Service-Level-Agreements festgelegt, zu welchem Preis z. B. hochwertige Videodienste verbreitet werden können.[49] Die Telekommunikationsanbieter können für diesen Bereich die Extragebühren erwirtschaften, die sie benötigen, um den Netzausbau voranzutreiben. Kommt es zu keiner Vereinbarung oder ist unfaires Verhalten festzustellen, könnten die Regulierer als Schiedsrichter fungieren. Ein ähnliches Verfahren kennen wir schon aus dem Bereich der Zusammenschaltung von Telekommunikationsnetzen.[50]

Dies bedeutet nicht, dass die Next Generation Networks gänzlich ohne Spielregeln wären. Die erwähnten Instrumente wie die Missbrauchskontrolle, die neuen Transparenzvorgaben der Europäischen Kommission und auch das Grundrecht auf Meinungsfreiheit werden das ihre leisten, um Diskriminierungen des Datenverkehrs zu begrenzen. Der hier vorgeschlagene Regelungsansatz gibt hinreichend Raum für eine Differenzierung nach Quality of Service-Gesichtspunkten und schafft die nötigen Anreize für Netzinvestionen, ohne die Errungenschaften eines offenen und freien Internets in Frage zu stellen.

---

[48] BVerfGE 31, 314, 325; 57, 295, 323; 114, 371, 388; 119, 181, 214; 121, 30, 51.
[49] Vgl. hierzu *Lapp* (2007).
[50] Zu diesem Verfahren vgl. *Nolte* (2009), § 16; *Piepenbrock/Attendorn* (2006), § 16.

Literatur

Becker, Anke (2008), Die Diskussion um die Netzneutralität, in: MedienWirtschaft, 5. Jg., S. 30 - 35.

Brenner, Daniel L. (2009), FCC Update, in: Newsletter Hogan&Hartson LLP, 23.9.2009, abrufbar unter: http://www.hhlaw.com/files/Publication/b58b28ea-1b9b-4c8e-af94-ef1146f8a484/Presentation/PublicationAttachment/faa47a20-4df2-4244-82eb-f84152b81023/FCC.pdf (Stand: 23.11.2009).

Cave, Martin/Crocioni, Pietro (2007), Does Europe Need Network Neutrality Rules?, in: International Journal of Communication, Vol. 1, S. 669 - 679.

Chirico, Filomena/van der Haar, Ilse/Larouche, Pierre (2007), TILEC Discussion Paper Network Neutrality in the EU, September 2007, abrufbar unter: http://papers.ssrn.com/sol3/papers.cfm?abstract_id=1018326&rec=1&srcabs=957373 (Stand: 23.11.2009).

Crowcroft, Jon (2007), Net Neutrality: The Technical Side of the Debate – A White Paper, in: International Journal of Communication, Vol. 1, S. 567 - 579.

Deuze, Mark (2007), Media Work, Cambridge.

Dewenter, Ralf/Jaschinski, Thomas/Wiese, Nadine (2009), Wettbewerbliche Auswirkungen eines nichtneutralen Internets, Diskussionspapier, Technische Universität Ilmenau.

Dörr, Dieter/Kreile, Johannes/Cole, Mark D. (Hrsg.) (2008), Handbuch Medienrecht. Recht der elektronischen Massenmedien, Frankfurt am Main.

Dörr, Dieter (2005), Die Kabelbelegungsregelungen im Hessischen Privatrundfunkgesetz unter Berücksichtigung der europarechtlichen Vorgaben, München.

Elixmann, Dieter/Kühling, Jürgen/Marcus, Scott/Neumann, Karl-Heinz/Plückebaum, Thomas/Vogelsang, Ingo (2008), Anforderungen der Next Generation Networks an Politik und Regulierung, 1. Technische und ökonomische Grundlagen des NGN, WIK-Consult Studie für das BMWi, Bad Honnef.

Faulhaber, Gerald R. (2007), Network Neutrality: The Debate Evolves, in: International Journal of Communication, Vol. 1, S. 680 - 700.

Fehling, Michael (1996), Mitbenutzungsrechte Dritter bei Schienenwegen, Energieversorgungs- und Telekommunikationsdienstleistungen vor dem Hintergrund staatlicher Infrastrukturverantwortung, in: Archiv des öffentlichen Rechts, 121. Band, S. 59 - 95.

Felten, Edward W. (2006), Nuts and Bolts of Network Neutrality, Princeton University, abrufbar unter: http://itpolicy.princeton.edu/pub/neutrality.pdf (Stand: 23.11.2009).

Fischbach, Rainer (2008), Next Generation Networks und Netzneutralität: eine regulatorische Herausforderung, Stellungnahme zum Expertengespräch Next Generation Networks, Berlin 4.12.2008, abrufbar unter: http://www.rainer-fischbach.de/ngn_netzneutralitaet_fischbach.pdf (Stand: 23.11.2009).

Frieden, Rob (2007), Internet 3.0: Identifying Problems and Solutions to the Network Neutrality Debate, in: International Journal of Communication, Vol. 1, S. 461 - 492.

Genachowski, Julius (2009), Preserving a Free and Open Internet: A Platform for Innovation, Opportunity, and Prosperity, Speech at The Brookings Institution, Washington DC, 21.09.2009, abrufbar unter: http://www.openinternet.gov/read-speech.html (Stand: 23.11.2009).

Geppert, Martin/Piepenbrock, Hermann-Josef/Schütz, Raimund (2006), Beck'scher TKG-Kommentar, München.

Gersdorf, Hubertus (2008), Verfassungsrechtlicher Schutz der Wettbewerber beim Netzzugang, in: Netzwirtschaft & Recht, Beilage 2.

Grunwald, Dirk/Sicker, Douglas (2007), Measuring the Network – Service Level Agreements, Service Level Monitoring, Network Architecture and Network Neutrality, in: International Journal of Communication, Vol. 1, S. 548 - 566.

Hackbarth, Klaus-D./Kulenkampff, Gabriele (2006), Technische Aspekte der Zusammenschaltung in IP-basierten Netzen unter besonderer Berücksichtigung von VoIP, UC/WIK-Consult Studie für die Bundesnetzagentur, Bad Honnef.

Hahn, Robert W./Litan, Robert E. (2007), The Myth of Network Neutrality And What We Should Do About It, in: International Journal of Communication, Vol. 1, S. 595 - 606.

Helmes, Patrick/Schoof, Jörn/Geppert, Martin (2008), Herausforderungen der ALL-IP-Netzmigration: zur Balance zwischen Effizienzgewinnen und Migrationsnachteilen, in: Computer und Recht, 24. Jg., S. 419 - 424.

Hesse, Albrecht (2003), Rundfunkrecht, München.

Holznagel, Bernd/Dörr, Dieter/Hildebrand, Doris (2008), Elektronische Medien – Entwicklung und Regulierungsbedarf, München.

Holznagel, Bernd (2008), Erosion demokratischer Öffentlichkeit?, in: Erosion von Verfassungsvoraussetzungen. Veröffentlichungen der Vereinigung der Deutschen Staatsrechtslehrer, 68. Band, S. 382 - 412.

Jordan, Scott (2007), A Layered Network Approach to Net Neutrality, in: International Journal of Communication, Vol. 1, S. 427 - 460.

Kocsis, Viktoria/de Bijl, Paul W. J. (2007), Network neutrality and the nature of competition between network operators, in: Journal of International Economics and Economic Policy, Vol. 4, S. 159 - 184.

Kühling, Jürgen (2008), Legislative Handlungsbedürfnisse in der neuen Telekommunikationswelt der Next Generation Networks, in: Kommunikation und Recht, 11. Jg., S. 351 - 358.

Lapp, Thomas (2007), Vertragsrechtlicher Schutz der Netzneutralität? Warum sich das Vertragsrecht als stumpfes Schwert zur Verteidigung der Netzneutralität erweist, in: Computer und Recht, 23. Jg., S. 774 - 779.

Marcus, Scott/Elixmann, Dieter (2008), The Future of IP Interconnection: Technical, Economic, and Public Aspects, WIK-Consult Study for the European Commission, Bad Honnef.

Mecklenburg, Wilhelm (1997), Internetfreiheit, in: Zeitschrift für Urheber- und Medienrecht, 41. Jg., S. 525 - 543.

Mohammed, Arshad (2006), Verizon Executive Calls for End to Google's "Free Lunch", in: washingtonpost.com, 7.2.2006.

Neuberger, Christoph (2009), Internet, Journalismus und Öffentlichkeit, in: *Neuberger, Christoph/Nuernbergk, Christian/Rischke, Melanie* (Hrsg.), Journalismus im Internet, Wiesbaden, S. 9 - 105.

Nolte, Norbert (2009), § 16 Verträge über Zusammenschaltung, in: *Säcker, Franz Jürgen* (Hrsg.), Berliner Kommentar zum Telekommunikationsgesetz, Frankfurt am Main, S. 525 - 538.

Peha, Jon M./Lehr, William H./Wilkie, Simon (2007), The State of the Debate on Network Neutrality, in: International Journal of Communication, Vol. 1, S. 709 - 716.

Picot, Arnold (2008), Briefing Note, in: Workshop Next („Now") Generation Access (NGA): How to Adapt The Electronic Communications Framework to Foster Investment and Promote Competition for the Benefit of Consumers? Summary, Briefing Notes and Presentations, Brüssel, (Policy Department, Economic and Scientific Policy, European Parliament), S. 22 - 34.

Piepenbrock, Hermann-Josef/Attendorn, Thorsten (2006), TKG § 21 Zugangsverpflichtungen, in: *Geppert, Martin/Piepenbrock, Hermann-Josef/Schmitz, Raimund/Schuster, Fabian* (Hrsg.), Beck'scher TKG Kommentar, München.

Reding, Viviane (2009), The Future of the Internet and Europe's Digital Agenda, Speech/09/446 v. 6.10.2009, abrufbar unter: http://europa.eu/rapid/pressReleasesAction.do?reference=SPEECH/09/446&format=HTML&aged=0&language=EN&guiLanguage=de (Stand: 23.11.2009).

Rössler, Patrick (2005), The Myth of the Reinvented Journalism. Why Gatekeepers Do Not Disappear in the Internet Environment: Functional and Normative Gatekeeping of Web Communicators, in: *Rössler, Patrick/Krotz, Friedrich* (Hrsg.), Mythen der Mediengesellschaft – The Media Society and its Myth, Konstanz, S. 177 - 203.

Ruhle, Olav/Lichtenberger, Ewald (2006), Regulatory Future of Electronic Communications in Europe – NGN, IP interconnection, net neutrality and other (r)evolutions in the light of European regulatory policy, in: Computer Law Review International, Vol. 6, S. 134 - 140.

Säcker, Franz Jürgen (Hrsg.) (2009), Berliner Kommentar zum Telekommunikationsgesetz, Frankfurt am Main.

Schmidt-Preuß, Matthias (1996), Die Gewährung des Privateigentums durch Art. 14 GG im Lichte aktueller Probleme, in: Die Aktiengesellschaft, 41. Jg., S. 1 - 11.

Schnelle, Ulrich (1994), Die Öffnung von leistungsnotwendigen Einrichtungen für Dritte und der Schutz des Eigentums, in: Europäische Zeitschrift für Wirtschaftsrecht, 5. Jg., S. 556.

Schwan, Ben (2006), Netzneutralität in Gefahr, in: Technology Review, 7.2.2006.

Spies, Axel (2006), USA: Kampf um die Netzneutralität, in: Multimedia und Recht, 9. Jg., Heft 8, S. XXI.

Spies, Axel (2007a), USA: Zusammenschluss AT&T und BellSouth genehmigt – „Netzneutralität" muss gewährleistet werden, in: Multimedia und Recht, 10. Jg., Heft 2, S. XIV.

Spies, Axel (2007b), USA: Weiter Tauziehen um die Netzneutralität, in: Multimedia und Recht, 10. Jg., Heft 11, S. XIX.

Spies, Axel (2008), USA: Comcast schränkt Bandbreitennutzung für Privatkunden ein (Netzneutralität), in: Multimedia und Recht, 11. Jg., Heft 10, S. V.

Spies, Axel (2009a), USA: Neues zur Breitband- und Medienpolitik der Obama-Administration, in: Multimedia und Recht, 12. Jg., Heft 3, S. XI.

Spies, Axel (2009b), USA: FCC-Breitband-Strategiepapier zur Füllung „Weißer Flecken", in: Multimedia und Recht, 12. Jg., Heft 7, S. XXII.

Svenson, Peter (2007) Comcast Blocks Some Internet Traffic, in: Forbes Magazine, 19.10.2007.

van Eimeren, Birgit/Frees, Beate (2008), Internetverbreitung: Größter Zuwachs bei den Silver-Surfern, in: Media Perspektiven, 12. Jg., S. 330 - 344.

van Schewick, Barbara (2007), Towards an Economic Framework for Network Neutrality Regulation, in: Journal on Telecommunications and High Technology Law, Vol. 5, S. 329 - 392.

Vogelsang, Ingo (2007), The Economic Issues of Network Neutrality: Overview, Präsentation auf der WIK-Konferenz Network Neutrality – Implications for Europe, Bonn, 3./4.12.2007, abrufbar unter: http://www.wik.org/content/nnc/Vogelsang.pdf (Stand: 23.11.2009).

Wengler, Martin/Beye, Uwe/Weiss, Ronald (2008), Infrastrukturwettbewerb in der Zukunft. Ökonomie von Anschlussnetzen der nächsten Generation („Next Generation Access Networks") und regulatorische Anforderungen, in: Netzwirtschaft und Recht, 5. Jg., S. 21.

Weisser, Ralf/Lübber, Tobias (2000), Must-carry im Breitbandkanal, in: Kommunikation & Recht, 3. Jg., S. 274.

Whitacre, Edward (2005), At SBC, It's All About „Scale and Scope", in: BusinessWeek, 07.11.2005.

Wu, Tim (2003), Network Neutrality, Broadband Discrimination, in: Journal on Telecommunications and High Technology Law, Vol. 2, S. 144.

Wu, Tim/Lessig, Lawrence (2003), Letter to the FCC, in: CS Docket No. 02-52, 22.08.2003, 4.

Yoo, Christopher S. (2007), What Can Antitrust Contribute to the Network Neutrality Debate?, in: International Journal of Communication, Vol. 1, S. 493 - 530.

Christian Fingerle[*]

Regulierung als Voraussetzung oder Hindernis für Infrastrukturinvestitionen
– die Sicht eines institutionellen Investors

1   Einführung

2   Infrastruktur als natürliche Anlageklasse für langfristig orientierte Finanzinvestoren

3   Energiepolitische Rahmenbedingungen für Betreiber eines Stromtransportnetzes

4   Wesentliche Konzepte der Anreizregulierung für Betreiber eines Stromtransportnetzes

5   Bewertung der Anreizregulierung für Betreiber eines Stromtransportnetzes

6   Zusammenfassung und Ausblick

---

[*]   Dr. *Christian Fingerle*, Allianz Capital Partners, London/England.

1 Einführung

Die europaweiten Bemühungen der vergangenen Jahre und Jahrzehnte zur Privatisierung und vertikalen Entflechtung im Bereich der Versorger ermöglichten die Schaffung von netzbasierten Infrastrukturunternehmen in privatem Eigentum. Aus der Perspektive institutioneller Investoren weisen diese Unternehmen eine Reihe von fundamentalen Charakteristika auf, die eine Investition in diese Unternehmen sehr attraktiv erscheinen lassen. Im Mittelpunkt jeder Investitionsentscheidung steht dabei immer der regulatorische Rahmen, dem diese Unternehmen unterworfen sind, um einen Missbrauch ihrer Monopolmacht zu verhindern. Finanzinvestoren stehen einer Regulierung von netzbasierten Infrastrukturunternehmen grundsätzlich positiv gegenüber und suchen aktiv nach Investitionsmöglichkeiten in diesem Sektor. Sie verbinden Regulierung unter anderem mit einer stabilen und sicheren Rendite, einer Eigenschaft, die in Zeiten volatiler Kapitalmärkte sehr geschätzt wird.

Die typischen institutionellen Investoren im Infrastrukturbereich sind langfristig orientierte Anleger wie Pensionsfonds, Versicherungen und Staatsfonds. Diejenigen mit einem großen Anlagevolumen haben in den letzten Jahren eigene Kapazitäten aufgebaut, um selbst direkt in Infrastrukturunternehmen zu investieren. Investoren mit relativ kleineren Anlagevolumina investieren typischerweise indirekt über Infrastrukturfonds. Diese Infrastrukturfonds werden entweder von großen Investmentbanken oder von unabhängigen Fondsmanagern verwaltet.

Dieser Beitrag ist wie folgt aufgebaut. Im zweiten Abschnitt wird untersucht, inwieweit die natürlichen Eigenschaften von Infrastrukturunternehmen die Erreichung von wichtigen Anlagezielen langfristig orientierter Finanzinvestoren erlauben. Die darauf folgenden Abschnitte konzentrieren sich auf das Beispiel des Betreibers eines Stromtransportnetzes in Deutschland, welcher der Anreizregulierung seit 2009 unterliegt. Der dritte Abschnitt geht auf wesentliche gegenwärtige energiepolitische Rahmenbedingungen des Betreibers eines Stromtransportnetzes ein, um eine sinnvolle Bewertung der Anreizregulierung vornehmen zu können. Der vierte Abschnitt erläutert wesentliche Grundkonzepte der Anreizregulierung und der fünfte Abschnitt unternimmt dann den Versuch einer Bewertung dieser Anreizregulierung unter Berücksichtigung der im zweiten Abschnitt erarbeiteten Anlageziele von Finanzinvestoren. Der letzte Abschnitt fasst die Ergebnisse zusammen und bietet einen Ausblick.

2 Infrastruktur als natürliche Anlageklasse für langfristig orientierte Finanzinvestoren

Insbesondere netzbasierte Infrastrukturunternehmen sind aufgrund ihrer Wesensmerkmale hervorragend geeignet, um die folgenden Anlageziele von langfristig orientierten institutionellen Anlegern zu erreichen:

- langfristige Kapitalbindung,
- signifikantes Investitionsvolumen,
- stabile und prognostizierbare Cashflows,
- stetige Dividendenfähigkeit,
- geringe Bewertungsschwankungen,
- Inflationsschutz,
- attraktive risikoadjustierte Kapitalverzinsung.

Für institutionelle Anleger mit langfristigen Verbindlichkeiten wie Pensionsfonds und Versicherer ist eine langfristige Kapitalbindung im Rahmen von Asset-Liability-Matching-Strategien unabdingbar. Dieses Anlageziel wird zum einen durch die Langlebigkeit der Infrastrukturanlagen erreicht, aber auch durch die in dieser Industrie üblichen langfristigen Konzessionen und Verträge.

Ein weiteres Anlageziel ist es, in signifikantem Ausmaß Kapital investieren zu können, um einerseits Skaleneffekte bei Transaktionskosten für Einzelinvestitionen zu erzielen und um andererseits als Anlageklasse einen merklichen Einfluss auf das Portfolio des Finanzinvestors nehmen zu können. Institutionellen Anlegern ist wenig geholfen wenn sie nur relativ geringe Beträge pro Investition bzw. Anlageklasse anlegen können, da dann die Transaktionskosten für eine nicht börsennotierte Einzelinvestition zu hoch sind bzw. die Anlageklasse im Portfolio marginalisiert wird. Die typischerweise sehr hohe Kapitalintensität von Infrastrukturprojekten und das hohe weltweite Volumen von existierender und noch zu schaffender Infrastruktur sichert die Erreichung dieses Anlageziels.

Als drittes typisches Anlageziel ist die Stabilität und Prognostizierbarkeit der Cashflows hervorzuheben. Für institutionelle Investoren mit fest einzuhaltenden Auszahlungsverpflichtungen wie Versicherungen und Pensionsfonds ist es von höchster Bedeutung, die in Zukunft erzielbaren Einkünfte möglichst präzise vorhersagen zu können. Infrastrukturunternehmen zeichnen sich hierbei durch eine stabile Erlössituation vor allem aufgrund einer unelastischen Nachfrage aus und auch die Kostenseite ist typischerweise stabil und gut prognostizierbar. Diese Unternehmen erwirtschaften Cashflows, die weitgehend unabhängig von der allgemeinen Wirtschaftslage und den Entwicklungen am Kapitalmarkt sind. Dies hat einen positiven Diversifizierungseffekt auf das Portfolio des institutionellen Anlegers.

Sehr eng damit verbunden ist auch das Anlageziel, kontinuierlich ausschüttbare Cashflows (Dividenden) zu erwirtschaften was im Gegensatz zu einer reinen Anlagestrategie der Wertsteigerung steht. Die Bedeutung der Dividendenfähigkeit ist wiederum vor dem Hintergrund der regelmäßigen Auszahlungsverpflichtungen der institutionellen Anleger zu sehen. Das typische Cashflow-Profil einer Infrastrukturinvestition sieht hier eine hohe Anfangsinvestition (Auszahlung) vor, die dann aber von relativ konstanten Dividendenströmen (Einzahlungen) gefolgt wird, so dass eine stetige Dividendenfähigkeit gesichert ist.

Ein nicht zu unterschätzendes Anlageziel für institutionelle Anleger ist auch die Vermeidung von Bewertungsschwankungen, d. h. die Minimierung von Accounting-Volatilität. Börsennotierte Infrastrukturunternehmen zeichnen sich typischerweise durch niedrige Beta-Werte aus, so dass die Marktwertschwankungen geringer als in anderen Segmenten ausfallen. Sind diese Unternehmen nicht börsennotiert und werden sie auf Jahre hinaus auf den Büchern der Finanzinvestoren gehalten, so bieten sich darüber hinaus die für Private-Equity-Investitionen typischen Spielräume bei ihrer Bewertung.

Ein weiteres bedeutendes Anlageziel, gerade vor dem Hintergrund des langfristigen Anlagehorizonts von Versicherern und Pensionsfonds ist der Inflationsschutz. Durch den realen Charakter von Infrastruktur trägt diese Anlageklasse ähnlich wie Immobilien natürlicherweise zur Erreichung dieses Anlageziels bei.

Als letztendlich wichtigstes Anlageziel ist die Erzielung einer attraktiven risikoadjustierten Rendite zu nennen. Hier könnte man argumentieren, dass unregulierte Infrastrukturunternehmen aufgrund ihrer Marktmacht sicherlich attraktive Renditen, da Überrenditen, für ihre Kapitalgeber erzielen können. Allerdings ist dies mehr ein theoretisches Gedankenspiel, da genau an dieser Stelle die Regulierung von Infrastruktur ansetzt, um diese Marktmacht zu beschränken. Als Konsequenz davon werden letztendlich auch die erzielbaren Renditen beschränkt. In vielen Industrieländern liegen die von den jeweiligen Regulierungsbehörden zugestandenen Eigenkapitalrenditen – sie werden typischerweise aus dem Capital-Asset-Pricing-Modell abgeleitet – im oberen einstelligen Bereich.

Die Anforderung institutioneller Investoren an die Eigenkapitalrendite für ein spezifisches Infrastrukturprojekt hängt von den damit verbundenen Risiken ab und bewegt sich derzeit in einer Spanne zwischen 8 % und 15 % p. a. Typischerweise befindet sich die Renditeforderung am unteren Ende der Spanne bei einem bereits existierenden Infrastrukturprojekt, welches auf eine lange operative Historie verweisen kann und sich in einem entwickelten Industrieland mit einer verlässlichen und etablierten Regulierung befindet. Je weniger diese Eigenschaften erfüllt sind, desto höher fallen die Renditeforderungen aus.

Zusammenfassend lässt sich festhalten, dass netzbasierte Infrastrukturunternehmen wesentliche Eigenschaften aufweisen, die sie für langfristig orientierte Anleger besonders attraktiv machen. Die endgültige Investitionsentscheidung in ein netzbasiertes Infrastrukturunternehmen hängt jedoch direkt von der jeweiligen Regulierung ab.

Aus Sicht von Finanzinvestoren ist Großbritannien bislang Vorbild für erfolgreiche Regulierung in Europa. Die Briten können mittlerweile auf eine mehr als 20-jährige Erfahrung in der Regulierung von netzbasierten Unternehmen stolz sein. In den letzten

Jahren wurde in Großbritannien eine Vielzahl von Transaktionen unter Beteiligung von Finanzinvestoren geschlossen, vornehmlich im Wassersektor aber auch im Energie- und Gassektor. In anderen europäischen Ländern fanden zwar eine Vielzahl von Transaktionen mit regulierten netzbasierten Unternehmen statt, jedoch beschränkte sich dies fast immer auf strategische Konsolidierungsbemühungen innerhalb der Versorgerbranche und ohne Beteiligung von Finanzinvestoren. Es bleibt daher noch abzuwarten, welche Rolle Finanzinvestoren tatsächlich im kontinentaleuropäischen netzbasierten Infrastrukturbereich spielen können.

Die folgenden Abschnitte konzentrieren sich exemplarisch auf die Regulierung eines Betreibers eines Stromtransportnetzes in Deutschland, welche seit 2009 als Anreizregulierung ausgestaltet ist. Eine sinnvolle Beurteilung dieser deutschen Variante einer Anreizregulierung ist allerdings nur vor dem Hintergrund der relevanten energiepolitischen Rahmenbedingungen in Deutschland möglich, worauf der nächste Abschnitt eingeht.

3 Energiepolitische Rahmenbedingungen für Betreiber eines Stromtransportnetzes

In Deutschland gibt es bereits heute einen enormen Ausbaubedarf des Stromtransportnetzes, der durch politische Zielsetzungen wie Atomausstieg und Förderung der erneuerbaren Energien noch weiter verstärkt wird. So sind viele der aktiven Atomkraftwerke im Süden Deutschlands installiert, d. h. bei einem Atomausstieg entsteht eine größere Erzeugungslücke im Süden und Westen Deutschlands, die durch Stromtransport aus anderen Regionen gedeckt werden muss. Die zusätzliche Kapazität im Bereich der Windenergieerzeugung wurde vorwiegend im Norden bzw. Osten Deutschlands installiert und dies wird aufgrund der Bemühungen im Bereich Offshore-Wind auch für die Zukunft so bleiben. Vor dem Hintergrund, dass die Stromnachfrage im Norden und Osten Deutschlands weit unter der dort vorhandenen Stromerzeugungskapazität bleibt, wird auch daher ein Stromtransport in die entfernten Lastzentren in anderen Regionen notwendig.

Beides sind Veränderungen für den deutschen Kraftwerkspark, die politisch gewünscht sind. Insbesondere der Ausbau der Erzeugungskapazität im Bereich der erneuerbaren Energien findet breiten gesellschaftlichen Konsens. Dies ist sowohl vor dem Hintergrund der Bestrebungen zu sehen, dass dies Deutschlands einzige Möglichkeit ist, erstens unabhängiger von Energielieferungen aus Russland und dem Nahen Osten zu werden und zweitens die Klimaschutzziele zu erreichen unter der Annahme, dass man auf die CO_2-freie Atomenergie langfristig verzichten möchte. All dies führt zu der Notwendigkeit eines enormen Neubaus an Erzeugungskapazitäten in Deutschland, da zusätzlich zu dem Windpark auch noch der spitzenlastfähige konventionelle Kraftwerkspark erhalten werden muss, um sicherzustellen, dass auch bei einer Windflaute die gesamte Stromnachfrage befriedigt werden kann. Die Konsequenz für das Stromnetz ist, dass erstens all diese Erzeugungskapazitäten angeschlossen werden müssen und zweitens, dass genug Übertragungskapazität vorhanden sein muss, um die produzierte Energie zu den Lastzentren in Deutschland und Europa übertragen zu können.

Deutschland braucht daher ein milliardenschweres Investitionsprogramm in die Netzinfrastruktur, wenn all diese politischen Ziele erreicht werden sollen. Die Attraktivität einer Investition in das deutsche Stromnetz wird dabei direkt von dem im Jahr 2009 neu eingeführten Konzept der Anreizregulierung bestimmt. Auf wesentliche Mechanismen der Anreizregulierung geht der folgende Abschnitt ein.

4 Wesentliche Konzepte der Anreizregulierung für Betreiber eines Stromtransportnetzes

Die in Deutschland eingeführte Anreizregulierung ist sicherlich zu komplex, um sie an dieser Stelle im Detail zu erläutern, daher können sich diese Ausführungen nur auf wesentliche Mechanismen beziehen. Grundsätzliches Ziel ist es zu verhindern, dass die Netzbetreiber ihre Monopolposition zum Schaden der Stromkonsumenten ausnutzen. Um dieses Ziel zu erreichen, wendet der Regulierer das Instrument einer so genannten Erlösobergrenze an, d. h. der Regulierer legt den maximal genehmigten jährlichen Umsatz eines Netzbetreibers fest.

Die Erlösobergrenze wird berechnet indem alle in einem Jahr anfallenden Kostenpositionen des Netzbetreibers aufsummiert werden. Die wesentlichen Kostenpositionen sind die operativen Betriebskosten wie Wartungs- und Instandhaltungskosten, Materialkosten und Personalkosten, Abschreibungen, Fremdkapitalkosten und Steuern. All diese Kosten fließen in die Erlösobergrenze ein. Wenn es aber nur bei diesen Kosten bei der Bestimmung der Erlösobergrenze bliebe, würden die Eigenkapitalgeber noch keine Verzinsung ihres eingesetzten Kapitals erhalten, da der Gewinn dann Null wäre. Um dies ebenfalls angemessen zu berücksichtigten werden darüber hinaus noch kalkulatorische Eigenkapitalkosten in der Höhe von derzeit 9,29 % bei der Bestimmung der Erlösobergrenze angesetzt. An dieser Stelle ist es wichtig anzumerken, dass bei den anerkannten Steuern nur die Gewerbesteuer berücksichtigt ist und keine Körperschaftssteuer. D. h. 9,29 % ist eine Nach-Gewerbesteuer-Aber-Vor-Körperschaftssteuer-Eigenkapitalrendite. Berücksichtigt man die Körperschaftssteuer dann reduziert sich die effektiv versprochene Eigenkapitalrendite von 9,29 % auf 7,82 %.

Diese Renditen gelten für Neuinvestitionen ab dem Jahr 2007 in das Stromnetz und sind nominale Renditen, d. h. der regulatorische Kapitalstock („Regulated Asset Base") auf den sie sich beziehen wird nicht um die Inflation angepasst. Im Gegensatz dazu erhält der Netzbetreiber auf seine Investitionen bis einschließlich 2006 eine reale Nach-Gewerbesteuer-Aber-Vor-Körperschaftssteuer-Eigenkapitalrendite von 7,56 % auf den entsprechenden „alten" regulatorischen Kapitalstock, der jährlich um Inflation angepasst wird.

Eine Regulierung wie bislang beschrieben ist allerdings nur eine so genannte Cost-Plus-Regulierung, d. h. alle anfallenden Kosten werden erstattet inklusive von kalkulatorischen Eigenkapitalkosten. Das offensichtliche Problem einer derartigen Regulierung ist, dass die Netzbetreiber keinen Anreiz haben, ihre Kosten zu reduzieren, da sie alle Kosten direkt von den Netznutzern erstattet bekommen. Daher hat die Bundesnetzagentur den Weg der international anerkannten Anreizregulierung für Strom- und Gasnetze mit der Umsetzung zu Beginn des Jahres 2009 beschritten.

Die Anreizregulierung basiert auf 5-jährigen Regulierungsperioden in der wesentliche Kostenblöcke in ihrer Höhe für die Dauer der Regulierungsperiode fixiert werden und damit auch in dieser Höhe in die Erlösobergrenze einfließen. Ein Anreiz zur Reduzierung von Kosten entsteht dadurch, dass den Unternehmen innerhalb der Regulierungsperiode die Möglichkeit eröffnet wird, durch Senkung von Kosten Mehrgewinne zu erwirtschaften. Alle Gewinne, die innerhalb dieser Regulierungsperiode durch Kostensenkung entstehen, können vom regulierten Unternehmen einbehalten werden. Allerdings wirkt dieser Mechanismus auch in die andere Richtung, d. h. innerhalb einer Regulierungsperiode steigende Kosten werden nicht in einer höheren Erlösobergrenze reflektiert.

Ein weiteres Instrument zur Kostenkontrolle stellen die so genannten Investitionsbudgets dar. Durch sie genehmigt die Bundesnetzagentur vorab die durch Erweiterungsinvestitionen entstehenden Kosten auf Basis von Plankosten.

Ein wesentliches Merkmal der deutschen Anreizregulierung ist es also, dass Kosten für mehrere Jahre fixiert werden. Gleichzeitig gibt es noch einen zeitlichen Verzug in ihrer Anerkennung für die Bestimmung der Erlösobergrenze. Manche Kosten fließen bereits in ihrem Entstehungsjahr in die Erlösobergrenze ein, manche mit einem Zeitverzug von zwei Jahren und manche sogar erst bis zu sieben Jahre später. Der Netzbetreiber bekommt die ihm heute entstehenden Kosten erst in den nächsten Jahren wieder über eine höhere Erlösobergrenze zurück. Dadurch erleidet er einen Verlust an Zeitwert des Geldes für den er grundsätzlich kompensiert werden sollte und zwar wiederum in Form einer höheren Erlösobergrenze.

Im folgenden Abschnitt wird untersucht inwieweit die Anreizregulierung einen positiven oder negativen Beitrag zur Erreichung der Anlageziele von langfristig orientierten Finanzinvestoren leisten vermag.

5 Bewertung der Anreizregulierung für Betreiber eines Stromtransportnetzes

Die Bundesnetzagentur ist grundsätzlich bemüht, mit dem Rahmenwerk der Anreizregulierung, Investitionssicherheit über einen längeren Zeitraum zu gewährleisten. Allerdings weist die einzelne Regulierungsperiode nur einen mittelfristigen Horizont von fünf Jahren auf, so dass darüber hinaus keine Garantie besteht, dass der Investor die bislang erreichte Rendite weiterhin erzielen kann. Damit leistet die Anreizregulierung nur einen partiellen Beitrag zur Erreichung des Anlageziels einer gesicherten langfristigen Kapitalbindung. Erfahrungen aus anderen europäischen Ländern zeigen aber, dass sich an wesentlichen Elementen der Regulierung auch über mehrere Regulierungsperioden zwar einen Reihe von Detailregelungen ändern, oftmals aber die wesentlichen Grundkonzepte der Regulierung Bestand haben. Die deutsche Anreizregulierung ist jedoch ein neues Instrument, das sicherlich wie jedes Regulierungsregime über Jahre hinweg angepasst werden muss. Es besteht damit Unsicherheit darüber, wie sich die Bundesnetzagentur und der Gesetzgeber in Zukunft verhalten werden und dies erhöht grundsätzlich das Risiko einer Investition in Deutschland. Insgesamt verbleiben bei dem Investor die langfristigen Risiken von sich aus seiner Sicht negativ verändernden politischen Machtverhältnissen und sich damit verschlechternden regulatorischen Rahmenbedingungen.

Das Anlageziel eines signifikanten Investitionsvolumens wird im Kontext eines Betreibers eines Stromtransportnetzes erreicht. Dies liegt jedoch weniger an der Anreizregulierung, sondern vor allem an den energiepolitischen Rahmenbedingungen. So sind die Betreiber eines Stromtransportnetzes gesetzlich gezwungen, Milliarden in den Netzausbau in den nächsten Jahren zu investieren.

Die Erreichung des Anlageziels von stabilen und prognostizierbaren Cashflows wird durch die Anreizregulierung stark unterstützt, befreit sie doch den Anleger von wesentlichen Preis- und Volumenschwankungen. Dies ist auch der Hauptgrund für Finanzinvestoren in netzbasierte Infrastrukturunternehmen zu investieren, da sie sich genau diese Stabilität und Prognostizierbarkeit in ihrem Portfolio wünschen.

Allerdings gibt es auch noch Elemente in der derzeitigen Praxis der Anreizregulierung, die einen negativen Effekt auf die Planungssicherheit für die Betreiber eines Stromtransportnetzes haben. Anzumerken ist in dieser Hinsicht der derzeitige Genehmigungsstau bei der Bundesnetzagentur, die noch viele Investitionsbudgets der beantragenden Netzbetreiber genehmigen muss und hierbei zum Teil noch sehr in Verzug ist. So gibt es Situationen, in denen der Netzbetreiber heute aufgrund gesetzlicher Regelungen verpflichtet ist zu investieren und es auch bereits tut, er aber keine Rechtssicherheit hat, dass er die dadurch entstandenen Kosten insgesamt wieder über eine höhere Erlösobergrenze erstattet bekommt. Selbst wenn der Netzbetreiber ein Investitionsbudget genehmigt bekommen hat, trägt er immer noch das Risiko, dass die tatsächlichen Baukosten höher ausfallen werden und er die Differenz nicht erstattet bekommt. Dies ist insbesondere im Offshore-Bereich ein Problem, da dort die Planungssicherheit aufgrund der fehlenden Erfahrungswerte noch deutlich niedriger als im Onshore-Bereich ist. Umgekehrt kann der Netzbetreiber aber niedrigere als geplante Baukosten nicht als Zusatzgewinn für sich behalten, sondern seine Erlösobergrenze wird dementsprechend reduziert, d. h. für den Netzbetreiber stellt sich dies als unausgewogener Mechanismus dar, hat er doch nur das Risiko einer niedrigeren Rendite aufgrund einer Nicht-Anerkennung all seiner Baukosten und keine Chance auf eine höhere Rendite durch geschicktes Management seiner Baukosten.

Darüber hinaus bestehen weitere Unsicherheiten über das Verhalten der Bundesnetzagentur wie beispielsweise bei dem anzuwendenden Verfahren für das nächste Effizienz-Benchmarking oder dem noch auszugestaltenden Qualitätselement in der Formel für die Erlösobergrenze ab der zweiten Regulierungsperiode. Insgesamt kann man aber festhalten, dass die Anreizregulierung Rahmenbedingungen schafft, die es erlauben im Vergleich zu anderen Unternehmen stabile und gut prognostizierbare Erlöse zu erwirtschaften.

Auch das Erreichen des Anlageziels einer kontinuierlichen Dividendenfähigkeit wird durch die Anreizregulierung grundsätzlich gut unterstützt, erlaubt sie doch eine jährliche Rendite auf das eingesetzte Eigenkapital. Allerdings führt die Kombination aus einem sehr signifikanten Ausbauinvestitionsprogramm und der zeitlich verzögerten Anerkennung der dadurch entstehenden Kosten dazu, dass es in einigen Jahren dazu kommen kann, dass der Investor keine Dividenden erhält, sondern sogar nachinvestieren muss, um seinen gesetzlichen Verpflichtungen nachzukommen. Je nachdem wie stark dies bei dem einzelnen Netzbetreiber ausgeprägt ist, kann unter Umständen sogar die Solvenz des Unternehmens in Gefahr geraten. Damit ist die Erreichung des Anlageziels einer kontinuierlichen Dividendenfähigkeit vor dem Hintergrund der derzeitigen energiepolitischen Rahmenbedingungen zumindest kurz- bis mittelfristig gefährdet.

Die zuvor bereits angesprochene Stabilität und Prognostizierbarkeit der Cashflows aber auch die längerfristige Orientierung im Rahmen der Anreizregulierung unterstützt die Erreichung des Anlageziels von möglichst geringen Bewertungsschwankungen. Die dadurch entstehende Unabhängigkeit von Konjunkturzyklen und Kapitalmarktschwankungen und den damit einhergehenden Diversifizierungsvorteilen macht eine Investition unter einer Anreizregulierung für Finanzinvestoren attraktiv.

Das Konzept der Anreizregulierung sieht eine unterschiedliche Eigenkapitalverzinsung des alten und des neuen Kapitalstocks vor, wobei nur die Rendite auf den alten Kapitalstock eine reale Rendite ist, d. h. also einen Inflationsschutz vorsieht. Vor dem Hintergrund des notwendigen signifikanten Ausbauinvestitionsprogramms wird allerdings die relative Bedeutung dieses Kapitalstocks immer geringer, so dass der Inflationsschutz über die Jahre immer geringer ausfallen wird. Insgesamt erreicht die Anreizregulierung somit nur einen partiellen Inflationsschutz für den Anleger.

Während es aus Finanzinvestorensicht akzeptabel ist, dass nicht alle der bislang genannten Anlageziele vollständig erreicht werden, so ist es jedoch notwendig, eine attraktive risikoadjustierte Rendite zu erreichen, um eine positive Investitionsentscheidung herbeizuführen. Wie bereits ausgeführt, verspricht die Anreizregulierung eine effektive Eigenkapitalrendite von 7,82 % für Investition in den Ausbau des Stromtransportnetzes. Allerdings bleibt die tatsächlich erzielbare Eigenkapitalrendite unter der derzeitigen Anreizregulierung und den energiepolitischen Rahmenbedingung sehr deutlich unter diesem versprochenen Niveau und damit auch deutlich unter den minimalen Renditeanforderungen von Finanzinvestoren.

Dies liegt an zwei wesentlichen Problembereichen in der Regulierung. Einerseits gibt es Mechanismen durch die früher entstandene Kosten in späteren Jahren in der Erlösobergrenze reflektiert werden, für die aber kein voller Ausgleich für den verlorenen Zeitwert des Geldes erfolgt. Ein recht drastisches Beispiel dafür ist, dass manche Ersatzinvestitionen erst sieben Jahre nach ihrer Entstehung effektiv in die Erlösobergrenze einfließen. Für alle dazwischen liegenden Jahre wird der Investor nicht für den entstehenden Verlust an Zeitwert des Geldes kompensiert. Andererseits gibt es eine Reihe von Mechanismen, die es dem Netzbetreiber schlichtweg nicht erlauben, seine tatsächlich aufgewendeten Kosten in der Erlösobergrenze anerkannt zu bekommen.

Ein typisches Beispiel für die Nicht-Anerkennung von tatsächlich aufgewendeten Kosten ist die Fixierung der anerkannten Betriebskosten auf einer historischen Basis. Unter der Annahme, dass die Netzbetreiber in den nächsten Jahren ein großes Investitionsprogramm zum Ausbau der Netzverbindungen an Land vornehmen müssen, kann man davon ausgehen, dass die Betriebskosten steigen werden. Die Logik des Regulierers geht aber von immer fallenden Kosten aus, so dass diese zusätzlichen Kosten für einige Jahre nicht in der Erlösobergrenze reflektiert werden und dem Netzbetreiber schlichtweg nicht ersetzt werden. Ein solches Szenario steigender Kosten ist insbesondere auch dann vorstellbar, wenn ein Finanzinvestor den Netzbetrieb aus einem bislang vertikal integrierten Unternehmen herauskauft. Die bislang existierenden Synergien und Skaleneffekte können dann nicht mehr ausgenutzt werden und führen ebenfalls zu steigenden Kosten, welche wiederum für einige Jahre nicht anerkannt werden.

Einer der entscheidenden Faktoren, warum die versprochene Eigenkapitalrendite nicht erreicht werden kann ist die Tatsache, dass für das bereits existierende Anlagevermögen maximal nur 4,3 % Fremdkapitalkosten anerkannt werden. Diese Fremdkapitalkosten basieren auf dem 10-Jahres-Durchschnitt der Umlaufrendite festverzinslicher Wertpapiere inländischer Emittenten, welchen die Bundesnetzagentur für den angemessen Zinssatz für einen Netzbetreiber hält. Allerdings sind mehr als 90 % des Volumens der Inhaberschuldverschreibungen inländischer Emittenten von der öffentlichen Hand garantiert bzw. besitzen vergleichbare Garantien. Der dadurch fixierte Zinssatz von 4,3 % ist in der aktuellen Finanzmarktsituation und auch für die Zukunft deutlich zu niedrig. Insbesondere für Investoren, welche die Übertragungsnetze schuldenfrei übernehmen möchten bzw. müssen, ist dies ein echtes Hindernis, da sie den kompletten Anlagenbestand dann zu höheren Kosten finanzieren müssten als sie es durch die Erlösobergrenze erstattet bekommen. Zur Höhe der Fremdkapitalzinsen hat sich bereits auch der Bundesgerichtshof geäußert. Seiner Meinung nach ist eine höhere Fremdkapitalverzinsung angemessen, allerdings ist noch nicht klar, inwieweit und wann dies in der Anreizregulierung umgesetzt wird.

An dieser Stelle ist festzuhalten, dass die Ausgestaltung der deutschen Anreizregulierung deutlich besser funktionieren würde für einen Netzbetreiber in einem „steady state", also eine Situation in der die Variablen konstant sind, welche in die Formel für die Erlösobergrenze eingehen. Dies würde beispielsweise bedeuten kein Ausbau des Stromtransportnetzes, stabile operative Kosten und stabile und niedrige Fremdkapitalkosten. Diese Voraussetzungen sind derzeit bei den deutschen Übertragungsnetzbetreibern nicht gegeben, so dass die Anreizregulierung in dem aktuellen energiepolitischen und makroökonomischen Umfeld eine zu niedrige Eigenkapitalrendite für die als Betreiber eines Stromtransportnetzes einzugehenden unternehmerischen Risiken bietet und somit das Anlageziel einer attraktiven risikoadjustierten Rendite deutlich verfehlt.

6 Zusammenfassung und Ausblick

Die Anreizregulierung erlaubt es langfristig orientierten Finanzinvestoren, einige bedeutende Anlageziele zu erreichen, allerdings verfehlt sie das wichtigste Ziel, nämlich eine attraktive risikoadjustierte Eigenkapitalrendite für den in Deutschland dringend notwendigen Ausbau des Stromtransportnetzes zu gewähren. Damit stellt sie in ihrer derzeitigen Form und angesichts der gegenwärtigen energiepolitischen Ausgangsbedingungen ein Hindernis für Investitionen von Finanzinvestoren in diesem Segment dar.

Eine Reihe von Änderungen in dem Rahmenwerk der Anreizregulierung ist nötig, um diese Situation nicht nur für Finanzinvestoren, sondern insgesamt für alle Netzbetreiber grundlegend zu verbessern. Die Regulierungsbehörde hat bereits an manchen entscheidenden Punkten nachgebessert und führt einen offenen und positiven Dialog für weitere Lösungsansätze. Allerdings darf nicht vergessen werden, dass die Anreizregulierung ein Rahmenwerk für eine Vielzahl von Unternehmen in unterschiedlichsten Situationen ist. Änderungen, die aus Sicht der küstennahen Stromtransportnetzbetreiber äußerst sinnvoll wären, mögen wiederum für einen im Inland befindlichen kleinen regionalen Gasverteilnetzbetreiber völlig anders bewertet werden. Eine Regulierung kann daher nicht jede Situation adäquat durch das formale Regelwerk adressieren, so dass ein gewisser Spielraum für die Regulierungsbehörde verbleiben muss, diskretionäre Entscheidungen zu treffen, um diesen Sondersituationen gerecht zu werden. Die Bundesnetzagentur wird in den kommenden Jahren beweisen müssen, dass sie diesen Spielraum sinnvoll nützt, um die richtigen unternehmerischen Maßnahmen zu unterstützen. Schafft sie es, diese derzeit noch existierenden regulatorischen Unsicherheiten im Markt zu verringern, dann werden sich Finanzinvestoren auch zukünftig stärker in diesem Segment engagieren.

Karl-Heinz Neumann[*]

Regulierungsherausforderungen bei technischem Wandel der Netze: Das Beispiel Next Generation Networks[1]

1   Was ist das NGN?

2   Telefongesellschaften auf dem Weg zum NGN

3   Alte und neue Geschäftsmodelle im NGN

4   Neuer Regulierungsrahmen für das NGN

5   Bottleneckprobleme im NGA

6   Risiko und Risiko-Sharing Ansätze im NGA

7   Zusammenfassende Schlussfolgerungen

---

[*]   Dr. *Karl-Heinz Neumann*, Geschäftsführer und Direktor, WIK Wissenschaftliches Institut für Infrastruktur und Kommunikationsdienste GmbH, Bad Honnef.

[1]   Wesentliche Aussagen dieses Beitrags beruhen auf den Ergebnissen einer Studie über das NGN, die *WIK-Consult* (2008) für das Bundesministerium für Wirtschaft und Technologie durchgeführt hat.

1 Was ist das NGN?

Next Generation Network (NGN) ist ein Oberbegriff für eine Vielzahl von Konzepten für die zukünftige Architektur von elektronischen Kommunikationsnetzen. Diese werden von unterschiedlichen Standardisierungsorganisationen definiert und standardisiert. NGNs setzen sich logisch und physikalisch aus unterschiedlichen „Schichten" („Ebenen", „layer") zusammen: (1) physikalischer Netzzugang und Transport; (2) „Media"-Schicht (die Schicht, auf der „Media Gateways" angesiedelt sind, das heißt auf der zum Beispiel Sprache oder andere Dienste, die über das PSTN/ISDN-Netz bereit gestellt werden, an die Erfordernisse eines Paket vermittelnden Netzes angepasst werden); (3) Kontrollschicht; (4) Netzdienste-, Applikationen-Schicht. Abbildung 1 stellt diese Grundstruktur des NGN graphisch dar.

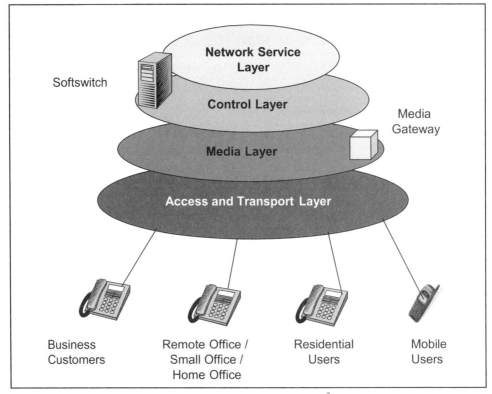

Abb. 1: Das NGN Schichtenmodell[2]

---

[2] Quelle: *WIK-Consult* (2008).

Die vielfältigen technologischen Facetten von NGN-Lösungen können wie folgt zusammengefasst werden: (1) Logische Separierung der Transport-, Kontroll- und Diensteschicht; (2) Möglichkeit der Nutzung verschiedenartiger Breitband-Transporttechnologien unter Einschluss von QoS-Funktionalitäten; (3) „Offener" Netzzugang für Endnutzer (unbeschränkter Zugang für Nutzer zu verschiedenen Service Provider); (4) Einheitliches IP Kern-Transportnetz, (5) Anwendung offener Protokolle, um unterschiedliche Dienste-, Transport- und System Provider zu integrieren; (6) Unterstützung allgemeiner Mobilitätsfunktionen, die somit eine konsistente und überall verfügbare Bereitstellung von Diensten an Endnutzer erlauben.

Die Trennung der Ebenen bei Nutzung einer gemeinsamen Transportplattform erlaubt den getrennten Betrieb von früher nur zentral im Netz betreibbaren Netzelementen. Auf Basis von definierten Schnittstellen erlaubt die NGN-Architektur die selbstständige Erbringung von Kontroll- und Steuerungsfunktionen, ohne selbst das Transportnetz zu betreiben. Damit wird die Erbringung und das Angebot von Diensten unabhängig vom Betreiber des Transportnetzes möglich.

Die Migration eines Netzbetreibers zu einer NGN-Lösung kann a priori alle heute bekannten und eingesetzten Sprachnetze (PSTN/ISDN, Mobilfunknetze) und Datennetze (zum Beispiel Frame Relay, ATM, IP-Netze) umfassen. Inwieweit ein Netzbetreiber seine Netze tatsächlich „abschaltet" und in eine einheitliche und umfassende NGN-Plattform überführt, beziehungsweise inwieweit er Teile von „alten" Netzen weiterführt, ist eine unternehmerische Entscheidung, die jeder Carrier zu treffen hat und für die sich unterschiedliche Pfade abzeichnen.

Die Migration von heutigen PSTN/ISDN-Netzen zu einem NGN erfolgt in der Regel differenziert in den verschiedenen Netzebenen. Somit lassen sich unterscheiden: (1) Entwicklungen im Kernnetz; (2) Entwicklungen im Konzentrationsnetz (Netzbereich zwischen Hauptverteilern (HVt) und Kernnetz); (3) Entwicklungen im Zugangsnetz (Netzbereich zwischen heutigen HVts und Endkunden). Abbildung 2 stellt diese Netzebenen und ihre technischen Elemente schematisch dar. Insgesamt ändert sich bei dieser Migration absehbar und nachhaltig die Struktur der heute aus dem PSTN bekannten Netzebenen (Teilnehmeranschlussnetz, Konzentrationsnetz) beziehungsweise die Zahl und Lokation ihrer Verzweigungspunkte.

Mit Next Generation Access (NGA) werden Netzkonfigurationen bezeichnet, die Änderungen im traditionellen PSTN-Zugangsnetz vornehmen. Diese Änderungen zielen im Wesentlichen darauf ab, die Kupferdoppelader im Zugangsnetz ganz oder teilweise durch Glasfaser zu ersetzen oder zu überbauen. Dabei lassen sich unterschiedliche Architekturen unterscheiden: (1) FTTN: Fiber-To-The-Node; diese Variante steht in der traditionellen PSTN-Welt für die Erschließung von Hauptverteilern mit Glasfaser. (2) FTTC: Fiber-To-The-Cabinet; diese Variante steht in der traditionellen PSTN-Welt für die Erschließung von Kabelverzweigern (KVz) mit Glasfaser (typische VDSL-Architektur). (3) FTTP: Fiber-To-The-Premise; diese Variante steht in der traditionellen PSTN-Welt dafür, dass Glasfaser vom HVt bis zur Grundstücksgrenze geführt wird; solche Ansätze werden vor allem in den USA verfolgt. (4) FTTB: Fiber-To-The-Building; bei dieser Variante wird das Glasfaser durchgehend vom HVt bis in die Gebäude hinein geführt (zum Beispiel in den Keller oder den Flur eines Hauses). (5) FTTH: Fiber-To-The-Home; diese Variante zielt darauf ab, eine durchgehende Glasfaser basierte Verbindung bis in die einzelne Wohnung zum Endkunden zu verlegen.

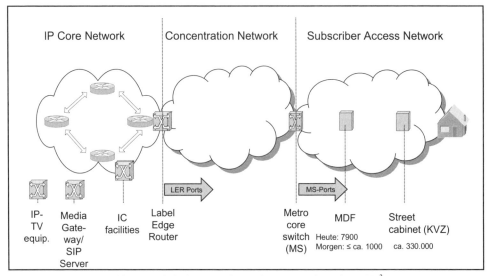

Abb. 2: Technische Betrachtung der Netzstruktur des NGN[3]

Die Implementierung einer FTTB/H-Lösung bedeutet faktisch, dass die Glasfaser „immer näher" zum Endkunden hin geführt wird (im Extrem bis in seine Wohnung). Generell lassen sich dabei zwei verschiedene Ansätze unterscheiden: (1) PON (passive optical networks); (2) AON (active optical networks). FTTB/H Lösungen können als Punkt-zu-Punkt (point-to-point) oder als Punkt-zu-Mehrpunkt (point-to-multipoint) Netz konfiguriert sein. Bei einer Punkt-zu-Punkt Konfiguration werden dedizierte Glasfaserstränge zwischen netzseitigem Konzentrationspunkt (zum Beispiel in der Teilnehmervermittlungsstelle) und dem Endkunden verlegt. Es ist damit offensichtlich, dass eine Punkt-zu-Mehrpunkt PON-Konfiguration „weniger" Glasfaser erfordert als eine Punkt-zu-Punkt-Konfiguration.

Mit Blick auf FTTH-Lösungen, bei denen die Glasfaser bis in die Wohnung verlegt wird, ist der Zugang zu den Gebäuden beziehungsweise das Vorhandensein von ent-

---

[3] Quelle: *WIK-Consult* (2008).

sprechender baulicher Infrastruktur (Rohre, Schächte etc.) für die Verlegung von Glasfasern im Haus absolut kritisch. Länder, die heute bereits eine hohe FTTH-Penetration vorweisen, haben sich diesem Problem frühzeitig gewidmet. So hat Südkorea etwa bereits in den neunziger Jahren mit dem IT-Gebäudepass ein den Netzausbau erleichterndes Klassifizierungssystem eingeführt.

2 Telefongesellschaften auf dem Weg zum NGN

Gegenwärtig haben viele Telefongesellschaften und ihre Wettbewerber in Europa und außerhalb Europas nachhaltige NGN-Aktivitäten gestartet. Dabei sind sehr unterschiedliche Ansätze feststellbar, aber zuweilen auch große Gemeinsamkeiten. Als gesichert kann gelten, dass nahezu alle Carrier die Migration ihres Kernnetzes zu ALL-IP entweder schon vollzogen haben (Beispiel *Telecom Italia*) oder diese zumindest in Gang gesetzt haben (Beispiel *BT*). Wesentliche Unterschiede in der Art beziehungsweise der Geschwindigkeit der Netzmigration gibt es insbesondere mit Blick auf die Zugangs- beziehungsweise Konzentrationsnetze. Es gibt Länder, in denen die Incumbents eindeutig eine FTTC/VDSL-Lösung favorisieren und verfolgen und es gibt andere, bei denen FTTB/H-Lösungen im Vordergrund stehen.

In Europa sind FTTC/VDSL-Länder neben Deutschland zum Beispiel Belgien, Italien und die Schweiz. So haben in der Schweiz bereits heute circa 75 % aller Kunden Zugang zu einem VDSL-Anschluss. Allerdings befindet sich *Swisscom* bereits in der Migration des VDSL-Ansatzes in einen FTTH-Ansatz.

FTTB/H Aktivitäten von Incumbents gibt es in ausgeprägtem Maße in Japan (*NTT*), Korea (*KT*), in den USA (*AT&T*, *Verizon*) und in Europa vor allem in Frankreich (durch *France Télécom*), in der Schweiz (durch *Swisscom*), in den Niederlanden (durch das Joint Venture von *KPN* und *Reggefiber*) und in Italien (durch *Fastweb*). In Frankreich sind darüber hinaus mehrere der nationalen Wettbewerber dabei, FTTB/H infrastrukturbasierte Geschäftsmodelle zu implementieren. Darüber hinaus ist festzuhalten, dass es in nahezu allen europäischen Ländern regionale/lokale Glasfaserverlegeaktivitäten gibt. Hierbei spielen öffentliche Träger beziehungsweise Träger in öffentlichem Besitz (Stadtwerke, Wohnungsbaugesellschaften) eine zentrale Rolle. Alternative Netzbetreiber und Stadtwerke sind im Übrigen aktuell die Hauptträger der FTTB/H-Entwicklung in Europa. 2008 entfielen auf diese Anbietergruppe 82,3 % aller realisierten FTTB/H-Anschlüsse.[4]

Die Entscheidung, ob die Netzbetreiber in einem Land eine FTTC/VDSL-Richtung oder eine FTTB/H-Richtung einschlagen, hängt von vielfältigen Faktoren ab. Hierzu gehören insbesondere die Eigenschaften der bestehenden Netze der Incumbents. So gibt

---

[4] Vgl. *IDATE* (2009).

es sicher einen großen Anreiz für eine FTTC/VDSL basierte Migration der Netze, wenn die durchschnittlichen Längen der Sub-loop (vom KVz bis zum Endkunden) gering sind (möglichst weit unter 500 m). In diesem Fall kann eben das volle Potenzial einer VDSL-Lösung ausgeschöpft werden. Ist dies nicht der Fall, das heißt, sind Sub-loop Längen „groß" (wie zum Beispiel in Frankreich mit 700 m), liegt es nahe, eine FTTB/H basierte Lösung vorzuziehen, da VDSL-Lösungen bei derartigen Netzstrukturen praktisch keine Leistungsverbesserungen gegenüber ADSL bringen. Gleichwohl ist die Entscheidung für oder gegen eine dieser Richtungen nicht monokausal zu sehen. Zu der Entscheidung dürften zum Beispiel auch Kapitalmarktaspekte beitragen. Die Migration zu einer FTTB/H-Lösung erfordert deutlich höhere Investitionsmittel als die Migration zu einer FTTC/VDSL-Lösung.[5] Investitionen in Infrastruktur mit sehr langen Payback-Perioden unterliegen aber besonderen (und dazu noch im Zeitablauf sich wandelnden) Kapitalmarktbewertungen. Darüber hinaus bestimmt der Wettbewerbsdruck durch Kabelnetzbetreiber und alternative Glasfaserprojekte den Strategieansatz der großen Telefongesellschaften.

3 Alte und neue Geschäftsmodelle im NGN

Die Separierung der Dienste-, Transport- und Kontrollebene ist der wesentliche Auslöser für neue Geschäftsmodelle im NGN und für Anpassungsbedarf bei bestehenden Geschäftsmodellen. Ob sich daraus gegenüber heute am Ende ein größeres oder ein geringeres Potenzial für Wettbewerb ergibt, lässt sich heute a priori nicht mit hinreichender Sicherheit antizipieren.

Bei generischer Betrachtung lassen sich künftig folgende (typisierte) Geschäftsmodelle unterscheiden:

- Application Service Provider: Sie konzentrieren sich auf die Bereitstellung von Diensten/Applikationen und werden über keine eigene Netzinfrastruktur verfügen.
- Integrierte NGN-Betreiber: Sie sind über alle Funktionsebenen des NGN integriert und bieten Dienste auf eigener Plattform an, bieten ihre Diensteplattform (möglicherweise) aber auch spezialisierten Diensteanbietern an.
- Infrastrukturbetreiber: Diese konzentrieren sich auf die Transportebene und vermarkten (primär) Wholesaleangebote an andere Carrier und/oder Diensteanbieter.

Der Marktprozess und der Wettbewerb zwischen Diensteanbietern und integrierten Netzbetreibern wird zeigen müssen, ob am Ende die gleichwohl bestehenden Verbundvorteile des integrierten Betriebs der verschiedenen Ebenen im NGN und damit die Zentralisierung von Funktionen im Netz die Spezialisierungsvorteile der selbstständi-

---

[5] Nach unseren eigenen Modellabschätzungen erfordert ein FTTH-Ansatz pro Anschluss circa fünfmal höhere Investitionen als ein VDSL-Ansatz (siehe *Elixmann* et al. (2008)).

gen Diensteerbringung (beziehungsweise der Verbundvorteile mit anderen Produktfeldern) und damit die Ansiedlung der intelligenten Funktionen in der Peripherie des Netzes dominieren wird.

Damit sind aber auch die Interessenunterschiede der am Markt tätigen (integrierten) Netzbetreiber und der (spezialisierten) Dienste- oder Application Service Anbieter evident: Netzbetreiber haben ein Interesse an der Verknüpfung von Netzbetrieb und Diensteangebot. In der alleinigen Konzentration auf die Transportfunktion des Netzes wird eine Entwertung des Netzes und in der Folge eine Bedrohung des bisherigen Geschäftsmodells gesehen. Netzbetreiber wollen deshalb an dem bei Diensten, Mehrwertdiensten und Inhalteangeboten generierten Mehrwert partizipieren und die entsprechenden Anbieter an der Finanzierung der Netzinvestitionen beteiligen. Das Vehikel dazu wird in der Verknüpfung des Zugangs zu den Anwendungen mit Netzfunktionen gesehen, so dass der Netzbetreiber die Nutzung der Anwendungen beeinflussen kann. Demgegenüber haben Diensteanbieter ein Interesse an der freien Nutzung ihrer Diensteangebote unabhängig vom jeweiligen Netzbetreiber. Sie plädieren für eine Trennung von Netz und Dienst. Ferner äußern sie Sorge um Verletzung der Netzneutralität. Sie sehen das Netz primär in seiner Zubringerfunktion für ausreichende Bandbreite zum Endkunden und gegebenfalls weiteren QoS-Parametern. Sie haben kein Interesse daran, Netzbetreiber an der Generierung von Mehrwert auf der Diensteebene partizipieren zu lassen.

Auch im NGN wird die Frage des Infrastruktur- und Dienstewettbewerbs keine Frage des „entweder oder" sein; die Geschäftsmodelle werden sich vielmehr durch ein mehr oder weniger an Infrastrukturwettbewerb beziehungsweise durch eine unterschiedliche Vorleistungsabhängigkeit charakterisieren.

Die allgemeinen Argumente der Vorteilhaftigkeit von Infrastrukturwettbewerb gelten auch in einem NGN-Kontext:

- Es gibt echte Wahlalternativen für den Nutzer: Die Anbieter haben (nahezu) die volle eigene Produktgestaltungshoheit, einschließlich der Produktqualität.
- Es gibt starke Anreize in Richtung auf Produktionseffizienz.
- Die Wahl der besten Technologiealternative(n) wird unterstützt.
- Es gibt Anreize und Potenzial für Innovation.
- Nachhaltiger Wettbewerb wird möglich, der nicht regulierungsbedingt ist und auch nicht auf Regulierung angewiesen ist.

Demgegenüber haben die typischen Argumente hinsichtlich des begrenzten Wettbewerbspotenzials des (reinen) Dienstewettbewerbs im NGN nur eine eingeschränkte Aussagekraft:

- Der Wettbewerb ist auf bestimmte Felder begrenzt.

- Die Möglichkeiten der Produktdifferenzierung sind begrenzt.
- Dienstewettbewerber können keine alternativen Technologien einsetzen.
- Der Wettbewerb ist nicht selbsttragend, sondern regulierungsabhängig.

Auf der Ebene der Infrastruktur kann man unterstellen, dass durch NGNs eine stärkere Homogenisierung von Netzen erfolgt, zwischen denen jetzt noch Wettbewerb stattfindet. Es gibt eben nicht mehr spezifische Netze (und vielleicht auch Quasi-Monopole) für bestimmte Dienste wie Telefon oder Kabelfernsehen. Vielmehr werden die NGN-Netze „Vielzweck-Diensteplattformen" sein. Damit einhergehend könnten die Netze „Commodity"-Charakter bekommen mit sehr heftigem Wettbewerb, zumal sie weitgehend versunkene Kosten darstellen.

Auf der Ebene der Dienste/Applikationen ist davon auszugehen, dass das Wettbewerbs- und Innovationspotenzial durch Application Service Provision im NGN größer als bei klassischen Telekommunikationsdiensten ist. Der Dienstewettbewerb „oberhalb von IP" ist heute schon intensiv und wird sich in Zukunft noch verstärken. Zu nennen sind hier etwa Plattformbetreiber und Diensteanbieter wie *Google*, *Yahoo* und *eBay*, aber auch Telefondienstanbieter wie *Skype*.

Eine vertikale Integration von Netzen, Plattformen sowie Diensten/Anwendungen wird absehbar zu einer horizontalen Differenzierung unter den Marktspielern führen. Folge könnte sein, dass sich der Wettbewerb unter den vertikal integrierten Marktteilnehmern vermindert. Gleichwohl dürfte sich insgesamt der Dienstewettbewerb (wenn man reine Application Service Provider und vertikal integrierte Anbieter zusammen nimmt) intensivieren (vorausgesetzt die reinen Application Service Provider haben keine durch vertikal integrierte Anbieter gesetzte Marktzutrittschranken).

Plattformbetreiber haben völlig unterschiedliche Geschäftsmodelle im Vergleich zu klassischen Telekommunikationsanbietern. Sie finanzieren ihre Dienste oft nicht über Endkunden(preise), sondern über Werbung. Das Angebot von Telekommunikationsdiensten ist oft nicht eigentlicher Geschäftszweck, sondern Mittel zum Zweck der Erweiterung der Kundenbasis für andere Dienstleistungen.

Application Service Provider stellen Dienste an einer beliebigen Stelle im IP-Netz bereit, die von allen von ihnen zugelassenen Service Users genutzt werden können. Der Application Service ist von dem darunter liegenden Netz prinzipiell entkoppelt, jedoch werden die Verbindungsdienste der zugrunde liegenden Netze genutzt. Es gibt bereits heute ein breites Spektrum angebotener Dienste wie zum Beispiel Mail, VoIP (Sprachvermittlung und Konferenzdienste), Video on Demand, IPTV, Gaming, Video-Sharing (wie zum Beispiel *YouTube*), Suchmaschinen (wie zum Beispiel *Google*), Versteigerungsdienste/Marktplätze wie zum Beispiel *eBay*, Musik-Tauschbörsen, Interest-Communities, News Groups, Chat-Rooms, Abrechnungsdienste, Directories. Der Kreativität für neue Dienste sind kaum Grenzen gesetzt. Anwendungen umfassen auch Interaktion und bidirektionale Kommunikation in Echtzeit (zum Beispiel interactive Gaming, Marktplätze mit Sprach-Call-Centres, Auskunft).

Bei der Vielzahl der Dienste gibt es sehr unterschiedliche Anforderungen an die Qualität der zugrunde liegenden Transportverbindungen. Application Services brauchen deshalb für eine qualitativ hochwertige Präsentation des Dienstes beim Nutzer gegebenenfalls Unterstützung durch QoS auf der Transportebene. Die Qualität ist gegebenenfalls vom genutzten Dienst abhängig und muss vom Nutzer beziehungsweise vom Application Server dem Netz signalisiert werden können. Dazu wären offene Signalisierungsschnittstellen erforderlich. Qualität muss gegebenenfalls über den gesamten Transportweg, das heißt über mehrere Netze hinweg, erbracht werden. Das bedeutet, dass Zusammenschaltungsvereinbarungen dies ermöglichen müssten. Wo keine entsprechende Qualität durch das Netz bereitgestellt wird, hat ein Application Provider gegebenenfalls Interesse, auch Netz steuernde Funktionen anzubieten.

Der Zugang von Endkunden zu Application Services kann auf der Applikationsebene geregelt werden. Viele erfolgreiche Anwendungen öffnen den Zugang für jeden Endnutzer. Manche Anwendungen benötigen jedoch zum Beispiel eine Alterskontrolle, manche sind nur für geschlossene Gruppen (Extranet) zugänglich. Zugangskontrolle zu Diensten tritt häufig zusammen mit Abrechnungsfragen auf. Es erscheint a priori plausibel, dass Nutzer ein Single-Sign-On für Netznutzung und andere Dienste als Vorteil begrüßen könnten. Dies würde vertikal integrierten Netzbetreibern einen Vorteil geben. Die Zugangskontrolle kann jedoch auch als separater Dienst angeboten werden.

Aus wettbewerbspolitischer Sicht können in diesem Umfeld eine Reihe von Fragen virulent werden. Es erscheint plausibel anzunehmen, dass vertikal integrierte Anbieter (Netz und Application Services) ein Interesse an der vorrangigen Vermarktung der eigenen Services haben. Sie könnten deshalb im eigenen Interesse reine Application Service Provider in der Erbringung ihrer Dienstleistungen benachteiligen, denn der Endkunde sieht nur das Gesamtwerk aus Netztransport und Dienst. Gleichwohl ist einschränkend anzumerken, dass ein Netzanbieter, der keinen neutralen Zugang zu anderen Angeboten bereitstellt, unter Umständen aber auch seine Netzkunden verlieren kann. Dies ist abhängig unter anderem von der Attraktivität der anderen Dienste. In jedem Fall hat ein vertikal integrierter Anbieter Vorteile in der Steuerung spezifischer QoS für bestimmte Dienste, im One-Stop-Shopping (integrierte Abrechnung) und im Single-Sign-On.

Der Übergang zum NGN wird auch wesentliche Implikationen für die heute im Markt dominierenden Geschäftsmodelle der Wettbewerber, nämlich der Verbindungsnetzbetreiber (VNB) und der Teilnehmernetzbetreiber (TNB), haben.

Unter regulierungspolitischen Aspekten stellt sich die Frage, ob es im NGN noch einer Carrier-Selection-Auflage bedarf, die das VNB-Geschäftsmodell begründet. A priori und aus heutiger Sicht spricht vieles dafür, dass in langfristiger Sicht das VoIP-Angebot durch von integrierten Netzbetreibern unabhängigen Diensteanbietern das adäquate Substitut oder Äquivalent für das VNB-Geschäftsmodell im NGN darstellt. Dabei ist dann allerdings unterstellt, dass sich integrierte NGN-Betreiber keine dauerhaften Qualitätsvorteile gegenüber Diensteanbietern im VoIP-Angebot verschaffen können. Regulatorisch ginge es dann (nur) darum, im Rahmen der Architektur des NGN Netzbetreiber unabhängige VoIP-Angebote zu ermöglichen. Ob unabhängige VoIP-Anbieter allerdings eine ähnliche Marktbedeutung wie heutige VNBs erreichen können, mag dahin gestellt sein. Dies lässt sich heute nicht mit hinreichender Sicherheit abschätzen. Die abnehmende Bedeutung der Telefonie innerhalb der Kommunikationsdienste lässt jedoch eher eine geringere Marktrelevanz von auf Telefonie spezialisierten Geschäftsmodellen erwarten.

Die Implikationen des NGN für das heutige Marktmodell der Teilnehmernetzbetreiber hängen im Wesentlichen von der NGA-Strategie des Incumbents ab. Verfolgt der Incumbent eine VDSL-Strategie, stellt sich zunächst (nur) die Frage, ob das heutige Geschäftsmodell wettbewerblich auf diese Strategie reagieren muss, um auf der Produktebene weiter kompetitiv sein zu können. Baut der Incumbent darüber hinaus sein Access-Netz derart zu einem NGA aus, dass der VDSL-Anschluss zum All-IP-Regelanschluss wird, wird dem heutigen TNB-Geschäftsmodell faktisch die Zugangsbasis entzogen. Im ersten Fall stellt sich die Frage, ob aus wettbewerblichen Gründen das heutige TNB-Modell angepasst beziehungsweise geändert werden muss. Im zweiten Fall stellt sich zwingend die Notwendigkeit der Anpassung des Geschäftsmodells. Die Optionen der Anpassung des Geschäftsmodells sind in beiden Fällen ähnlich.

Im Prinzip stellen sich für die heutigen TNBs vier generische Strategiealternativen:

- Sie können selbst eine VDSL-Netz-Strategie fahren und das VDSL-Netz des Incumbents nachbauen.

- Sie können auf eine netzinfrastrukturelle Stand alone-Lösung setzen und ein FTTB/H-Netz bauen.

- Sie können ihr Netz zurückbauen und Bitstream Access an Zugangspunkten des IP-Backbones des Incumbent oder an seinen Metro Core Locations nachfragen.

- Solange und soweit TAL-Zugang am HVt bestehen bleibt, bleibt natürlich die Strategie des Abwartens und Weiterführens des bisherigen Geschäftsmodells. Denkbar ist grundsätzlich, dass die vom Incumbent geschlossenen HVts von TNBs weiter genutzt oder käuflich erworben werden könnten. Allerdings dürfte dies betriebswirtschaftlich (angesichts der Kosten, die anfallen, wenn der Incumbent nicht mehr selbst den HVt nutzt), wenn überhaupt, nur in Ausnahmefällen wirtschaftlich sinnvoll sein.

Mit einer VDSL-Nachbaustrategie würden sich alternative Betreiber in die Lage versetzen, das durch VDSL erweiterte/verbesserte Produktportfolio nachzubilden. Insoweit als alternative Anbieter nachziehen, wird wettbewerblich der alte Zustand wieder hergestellt. Gleichwohl zeigen wir weiter unten jedoch, dass eine VDSL-Nachbaustrategie in Deutschland nur unter bestimmten, relativ starken Bedingungen ökonomisch tragfähig sein dürfte. In jedem Fall gilt, dass es auf Grund der gestiegenen Economies of Scale ökonomisch nicht denkbar ist, dass, so wie heute mehrere Wettbewerber einen HVt anbinden, dies für eine KVz-Anbindung möglich wäre. Die Lösung der Zugangsfragen bei einer VDSL-Nachbaustrategie hat regulatorisch eine erste wichtige Hürde genommen durch die Verpflichtung der DTAG, Wettbewerbern Zugang zu Kabelkanälen zwischen HVt und KVz zu gewähren.[6] Gleichwohl sind wesentliche weitere Fragen regulatorisch noch zu lösen wie etwa die Kollokation am KVz, der Preis der Leerohrnutzung sowie der Preis für Glasfaserverbindungen für den Leitungsweg zwischen Hauptverteiler und KVz. Erst kürzlich[7] hat die Bundesnetzagentur entsprechende Entgeltgenehmigungsanträge der DTAG zurückgewiesen und will erst die nachfragegerechte Bereitstellung der entsprechenden Vorleistungen in einem noch ausstehenden Verfahren klären.

Solange und soweit die DTAG noch nicht das VDSL-Regelanschlusskonzept verfolgt und die Hauptverteiler als Zugangsmöglichkeiten erhalten bleiben, besteht grundsätzlich auch die Möglichkeit für Wettbewerber, VDSL-Angebote gegenüber dem Endkunden zu realisieren ohne ein eigenes VDSL-Netz aufzubauen, nämlich durch Realisierung von Bitstream Access am HVt. Mit dieser Zugangsmöglichkeit – so sie denn technisch möglich ist und angeboten wird – sind Wettbewerber in der Lage, mit minimalen eigenen zusätzlichen Investitionen VDSL-Angebote überall dort zu erbringen, wo die DTAG selbst VDSL-Anschlüsse anbietet. Die TNBs können in diesem Fall ihr (bisheriges) Netz uneingeschränkt nutzen, sie müssten nur VDSL-fähige ATM/Ethernet/IP-Aggregationsgeräte in den HVts installieren.

Eine zukunftsorientierte Strategie für TNBs besteht darin, ein eigenes FTTB/H-Netz aufzubauen, beziehungsweise das bestehende eigene Netz in diese Richtung auszubauen. Auf dieser Basis lassen sich wesentlich leistungsfähigere Breitbandanschlüsse realisieren als über VDSL. Insofern wird es durch diese Strategie möglich, andere und bessere Produkte als die DTAG anzubieten. Die Strategie ist insofern zukunftssicher als dieser Netzausbau den heutigen technologischen Rand repräsentiert, mit der realisierten Bandbreite von 100 Mbps die heute erkennbare Nachfrage abdeckbar ist und durch Austausch der aktiven Elektronik weitere Leistungssteigerungen des Netzes in Zukunft möglich sind. Mit einem solchen Ausbau wird der Incumbent technisch und kapazitativ überholt. In Abschnitt 5 werden wir zeigen, dass in einer relevanten Zahl von größeren Städten ein alternativer FTTB/H-Roll-out möglich ist und sich bei entsprechenden Marktanteilen auch rechnen kann. Mit dieser Strategie machen sich alternative Anbieter

---

[6] Bundesnetzagentur, Regulierungsverfügung v. 27.06.07, BK 4a-07-002/R.
[7] Bundesnetzagentur, Amtsblatt 20/2009, Mitteilungen 536 und 537, S. 4327.

nahezu vollständig vom Netz der Deutschen Telekom und der Inanspruchnahme von Vorleistungen unabhängig. Das einzige Problem dieser Strategie besteht in den hohen investiven Anforderungen, die ein FTTB/H Netz-Roll-out erfordert, und in den erforderlichen hohen kritischen Marktanteile, die für einen profitablen Netzbetrieb erforderlich sind.

Die zu einer FTTB/H-Netzausbaustrategie entgegen gerichtete Strategie besteht darin, das eigene Netz zurückzubauen und Bitstream Access auf der Ebene von Netzknoten des IP-Backbonenetzes oder der (künftigen) Metro Core Locations nachzufragen. Die eigene Wertschöpfung der TNBs reduziert sich durch diesen Geschäftsmodellansatz gegenüber heute drastisch. Auch die eigene Produktgestaltungsmöglichkeit wird reduziert und letztlich auf die Dienstemerkmale des Incumbent begrenzt. Der Rückbau des eigenen Netzes ist zudem mit stranded investments und sunk cost verbunden, deren Höhe davon abhängt, wie lange die Netzelemente des eigenen Netzes genutzt worden sind. Neben den stranded investments zeichnet sich diese Strategie durch ein (relativ) geringes Risiko, aber auch durch wenig wettbewerbliche Gestaltungsmöglichkeiten und eine hohe Vorleistungsabhängigkeit aus.

Insbesondere solange und soweit nicht erkennbar ist, ob, wann und wie sich ein HVt-Abbau vollzieht, hat auch eine Strategie des Abwartens und des unveränderten Fortführens des bisherigen Geschäftsmodells seinen Sinn. Allerdings absorbiert das Festhalten am bisherigen Geschäftsmodell auch das Verschenken von erforderlicher Anpassungszeit und das Erreichen strategischer Vorsprünge. In jedem Falle gilt, dass unter den zu erwartenden Veränderungen im NGA ein weiterer Netzausbau durch Anschließung weiterer HVts höchst risikoreiche Investitionen darstellen. Unter der Annahme eines Abbaus einer relevanten Anzahl von HVts innerhalb der nächsten fünf Jahre ist die Rentabilität des Erschließens neuer HVt heute nicht mehr gesichert. Am ehesten kompatibel ist eine Strategie des Abwartens mit einer Strategie des Rückbaus des eigenen Netzes und des Übergangs zu Bitstream Access.

Die Rationalität jeder einzelnen der genannten Strategiealternativen und die Rationalität der Strategiewahl selbst hängt wesentlich von der NGA-Strategie des Incumbents und den Regulierungsbedingungen in den jeweiligen Szenarien ab. Über beides herrscht in Deutschland noch Unsicherheit beziehungsweise Intransparenz. Dies erschwert derzeit eine rationale Strategiefindung für alternative Betreiber, ausgenommen eine Strategie, die sich (nahezu) unabhängig von der NGN-Strategie des Incumbents und den Regulierungsbedingungen macht. Dies ist derzeit besonders brisant, weil das TNB-Modell gerade zum Zeitpunkt seiner größten Erfolge vor seinen größten Herausforderungen steht bis hin zu seiner Obsoleszenz. Intransparenz und Unsicherheit können sich auch als Investitionshemmnis erweisen. Abwarten kann allerdings auch eine Bedrohung des Wettbewerbs darstellen und zu stranded investments führen.

4 Neuer Regulierungsrahmen für das NGN

Wesentliche ökonomische Konsequenzen der Entwicklung zum NGN sind, wie bereits erörtert, die Konvergenz der Netze und die Separierung der Netze von den Diensten. Diese Konsequenzen sind insbesondere disruptiv für Geschäftsmodelle, die auf bislang von bestimmten Netzen abhängende Dienste aufbauen und die nun durch den Wettbewerb von reinen Diensteanbietern akut gefährdet werden. Darüber hinaus erhöht sich durch die nunmehr von Diensten unabhängigeren und damit homogeneren Netzleistungen potenziell der Wettbewerb unter den Netzbetreibern, selbst wenn es nicht zu einer größeren Anzahl direkter Netzwettbewerber kommen sollte. Insbesondere vermehrter intermodaler Wettbewerb durch Kabel und Mobilfunk ist jedoch durch die Konvergenz gleichzeitig zu erwarten.

So diese Erwartungen eintreten, sollte Regulierungsbedarf daher nach voller Einführung des NGN per Saldo abnehmen, selbst wenn diese Tendenz nicht voll im Anschlussnetz gilt, da neue Breitbandanschlusstypen wie FTTH/FTTB und VDSL zugleich neue Bottlenecks schaffen. Hier ist die große Frage, inwieweit insbesondere die verschiedenen Bandbreiten demselben Markt oder unterschiedlichen Märkten zuzuordnen sind.

Eine etwaige von Konvergenz ausgehende Wettbewerbsbelebung sowie die Finanzierungsnotwendigkeiten der Netzbetreiber für NGA/NGN schürt die Bedürftigkeit der Netzbetreiber nach Einschränkung der Wettbewerbsintensität mit Hilfe von vertikalen Restriktionen im Anwendungs-/Contentbereich. Dies ist der Kern der Problematik der Netzneutralität. Dem steht freilich mit einiger Wahrscheinlichkeit Marktgegenmacht der Content- und Applikationsanbieter (zum Beispiel *Google*) entgegen. Deren Umfang ist jedoch im Zweifelsfall jeweils konkret zu ermitteln.

Das Verhältnis zwischen Innovationsanreizen und neuer Regulierung wird im EU-Bereich unter den Gesichtspunkten neu entstehender und neuer Märkte diskutiert. Neu entstehende Märkte sind dabei solche, für die der so genannte Drei-Kriterien-Test[8] (noch) nicht vollwertig durchgeführt werden kann. Es ist zurzeit nicht klar, ob solche Märkte durch NGN/NGA entstehen. Dabei wird es sowohl um die Problematik der Marktabgrenzung als auch des Drei-Kriterien-Tests gehen. Im Gegensatz dazu sind neue Märkte dadurch gekennzeichnet, dass sie neben ihrer Neuartigkeit den Drei-Kriterien-Test erfüllen. Nur solche Märkte können Testfälle für § 9a des Telekommunikationsgesetzes werden.

Durch disruptive Marktprozesse in Verbindung mit neu entstehenden und neuen Märkten ergeben sich neben großen Chancen für die alternativen Wettbewerber insbesondere

---

[8] Nach dem Drei-Kriterien-Test ist ein Markt regulierungsbedürftig, wenn er erstens strukturelle Marktzutrittsbarrieren aufweist, zweitens keine Tendenz zu wesentlichem Wettbewerb zeigt und drittens diesen wettbewerbspolitischen Problemen nicht mit den Mitteln des allgemeinen Wettbewerbsrechts wirksam begegnet werden kann.

Probleme von (möglichen) stranded investments. Die daraus resultierenden Übergangsprobleme sind regulatorisch zu lösen, um regulatorische Risiken zu vermindern und Investitionsanreize zu sichern. Aber grundsätzlich sollte kein Bestandsschutz für alte Regulierung angebracht sein, wenn dies technischen Fortschritt verhindert oder wenn die Regulierungsvoraussetzungen entfallen. Insbesondere sollte es keinen Bestandsschutz für ineffiziente Wettbewerber/Geschäftsmodelle geben.

Es ist noch nicht klar, in welchem Umfang die Entwicklung von NGN/NGA zu neuen regulierungsbedürftigen Märkten im Rahmen der Märkteempfehlung führen wird. Grundsätzlich bestehen erhebliche Schwierigkeiten bei einer wettbewerbsrechtlichen Abgrenzung neuer Märkte, da die dafür notwendigen Beobachtungen und Daten definitionsgemäß anfangs noch nicht vorliegen. Daraus ergibt sich auch die Differenzierung neuer und neu entstehender Märkte. Solange eine Marktabgrenzung nicht durchführbar ist, kann es sich nur um einen neu entstehenden Markt handeln. Die Schwierigkeit, einen solchen Markt abzugrenzen, besteht sowohl beim Bedarfsmarktkonzept als auch beim hypothetischen Monopolistentest. Einige durch NGN/NGA zu erwartende neue Endnutzer- und Vorleistungsmärkte sind jedoch bereits abzusehen, andere werden aus heutiger Sicht eher als neu entstehend zu qualifizieren sein.

Die Frage, inwieweit NGN/NGA zu neuen Märkten führt, hängt eng mit der Nachfragesubstitution mit bestehenden Märkten im PSTN zusammen. Dabei führt die von NGN/NGA ausgehende Trennung von Netzen und Diensten insbesondere zu dem Untersuchungsgegenstand, ob in als Dienstemärkte deklarierten Endnutzermärkten VoIP und PSTN-Sprachtelefonie (beziehungsweise die entsprechende NGN-Sprachtelefonie) demselben Markt angehören. Die Trennung von Diensten und Netzen führt darüber hinaus dazu, dass die Netzzugänge selbst Endnutzermärkte darstellen. Dabei ist dann insbesondere festzustellen, inwieweit Schmalbandzugang, ADSL, VDSL und optische Anschlüsse demselben Markt angehören und wo gegebenenfalls Marktgrenzen zu ziehen sind.

Im Anschlussnetz kommt es durch NGA zu einer Reihe von Veränderungen bestehender Vorleistungen. Dies gilt unmittelbar für den Übergang auf VDSL. Der Ausbau des Glasfasernetzes von den HVt zu den KVz gefährdet das bestehende Entbündelungsvorleistungsprodukt, das nach Schließen der HVt durch den Incumbent nur noch sehr begrenzt Sinn macht und insbesondere keinen Zugang zu den VDSL-Loops gewährt. Da gleichzeitig Zugang an den Kabelverzweigern nur sehr begrenzt lebensfähig ist, muss sich Bitstrom-Zugang als Alternative entwickeln. Dabei kann Bitstrom-Zugang ab HVt als Übergangslösung fungieren, um so die Entbündelungsinvestitionen der alternativen Wettbewerber zumindest noch eine Zeitlang zu schützen. Langfristig werden jedoch die Bitstrom-Zugänge zu den Netzübergängen des IP-Netzes wandern. Gegebenenfalls werden diese ergänzt durch Zugänge auf niedrigeren Aggregationsstufen. Um die Funktionen der heutigen Entbündelung zu erfüllen, muss Bitstrom-Zugang um Qualitätsgarantien und um aktive Qualitätswahl der alternativen Wettbewerber angereichert werden. Bitstrom-Zugang wird auch durch die verringerte Anzahl der Aggregationspunkte im NGN gegenüber dem PSTN angepasst werden müssen.

Durch die Veränderung der Netzarchitekturen im Zusammenhang mit NGN/NGA kommt es sowohl beim Incumbent als auch bei den alternativen Wettbewerbern zu stranded investments. Im Anschlussnetz gibt der Incumbent beim Übergang zu VDSL die Funktionen der HVt auf, wenn er mit diesen zu den KVz migriert. Gleiches gilt für die bestehenden Kupferkabel zwischen HVt und KVz, während die Kabelkanäle für die Glasfasern nutzbar sind. Im Vergleich dazu verlieren für die alternativen Wettbewerber potenziell sowohl die Investitionen in Kollokation und das in den HVt eingesetzte Equipment als auch Teile der Backhaul-Investitionen ihren Wert. Der Umfang von Letzterem hängt davon ab, inwieweit es den Wettbewerbern gelingt, von den heutigen HVt aus VDSL- oder DSL-Anschlüsse oder Bitstrom-Zugang zu bedienen. In jedem Fall steht den stranded investments des Incumbent das Dienstepotenzial von VDSL gegenüber, während das bei den Wettbewerbern im Allgemeinen nicht der Fall ist. Darüber hinaus mag der Incumbent die freigewordenen Flächen vermarkten.

Zumindest während der Übergangsphase (Substitutionsphase) zum NGN sollten alte Regulierungen im PSTN beibehalten werden. Ob sie während oder nach dieser Phase durch neue Regulierungen zu ersetzen sind, hängt von den Interconnection-Anreizen im vollständig implementierten NGN ab. Interconnection im Internet ist bislang nicht reguliert und daher durch die Instrumente der Wettbewerbspolitik (voll) abgedeckt. Besonders wichtig wird sein, ob dies auch für NGN nach der Substitutionsphase und damit nach Abschalten des PSTN gilt. Diese Regulierungsbedürftigkeit ist bislang nicht abzusehen und wird dann zu untersuchen sein. Insbesondere stellt sich die Frage, ob nach Abschluss der Substitutionsphase noch eine Notwendigkeit für eine direkte Interconnectionverpflichtung zur Erzielung von any-to-any Verbindungen besteht; denn dann sollte es wie heute im Internet viele Möglichkeiten indirekter Verbindungen geben. Zumindest vorerst sind jedenfalls keine neuen Interconnection-Verpflichtungen für Daten nötig. Unter Qualitätsaspekten mag es jedoch weiterhin die Notwendigkeit von direkten Interconnection-Verpflichtungen geben.

Bill & Keep, das heißt die wechselseitige Bereitstellung von Terminierungsleistungen im Netz ohne finanzielle Abgeltung dieser Intercarrierleistung, ist bislang auf freiwilliger Basis bei IP-Interconnection weit verbreitet. Die Frage ist, inwieweit hier eine Übertragbarkeit auf NGN gegeben ist beziehungsweise angestrebt werden sollte. Im Festnetz ist dabei die „hot potato" Problematik zu beachten, während es bei Interconnection mit Mobilfunknetzbetreibern um die besondere Problematik relativ höherer Kosten geht. In jedem Fall würde die Anwendung des Bill & Keep-Abrechnungsprinzip eine weit reichende Deregulierung der heutigen Interconnection- und Terminierungsregulierung nach sich ziehen (können).

Da erwartungsgemäß das Terminierungsmonopol bei Voice bestehen bleibt, ändert sich dessen Regulierungsbedarf solange nicht, wie keine institutionelle Änderung, wie zum Beispiel der Übergang zu Bill & Keep, das Terminierungsmonopol selbst aufhebt. Eine freiwillige Einigung sollte aber durch zunehmendes Gewicht alternativer Marktteilnehmer (Marktgegenmacht) möglich sein. Dennoch verbleibt die Problematik der Asymmetrie zwischen kleinen und großen Marktteilnehmern, solange es jenen nicht gelingt, sich anderen Marktteilnehmern mit Gegenmacht anzuschließen.

Die Konvergenz von Fest- und Mobilfunkanbietern auf eine gemeinsame NGN-Plattform wird dazu führen, dass Mobilfunk wie ein weiterer Teil des Netzzuganges neben den Festnetzanschlüssen aus VDSL/ FTTB/ FTTH und gegebenenfalls auch CA-TV anzusehen ist. Zumindest die noch verbliebene Entgeltregulierung wird sich auf diese Konvergenz der Märkte einstellen müssen.

Die vom NGN hervorgerufene Trennung von Diensten und Netzen erfordert aber auch ein gänzlich neues Konzept, das nicht mehr auf Telefondienste konzentriert ist. Durch die fortschreitende Substitution von Telefon- durch Breitbandanschlüsse zeigt sich, dass nicht mehr nur ein universaler Bedarf an Telefonverbindungen sondern an Konnektivität besteht. Ein neues Universal-"Dienst"-Konzept basierend auf Netzzugängen anstelle von Diensten wird daher notwendig werden. Dabei sollte es um die Mindestgeschwindigkeit von Breitbandanschlüssen sowie eine Mindestqualität der Verbindungen (Netzneutralitätsanforderungen) gehen, die jeweils zu erschwinglichen Preisen zu erhalten sein sollten.

Besondere Regulierungsprobleme wird die Migrationsphase zum NGN/NGA verursachen. Für die Migrationsphase zum NGN ist zunächst eine Transparenz der Carrier-Pläne für den NGN/NGA-Roll-Out notwendig, um das Ausmaß an stranded investment zu begrenzen. Darüber hinaus ist hinsichtlich potenzieller Maßnahmen zwischen der Overlay-Phase und der Substitutionsphase zu unterscheiden.

In der Overlay-Phase sollte es keine NGN-bedingten Preiserhöhungen für alte Leistungen geben. Das heißt, dass der Incumbent insbesondere keine Kosten für stranded investments, also für Verlust von Skalenerträgen und für vorzeitige Abschreibungen geltend machen können sollte. Dabei handelt es sich wohlgemerkt um Kosten, die dennoch hereingespielt werden müssen, sofern der Incumbent in seiner Netzumstellung effizient vorgeht. Solche Kosten sind deshalb von dem neuen Netz (dem NGN) hereinzuspielen, denn die wirtschaftlichen Vorteile des NGN motivieren die Migration und dadurch wird folglich eine Zeitlang die NGN-bedingte Kostensenkung hinausgezögert.

In der Substitutionsphase geht es insbesondere um ein geordnetes Auslaufen des PSTN und der damit verbundenen Vorprodukte und Endkundenleistungen. Hinsichtlich der Vorleistungsbereitstellung gilt es, Anreize für Wettbewerber zum Übergang auf NGN zu schaffen und die Effekte der stranded investments zu mildern. Dazu gehört eine Frist vor Abschalten der alten Zusammenschaltung. Darüber hinaus sollte es eine Kaufmöglichkeit der alten Infrastruktur durch Wettbewerber geben, sofern dies wirtschaftlich und technisch möglich ist. Dabei sollte der Incumbent so gestellt werden, als hätte er die alten Anlagen planmäßig aufgegeben.

Die neue NGN-Regulierung wird im Endzustand mit niedrigeren Interconnection-Entgelten verbunden sein, sofern diese nicht durch den Übergang auf Bill & Keep gänzlich obsolet werden. Insofern und in Anbetracht der Übergangsprobleme bietet sich ein Gleitpfad an, dessen Zielpunkt sich an den NGN-Kosten ausrichten sollte. Für die zeitliche Länge und das Gefälle des Gleitpfades ist zu beachten, dass Arbitragemöglichkeiten niedrig gehalten werden.

Angesichts der bevorstehenden erheblichen Investitionen insbesondere für NGA hat die regulatorische Klärung offener Fragen zum Zugang in einer NGA-Umgebung hohe Priorität. Die Schaffung regulatorischer Transparenz ist Voraussetzung dafür, dass sowohl der Incumbent als auch seine Wettbewerber rationale Entscheidungen für effiziente Infrastrukturinvestitionen treffen können. Offene Zugangsfragen bestehen insbesondere hinsichtlich des Zugangs am KVz, zu passiven Infrastrukturelementen wie Kabelkanälen und Glasfaser sowie zur Hausverkabelung und zur Entbündelung in einer FTTB/H-Umgebung. Die regulatorischen Instrumente und Ansatzpunkte sind im TKG enthalten. Es bedarf der regulatorischen Adressierung der entsprechenden Zugangsfälle.

Bei der Zusammenschaltung von Netzen muss sichergestellt sein, dass die Qualitätsanforderungen an einen Telekommunikationsdienst auch netzübergreifend zur Verfügung gestellt werden. In diesem Zusammenhang gibt es Indizien dafür, dass die Autorisierungs- und Authentifizierungsfunktion von SIP-Servern beziehungsweise der Home Subscriber Server (HSS) Funktionalität in einer IMS Umgebung eine Bottleneckfunktion darstellen können. Das Wettbewerbspotenzial der Separierung der Dienste-, Transport- und Kontrollebene im NGN und insbesondere der Dienstewettbewerb im NGN ließe sich dann nur durch Zugang zu den entsprechenden Autorisierungs- und Authentifizierungsfunktionen der SIP-Server beziehungsweise des HSS realisieren. Gegebenenfalls sind auch weitere Lösungsansätze gleichwertig und ökonomisch sinnvoll zu realisieren. Diese Frage bedarf der weiteren grundlegenden Klärung, um gegebenenfalls regulatorische Antworten zu entwickeln. Ob am Ende den Authentifizierungs- und Autorisierungsfunktionen eine Bottleneckeigenschaft zuerkannt wird, kann über die im NGN möglichen Geschäftsmodelle entscheiden.

5 Bottleneckprobleme im NGA

Durch NGN/NGA wird es sowohl zu neuen Bottlenecks als auch zu einem Abbau alter Bottlenecks und von SMP-Positionen kommen. Neue Bottlenecks konzentrieren sich insbesondere auf den Anschlussbereich durch den Ausbau von Glasfasernetzen zum KVz (VDSL), zum Gebäude (FTTB) oder zum Nutzer (FTTH).

Diese Bottleneckprobleme folgen aus den hohen Investitionen für den Aufbau von NGA-Zugangsnetzen und den hohen Marktanteilen, die erforderlich sind, um NGA-Netze profitabel betreiben zu können. Hierzu wurden kürzlich auf einem NGA-Kostenmodell basierende Ergebnisse für sechs europäische Länder unter Einschluss von Deutschland vorgelegt.[9] Tabelle 1 zeigt für dicht besiedelte Gebiete Investitionswerte für einen NGA-Anschluss auf. Pro Anschluss (oder Haushalt) streuen die Investitionsaufwendungen für einen Glasfaseranschluss zwischen 1.000 und 2.000 € in den betrachteten sechs Ländern. Die Investitionsaufwendungen hängen signifikant von der gewählten NGA-Architektur ab: Die für einen FTTH-Anschluss erforderlichen Investitionen sind etwa fünfmal höher als für einen VDSL-Anschluss. Eine Point-to-Point Architektur verlangt allerdings nur einen um 10 % höheren Investitionsaufwand als eine PON-Architektur.

Network Type	Country [in €]					
	DE	FR	SE	PT	ES	IT
VDSL	457	n. v.	352	218	254	433
PON	2,039	1,580	1,238	1,411	1,771	1,110
P2P	2,111 (54 %)	2,025	1,333	1,548	1,882	1,160
						n. v. = not viable

Tab. 1: Investitionsaufwand pro Anschluss (Marktanteil 50 %)[10]

In keinem der sechs betrachteten europäischen Ländern ist ein flächendeckender NGA-Ausbau wirtschaftlich profitabel darstellbar. Tabelle 2 zeigt etwa, dass in Deutschland und in Frankreich ein FTTH-Ausbau nur für circa 25 % der Anschlüsse darstellbar ist. Aus dem NGA-Modell ergibt sich des Weiteren, dass in Deutschland mit einem VDSL-Ausbau circa 72 % der Anschlüsse wirtschaftlich profitabel erreicht werden können.

---

[9] Vgl. *Elixmann* et al. (2008).
[10] Quelle: *Elixmann* et al. (2008), Table 51, S. 222.

Network Type	Country					
	DE	FR	SE	PT	ES	IT
VDSL	71.5 %	n. v.	18.3 %	39.0 %	67.4 %	100.0 %
PON	25.1 %	25.2 %	18.3 %	19.2 %	12.2 %	17.6 %
P2P	13.7 %	18.6 %	18.3 %	19.2 %	12.2 %	12.6 %
						n. v. = not viable

Tab. 2: Maximal möglicher Abdeckungsgrad eines wirtschaftlich profitablen NGA Ausbaus nach Ländern und Technologien[11]

Zur Bestimmung der Replizierbarkeit von NGA hat die bereits zitierte Studie das Konzept der kritischen Marktanteile entwickelt. Der kritische Marktanteil beschreibt die Untergrenze des Marktanteils, die ein Anbieter erreichen muss, damit er bei gegebenen Marktpreisen gerade seine Kosten deckt. Abbildung 3 zeigt die kritische Marktanteile für den deutschen Fall. Danach benötigt die DTAG im letzten noch mit VDSL versorgbaren Cluster einen Marktanteil von ca. 80 %, um profitabel anbieten zu können. Replizierbar ist eine VDSL-Infrastruktur nur für 18,5 % der Anschlüsse. Mit Ausnahme der dichtesten zwei Cluster (2,4 % der Anschlüsse) sind für einen FTTH-Ausbau Marktanteile oberhalb von 50 % erforderlich.

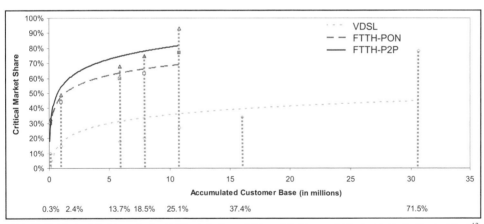

Abb. 3: Kritische Marktanteile in Abhängigkeit von Netzarchitektur und Clusterdichte in Deutschland[12]

---

[11] Quelle: *Elixmann* et al. (2008), S. XVII.
[12] Quelle: *Elixmann* et al. (2008), Figure 31, S. 117.

6 Risiko und Risiko-Sharing Ansätze im NGA

Gibt es systematische Risiken von Investitionen in NGA-Glasfasernetze, die anders sind als die Risiken, die heute mit PSTN-Kupfernetzen verbunden sind und die heute bei der Bestimmung der Kapitalkosten von regulierten Vorleistungen Verwendung finden? Folgende Faktoren sprechen für das Vorliegen von NGA-spezifischen Risiken:

(1) Das *Penetrationsrisiko*, das heißt, die Geschwindigkeit und die Intensität, mit der das neue Glasfasernetz von Kunden genutzt wird und sie sich daran anschließen. Das Penetrationsrisiko steht in unmittelbarem Zusammenhang mit dem angebotsorientierten Ausbau eines Glasfasernetzes, wenn der Netz-Roll-out kosteneffizient erfolgen soll. Jeder Glasfaser Roll-out muss immer unabhängig von der aktuellen Nachfrage ganze Regionen, Städte oder Stadtteile erschließen. Die Profitabilität des Netzausbaus hängt damit an der (schnellen) Erschließung der potenziellen Kundenbasis. Wenn etwa ein marktstarkes oder gar dominantes Unternehmen in der Lage ist, seine gesamte Kundenbasis auf die neue NGA-Plattform zu migrieren, kann das Penetrationsrisiko vollständig verschwinden. Dies ist anders, wenn der Glasfaserausbau durch ein Unternehmen mit einem Start-Marktanteil erfolgt, der eher als gering einzuschätzen ist. Dann mag das Penetrationsrisiko erheblich sein.

(2) Das *Risiko einer hinreichenden Willingness-to-Pay für Dienste*, die über den NGA-Anschluss angeboten werden. Die Höhe dieses Risikos ist evident, wenn dem Businessplan Revenue-Annahmen zugrunde liegen, die höher sind als die Nutzer für heutige Dienste ausgeben. Der Investor hat dann das Risiko zu tragen, dass er diese Nachfrage- und Willingness-to-Pay-Erwartungen seines Business Plans auch tatsächlich realisieren kann.

(3) Aus Sicht des Investors gibt es ein *regulatorisches Risiko*: Welchen Regulierungsauflagen unterliegt das neue Netz? Welche Art von Zugangsverpflichtungen gegenüber Wettbewerbern wird es geben? Nach welchen Standards und Mechanismen erfolgt die Preisregulierung von Zugangsprodukten? Steht der Regulierungsrahmen fest bevor die Investition getätigt wird, ist per Definition kein Risiko mehr damit verbunden. Es verbleibt das Risiko der Veränderung des Regulierungsregimes beziehungsweise der Parameter bestimmter regulatorischer Remedies in der Zeit. Regulierungsbehörden können dieses Risiko managen und es niedrig halten. Es ist im Allgemeinen aber nicht gesamtwirtschaftlich optimal, es vollständig auszuschließen, indem das Regulierungsregime und seine Parameter über die Laufzeit der Investition unverrückbar festgelegt werden. Auch ein privater Investor hält nicht an den Ursprungszielen seines Business Plan fest, wenn die Umwelt- und/oder Marktentwicklung diese im Laufe der Zeit überholt haben.

(4) Das *Investitionsrisiko hängt auch vom gewählten Geschäftsmodell* ab. So ist das Penetrationsrisiko geringer, falls der Netzbetreiber die Netzleistung nicht nur

selbst vermarktet, sondern auf der Basis von Vorleistungsprodukten seine Wettbewerber an der Vermarktung partizipieren lässt. Die Risikoverminderung ergibt sich hier aus dem nachfragestimulierenden Effekt des Wettbewerbs auf dem Downstream-Markt. Nicht zuletzt wegen der desaströsen eigenen Vermarktungserfolge bei VDSL hat die DTAG mit dem freiwilligen Angebot von Vorleistungsprodukten seit 2009 Wettbewerbern die Möglichkeit wettbewerblicher Angebote auf ihrer VDSL-Plattform eröffnet, nachdem sie dies über vier Jahre mit aller Kraft (und Macht) noch verhindert hatte.

Risiko-Sharing-Mechanismen reduzieren nicht notwendigerweise das systematische projekt-spezifische Risiko von NGA-Investitionen. Sie verteilen jedoch oft das Investitionsrisiko um vom Investor auf andere Stakeholder wie Ko-Investoren, Vorleistungsnachfrager oder Nutzer. Diese Diversifikation des Risikos mag gleichwohl das Investitionsniveau steigern, falls es Begrenzungen für einzelne Betreiber gibt, Investitionsrisiken zu tragen beziehungsweise Investitionen zu finanzieren. Letztlich lassen sich derartige Limitationen auf Unvollkommenheiten des Kapitalmarktes zurückführen, die gerade heute wieder eine besondere Relevanz haben.

Soweit das projektspezifische NGA-Risiko im Rahmen eines CAPM-Ansatzes adäquat bestimmt ist und der resultierende Kapitalkostensatz als WACC der Bestimmung der Kapitalkosten bei den Vorleistungspreisen zugrunde liegt, ergibt sich hieraus bereits ein bestimmter Risikoaufteilungsmechanismus zwischen Investor und Vorleistungsnachfrager: Beide tragen das Investitionsrisiko für das Netz entsprechend ihrem Marktanteil im Downstream-Markt. Falls die projektspezifische Risikoprämie adäquat bestimmt wird, gibt es keine Über- oder Unterkompensation des relevanten Investitionsrisikos. Insofern ist dieser Risiko-Sharing-Ansatz auch wettbewerbsneutral. Darüber hinaus werden derzeit eine Reihe von Kooperationsmodellen und Risiko-Sharing-Ansätzen erörtert.

Potenziell gibt es zahlreiche Formen von Ko-Invest-Vereinbarungen, die im Prinzip aber drei Grundformen zugeordnet werden können:

(1) Im *Joint Venture-Modell* führen zwei oder mehr Partner NGA-Investitionen in einer bestimmten Region (Region, Stadt, Stadtbezirk) gemeinsam zum Beispiel im Rahmen eines Gemeinschaftsunternehmens durch. Das Kooperationsmodell muss dann definieren, unter welchen Bedingungen die Partner Zugang zur Kapazität erhalten und wie die Netzkosten getragen werden sollen. Weiterhin muss verabredet sein, unter welchen Voraussetzungen Dritte, die nicht am Gemeinschaftsunternehmen beteiligt sind, Zugang erhalten.

(2) Im *Investoren-Modell* verantwortet ein Unternehmen allein die Investition und ist alleiniger Eigner der Netzinfrastruktur. Vor oder nach der Investitionsentscheidung geht der Investor aber Kooperationsvereinbarungen mit anderen Betreibern über Mitfinanzierung und Kapazitätsnutzung ein. Ein typisches Modell dieser

Kategorie ist das Multi Fiber-Kooperationsmodell, das *Swisscom* seinen Wettbewerbern in der Schweiz anbietet. In diesem Modell baut *Swisscom* das Glasfasernetz von einem Zugangspunkt in der Nähe des Kunden (ca. 150 m) bis zum Endkunden als Vier-Faser-Netz aus. Kooperationspartner können an diesem Zugangspunkt eine eigene Glasfaser zum Endkunden erhalten und müssen ihr eigenes Glasfasernetz nur bis zu diesem Zugangspunkt selbst ausbauen. Die letzten 150 m eines Glasfasernetzes machen bis zu 80 % der Gesamtinvestitionen aus. Die Investitionskosten für den gemeinsam genutzten Teil des Netzes werden dann für eine Stadt, eine Region oder einen Stadtbezirk zwischen den Kooperationspartnern geteilt.

(3) Im *Swapping-Modell* treffen die Partner Verabredungen darüber, wer in welcher Region das Netz ausbaut. Darüber hinaus gewähren sie sich gegenseitig für ihre jeweiligen Regionen wechselseitig Kapazitätsnutzungsrechte, so dass jeder in beiden Regionen Dienste anbieten kann und selbst nur eigene Investitionen in einer Region tätigen muss.

Alle Kooperationsmodelle haben schwierige Incentive-Probleme zu lösen, die der Grund für ihre mühsame Entwicklung sind. Dies soll hier am Beispiel eines Multi Fiber-Kooperationsmodells erläutert werden. Ein Multi Fiber-Ausbau verlangt höhere Investitionen als der Ausbau des Netzes mit nur einer Faser pro Kunde. *Swisscom* selbst schätzt diese Zusatzkosten auf 10 - 30 % der Investitionen ein.[13] Nach unseren eigenen NGA-Modellberechnungen betragen diese Zusatzkosten je nach Szenario zwischen 13 und 23 %.[14] Der grundlegende ökonomische Vorteil für einen einzelnen Operator besteht darin, dass er für den gemeinsam genutzten Teil des Netzes nur einen Bruchteil der Investitionen zu tragen hat, aber nach wie vor 100 % aller Kunden erreichen kann. Diese Investitionsersparnisse können im Zwei-Operator-Fall bis zu 40 % der Investitionen für den einzelnen Operator betragen; im Vier-Operator-Fall können dies sogar bis zu 70 % sein. Insofern wird durch dieses Modell a priori die Replizierbarkeit des Netzes erhöht. Es sind im Vergleich zu einem Stand-alone Netzausbau niedrigere kritische Marktanteile[15] für das Erreichen der Profitabilitätsschwelle erforderlich. Allerdings sind diese kritischen Marktanteile nach wie vor hoch, so dass sie praktisch nur in wenigen Städten von jeweils zwei oder vier Unternehmen in Summe erreicht werden können. Insofern stellen sich die Vorteile dieses Modells in vielen Fällen oft nur für einen einzelnen Betreiber ein, nämlich für denjenigen mit dem höchsten Marktanteil auf Kosten des oder der anderen Betreiber.

---

[13] Vgl. *Crausaz/Débieux* (2009).
[14] Siehe *Ilic/Neumann/Plückebaum* (2009).
[15] Zum Konzept der kritischen Marktanteile vgl. *Elixmann* et al. (2008).

Die Marktanteilsproblematik wettbewerblicher Asymmetrie zeigt sich bereits deutlich an den Implikationen der Kostenaufteilung im Multi Fiber-Modell. Tabelle 3 zeigt dies an einem einfachen hypothetischen numerischen Beispiel, bei dem die Kosten der Access Line für den Multi Fiber-Ansatz mit dem in einem Entbündelungsfall verglichen werden. Im Unterschied zum Multi Fiber-Fall führt im Entbündelungsfall nur eine Glasfaser zu jedem Kunden; wer immer den Kunden bedient, hat Zugang zu dieser Leitung. Wir nehmen an, dass im Multifasermodell 20 % höhere Investitionskosten im Vergleich zum Einfasermodell erforderlich werden. Weiterhin nehmen wir eine hälftige Aufteilung der Investitionskosten auf zwei Betreiber an. Im Entbündelungsfall zeigt sich, dass die Leitungskosten pro Leitung unabhängig vom Marktanteil des jeweiligen Betreibers und damit unabhängig von der Marktanteilsverteilung sind. Diese Kosten sind nach dem LRIC-Standard bestimmt und gelten sowohl für den Incumbent als auch für seine Wettbewerber. Nur die Gesamtzahl der im Markt abgesetzten Leitungen bestimmt die Kosten. Im Multi Fiber-Fall bestimmt nicht mehr die Marktnachfrage die Kosten für jeden einzelnen Betreiber, sondern nur die jeweils von ihm abgesetzte Menge. Damit werden die Kosten marktanteilsabhängig. Verschieben sich etwa die Marktanteile nur um 10 Prozentpunkte von der Gleichverteilung steigen die Leitungskosten für den kleineren Betreiber um 50 % gegenüber den Kosten des (etwas) größeren Betreibers. Ergibt sich eine Marktanteilsverteilung von 80/20 steigt der Kostennachteil des kleineren Betreibers sogar auf 300 %. Dieses Beispiel zeigt, wie wenig einigungsfähig Kooperationsmodelle sein müssen, die auf Kostenaufteilungsansätzen beruhen, wenn die Ausgangsmarktpositionen der Beteiligten asymmetrisch verteilt sind und die Erwartung symmetrischer Marktpositionen mit hoher Unsicherheit verbunden ist. Das Beispiel zeigt auch, dass derartige Kooperationsmodelle intelligentere Kostenaufteilungsmechanismen erfordern, die stärker eine risikoadäquatere Verteilung der Kosten beinhalten, um verhandlungsfähig sein zu können.

Jenseits der genannten auf Sharing der Investitionskosten beruhenden Kooperationsmodelle kann auch die Preisstruktur von Vorleistungsprodukten so ausgestaltet werden, dass eine stärkere Diversifikation des Risikos zwischen Investor und Vorleistungsnachfrager erfolgt. Preismodelle, die in diesem Zusammenhang erörtert werden, sind Mengenrabatte, Einmal- oder Up-Front-Zahlungen, Rabatte für langfristige Verträge. Nachfragerspezifische Mengenrabatte incentivieren die verstärkte Nutzung einer (neuen) Netzinfrastruktur. Allerdings diskriminieren sie auch gegenüber kleineren Wettbewerbern; dies gilt insbesondere wenn auch der Incumbent als der typischerweise größte Nachfrager nach Vorleistungen davon Gebrauch machen kann. Wettbewerbsneutral ist dagegen ein Discount-Modell, bei dem der Rabatt nicht betreiberspezifisch bestimmt wird, sondern von der Gesamtnachfrage aller Vorleistungsnachfrager nach Glasfaseranschlüssen abhängt. Das grundlegende Incentivierungsmodell bleibt hier erhalten, wird aber wettbewerbsneutral implementiert.

		Marktanteil	100 %	80 %	60 %	50 %	40 %
Einfaser-Modell + Unbundling	Incumbent	Leitungskosten	10	10	10	10	10
	Altnet	Marktanteil	0 %	20 %	40 %	50 %	60 %
		Leitungskosten	0	10	10	10	10
Multi Fiber-Modell	Incumbent	Marktanteil	100 %	80 %	60 %	50 %	40 %
		Leitungskosten	6	7.50	10	12	15
	Altnet	Marktanteil	0	20 %	40 %	50 %	60 %
		Leitungskosten	∞	30	15	12	10

Annahme:
(1) Nur gemeinsam genutzte Investitionen (80 - 85 % der Gesamtinvestitionen)
(2) Zwei Kooperationspartner
(3) Investitionen im Multi Fiber-Modell = 120 % der Investitionen im Einfaser-Modell
(4) Sharing rule: 50:50
(5) Zahlen dienen nur der Illustration

Tab. 3: Leitungskosten im Einfaser- und im Multifaser-Netz[16]

Wird ein (großer) Teil der Kosten eines Glasfaseranschlusses durch eine Einmalzahlung (und dann geringere laufende Mietzahlungen) abgegolten, ergibt sich ebenfalls eine Verschiebung von Teilen des Investitionsrisikos auf den Vorleistungsnachfrager.

Kann der Investor die Kapazität seines neu errichteten Netzes ganz oder teilweise auf der Basis langfristiger Verträge verkaufen, kann er sein Investitionsrisiko ganz oder teilweise ausschließen. Der Vorleistungsnachfrager trägt nun das Risiko, den gebuchten Teil der Kapazität auch auszulasten. Der Aspekt des Risiko-Sharing beziehungsweise der Verminderung des Risikos ist stärker, wenn diese langfristigen Verträge geschlossen werden, bevor die Investitionen getätigt werden. Commitments über langfristige Verträge benötigen entsprechende Preisincentives für denjenigen, der ein derartiges Risiko übernimmt. Um effektive Wettbewerbsmöglichkeiten für Latecomer und Anbieter, die keine Commitments eingehen (können), offen zu halten, muss der Preisdiscount für langfristige Verträge genau die Risikominderung für den Investor reflektieren. Um Diskriminierung und Wettbewerbsasymmetrien zu vermeiden, sollte dieser Discount für alle sich langfristig bindenden Nachfrager gleich sein und auf der Basis der Summe der Nachfragecommitments bestimmt werden. Andernfalls wird der Investor überkompensiert und würde eine unter Wettbewerbsbedingungen nicht gerechtfertigte „Risikoverminderungsrente" durch die Mehrfachberücksichtigung des gleichen Risikos erhalten.

---

[16] Quelle: *Ilic/Neumann/Plückebaum* (2009).

7 Zusammenfassende Schlussfolgerungen

Von diesem Beitrag können die folgenden Schlussfolgerungen abgeleitet werden:

(1) Das NGN, insbesondere seine Implementierung im Access-Teil des Netzes, stellt die zentrale Netzevolution der elektronischen Kommunikationsnetze in den nächsten zwei Jahrzehnten dar und wird über Innovation bei Diensten und Applikationen sowie die nachfragegerechte Bereitstellung von Übertragungsbandbreite entscheiden.

(2) Auf der Ebene der Infrastruktur wird das NGN eine stärkere Homogenisierung der Netze bewirken und dadurch den intermodalen Wettbewerb zwischen Festnetz, Kabelnetz und Mobilfunknetz stärken.

(3) Für viele heute am Markt etablierte Geschäftsmodelle wird das NGN disruptiv sein. Stranded investment werden nicht vermeidbar sein, können aber durch geeignete Regulierungsmaßnahmen erträglich gehalten werden. In jedem Fall wird durch den Übergang zum NGN der Wettbewerb im Bereich der Dienste und Applikationen gefördert.

(4) Die Realisierung des NGN wird eine Reihe von Regulierungsmaßnahmen obsolet werden lassen. Dies gilt insbesondere für den Bereich der Dienste. Wird im Bereich der Intercarrierleistungen auf das Abrechnungsprinzip Bill & Keep übergegangen, hebt sich auch das heute überall bestehende Terminierungsmonopol auf und der gesamte Bereich der Netzzusammenschaltung könnte dereguliert werden. Allerdings wirft der Übergang zum NGN eine Reihe von wettbewerbspolitischen Fragen auf.

(5) Keine wesentlichen Änderungen an seiner Bottleneckeigenschaft sind dagegen für den Access-Bereich zu erwarten. Glasfaseranschlussnetze setzen hohe Marktanteile voraus, um wirtschaftlich betreibbar zu sein. Insofern reduziert sich ihre (potenzielle) Replizierbarkeit auf ganz wenige dicht besiedelte Innenstadtbezirke, in denen der Investitionsaufwand für die Realisierung von Glasfaseranschlüssen deutlich niedriger ist.

(6) Auch wenn Glasfaserzugangsnetze praktisch nicht replizierbar sind, besteht gleichwohl ein signifikantes Wettbewerbspotenzial im Anschlussbereich. Wird der heute im Kupferanschlussnetz in Deutschland wettbewerblich besonders erfolgreiche Entbündelungsansatz auf das Glasfasernetz übertragen, können neben dem Betreiber des Glasfasernetzes weiterhin mehrere Wettbewerber im Anschlussbereich erfolgreich am Markt agieren. Dieses Wettbewerbspotenzial ist dann am größten, wenn der Zugang im Rahmen einer Point-to-Point Netzarchitektur an den heutigen Hauptverteilern vergleichbaren Metro Core Locations erfolgt.

(7) Kooperationsmodelle von Wettbewerbern beim Aufbau einer NGA-Infrastruktur reduzieren zwar im Allgemeinen nicht das Investitionsrisiko. Sie können aber ka-

pitalmarktinduzierte Finanzierungsrestriktionen für einzelne Anbieter vermindern und so insgesamt einen weitergehenderen Netz Roll-out ermöglichen. Ihr wettbewerbliches Problem besteht jedoch im Kern in der Identifikation einer den wettbewerblichen Ausgangsbedingungen entsprechende Kostenaufteilungsregel. Wird diese nicht gefunden, entstehen faktisch nicht überwindbare Wettbewerbsasymmetrien, die in der ex ante Betrachtung die Realisierung derartiger Risk Sharing-Modelle unwahrscheinlicher werden lässt.

Literatur

Crausaz, C./Débieux, J-M. (2009), Key Drivers and Challenges, Presentation at Geneva Carrier's lunch, 20.02.2009, abrufbar unter: http://www.carrierslunch.ch/medien/Downlods/20090220-Swisscom.pdf.

IDATE (2009), FTTH European Panorama December 2008, Presentation at FTTH Council Europe Conference, 11.02.2009, abrufbar unter: http://ftthcouncil.eu/documents/studies/Market_Data-December_2008.pdf.

Ilic, Dragan/Neumann, Karl-Heinz/Plückebaum Thomas (2009), The Economics of Next Generation Access – Addendum, Study for the European Competitive Telecommunications Association (ECTA), 15.07.2009, abrufbar unter: http://www.wik.org/content/ecta_study_addendum_2009.pdf.

Elixmann, Dieter/Ilic, Dragan/Neumann, Karl-Heinz/Plückebaum, Thomas (2008), The Economics of Next Generation Access – Final Report, Study for the European Competitive Telecommunication Association (ECTA), 10.09.2008, abrufbar unter: http://www.wik.org/content_e/ecta/ECTA%20NGA_masterfile_2008_09_15_V1.pdf.

WIK-Consult (2008), Anforderungen der Next Generation Networks an Politik und Regulierung, Studie für das Bundesministerium für Wirtschaft und Technologie (BMWi), April 2008, abrufbar unter: http://www.bmwi.de/BMWi/Redaktion/PDF/Publikationen/anforderungen-ngm-an-politik-und-regulierung,property=pdf,bereich=bmwi,sprache=de,rwb=true.pdf.

Franz Jürgen Säcker[*]

Ein einheitliches Regulierungsrecht für Netzindustrien – möglich und erwünscht?

1   Die Netzindustrien als Gegenstand der Regulierungsökonomie und des Regulierungsrechts

2   Das Verhältnis des Regulierungsrechts zum Wettbewerbsrecht

3   Unterschiedliche Methoden des Regulierungs- und Wettbewerbsrechts

4   Die Abgrenzung der Zuständigkeiten der Wettbewerbs- und Regulierungsbehörden

5   Folgerung für die Behördenorganisation

---

[*]   Prof. Dr. Dr. Dr. h. c. *Franz Jürgen Säcker*, Institut für deutsches und europäisches Wirtschafts-, Wettbewerbs- und Regulierungsrecht, Freie Universität Berlin.

1 Die Netzindustrien als Gegenstand der Regulierungsökonomie und des Regulierungsrechts

Rechts- und Wirtschaftswissenschaftler betrachten bei der Analyse der Netzindustrien denselben Wirklichkeitsausschnitt – allerdings mit dem Unterschied, dass Juristen die Welt normativ mit den Augen des Gesetzgebers zu sehen haben, während die Ökonomen als Wirklichkeitswissenschaftler die Welt von ihrem jeweiligen theoriegeleiteten Blickwinkel aus betrachten können. „More economic approach" bei der Analyse der Fakten und ihrer prognostischen Verlängerung in die Zukunft ist Aufgabe des Ökonomen; der Jurist muss sich schon im Interesse der Rechtssicherheit auf die in Normen geronnene Erfahrung des Gesetzgebers beschränken und kann keine den Gesetzeszweck relativierenden oder gar desavouierenden ökonomischen Abschätzungen vornehmen.[1] Als Wissenschaftler kann er aber darauf hinweisen, dass es widersprüchlich ist, monopolistische Märkte wie den Briefzustellungsmarkt durch Abschaffung der Exklusivlizenz wettbewerblich zu öffnen und gleichzeitig durch hohe Mindestlöhne bzw. Sozialklauseln im Postgesetz das Entstehen wirksamen Wettbewerbs zu behindern[2] oder harte Kartellbußen vorzusehen, aber gleichzeitig hohe Boni für Gewinne zu zahlen, die nur bei erfolgreich praktizierten industriellen Preiskartellen möglich sind. Eine kohärente wissenschaftliche Dogmatik hat die Aufgabe, nicht an akzidentelle Einzelheiten anzuknüpfen, sondern durch systematische Analyse Ordnungsstrukturen hinter den Normen sichtbar zu machen. Es geht dabei nicht um isolierende Abstraktion durch Bildung blutleerer Begriffspyramiden, sondern um eine innere Kohärenz stiftende, gemeinsame Grundsätze herausarbeitende Dogmatik.[3]

Deshalb macht es keinen Sinn, Wirtschaftssektoren, die nicht netzgebunden sind, aber gleichfalls besonderer Regulierung bedürfen wie Finanzdienstleistungen, in das Thema einzubeziehen, da gemeinsame ökonomische Prinzipien und gehaltvolle Rechtssätze auf einer so hohen Abstraktionsebene nicht ersichtlich sind.[4] Wenn allerdings heute Tradinggesellschaften der Energiekonzerne für den strukturierten Stromhandel über die EEX-Börse zuständig sind und den Kraftwerkseinsatz steuern, entsteht die Notwendigkeit, auch den Stromhandel über die Börsenaufsicht zu kontrollieren und Transparenzregeln aufzustellen, um einen funktionierenden Stromhandel zu sichern.[5] Wir benö-

---

[1] Vgl. *Schmidt* (2008), S. 65ff., 73f.

[2] Näher dazu *Säcker* (2007), S. 117ff.

[3] *Säcker/Böcker* (2008), S. 69f. Ansätze einer solchen finden sich bereits bei *Kühling* (2004).

[4] Dazu *Knieps* (2007). Der Wirklichkeitsausschnitt, den die empirischen Nachbarwissenschaften als Problemeinheit sehen, sollte daher von der den gleichen Wirklichkeitsausschnitt betrachtenden Rechtswissenschaft nicht künstlich aufgespalten werden, weil dies die Gefahr auslöst, gleich liegende Probleme ohne Grund unterschiedlich zu lösen.

[5] Vgl. dazu *Czakainski/Lamprecht* (2009), S. 28ff.

tigen heute eine deutlich verbesserte Kooperation der Finanzaufsichtsbehörden mit den produktbezogenen Regulierungsbehörden durch Datenaustausch und eine Konvergenz der Regulierungsstrategien. Im Folgenden will ich mich aber auf die mir gestellte Frage konzentrieren, ob bei den Netzindustrien trotz nicht zu leugnender sektorspezifischer Besonderheiten, sektorspezifischer EG-Richtlinien, Gesetze und Terminologien eine übergreifende Betrachtung unter dem Begriff „Infrastrukturregulierungsrecht" sinnvoll ist. Bereits *Wittgenstein*[6] hat vor der Gefahr zu enger Fachsprachen zur Verdunkelung der Gemeinsamkeit von Problemen gewarnt.

Bevor ich die Frage nach der Zweckmäßigkeit eines einheitlichen Regulierungsrahmens beantworte, ist zu klären, ob es überhaupt sachgerecht ist, die Zugangs- und Entgeltkontrolle in den Netzindustrien, losgelöst vom Wettbewerbsrecht, als eigenständigen Problembereich zu erfassen und einer speziellen Behörde zuzuordnen.[7] Was sind die Besonderheiten eines Regulierungsrechts im Vergleich zum Wettbewerbsrecht? Dabei ist von vornherein zu betonen, dass der Begriff „Regulierungsrecht" kein normativ vorgegebener Ordnungsbegriff, sondern ein rechtswissenschaftlich gebildeter Systembegriff ist, der der Herausarbeitung von Gemeinsamkeiten und, daran anknüpfend, der Bildung gemeinsamer Funktionsprinzipien für die einzelnen sektorspezifischen Regulierungsgesetze dienen soll.

Rechtswissenschaftliche Dogmatik arbeitet genauso wie die wirtschafts- oder sozialwissenschaftliche Theoriebildung auf einer möglichst hohen Abstraktionsebene, auf der noch gehaltvolle Aussagen über die betrachteten Normbereiche möglich sind. Sie führt zusammen, was inhaltlich zusammen gehört, und macht zugleich kenntlich, was ohne Grund abweichend von allgemeinen Prinzipien geregelt ist. Sie liefert damit einen Beitrag zu Rechtsklarheit und Transparenz des Normengefüges und gibt Hinweise an den Gesetzgeber, singuläre Ungereimtheiten zu korrigieren. Äußerlich betrachtet sind die sektorspezifischen Regelungen für Telekommunikation, Energie, Eisenbahnen und Trinkwasser so unterschiedlich gestaltet, dass die einzige Gemeinsamkeit in der Angewiesenheit auf eine Netzinfrastruktur zur Erbringung der Leistungen zu liegen scheint, die auf die Nutzung der jeweiligen Infrastruktur angewiesen sind.[8] Bei näherer Analyse lässt sich indes zeigen, dass die Regulierungsinstrumente des EnWG, des TKG und des AEG auf netzökonomischen Prinzipien basieren, die sich in allen drei Gesetzen – wenn auch in unterschiedlicher semantischer Einkleidung – wiederfinden. Nur das Trinkwasserrecht lebt immer noch in landesherrlicher merkantilistischer Unabhängigkeit von

---

[6] *Wittgenstein* (1953), § 109.

[7] Zu den de lege lata bestehenden Unterschieden zwischen allgemeinem Wettbewerbs- und Regulierungsrecht vgl. die zusammenfassende Darstellung bei *Ludwigs* (2008), S. 534ff.

[8] Zum Begriff der Netzinfrastruktur vgl. *Hermes* (1998), S. 162ff.; *Kühling* (2004), S. 1ff.

nahezu allen wettbewerbsökonomischen Prinzipien.⁹ Seine künftige Einbeziehung in ein modernes Regulierungsrecht ist überfällig.

Nicht nur das grundsätzliche Regulierungs*ziel* (Sicherung diskriminierungsfreien Netzzugangs zu angemessenen Bedingungen für alle, die von der Nutzung der Netze abhängig sind) ist bei den Netzindustrien identisch, sondern auch die wettbewerbsorientierte *Methode*, mit der dieses Ziel erreicht werden soll. Daher ist – insbesondere nach der Zusammenführung dieser Sektoren unter der Aufsicht der Bundesnetzagentur¹⁰ – die Frage berechtigt, ob nicht ein sektorübergreifendes allgemeines Regulierungsrahmengesetz geschaffen werden sollte. Eine solche allgemeine Regelung hat die Aufgabe, den Netzzugang zu angemessenen Entgelten sicherzustellen, damit netzbasierte Produkte nicht unter monopolistischen Transportbedingungen angeboten werden müssen. Erforderlich ist deshalb ein diskriminierungsfreier Netzzugang für jedermann unabhängig von Konzernbindungen des Netzbetreibers, aber auch die Gewährleistung kompetitiver Rahmenbedingungen für den Wettbewerb auf den Märkten der Produktanbieter, die die Netze nutzen müssen.

Da, wo der Wettbewerb auf den Märkten der netzabhängigen Güter nicht funktionstüchtig ist,¹¹ sind ergänzende strukturelle Maßnahmen wie z. B. ein bevorzugter Netzzugang neuer Kraftwerksbetreiber und verschärfte Verhaltenskontrollen (s. § 29 GWB) bis zum Wirksamwerden dieses Wettbewerbs sachgerechte Instrumente der staatlichen Wettbewerbspolitik.¹² Dies muss allerdings mit Augenmaß geschehen, da andernfalls die Gefahr einer indirekten Preiskartellierung besteht, die potenzielle Konkurrenten und neue Netzinvestitionen abschreckt.¹³ Preismissbrauchsverfahren dürfen umgekehrt aber auch keine Placebo-Veranstaltungen sein, die von den Unternehmen als Papiertiger belächelt werden.¹⁴

Notwendig zur Erreichung der wettbewerblichen Neutralität und Unabhängigkeit der Netzbetreiber ist ein konsequentes buchhalterisches und funktionelles Unbundling des

---

[9] Vgl. dazu *Markert* (2009), S. 118ff.

[10] Vgl. Gesetz über die Bundesnetzagentur für Elektrizität, Gas, Telekommunikation, Post und Eisenbahnen vom 7. Juli 2005 (BGBl. I S. 1970, 2009), geändert durch Art. 27 der Verordnung vom 31. Oktober 2006 (BGBl. I S. 2407).

[11] Vgl. BGH, Urteil vom 29.4. 2008, Az. KZR 2/07 – Erdgassondervertrag.

[12] Kritisch erneut die Monopolkommission in ihrem neuen Sondergutachten: „Strom und Gas 2009", *Monopolkommission* (2009).

[13] Vgl. dazu – allerdings weit übertreibend – *Ehricke* (2007), S. 717ff.; *Klaue/Schwintowski* (2008).

[14] Das zeigt sich z. B. darin, dass E.ON sich in einem „settlement" nach Art. 9 VO Nr. 1/ 2003, um einer empfindlichen Geldbuße zu entgehen, von ihrem Elektrizitätsübertragungsnetz und RWE sich von ihrem Gasnetz zu trennen bereit waren; vgl. Homepage der EG-Kommission http://ec.europa.eu/comm/competition/antitrust/cases/decisions/39389/commitments.pdf.

Netzbetriebs vom vertikal integrierten Energie- oder Verkehrskonzern.[15] Ein Ownership Unbundling ist dagegen nicht notwendig, wenn die Unabhängigkeit der Netzgesellschaft durch adäquate rechtliche Regeln, wie sie sich jetzt im Dritten Energiepaket durch Ausformung des SIEC-Modells finden, sichergestellt wird.[16] Daran hat es allerdings in der Vergangenheit gefehlt, wie die EG-Kommission in den Erwägungen zum Dritten Energiepaket vom 13.7.2009[17] und in ihrer Vertragsverletzungsklage gegen Deutschland wegen unzureichender Umsetzung der Vorschriften des organisatorischen Unbundling im zweiten Eisenbahnpaket[18] zu Recht festgestellt hat.[19]

Die vorhandene wildwüchsige Vielfalt der sektorspezifischen Normierungen ohne Rechtfertigung durch die Natur der Sache behandelt Gleiches ohne Not ungleich,[20] statt gemeinsame Rechtssätze für gleiche Problemlagen aufzustellen. Eine einheitliche Dogmatik des Regulierungsrechts der Netzindustrien, die die Gemeinsamkeiten der einzelnen Sektoren herausarbeitet, ist m. E. der bessere Weg. Gemeinsam regeln lassen sich folgende Probleme:

(1) Orientierung der Regulierung an wettbewerbsanalogen Prinzipien – Ablehnung einer Ineffizienz fördernden reinen Cost-plus-Betrachtung – Übergang zu einer Anreizregulierung;

(2) Sicherung flächendeckender Grundversorgung;

(3) marktkonforme Eigenkapital- und Fremdkapitalverzinsung zur Gewährleistung der Netzmodernisierung und des bedarfsgerechten Netzausbaus unter Berücksichtigung der künftigen Risiken hoch ausgelasteter Netze und neuer Netztechnologien;

(4) angemessener Kundenschutz („service public");

(5) buchhalterisches und operationelles Unbundling des Netzbetriebs zur Sicherung der Neutralität und Unabhängigkeit des Netzbetreibers und einer effizienten EG-weiten Organisation der Netze;

(6) Berücksichtigung von Umwelt- und Klimaschutzzielen;

---

[15] Vgl. dazu die Erwägungsgründe zu RL 2009/73/EG im Dritten EG-Energiepaket Amtsblatt L 211 vom 14.08.2009, S. 95.

[16] Vgl. zum Strombereich *Säcker* (2007), S. 39ff; zum Gasbereich *Growitsch/Müller/Stronzik* (2008).

[17] Erwägungsgründe zu RL 2009/73/EG Amtsblatt L 211 vom 14.08.2009, S. 94.

[18] Schreiben der Kommission vom 26.06.2008.

[19] DG Competition on Energy Sector Inquiry (SEC (2006) 1724) v. 10.01.2007, Anhang II.

[20] Im Bereich der Netzregulierung spricht für eine möglichst weitreichende Gleichbehandlung schon die Notwendigkeit, Planungssicherheit für potenzielle Investoren zu schaffen; vgl. dazu *Henseler-Unger* (2006), Kap. O, S. 1 und 17; vgl. auch *Säcker/Böcker* (2008), S. 69 und 71.

(7) rechtsstaatliche Verwaltungsabläufe und effektiven Rechtsschutz gewährende Gerichtsverfahrensordnungen;

(8) Rückführung der Regulierung in die allgemeine Wettbewerbsordnung – sobald und soweit wie möglich (Beispiel: Entlassung einzelner Märkte der elektronischen Kommunikation aus der ex-ante-Regulierung)[21].

Wann die wissenschaftlichen Vorarbeiten auf europäischer und auf nationaler Ebene so weit fortgeschritten sind, dass ein einheitliches sektorenübergreifendes Regulierungsrahmengesetz entsteht, ist noch offen; denn in der Vergangenheit haben verschiedene Generaldirektionen und Ministerialabteilungen des Bundeswirtschaftsministeriums mit separaten Zuständigkeiten sektorspezifische Gesetze gestaltet, ohne den Kontakt untereinander zu pflegen. Der Ruf nach einem einheitlichen Regulierungsrahmenrecht ist vom Deutschen Juristentag im Jahre 2006 erhoben worden.[22] Ein solches Rahmengesetz sollte sich allerdings nicht in der Systematisierung des Stoffes zum Zweck einer besseren Übersichtlichkeit erschöpfen.[23] Die „Systematisierung" muss das „innere System" der netzwirtschaftlichen Prinzipien i. S. gemeinsamer Grundstrukturen sichtbar machen.[24]

Ein solches Rahmengesetz hebt die Notwendigkeit, sektorspezifische Detailfragen zu regeln, allerdings nicht auf. Dies hängt mit den unterschiedlichen technischen Voraussetzungen und den physikalischen Eigenschaften der durch die Netze transportierten Güter zusammen.[25] Während es im Telekommunikationsbereich vorwiegend darum geht, knappe Frequenzen auszunutzen und möglichst jedem Nutzungspetenten einen diskriminierungsfreien Netzzugang auch zu superschnellen Glasfaserbreitbandnetzen ohne Regulierungsurlaub zugunsten des Incumbents zu sichern, geht es bei der Elektrizitätswirtschaft um die Gewährleistung einer gleich bleibenden Spannung bei Ein- und Ausspeisungen in einem bedarfsgerecht ausgebauten und ausgeregelten Netz, bei dem kostspieliges Gegeneinanderregulieren durch einen zentralen Frequenz-Leistungs-Regler oder durch einen Kooperationsverbund der Übertragungsnetzbetreiber vermieden

---

[21] Die neue Bundesregierung plant – m. E. EG-rechtswidrig –, die Märkte für elektronische Kommunikation aus der Regulierung in das allgemeine Wettbewerbsrecht zurückzuführen. Dies ist gerade angesichts der Probleme einer wettbewerblichen Organisation der bundesweiten Versorgung mit Glasfiber-Breitbandkommunikation zum gegenwärtigen Zeitpunkt noch zu früh. Ob auch Netzinfrastrukturkapazitäten im Energiesektor wegen fehlender netzspezifischer Marktmacht bereits aus der Regulierung entlassen werden können (dazu *Knieps* (2009), S. 138ff.), scheint mir noch zweifelhafter.

[22] Vgl. dazu *Hermes* (1998); *Schneider* (1999); *Kühling* (2004); *Säcker* (2005), S. 180ff.

[23] Vgl. *Canaris* (1993), S. 377f.

[24] Ausführlich zur Geschichte der „Infrastrukturen" *Hermes* (1998), S. 256; *Kühling* (2004), S. 65ff.

[25] Vgl. zu den technischen Unterschieden der Netzwirtschaften vgl. auch *Masing* (2006), Kap. D, S. 17ff.

wird.²⁶ Dies wiederum ist anders beim Gas, das real transportiert werden muss und in einem Rohr zeitgleich nur in eine Richtung fließen kann.²⁷ Im Eisenbahnbereich nutzen konkurrierende Unternehmen gleichfalls ein Schienennetz, dessen Trassen nur aufeinander abgestimmt befahren werden können. Der Postbereich wird hier ausgeklammert, weil nach Aufhebung der Exklusivlizenz der Deutschen Post AG zum 1. Januar 2008 ein Grund für den Fortbestand der Regulierung nicht ersichtlich ist. Das Wettbewerbsrecht, insbesondere § 19 Abs. 4 Nr. 1 und 4 GWB, reicht hier nach einer Übergangsphase völlig aus.

In allen Fällen muss aber wirksamer Wettbewerb zwischen den an der Netznutzung interessierten Unternehmen durch die diskriminierungsfreie Öffnung der Netze und durch Sicherstellung einer im Gemeinwohlinteresse liegenden flächendeckenden Versorgung hergestellt werden. Dies ist die übereinstimmende Zielsetzung der Regulierungsgesetze.²⁸ Während die Regulierung im Energie- und Eisenbahnrecht mangels genereller Duplizierbarkeit der Netze eine *dauerhafte* Regulierung der Infrastruktur gebietet, ist es im Telekommunikationsbereich wegen der dort herrschenden dynamischen Strukturen (u. a. wegen der Mobilfunkalternative) möglich, immer stärker von der Sektoren- auf eine Einzelmarktregulierung überzugehen (vgl. § 9ff. TKG), sobald bottleneck-Situationen[29] entschärft werden.

2 Das Verhältnis des Regulierungsrechts zum Wettbewerbsrecht

Der Gegenstand des Infrastrukturregulierungsrechts ist gekennzeichnet durch die Existenz dauerhafter oder zumindest langfristiger Monopole, die auf absehbare Zeit eine nicht zerstörbare marktbeherrschende Stellung haben. Von einem „natural monopoly" spricht man, wenn ein einziges Unternehmen aufgrund von „economies of scale" oder „economies of scope" die Nachfrage nach seinen Dienstleistungen zu niedrigeren Preisen befriedigen kann, als dies mehrere Unternehmen tun könnten.³⁰ Da eine Duplizierung oder gar Multiplizierung der Netzinfrastrukturen mit volkswirtschaftlich unvertretbaren Kosten verbunden wäre, stellen die öffentlichen Elektrizitäts-, Gas-,

---

[26] Vgl. dazu *Monopolkommission* (2009); *Säcker* (2009), S.78ff.
[27] Zum Gastransport vgl. *Füg* (1999); *Cremer/Laffont* (2002), S. 928ff.; *Kesting* (2006), S.33ff.
[28] Vgl. § 1 Abs. 1 EnWG, § 1 TKG, § 1 PostG, § 1 Abs. 1 AEG; vgl. *Masing* (2006), Kap. D, S. 60ff.; *Burgi* (2006), S. 2439, der darin den ersten Ansatzpunkt für eine Kodifikation sehen will.
[29] Dt.: Flaschenhalssituationen; dazu *Henseler-Unger* (2006), Kap. O, S. 14.
[30] Vgl. *Knieps* (2001), S. 21ff.; ferner *Schneider* (1999), S. 132ff; *Arzt* (1991), S. 44ff; *Windisch* (1987), S. 41ff.

Wasser-, Abwasser- und Schienennetze solche natürlichen Monopole dar.[31] Aus wettbewerbsrechtlicher Sicht macht es keinen Sinn, von einem „natürlichen Monopol" auch dann zu sprechen, wenn der „Monopolist" nach dem SSNIP-Test effektivem Wettbewerb durch konkurrierende Infrastrukturnetzanbieter oder durch Anbieter von Produkten ausgesetzt ist, die nicht auf die Inanspruchnahme des „monopolistischen" Leistungsnetzes angewiesen sind. Von einem „natürlichen" Monopol sollte daher nur dann gesprochen werden, wenn zugleich die Voraussetzungen einer marktbeherrschenden Stellung vorliegen. Das Regulierungsrecht erfasst bislang allerdings nur die Strom- und Gasnetze, die Telekommunikationsnetze und die Eisenbahnschienennetze.[32]

Eigentlich gehören hierhin auch die Wasser- und Abwassernetze. Dieser Bereich ist jedoch nach wie vor hoheitsrechtlich geordnet; das Gesetz lässt hier nur eine ex-post-Kontrolle der Wasserpreise nach kartellrechtlichen Maßstäben zu.[33] Erstmals im Herbst 2007 ist die hessische Landeskartellbehörde mit Billigung des OLG Frankfurt gegen missbräuchlich überhöhte Wasserpreise hessischer Kommunen vorgegangen, und zwar nach dem so genannten Vergleichsmarktkonzept. Dagegen regt sich allerdings, wie nicht anders zu erwarten, der Widerstand der Monopolinhaber – u. a. gestützt auf das Argument, dass die Missbrauchskontrolle Preise nie unter die Selbstkosten senken dürfe. Allerdings liegen die Selbstkosten der zur Senkung der Wasserpreise aufgeforderten Unternehmen offenbar zum Teil signifikant höher als die Endverbraucherpreise strukturell vergleichbarer Unternehmen.[34]

Nach ihrer Zielsetzung wollen das Energie-, Telekommunikations- und Eisenbahnrecht den Wettbewerb *fördern*, um so die Funktionsbedingungen für interessenausgleichende Austauschverträge auf den von Vermachtung betroffenen Güter- und Dienstleistungsmärkten zu verbessern (vgl. §§ 1 EnWG, 2 TKG). Aus diesem Grunde gewähren alle drei Regulierungsgesetze dem Verbraucher einen unmittelbaren Unterlassungs- und Schadensersatzanspruch gegen einen Netzbetreiber im Falle der Ausbeutung, Behinderung oder Diskriminierung („private enforcement")[35] und erlauben – wenngleich in unterschiedlichem Maße – Verbandsklagen zur Durchsetzung von Wettbewerber- und Verbraucherinteressen.[36] Ziel der Regulierungsgesetze ist die zügige Errichtung wettbe-

---

[31] Zum Begriff des natürlichen Monopols vgl. *Knieps* (2001), S. 21ff.; *Schneider* (1999), S. 132. In der Abgrenzung des relevanten Produktmarktes besteht dagegen zwischen ökonomischer Sicht und juristischer Sicht im wesentlichen Einvernehmen; vgl. *Kerber/Schwalbe* (2007), Einl. RdNr. 1145ff.; *Säcker* (2008a), S. 29ff.

[32] Dementsprechend lautet der Name dieser Behörde vollständig: Bundesnetzagentur für Elektrizität, Gas, Telekommunikation, Post und Eisenbahnen.

[33] Näher dazu *Markert* (2009), S. 118ff.

[34] Vgl. OLG Frankfurt, N&R 2009, S.72ff.

[35] Vgl. dazu EuGH Rs. C 453/99, Slg. 2001, I-6297.

[36] Vgl. dazu *Säcker* (2006).

werbsorientierter Märkte, wie es von den EG-Rahmenrichtlinien einheitlich vorgegeben wird. Die Regulierungsbehörden haben im Interesse der Verbraucher („consumer welfare") deshalb die Aufgabe, für Nichtdiskriminierung und effiziente Netze zu sorgen.[37] Die Netzbetreiber haben ein sicheres und zuverlässiges Netz zu unterhalten und gegebenenfalls auszubauen.

Effizienter Wettbewerb setzt voraus, dass die Netzbetreiber keine Monopolrenditen aus dem Netzgeschäft ziehen können, um daraus im Wege der Quersubventionierung Vorteile als Energie- bzw. Telekommunikationsdienstleister bzw. als Eisenbahnverkehrsunternehmen zu ziehen. Dabei ist zu berücksichtigen, dass in Einzelfällen der durch das natürliche Monopol vermittelte überragende Verhaltensspielraum relativiert und modifiziert werden kann, wenn ein wirksamer Substitutionsgüterwettbewerb (z. B. Mobilfunk als Alternative zur Festnetztelefonie oder Heizöl als Alternative zum Erdgas im Wärmemarkt) besteht.[38] Ein zweites Ferngastransportnetz *allein* ist – darin unterscheide ich mich von der Position *von Weizsäckers*[39] – noch keine Garantie für effektiven Wettbewerb und bestreitbare Märkte („contestable markets"), wie die Bundesnetzagentur zutreffend herausgearbeitet hat.

Bei natürlichen Monopolen in privater Hand mit funktionierender Regulierung taucht allerdings immer wieder, so auch bei dem Streben, eine Deutsche Netz-AG unter Staatsbeteiligung zu bilden, das Argument auf, dass der Staat, der ja auch Straßen und Binnenschifffahrtswege in eigener Regie betreibt, auch die Übertragungsnetze für Energie, Telekommunikation und Eisenbahnschienen betreiben solle und diese Netze deshalb renationalisieren bzw. rekommunalisieren, zumindest aber wesentlichen Einfluss darauf nehmen sollte, z. B. durch relevante Minderheitsbeteiligung[40] oder public private partnerships.[41] Wir bewegen uns hier statt auf Europa auf einen neuen Lokalpatriotismus zu. Ernstlich ist dieser Weg zurück nicht zu empfehlen. Der Staat hat sich aus Gründen der nur noch Privaten zuzutrauenden Effizienzverbesserung und Kostensenkung weitgehend aus der Erfüllungsverantwortung für gemeinwohlorientierte Dienstleistungen zurückgezogen. Er nimmt zunehmend nur noch eine Steuerungs- und Auffangverantwortung wahr, die erst relevant wird, wenn ein gemeinwohlabträgliches Ergebnis droht, wie wir dies am Beispiel der Finanzdienstleistungsmärkte exemplarisch gesehen haben. In Konkretisierung dieses Konzepts ist der moderne Staat zum Ge-

---

[37] Art. 23 ElektrizitätsRL, Art. 25 GasRL.
[38] *Säcker* (2005), S. 180 und 185.
[39] *v. Weizsäcker* (2007).
[40] So das im August 2009 dem BMU vorgelegte Gutachten von infraCOMP: „Faire Strompreise: Grundlagen und Handlungsbedarf"; kritisch dazu *Säcker/Meinzenbach* (2009), S. 1ff.
[41] Vgl. dazu *Säcker/Wolf* (2007), S. 282ff.

währleistungsstaat geworden.[42] Der erfüllende Wohlfahrts- und Interventionsstaat wird durch den ermöglichenden Gewährleistungsstaat überlagert und teilweise ersetzt.[43] Das Konzept des Gewährleistungsstaates bringt diesen Rollenwechsel des Staates sinnfällig zum Ausdruck und fungiert als Chiffre für die veränderte Rolle des Staates, die mit dieser veränderten „Architektur von Staatlichkeit" einhergeht.[44] Die Regulierungsgesetze sind Ausdruck dieser reduzierten Rolle des Staates, der zwar die Erfüllungsverantwortung aufgibt, gleichwohl aber seine sozialstaatliche Verpflichtung nicht los wird, die Versorgung der Bürger mit den daseinsnotwendigen systemischen Dienstleistungen sicherzustellen.[45] Wir erleben heute eine „Koproduktion von Staatlichkeit"[46] im Zusammenwirken von Staat und Verbänden.

Im Regulierungsrecht geht es somit um die Frage, wie der Staat seine Gewährleistungsverantwortung wahrnimmt, zugleich aber private Unternehmen dafür gewinnen kann, die Erfüllung öffentlicher Aufgaben (flächendeckender Ausbau der Netze, umwelt- und klimaschützende Ziele) staatsentlastend bzw. in Koproduktion mit staatlichen Einrichtungen zu übernehmen. Bei Einschaltung Privater, die eigennützigen, nicht gemeinnützigen Zielen verpflichtet sind, entfallen allerdings die gemeinwohlorientierte, rechtsstaatliche Monopolisierung der Gebundenheit des Amtswalters an das Gemeinwohl und die demokratische Legitimation des Handelnden.[47] Um daraus resultierende Gemeinwohldefizite zu bannen, muss der Staat durch zwingende Rechtsregeln sicherstellen, dass die Infrastrukturnetze, die keinem aktuellen oder potenziellen Wettbewerb ausgesetzt sind, zu diskriminierungsfreien wettbewerbsanalogen Bedingungen jedem Nutzungspetenten gesichert zur Verfügung stehen. Das sich daraus ergebende Recht der regulierenden Verwaltung wird im US-amerikanischen Wirtschaftsrecht als „after privatization law" gekennzeichnet, das die Konsequenzen der Übertragung einer vormals hoheitlichen Tätigkeit auf Private zu bewältigen hat.[48] Dieses Privatisierungsfolgenrecht hat einerseits die effiziente Aufgabenerfüllung durch Private, andererseits aber auch den Gemeinwohlbezug der Dienstleistungen z. B. unter Umwelt- und Klimaschutzaspekten sicherzustellen. Die bipolare Funktion des staatlichen Gesetzes für die Gewährleistung sowohl effizienter als auch zuverlässiger, sicherer Netzstrukturen wird mit dem Ausdruck „Regulierungsrecht" begrifflich gekennzeichnet. Dieses stellt sich, soweit es der vertraglichen Koordinierung von Angebot und Nachfrage bezüglich Netztransmis-

---

[42] *Schuppert* (2001), S. 399ff.; *Fehling* (1996), S. 59ff; *Säcker* (2009a), S. 159 ff; *Picot* (2009), S. 655ff.
[43] *Schuppert* (2001), S. 399.
[44] *Trute* (2002), S. 329.
[45] *Kühling* (2004), S. 1ff.
[46] *Schuppert* (2008), S. 3ff.
[47] *Säcker* (2007), S. 6ff.; *Trute* (2002), S. 329.
[48] *Ruffert* (1999), S. 237 und 246.

sion, Netzdistribution und Gasspeicherung dient, als Privatrecht und, soweit es die gemeinwohlbezogene Sicherstellung der Grundversorgung auch in Krisensituationen und die Umweltschutzziele betrifft, als öffentliches Recht dar.[49]

Die staatliche Regulierungsaufgabe nicht duplizierbarer und nicht substituierbarer Infrastrukturen ist, wie gesagt, keine transitorische Übergangsaufgabe zur Begleitung des Prozesses der Transformation von Ausnahmebereichen in eine markwirtschaftliche Wettbewerbsordnung, sondern stellt sich als Daueraufgabe des Staates dar, der zur Gewährleistung einer leistungsfähigen Infrastruktur verpflichtet ist, um, wie es das Bundesverfassungsgericht[50] ausgedrückt hat, „Gemeinschaftsinteressen höchsten Ranges" zu befriedigen. Das Regulierungsrecht wird so zum gemeinwohlorientierten Widerlager privater Infrastrukturnetzmonopole.

Regulierungsrecht und Wettbewerbsrecht erscheinen so als Zwillingsschwestern, die das gleiche Ziel verfolgen, nämlich einen fairen, gegen Missbrauch und Willkür gesicherten privatautonomen Interessenausgleich zwischen Netzbetreibern und Netznutzern sicherzustellen. Sie streben dieses Ziel aber, wie im Folgenden zu zeigen sein wird, auf verschiedenen Wegen an.

3 Unterschiedliche Methoden des Regulierungs- und Wettbewerbsrechts

Das Regulierungsrecht bedient sich, da es sonst nicht möglichen Wettbewerb der auf die Netznutzung angewiesenen Unternehmen um Kunden erst mittels Durchleitungsanordnung erzwingen muss, einer ex-ante-Methodenregulierung, und zwar entweder einer Anreizregulierung oder der Technik der ex-ante-Einzelgenehmigung.[51] Das allgemeine Wettbewerbsrecht begnügt sich dagegen mit einer ex-post eingreifenden, den sich im Einzelfall zeigenden Missbrauch abstellenden Aufsicht (Art. 82 EG, §§ 19, 29 GWB). Netz-Regulierungsrecht ist also nicht absterbendes Sonderkartellrecht auf dem Wege zu mehr selbsttragendem Wettbewerb bei der Nutzung infrastruktureller Netze, sondern ein eigenständiger Teil des modernen Wirtschaftsrechts.[52] Es ist die juristische Ergänzung der Netzökonomie, deren Prinzipien durch die Logik der Netze, nicht durch die Logik der Güter, die in den Netzen transportiert werden, definiert sind. Daraus ergibt sich als sachgerechte Konsequenz, das Regulierungsrecht wegen seiner den Güterwettbewerb erst ermöglichenden Funktion nicht in das allgemeine Wettbewerbsrecht zu integrieren, sondern die Regulierung der Netzindustrien und die gezielte

---

[49] Näher *Säcker* (2005), S. 180ff.
[50] BVerfGE 30, 292, 323f.
[51] Zur Anreizregulierung vgl. *Säcker* (2009), S. 78ff.
[52] Ebenso *Burgi* (2006), S. 2439ff., der allerdings den inhaltlichen Unterschied von Wettbewerbsrecht und Regulierungsrecht offenbar aus systematischem Interesse überspitzt.

technologieneutrale Förderung nachhaltig wettbewerbsorientierter Märkte in einem eigenständigen Netzinfrastrukturrahmengesetz zu regeln.[53]

Daraus ergeben sich auch wichtige Abgrenzungskriterien zum Wettbewerbsrecht: Die kartellrechtliche Missbrauchskontrolle (§§ 19, 20 GWB, Art. 82 EG) stellt äußerste *Grenznormen* für die eigennützige Ausübung privatautonomer unternehmerischer Gestaltungsfreiheit auf und setzt unangemessenen und diskriminierenden Preisen Schranken, die signifikant über dem hypothetischen Wettbewerbspreis liegen.[54] Das Regulierungsrecht dagegen statuiert *Richtnormen* für eine gemeinwohlorientierte Ausübung der unternehmerischen Autonomie im Netzinfrastrukturbereich.[55] Die Vorschriften des Energierechts über Modernisierung und Ausbau der Netze[56], über Systemverantwortung und Interoperabilität, über operationelles und buchhalterisches Unbundling[57], die Normen über die Gestaltung der EEG-Einspeisevergütung und sonstige Verpflichtungen, die sich aus Zielen des Umweltschutzrechts (CO_2-Vermeidung) ergeben, sind Ausdruck dieser Überlagerung unternehmerischen Verhaltens durch gemeinwohlorientierte Verhaltensanforderungen.[58] Die EG-Richtlinie über Maßnahmen zur Gewährleistung der Sicherheit der Elektrizitätsversorgung und von Infrastrukturinvestitionen formt ebenso wie die TK-Rahmenrichtlinie diese gewährleistungsstaatliche Aufgabe der Mitgliedstaaten für eine nachhaltige und effiziente Versorgung aller Bürger näher aus, u. a. durch Verpflichtungen zum flächendeckenden Ausbau von Netzen für angemessene universelle Dienstleistungen der Daseinsvorsorge.[59] Es geht also nicht lediglich um die singuläre Bekämpfung des Missbrauchs einer marktbeherrschenden Stellung, sondern um die kontinuierliche Konkretisierung der Gemeinwohlverpflichtung des Inhabers eines Infrastrukturmonopols.

Nur effizient agierende Unternehmen haben in einer funktionierenden Marktwirtschaft die Chance und, wirtschaftsethisch formuliert, das moralische Recht, dauerhaft auskömmliche Gewinne zu erzielen.[60] Es macht wettbewerbspolitisch daher keinen Sinn, die staatliche Regulierung natürlicher Monopole so zu reduzieren, dass sie nur noch ein

---

[53] Vgl. *Säcker/Böcker* (2008), S. 69f.; *Masing* (2006), Kap. D, S. 108ff.; *Burgi*, (2006), S. 2439ff; *Säcker* (2005), S. 180ff.

[54] Vgl. BGH ZNER 2005, 65ff.; *Markert* (2009a); zum „Erheblichkeitszuschlag" näher *Säcker* (2006a), S. 65ff.

[55] Zur Unterscheidung Richtnorm – Grenznorm vgl. näher *Säcker* (2006), Einl. Rn. 33.

[56] Vgl. *Säcker* (2009b).

[57] Vgl. § 10 EnWG; § 7 TKG; § 9 AEG.

[58] *Säcker* (2007), S. 10ff.

[59] Vgl. Infrastrukturrichtlinie vom 18.1.2006 (ABl. L 33 vom 4.2.2006, S. 22ff.); Rahmenrichtlinie vom 7.3.2002 (ABl. L 108 vom 24.4.2002, S. 33ff., zuletzt geändert in ABl. L 171 vom 29.6.2007, S. 32ff.).

[60] *Säcker* (2007), S. 11; *Büdenbender* (2004), S. 284 und 288; *Büdenbender* (2004a), S. 54ff.

Schattendasein als propagandistische Tröstung und öffentliche Legitimation für Monopolpreise führt, wie wir dies in der Vergangenheit bei der Energiepreisaufsicht nach der Bundestarifordnung Elektrizität erlebt haben.[61]

Wettbewerbsorientierter Maßstab für die Angemessenheit der Nutzungsentgelte sind die Kosten der effizienten Leistungsbereitstellung (so genanntes KEL-Konzept[62]) bzw. energierechtlich ausgedrückt: die Kosten eines effizienten, strukturell vergleichbaren Netzbetreibers (§ 21 Abs. 2 EnWG). Der Staat, der natürliche Monopole, die keinem kompetitiven Erosionsprozess ausgesetzt sind, mit der Aufgabe der sozialstaatlichen Daseinsvorsorge in privater Hand zulässt, hat die Pflicht, durch Regulierung dieser Monopole den Wettbewerb nachhaltig zu fördern.

In diesem Förderauftrag geht das Regulierungsrecht über die wettbewerbsorientierte Missbrauchsaufsicht deutlich hinaus; denn deren Funktion beschränkt sich auf die nachträgliche Unterbindung wettbewerbsbeschränkender unternehmerischer Maßnahmen und die Beseitigung antikompetitiver Praktiken marktbeherrschender Unternehmen im Einzelfall. Schutzobjekt des allgemeinen Wettbewerbsrechts ist der in der Wirklichkeit bestehende *reale* Wettbewerb, nicht aktive Förderung des Wettbewerbs durch den Wettbewerb erst ermöglichende und verbessernde Maßnahmen. Das Wettbewerbsrecht kennt keine altruistische Marktstrukturverantwortung marktbeherrschender Unternehmen und keine daran anknüpfende Rechtspflicht der Aufsichtsbehörden zur aktiven Förderung der Versorgung mit daseinsnotwendigen Gütern.

Die Regulierungsbehörde kann deshalb auch den bedarfsgerechten Ausbau der Netze zur Versorgung der auf den Transport der Güter durch das Netz angewiesenen Unternehmen anordnen und Zusammenarbeitsverpflichtungen auf nationaler und europäischer Ebene statuieren.[63] Eine solche staatlich erzwingbare Investitionsverpflichtung ist dem allgemeinen Wettbewerbsrecht fremd.[64] Verfassungsrechtlich ist diese Investitionsverpflichtung gerechtfertigt, wenn sie von einer konsistenten Regulierung begleitet wird, die ein marktbezogenes, transparentes und nachprüfbares Investitionsbudget ohne Zeitverzug genehmigt, deren Kosten weitergewälzt werden können.[65] Eine Zusammen-

---

[61] Vgl. dazu *Säcker* (2003), S. 326; vgl. dazu *Deregulierungskommission* (1991), RdNr. 298ff.; auch die Monopolkommission kommt in ihrem 14. Hauptgutachten 2000/2001: „Netzwettbewerb durch Regulierung" zu dem Ergebnis, dass die Länder mit der Tarifpreisaufsicht überfordert sind (*Monopolkommission* (2003), RdNr. 118ff.); ebenso *Baur/Henk-Merten* (2002), S. 193ff.

[62] Vgl. § 31 TKG; dazu *Groebel* (2004), S. 39 und 41ff.

[63] Näher dazu *Säcker/Meinzenbach* (2009), S. 1ff.

[64] *Säcker/Böcker* (2008), S. 69 und 74; vgl. auch *Burgi* (2006), S. 1439ff.; *Böge/Lange* (2003), S. 870.

[65] Vgl. BGHZ 134, 1, 20ff., der vor 1998 in den Vorteilen rechtlich geschlossener Versorgungsgebiete einen Ausgleich für die Auferlegung von Sonderlasten sah.

fassung von Wettbewerbs- und Regulierungsrecht in einem Gesetz erscheint angesichts der unterschiedlichen Charakteristika beider Gesetze somit nicht sinnvoll.

4 Die Abgrenzung der Zuständigkeiten der Wettbewerbs- und Regulierungsbehörden

In der Praxis bestehen trotz unterschiedlicher normativer Aufgabenstellungen allerdings schwierige Probleme bei der Abgrenzung der Zuständigkeiten von Kartell- und Regulierungsbehörden.

Während im Telekommunikationsrecht *alle* Entscheidungen über Netze *und* Telekommunikationsdienstleistungen schon angesichts der Schwierigkeiten einer Trennung beider Bereiche von der Bundesnetzagentur getroffen werden, gilt im Energie- und im Eisenbahnrecht eine andere Regelung. Hier obliegt der Regulierungsbehörde in Form von Höchstpreisanordnungen die Genehmigung nur der Netznutzungsentgelte bzw. der Trassenentgelte.[66] Die Entscheidungen der Energieversorgungsunternehmen über Produktion und Vertrieb, ebenso wie über Kooperationen und Fusionen, unterstehen dagegen ausschließlich der Kontrolle der allgemeinen Kartellbehörden. Diese sind an die von der Bundesnetzagentur festgelegten Preise für die Nutzung der Infrastruktur gebunden (§ 111 Abs. 3 EnWG); sie können lediglich die Produktions- und Vertriebsentgelte kontrollieren. Netzzugangsentgelte, die die Obergrenze einer nach § 23a EnWG erteilten Genehmigung nicht überschreiten, gelten im Rahmen eines kartellbehördlichen Missbrauchsverfahrens bzgl. der sonstigen Preisbestandteile gemäß § 30 Abs. 1 Satz 2 Nr. 5 HS 2 EnWG als sachlich gerechtfertigt. Hat die Bundesnetzagentur im Verfahren nach § 23a EnWG die Vereinbarkeit der Netznutzungsentgelte für inländische bzw. für grenzüberschreitende Energietransporte gemäß § 56 EnWG festgestellt, so gilt diese Feststellung auch im Rahmen eines späteren kartellbehördlichen Missbrauchsverfahrens. Nur die Bundesnetzagentur kann in einem späteren Verfahren[67] feststellen, dass die von ihr genehmigten Entgelte überhöht sind und das Unternehmen verpflichten, den Missbrauch abzustellen und das missbräuchlich geforderte Entgelt auf das gemäß § 21 Abs. 2 EnWG gerechtfertigte Entgelt abzusenken. Da eine solche Verfügung nur für die Zukunft ergehen kann, hat die Regulierungsbehörde gemäß § 33 EnWG die Möglichkeit, den aus einem solchen Missbrauch in der Vergangenheit erzielten Gewinn abzuschöpfen. Ebenso können die Kunden den zu viel gezahlten Betrag gemäß § 812 BGB zurückfordern, da der Vertrag seit dem Wirksamwerden des EnWG nur mit dem gemäß §§ 19, 20 GWB zulässigen und nicht mit einem missbräuchlich überhöhten

---

[66] Vgl. *Kühling* (2004), S. 65ff., 133.
[67] Vgl. §§ 65, 30 Abs. 2 Satz 3 Nr. 1 i. V. m Abs. 1 Satz 2 Nr. 1 EnWG.

Entgelt gültig ist.[68] Mit Inkrafttreten der Anreizregulierung zum 01.01.2009 hat allerdings § 30 Abs. 1 Satz 2 Nr. 5 Hs. 2 seine Bedeutung eingebüßt.

Die Entscheidung der Bundesnetzagentur ergeht gegenüber der unbundelten Netzgesellschaft, die aufgrund der Vorschriften über das legal Unbundling (§ 8 EnWG) von dem vertikal integrierten Energieversorgungsunternehmen juristisch getrennt ist. Hat die Netzgesellschaft der Konzern-Vertriebsgesellschaft überhöhte Netznutzungsentgelte in Rechnung gestellt und sind diese in die Kalkulation der in den Energielieferverträgen festgelegten All-Inclusive-Preise eingegangen, so sind diese um den überhöhten Betrag zu senken. Senkt die Stromvertriebsgesellschaft ihre Preise nicht, so liegt hierin in aller Regel ein missbräuchliches Verhalten im Sinne von §§ 19, 29 GWB; denn die Vertriebsgesellschaft ist als Folge der Entscheidung der Bundesnetzagentur auf der Beschaffungsseite kostenmäßig entlastet, da sie ein geringeres Nutzungsentgelt für den Transport der Energie zahlen muss. Erhöhen sich allerdings gleichzeitig andere Kosten, die der Vertriebsgesellschaft zur Last fallen, so ist dies im Rahmen einer Saldierung von preissenkenden und preiserhöhenden Faktoren dem Kunden gegenüber zu berücksichtigen. Dies macht die Überprüfung der Strompreise für die Kartellbehörden und die Gerichte zu einem so schwierigen Unterfangen.[69]

Die Überprüfung gemäß § 19 GWB, Art. 82 EG hat ihren Bezugspunkt im wettbewerbsanalogen Preis. Es werden der geforderte Preis und – anhand des Vergleichsmarktkonzeptes – der bei wirksamem Wettbewerb im Markt durchsetzbare Preis miteinander verglichen. Sollte das Vergleichsmarktverfahren mangels eines strukturell vergleichbaren, effizient handelnden Unternehmens im In- oder Ausland scheitern, so bleibt nichts anderes übrig, als nach einem Gewinnbegrenzungskonzept auf der Grundlage von analytischen Kostenmodellen vorzugehen, wie es im TKG in § 35 Abs. 1 Nr. 2[70] und nunmehr auch in § 29 GWB verankert ist.[71] Dass ein solches Verfahren äußerst schwierig, aber nicht undurchführbar ist, beweisen die Verfahren der Regulie-

---

[68] Eine rückwirkende Inkraftsetzung der Verfügung ist dagegen nicht zulässig; vgl. zutreffend OLG Düsseldorf (OLG Düsseldorf vom 30.08.2006, VI-3 Kart. 295/06; OLG Düsseldorf vom 29.03.2007, VI-3 Kart. 466/06; OLG Düsseldorf vom 09.05.2007, VI-3 Kart. 289/06 Vattenfall); näher *Dederer* (2008), S. 149ff.; *Säcker* (2006), S. 65; *Scheil/Friedrich* (2006), S. 90 und 94. Der Bundesgerichtshof lässt allerdings zu, dass die in der Vergangenheit zu Unrecht erzielten Gewinne in Zukunft ausgekehrt werden müssen, vgl. BGH N&R 2008, 203ff. Die Befugnis für eine solche Anordnung der Behörde folgt aus der Kompetenz zur Abstellung des Missbrauchs (§ 32 Abs. 2 GWB). Private Klagen gemäß § 33 Abs. 3 GWB und die Abstellungsbefugnis gemäß § 32 Abs. 2 GWB haben so die gleiche Reichweite.

[69] Vgl. *Säcker* (2006), S. 65; vgl. auch *Kühne* (2005), S. 241 und 247ff.

[70] Vgl. dazu *Säcker/Böcker* (2007), S. 69 und 89f.

[71] Vgl. zu § 29 GWB *Stadler* (2007), S. 60ff.; *Kahlenberg/Haellmigk* (2008), S. 174 und 176ff.; *Markert* (2008), § 29 RdNr. 40.

rungsbehörde im Telekommunikationsbereich.[72] Wenn nicht nur ein Unternehmen einer Branche, sondern die gesamte Branche über viele Jahre hinweg als Folge einer Monopolsituation generell weit über dem Durchschnitt vergleichbarer Branchen liegende Gewinne erzielt, sind Aussagen über angemessene Gewinnhöhen zwar besonders schwierig zu treffen, aber durch Vergleich mit Nachbarbranchen nicht unmöglich. In diesen Fällen verweisen die Ökonomen hier gerne auf das Fingerspitzengefühl der Juristen, die über die Angemessenheit entscheiden sollen,[73] während wir Juristen glücklich wären, wenn uns die Ökonomen sagen würden, was „angemessen" ist.

Klar ist, dass angesichts des geringeren Risikos, das mit der Investition in künftige innovative Versorgungsnetze (HGÜ-Netze, Smartgrids, Glasfaserbreitbandkabel, Hochgeschwindigkeitsstrassen) verbunden ist und das im Rahmen der Anreizregulierung durch §§ 18ff. ARegV abgefedert wird, die Marktrisikoprämie bei der Höhe der Eigenkapitalverzinsung trotz der Langfristigkeit der Kapitalbindung niedriger ausfallen muss als die Marktrisikoprämie, auf die der Investor in Kraftwerke oder das auch im Upstreambereich tätige Gasversorgungsunternehmen bei der Festlegung der Höhe der angemessenen Eigenkapitalverzinsung einen Anspruch hat. Die Investition z. B. in neue Kohle-Kraftwerke in Deutschland ist mit extremer Unsicherheit belastet. Niemand kann vorhersagen, wie viele Betriebsstunden pro Jahr ein modernes Kraftwerk hat, wenn erst einmal die Stromerzeugung aus den Off-shore-Windparks in der Nord- und Ostsee mit gesetzlich statuiertem Einspeisevorrang anläuft. Grundlastkraftwerke werden dann zu Ausgleichskraftwerken, wenn keine marktrationale Engpassbewirtschaftung gelingt.[74] Diese Risiken müssen sich in einer entsprechend erhöhten Eigenkapitalrendite niederschlagen.[75] Es ist u. a. auch deshalb sinnvoll – darin unterscheide ich mich von der Position etwa von *v. Hirschhausen*[76] u. a. –, dass risikoarme Netzinvestitionen und risikohohe Kraftwerks- und Explorationsinvestitionen im selben Konzern vereint bleiben, zumal der Stromproduzent aufgrund seines Interesses am Stromabsatz auch ein eigenes wirtschaftliches Interesse an sicheren und bedarfsgerecht ausgebauten Stromnetzen hat.

---

[72] Vgl. z. B. OVG Münster, K&R 2001, 424; VG Köln, N&R 2004, 81ff.; dazu *Groebel/Seifert* (2006), § 35 RdNr. 35.

[73] Vgl. dazu *Schmidt* (2008), S. 65ff.

[74] Vgl. *Consentec* (2007). Im Dritten EU-Energiepaket finden sich erstmals klare normative Vorgaben dazu; vgl. Art.16, 17 VO 715/2009.

[75] Hierzu *Ballwieser* (2008), S. 339ff., *NERA Economic Consulting* (2008), S. 6ff., zur Fremdkapitalverzinsung vgl. *NERA Economic Consulting* (2009), S. 18ff.

[76] *v. Hirschhausen* (2006), S. 251ff.

5 Folgerung für die Behördenorganisation

Zur Wahrnehmung der Wettbewerbs- und Regulierungsfunktionen wären nicht zwei separate Behörden notwendig. Eine Zusammenfassung in der Hand *einer* Aufsichtsbehörde, die sowohl die kartellrechtliche ex-post-Missbrauchskontrolle als auch die wettbewerbsfördernde Regulierungsaufsicht wahrnimmt, wäre m. E. ein zweckmäßiger Weg gewesen. Heute ist indes angesichts des Beharrungsvermögens der Bürokratie eine Zusammenführung der Aufgaben in einer Behörde nicht mehr zu erwarten. Wir sehen anhand des Fortbestands der Postregulierung nach Wegfall der Exklusivlizenz, dass das Bekenntnis der Politik zur Abschaffung der Regulierung bei fehlender Notwendigkeit nur ein Element von Sonntagsreden ist. Bei Schaffung der Bundesnetzagentur sagte der damalige Bundeswirtschaftsminister *Rexrodt* der Bundesregulierungsbehörde ein höchstens fünf- bis zehnjähriges Leben voraus. Am 28. Februar 2008 – anlässlich des zehnjährigen Bestehens der Bundesnetzagentur – prophezeite die amtierende Bundeskanzlerin Merkel der Bundesnetzagentur ein ewiges Leben an der Seite des Bundeskartellamtes.

Literatur

Arzt, Clemens (1991), Strompreisaufsicht im Vergleich, Düsseldorf.

Ballwieser, Wolfgang (2008), Kapitalkosten in der Regulierung, in: *Picot, Arnold* (Hrsg.), 10 Jahre wettbewerbsorientierte Regulierung von Netzindustrien in Deutschland. Bestandsaufnahme und Perspektiven der Regulierung, München, S. 339 - 358.

Baur, Jürgen F./Henk-Merten, Katrin (2002), Preisaufsicht über Netznutzungsentgelte, in: Recht der Energiewirtschaft, S. 193 - 224.

Böge, Ulf/Lange, Markus (2003), Die zukünftige Energiemarkt-Regulierung im Lichte der Erfahrungen und der europäischen Vorgaben, in: Wirtschaft und Wettbewerb, 53. Jg., S. 870 - 880.

Burgi, Martin (2006), Übergreifende Regelung des Rechts der Regulierungsverwaltung - Realisierung der Kodifikationsidee?, in: Neue Juristische Wochenschrift, 59. Jg., S. 2439 - 2444.

Büdenbender, Ulrich (2004), Die Ausgestaltung des Regulierungskonzepts für die Elektrizitäts- und Gaswirtschaft, in: Recht der Energiewirtschaft, S. 284 - 300.

Büdenbender, Ulrich (2004a), Kartellrechtliche Kontrolle der Netznutzungsentgelte nach dem Vergleichsmarktprinzip, Köln.

Canaris, Claus-Wilhelm (1993), Funktion, Struktur und Falsifikation juristischer Theorien, in: Juristenzeitung, 49. Jg., S. 377 - 391.

Consentec (2007), Starkwindsituationen im Übertragungsnetz von Vattenfall Europe Transmission, Gutachten v. 20.12.2007.

Crèmer, Helmut/Laffont, Jean-Jaques (2002), Competition in Gas Markets, in: European Economic Review, Vol. 46, S. 928 - 935.

Czakainski, Martin/Lamprecht, Franz (2009), Energiehandelsmärkte – Vorteile für das Energiemanagement von Großverbrauchern?, in: Energiewirtschaftliche Tagesfragen, 59. Jg., S. 28 - 33.

Dederer, Hans-Georg (2008), Rückwirkung von Netzentgeltgenehmigungen zwecks „Mehrerlösabschöpfung"?, in: Neue Zeitschrift für Verwaltungsrecht, 27. Jg., S. 149 - 156.

Deregulierungskommission, Unabhängige Expertenkommission zum Abbau Marktwidriger Regulierungen (1991), Marktöffnung und Wettbewerb, Stuttgart.

Ehricke, Ulrich (2007), Die Vereinbarkeit des geplanten § 29 GWB n. F. mit den Warenverkehrsvorschriften des EG-Vertrags, in: Europäische Zeitschrift für Wirtschaftsrecht, 18. Jg., S. 717 - 721.

Fehling, Michael, (1996), Mitbenutzungsrechte Dritter bei Schienenwegen, Energieversorgungs- und Telekommunikationsleitungen vor dem Hintergrund staatlicher Infrastrukturverantwortung, in: Archiv des öffentlichen Rechts, 121. Band, S. 60 - 95.

Füg, Torsten (1999), Zur Preisbildung in Erdgastransportsystemen, Idstein.

Groebel, Annegret (2004), Die Entgeltgenehmigungspraxis der RegTP – Erfahrungen aus dem Telekommunikationsbereich, in: Kommunikation & Recht, 7. Jg., S. 39 - 46.

Groebel, Annegret/Seifert, Christiane (2006), § 35 Verfahren der Entgeltgenehmigung, in: Säcker, Franz Jürgen (Hrsg.), Berliner Kommentar zum Telekommunikationsgesetz, Frankfurt am Main, S. 525 - 538.

Growitsch, Christian/Müller, Gernot/Stronzik, Marcus (2008), Ownership Unbundling in der Gaswirtschaft – Theoretische Grundlagen und empirische Evidenz, WIK Diskussionsbeitrag, Nr. 308, Bad Honnef.

Henseler-Unger, Iris (2006), Kapitel O, in: Verhandlungen des 66. Deutschen Juristentages Stuttgart 2006, Band II/1, Sitzungsberichte, München.

Hermes, Georg (1998), Staatliche Infrastrukturverantwortung, Tübingen.

v. Hirschhausen, Christian (2006), Infrastrukturpolitik: Mehr Wachstum durch Wettbewerb, Regulierung und Privatbeteiligung, in: *Zimmermann, Klaus F.* (Hrsg.), Deutschland was nun? Reformen für Wirtschaft und Gesellschaft, München, S. 251 - 269.

Kahlenberg, Harald/Haellmigk, Christian (2008), Aktuelle Änderungen des Gesetzes gegen Wettbewerbsbeschränkungen, in: BetriebsBerater, 63. Jg., S. 174 – 181.

Kerber, Wolfgang/Schwalbe, Ulrich (2007), Ökonomische Grundlagen des Wettbewerbsrechts, in: Münchner Kommentar zum Europäischen und Deutschen Wettbewerbsrecht (Kartellrecht), Band 1: Europäisches Wettbewerbsrecht, München.

Kesting, Stefanie (2006), Transmission Network Access Regulation in European Gas Market, Baden-Baden.

Klaue, Siegfried/Schwintowski, Hans-Peter (2008), Preisregulierung durch Kartellrecht – Europarechtswidrigkeit von 29 GWB auf dem Prüfstand des europäischen Rechts, EWeRK-Sonderheft.

Knieps, Günter (2001), Wettbewerbsökonomie, Berlin et al.

Knieps, Günter (2007), Netzökonomie, Wiesbaden.

Knieps, Günter (2009), Sektorsymmetrische Regulierung in Netzsektoren: Ein Vergleich zwischen Gas und Elektrizität, in: Netzwirtschaften & Recht, 6. Jg., S. 138 - 143.

Kühling Jürgen (2004), Sektorspezifische Regulierung in den Netzwirtschaften, München.

Kühne, Gunther (2005), Vom Privatrecht zum Wirtschaftsrecht – die Verdrängung der Monopolpreisrechtsprechung zu § 315 BGB durch Kartellrecht, in: Recht der Energiewirtschaft, S. 241 - 250.

Ludwigs, Markus (2008), Die Rolle der Kartellbehörden im Recht der Regulierungsverwaltung – Energiewirtschaftsrecht, Telekommunikationsrecht, Postrecht, Eisenbahnrecht, in: Wirtschaft und Wettbewerb, 58. Jg., S. 534 - 549.

Markert, Kurt (2008), § 29 Energiewirtschaft, in: Münchener Kommentar zum Europäischen und Deutschen Wettbewerbsrecht (Kartellrecht), Band 2: Gesetz gegen Wettbewerbsbeschränkungen, München.

Markert, Kurt (2009), Wasserpreise und Kartellrecht, in: Netzwirtschaften & Recht, 6. Jg., S. 118 - 123.

Markert, Kurt (2009a), Wettbewerbs- und Netzregulierungsrecht im Strom- und Gassektor im zwölften Jahr der Marktliberalisierung.

Masing, Johannes (2006), Kapitel D, in: Verhandlungen des 66. Deutschen Juristentages Stuttgart 2006, Band II/1, Sitzungsberichte, München.

Monopolkommission (2003), Netzwettbewerb durch Regulierung, Hauptgutachten XIV (2000/2001), Bonn.

Monopolkommission (2009), Strom und Gas 2009: Energiemärkte im Spannungsfeld von Politik und Wettbewerb, 54. Sondergutachten vom 4.8.2009, Bonn.

NERA Economic Consulting (2008), Die kalkulatorischen Eigenkapitalzinssätze für Strom- und Gasnetze in Deutschland, Berlin.

NERA Economic Consulting (2009), Ermittlung der sachgerechten Fremdkapitalverzinsung für deutsche Strom- und Gasnetzbetreiber, Ein Gutachten im Auftrag des BDEW, London.

Picot, Arnold (2009), Unternehmen zwischen Markt und Staat – Marktregulierung als Herausforderung, in: zfbf, 61. Jg., S. 655 - 678.

Ruffert, Matthias (1999), Regulierung im System des Verwaltungsrechts – Grundstrukturen des Privatisierungsfolgerechts der Post und Telekommunikation, in: Archiv des öffentlichen Rechts, 124. Band, S. 237 - 281.

Säcker, Franz Jürgen (2003), Neues Energierecht, Heidelberg.

Säcker, Franz Jürgen (2005), Das Regulierungsrecht im Spannungsfeld von öffentlichem und privatem Recht: Zur Reform des deutschen Energie- und Telekommunikationsrechts, in: Archiv des öffentlichen Rechts, 130. Band, S. 180 - 224.

Säcker, Franz Jürgen (2006), Die Einordnung der Verbandsklage in das System des Privatrechts, München.

Säcker, Franz Jürgen (2006a), Zum Verhältnis von § 315 BGB, § 30 AVBElt, § 30 AVBGas, § 24 AVBFernwärme und § 19 GWB - Zur MVV Entscheidung des Bundesgerichtshofes vom 18.10.2005, in: Recht der Energiewirtschaft, S. 65 - 96.

Säcker, Franz Jürgen (2007), Der Independent System Operator, Berlin.

Säcker, Franz Jürgen (2008), Die Strom- und Gasmärkte zwischen Wettbewerbs- und Regulierungsaufsicht: Ist die bestehende Arbeitsteilung zwischen Kartellamt und Bundesnetzagentur sinnvoll? Vortrag vor der Arbeitsgruppe Wettbewerb des wirtschaftspolitischen Ausschusses im Verein für Sozialpolitik, Kiel.

Säcker, Franz Jürgen (2008a) The Concept of the Relevant Product Market, Between Demand-side Substitutability and Supply-side Substitutability in Competition Law, Frankfurt am Main.

Säcker, Franz Jürgen (2009), Die wettbewerbsorientierte Anreizregulierung von Netzwirtschaften, in: Netzwirtschaften & Recht, 6. Jg., S. 78 - 85.

Säcker, Franz Jürgen (2009a), Regulierungsrecht als komplexes Rechtsgebiet im Spannungsfeld zwischen öffentlicher und privater Rechtsdurchsetzung, in: *Ronellenfitsch, Michael/Schweinsberg, Ralf/Henseler-Unger, Iris* (Hrsg.), Aktuelle Probleme des Eisenbahnrechts, Band XIV, Hamburg, S. 159 ff.

Säcker, Franz Jürgen (2009b), Der beschleunigte Ausbau der Höchstspannungsnetze als Rechtsproblem, Frankfurt am Main.

Säcker, Franz Jürgen (2006), Einleitung, in: *Säcker, Franz Jürgen/Rixecker, Roland* (Hrsg.), Münchener Kommentar zum Bürgerlichen Gesetzbuch: BGB, Bd. 1, München.

Säcker, Franz Jürgen/Böcker, Lina (2008), Die Entgeltkontrolle als Bestandteil einer sektorübergreifenden Regulierungsdogmatik für Netzwirtschaften, in: *Picot, Arnold* (Hrsg.), 10 Jahre wettbewerbsorientierte Regulierung von Netzindustrien in Deutschland. Bestandsaufnahme und Perspektiven der Regulierung, München, S. 69 -122.

Säcker, Franz Jürgen/Meinzenbach, Jörg (2009), Der Effizienzmaßstab des § 21 Abs. 2 EnWG im System der energierechtlichen Netzentgeltregulierung in: Recht der Energiewirtschaft, S. 1.

Säcker, Franz Jürgen /Wolf, Maik (2007), Die Auswirkungen der Rechtsprechung des EuGH zu In-House-Geschäften auf Public-Private-Partnerships, in: Wettbewerb in Recht und Praxis, S. 282 - 298.

Scheil, Susanne/Friedrich, Barbara (2006), Ein Jahr Bundesnetzagentur – Organisation, Zuständigkeiten und Verfahren nach dem Paradigmenwechsel im EnWG, in: Netzwirtschaften & Recht, 3. Jg., S. 90 - 95.

Schmidt, Ingo (2008), More Economic Approach: Die performance-Test als "invitation to nonenforcement", in: *Grusevaja, Marina/Wonke, Christoph/Hösel, Ulrike/Dunn, Malcolm H.* (Hrsg.), Quo vadis Wirtschaftspolitik? Festschrift für Norbert Eickhof, Frankfurt am Main, S. 65 ff.

Schneider, Jens-Peter (1999), Liberalisierung der Stromwirtschaft durch regulative Marktorganisation, Baden-Baden.

Schuppert, Gunnar Folke (2001), Der moderne Staat als Gewährleistungsstaat, in: *Schröter, Eckhard* (Hrsg.), Empirische Policy und Verwaltungsforschung, Opladen, S. 399 - 414.

Schuppert, Gunnar Folke (2008), Von Ko-Produktion von Staatlichkeit zur Co-Performance of governance, SFB-Governance, Paper Series 12, April 2008.

Stadler, Christoph (2007), Der Gesetzentwurf zur Bekämpfung von Preismissbrauch im Bereich der Energieversorgung, in: BetriebsBerater, 62. Jg., S. 60 - 64.

Trute, Hans-Heinrich (2002), Gemeinwohlsicherung im Gewährleistungsstaat, in: *Schuppert, Gunnar Folke/Neidhardt, Friedhelm* (Hrsg.), Gemeinwohl: Auf der Suche nach Substanz, WZB-Jahrbuch 2002, Berlin, S. 329 - 347.

v. Weizsäcker, Carl Christian (2007), Kurzgutachten zur Methode der Feststellung von Leistungswettbewerb auf der überregionalen Gas-Fernleitungsebene, Gutachten im Auftrag des BEB vom 10.08.2007.

Windisch, Rupert (1987), Privatisierung natürlicher Monopole im Bereich von Bahn, Post und Telekommunikation, Tübingen.

Wittgenstein, Ludwig (1953), Philosophische Untersuchungen, Berlin.

Jürgen Lenz[*]

Einfluss der Regulierung auf Qualität, Kapazität und Verfügbarkeit der Netze

---

[*] Dr. *Jürgen Lenz*, Vizepräsident Gas, DVGW Deutsche Vereinigung des Gas- und Wasserfaches e. V., Bonn.

Zeitgleich und mit Einwirkung der Regulierung verändern sich in Deutschland in erheblichem Umfang die Aufgaben der Netze.

Die Einflussnahme der Regulierung reicht vom Netzzugang über die Netzkapazität, die Stabilität der Netze im Sinne einer technischen Verfügbarkeit bis hin zum Aufbau von dezentral orientierten Verbundsystemen, den so genannten smart grids. Beispielsweise wurden mittlerweile im Wege der Regulierung die Voraussetzungen geschaffen, dass jeder Energiehändler die Möglichkeit hat, seine Energie im Netz zu transportieren. Dies dient nicht allein der Schaffung eines intensivierten Wettbewerbs; es ist auch die Voraussetzung dafür, dass regenerierbare Energien, wie zum Beispiel Windkraft oder Biogas, ins Netz eingespeist werden können.

Die neuen Aufgaben der Netze ergeben sich zum einen aus dem regulierten Zugang selbst, zum anderen aus verstärkten Transitaufgaben im europäischen Verbund sowohl auf der Gas- als auch Stromseite. Zugleich sind die Diversifizierung der Energiequellen und die Zunahme von höchst energieeffizienten Verbundsystemen mit neuartigen Anforderungen an die Netze verbunden.

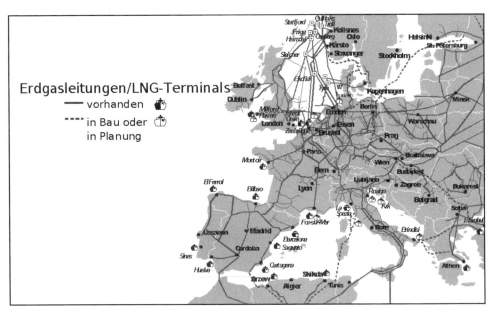

Abb. 1: Europäischer Erdgasverbund 2009

Anhand des Beispiels „Gas" lassen sich die Auswirkungen der Regulierung illustrieren. Auf der Gasseite besteht ein stark ausgeprägtes Verbund- und Transitsystem von Ost nach West und von Nord nach Süd. Dabei kommt dem deutschen Netz eine Drehscheibenfunktion zu. Das heißt, jegliche Regulierung in Deutschland hat unmittelbar Auswirkungen auf den europäischen Verbund. Dies zumal als im Gegensatz zu anderen Ländern, wie zum Beispiel den typischen Transitländern Österreich, Holland oder Tschechien, in Deutschland im Rahmen der Regulierung nicht zwischen Transit- und nationalen Kapazitäten unterschieden wird.

Der Grad der Diversifizierung der eingespeisten Energiearten ist in jüngster Zeit stark angestiegen; zu nennen sind hier die Windenergie, die Photovoltaik, Biogas etc. Diese und alle anderen Formen von regenerativen Energien gesellen sich zu den Einspeisungen traditioneller Energien. Zugleich sind insbesondere auf der Verwendungsstufe viele neue Anwendungen entstanden, zum Beispiel Kraft-Wärme-Kopplungs-Systeme oder Wärmepumpsysteme. Das sich entwickelnde Bild nimmt an Heterogenität stark zu.

Wenn man jedoch nach den Netzen differenziert, ergibt sich ein sehr einfaches Bild. In Zukunft wird es nur noch zwei Netze geben: Das Stromnetz und das Gasnetz.

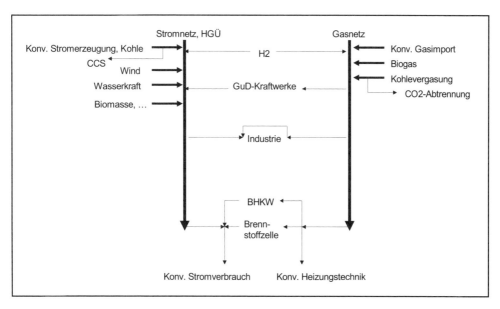

Abb. 2: Ein Ausblick: Modell eines Energieversorgungssystems

Das Stromnetz wird die traditionell produzierte Energie aufnehmen, wie zum Beispiel aus Kernenergie, Kohleverstromung und Wasserkraft. Zusätzlich kommen hinzu die Photovoltaik, Windenergie und andere ‚non-predictable energies'.

Auf der Gasseite vollzieht sich die gleiche Entwicklung. Zur konventionellen Energie, in der Regel Importgas, wird Biogas in unbegrenztem Umfang in das Netz eingespeist, da es dieselben Spezifikationen hat wie das Erdgas selbst. Daneben ist durchaus denkbar, dass aus Kohlevergasung statt CCS Gas produziert wird, das durch das Gasnetz transportiert und auf der Verteilerebene in dezentralen Kraft-Wärme-Kopplungssystemen in Strom und Abwärme überführt wird. Da die Gasnetze bis zu 20 % Wasserstoff aufnehmen können, ohne dass sich das Brennverhalten des Gases oder die Kapazität der Netze verändern, ist es auch möglich, Wasserstoff aus einer Überschussproduktion von Windkraft Offshore ins Gasnetz einzuspeisen.

Interessant wird die Konvergenz dieser Systeme auf der Endverteilungsstufe, auf der beide Systeme direkt zusammen kommen und hochflexibel über Blockheizkraftwerke zum Beispiel die hoch volatile Einbringung von Windenergie ausgeregelt wird.

Eines wird ganz deutlich: Die Aufgaben des Stromnetzes verändern sich in einem dramatischen Ausmaß. Dabei war die Systemarchitektur des Stromnetzes ursprünglich ausgelegt für einen Kapazitätsausgleich mit einer Vielzahl von steuerbaren Quellen, nämlich den Kraftwerken, die im Mittel einen Abstand von 50 km hatten. Aus diesem System wird nun ein Sammelsystem mit teils fluktuierenden Einspeisungen; zu denken ist hier etwa an die Photovoltaik oder die Windenergie, die nur maximal 2.500 Stunden von 8.760 Stunden zur Verfügung steht. Darüber hinaus wird das Netz echte zusätzliche Transportaufgaben durch Verschiebungen der Quellen wahrnehmen müssen, denn im Unterschied zu dem Kapazitätsausgleich in der Vergangenheit wird immer mehr Energie im Norden eingespeist – sei es durch die CCS Kraftwerke oder durch offshore Wind – die nach Süden transportiert werden muss. Durch die dezentralen Systeme in Gestalt der Blockheizkraftwerke kommt es zudem zu Rückwärtseinspeisung. Schließlich verursacht die hohe Volatilität der Energieeinträger einen extrem hohen Bedarf an Ausgleichsenergie.

Bei den Gasnetzen zeichnet sich eine vergleichbare Verschiebung der Aufgabenstellungen ab. Ursprünglich war das Gasnetz als grenzüberschreitendes Punkt-zu-Punkt-Transportsystem ausgelegt, deterministisch für die Spitzenlast von minus 14 Grad oder minus 12 Grad je nach Region. Die regulatorisch geforderte Zusammenlegung der Marktgebiete mit flexiblen ‚Exits' führt zu einem Kapazitätsverlust von bis zu 25 %. Gleichzeitig mutiert das Gasnetz zu einem Sammelsystem für Erdgas mit wechselnden Bezugsquellen, für Biogas und Gas aus Kohleversorgung sowie für H_2 aus Überschussproduktion offshore Wind. Dem Gasnetz verbleiben aber eine hohe Flexibilität und die direkte Verbindung zu den Speichersystemen. Auf der Stromseite sind solche Speicherungen ungleich schwerer.

Auf der Verteilerebene, das heißt in aller Regel auf der Ebene der Stadtwerke, findet derzeit eine Konvergenz der Netze statt. Hier kommt es zu einem – politisch gewünschten – Energieverbund, insbesondere über die Kraft-Wärme-Kopplung. Da bei der Kraft-Wärme-Kopplung die Stromproduktion bei gleichzeitiger Nutzung der Abwärme erfolgt, ist die Energieeffizienz dieser Systeme hervorragend. Aus thermodynamischer Sicht ist heute der Einsatz von Primärenergie nicht mehr zu verantworten, um beispielsweise Häuser zu heizen und hierfür eine Vorlauftemperatur von 50° zu produzieren. Genauso wenig ist es akzeptabel, aus wertvoller Primärenergie lediglich Strom zu produzieren, ohne die Abwärme zu nutzen. Lösungsansätze bieten hier Blockheizkraftwerke, die Strom und Wärme verbinden. Das bedeutet aber zugleich einen erhöhten Einsatz von Gas für die Stromproduktion. Gas kann darüber hinaus als Flexibilitätselement zum Ausgleich fluktuierender Stromquellen in Kraft-Wärme-Kopplungs-Systemen eingesetzt werden. Während sich Wärme – im Vergleich zu Strom – recht gut speichern lässt, muss eine Überschussproduktion Strom in die nächste Spannungsebene gespeist werden. Die „Spielregeln" zu dieser Form der Konvergenz der Netze müssen jedoch noch definiert werden.

Angesichts des notwendigen Ausgleichs der Kapazitätsverluste und der neuen zusätzlichen Aufgaben der Netze bedarf es ohne Zweifel hoher Investitionen und damit auch starker Anreize, diese Investitionen zu tätigen. Hier bestehen jedoch Interessendivergenzen zwischen der Politik einerseits, die eine Reduzierung der Tarife erwartet, und den Netzbetreibern andererseits, die eine marktkonforme Verzinsung unter Berücksichtigung der operativen Risiken erwarten. Mit Blick auf die Tarifgestaltung muss man sich vergegenwärtigen, dass die Transportkosten bei Gas keine 20 % des Endpreises und bei Strom 35 - 40 % des Endpreises ausmachen. Angesichts dieser Größenordnung sollten tarifpolitische Überlegungen nicht zu einem Hemmnis für notwendige Investitionen erwachsen. Die marktkonforme Verzinsung ist dahingegen für die Netzbetreiber angesichts des beträchtlichen Ausmaßes der operativen Risiken unverzichtbar. Zu denken ist hierbei zunächst an das Gefährdungspotenzial der Anlagen selbst – insbesondere bei Gasanlagen. Zu den operativen Risiken zählen darüber hinaus die so genannten ‚consequential damages'; hierbei handelt es sich um Folgeschäden, die durch einen Ausfall eines Netzes verursacht werden. Zu den Risiken der Netzbetreiber muss man auf der betriebswirtschaftlichen Seite auch das Regulierungsverhalten der Netzagentur selbst zählen, da kaum vorhersehbar ist, welche Maßnahmen der Regulierung in Zukunft möglicherweise ergriffen werden.

In diesem Zusammenhang ist auch die Anerkennung der Betriebskosten zu sehen. Ohne Zweifel steigen die Kosten durch den Anstieg der Komplexität in erheblichem Maße. Mit der Auflösung des Verbunds zwischen Handel und Netz beispielsweise wurden zugleich große Synergiepotenziale vernichtet. Allein die nun notwendige Duplizierung der IT- oder Abrechnungs-Systeme verursacht enorme Kosten. Jegliche Anreizregulierung muss daher mit Augenmaß erfolgen, sollen auf der einen Seite irreversible Schäden durch unterlassene Instandhaltung vermieden werden und auf der anderen Seite die Innovationskraft sowie die Finanzierungskraft der Netzbetreiber erhalten bleiben. Dabei steht außer Frage, dass Regelwerke (zum Beispiel DVGW) zum sicheren Betrieb und Vorgaben der Energieaufsicht unbedingt eingehalten werden müssen.

Die Sicherstellung der Stabilität der Netze kann an verschiedenen Stellknöpfen ansetzen. Neben direkten Investitionen können die verringerten Kapazitäten durch Zukauf von Handelsfunktionen, wie zum Beispiel Lastflusszusagen, Einkauf von Ausgleichsenergie durch die Energieunternehmen oder Speicher, kompensiert werden. Eine rationale Regulierung muss an dieser Stelle ein gesamtwirtschaftliches Optimum finden. Investitionsverpflichtungen werden nicht das Mittel der Wahl sein können. Also müssen marktorientierte Anreizsysteme gefunden werden, die auch nach Prioritäten differenzieren, wie zum Beispiel die Beseitigung von Engpässen.

Problematisch bleiben die fluktuierenden Energien auf der Stromseite. So ist es das erklärte Ziel der Bundesregierung, bis 2020 30 % der Stromproduktion auf Windbasis zu erzielen. Ein Ausgleich könnte hier über Stand-by Kraftwerke erreicht werden. Die bessere Lösung ist sicherlich in – noch zu schaffenden – dezentralen Kraft-Wärme-Kopplungs-Systemen zu sehen, die über smart grids flexibel die Windeinbringung ausregeln können.

Für einen Ausblick auf die weitere Entwicklung in Deutschland ist ein Blick ins Ausland aufschlussreich: Am Beispiel Großbritannien wird deutlich, dass das Vorgehen der politisch installierten Regulierer in den Anfängen Substanzverluste verursacht hat. Jedoch hat zwischenzeitlich ein nachhaltiger Lerneffekt eingesetzt. So werden heute beispielsweise in England Anreize gesetzt, um die Kapazitäten auszubauen, und dabei Verzinsungen gewährt, die deutlich über dem deutschen Niveau liegen.

Dieses Leitbild eines lernenden Regulierers als sachkundiger Setzer von Spielregeln sollte für Deutschland Ansporn und Anspruch sein. Aber auch dann bleibt die Tatsache bestehen, dass die Netze infolge latenter Kapazitätsknappheit zwecks Netzstabilität zunehmend auch Handelsfunktionen beeinflussen. Und somit bleibt die Frage: Wie viel Regulierung verträgt eigentlich die Marktwirtschaft?